税务稽查实战指南

本书编写组◎主编

中国商业出版社

图书在版编目(CIP)数据

税务稽查实战指南 /《税务稽查实战指南》编写组主编.--北京 ：中国商业出版社，2024.5
ISBN 978-7-5208-2926-7

Ⅰ. ①税… Ⅱ. ①税… Ⅲ. ①税收管理-中国-指南 Ⅳ. ①F812.423-62

中国国家版本馆 CIP 数据核字(2024)第 103233 号

责任编辑：陈　皓
策划编辑：常　松

中国商业出版社出版发行
（www.zgsycb.com　100053　北京广安门内报国寺 1 号）
总编室：010-63180647　编辑室：010-83114579
发行部：010-83120835/8286
新华书店经销
涿州汇美亿浓印刷有限公司印刷
*
787 毫米×1092 毫米　16 开　23.5 印张　510 千字
2024 年 5 月第 1 版　2024 年 5 月第 1 次印刷
定价：98.00 元
* * * *

前　言

税务稽查是一项复杂而重要的工作，它不仅关乎国家税收的征收和管理，也直接影响到企业的合规运营和发展。

在当今的经济环境下，税务法规日益复杂，对税务稽查的要求也越来越高。本书通过系统地介绍税务稽查的基本概念、流程和方法，帮助读者深入了解税务稽查的实质和要点。书中涵盖了丰富的实战案例，通过对真实案例的分析和解读，读者可以更好地掌握税务稽查的技巧和策略。

同时，本书还强调了税务稽查中的风险管理和合规意识。读者将了解到如何在稽查过程中识别和应对潜在的风险，如何确保企业的税务合规性，以及如何避免不必要的税务争议和法律责任。

本书的作者团队由具有丰富税务稽查经验的专业人士组成，他们将自己的实践经验与理论知识相结合，为读者呈现了一本具有权威性和实用性的指南。无论您是税务稽查人员、企业财务管理人员还是对税务领域感兴趣的读者，本书都将成为您不可或缺的参考书籍。

本书旨在为税务稽查领域的专业人士和相关从业者提供全面、实用的指导，希望能够帮助读者提升税务稽查的能力和水平，为税收征管和企业发展做出积极的贡献。因经济业务层出不穷，相关政策规定经常更新，如有疏漏之处，敬请广大读者指正批评！

在阅读本书的过程中，读者若有任何疑问或建议，欢迎与我们交流和分享，共同推动税务稽查工作的不断进步。

目　录

第一章　税务稽查概述

第一节　具有税务稽查职能的机构

税务稽查是依法对纳税人、扣缴义务人和其他涉税当事人履行纳税义务、扣缴义务情况及涉税事项进行检查处理，以及围绕检查处理开展的其他相关工作。具有税务稽查职能的机构包括国家税务总局稽查局、国家税务总局驻各地特派员办事处、省级以下税务局稽查局和跨区域稽查局。

一、国家税务总局稽查局

国家税务总局稽查局是国家税务总局主管税务稽查工作的职能部门。主要职责是：起草税务稽查法律法规草案、部门规章及规范性文件；办理重大税收案件的立案和调查的有关事项并提出处理意见；指导、协调税务系统的稽查工作。

二、国家税务总局驻各地特派员办事处

国家税务总局共设置六个特派员办事处，分别驻北京、沈阳、上海、广州、重庆、西安，是税务总局向地方派驻开展跨区域税务稽查和督察内审工作的税务机构。具体职责如下：

（1）国家税务总局驻北京特派员办事处（国家税务总局驻北京稽查局）主要承担北京市、天津市、河北省、山西省、内蒙古自治区范围内税务机关贯彻执行党中央、国务院决策部署情况的督查、税收执法合规性检查、财务内审、跨区域涉税大案要案稽查等任务。

（2）国家税务总局驻沈阳特派员办事处（国家税务总局驻沈阳稽查局）主要承担辽宁省、吉林省、黑龙江省、大连市范围内税务机关贯彻执行党中央、国务院决策部署情况的督查、税收执法合规性检查、财务内审、跨区域涉税大案要案稽查等任务。

（3）国家税务总局驻上海特派员办事处（国家税务总局驻上海稽查局）主要承担上

海市、江苏省、浙江省、安徽省、福建省、江西省、山东省、青岛市、厦门市、宁波市范围内税务机关贯彻执行党中央、国务院决策部署情况的督查、税收执法合规性检查、财务内审、跨区域涉税大案要案稽查等任务。

(4)国家税务总局驻广州特派员办事处(国家税务总局驻广州稽查局)主要承担河南省、湖北省、湖南省、广东省、广西壮族自治区、海南省、深圳市范围内税务机关贯彻执行党中央、国务院决策部署情况的督查、税收执法合规性检查、财务内审、跨区域涉税大案要案稽查等任务。

(5)国家税务总局驻重庆特派员办事处(国家税务总局驻重庆稽查局)主要承担重庆市、四川省、贵州省、云南省、西藏自治区范围内税务机关贯彻执行党中央、国务院决策部署情况的督查、税收执法合规性检查、财务内审、跨区域涉税大案要案稽查等任务。

(6)国家税务总局驻西安特派员办事处(国家税务总局驻西安稽查局)主要承担陕西省、甘肃省、青海省、宁夏回族自治区、新疆维吾尔自治区范围内税务机关贯彻执行党中央、国务院决策部署情况的督查、税收执法合规性检查、财务内审、跨区域涉税大案要案稽查等任务。

三、省级以下税务局稽查局和跨区域稽查局

省级以下税务局稽查局是指国家税务总局各省、自治区、直辖市、计划单列市税务局和各市、地、州、盟税务局按照规定设立并向社会公告的税务局稽查局，如国家税务总局上海市税务局稽查局、国家税务总局江苏省税务局稽查局、国家税务总局南京市税务局稽查局等；主要负责组织实施税务稽查法律法规、规章及规范性文件，承担案源管理、税务稽查管理工作，组织查办督办重大税收违法案件。

跨区域稽查局，是指国家税务总局各省、自治区、直辖市、计划单列市税务局和各市、地、州、盟税务局按照规定设立并向社会公告的跨区域稽查局，如国家税务总局上海市税务局第一稽查局、国家税务总局南京市税务局第一稽查局等；主要负责开展社会公告范围内和被指定管辖的税收违法案件的查处以及查办案件的执行工作。

本书所列税务局稽查局为省级以下税务局稽查局，本书所列稽查局是指省级以下税务局稽查局和跨区域稽查局。

第二节　税务稽查案件办理程序

一、税务稽查基本原则

办理税务稽查案件应当以事实为根据，以法律为准绳，坚持公平、公正、公开、效率的原则。

办理税务稽查案件时，实行选案、检查、审理、执行分工制约原则。

税务稽查人员有《税收征管法细则》规定回避情形的，应当回避。被查对象申请税务稽查人员回避或者税务稽查人员自行申请回避的，由稽查局局长依法决定是否回避。稽查局局长发现税务稽查人员具有规定回避情形的，应当要求其回避。稽查局局长的回避，由税务局局长依法审查决定。

税务稽查人员需要回避的情形包括实施税务稽查过程中与纳税人、扣缴义务人或者其法定代表人（主要负责人）、直接责任人有下列关系之一的：夫妻关系；直系血亲关系；三代以内旁系血亲关系；近姻亲关系；可能影响公正执法的其他利害关系。

税务稽查人员应当遵守工作纪律，恪守职业道德，不得有下列行为：

①违反法定程序、超越权限行使职权；②利用职权为自己或者他人谋取利益；③玩忽职守，不履行法定义务；④泄露国家秘密、工作秘密，向被查对象通风报信、泄露案情；⑤弄虚作假，故意夸大或者隐瞒案情；⑥接受被查对象的请客送礼等影响公正执行公务的行为；⑦其他违法违纪行为。

税务稽查人员在执法办案中滥用职权、玩忽职守、徇私舞弊的，依照有关规定严肃处理；涉嫌犯罪的，依法移送司法机关处理。

税务稽查案件办理应当通过文字、音像等形式，对案件办理的启动、调查取证、审核、决定、送达、执行等进行全过程记录。

稽查局应当自立案之日起 90 日内作出行政处理、处罚决定或者无税收违法行为结论。案情复杂需要延期的，经税务局局长批准，可以延长不超过 90 日；特殊情况或者发生不可抗力需要继续延期的，应当经上一级税务局分管副局长批准，并确定合理的延长期限。但下列时间不计算在内：

①中止检查的时间；②请示上级机关或者征求有权机关意见的时间；③提请重大税务案件审理的时间；④因其他方式无法送达，公告送达文书的时间；⑤组织听证的时间；⑥纳税人、扣缴义务人超期提供资料的时间；⑦移送司法机关后，税务机关需根据司法文书决定是否处罚的案件，从司法机关接受移送到司法文书生效的时间。根据办案需要，由检查人员或审理人员提出延长案件办理时限的申请。

二、税务稽查管辖范围

稽查局应当在税务局向社会公告的范围内实施税务稽查。上级税务机关可以根据案件办理的需要指定管辖。税收法律、行政法规和国家税务总局规章对税务稽查管辖另有规定的，从其规定。

税务稽查管辖有争议的，由争议各方本着有利于案件查处的原则逐级协商解决；不能协商一致的，报请共同的上级税务机关决定。

三、税务稽查选案环节

稽查局应当加强稽查案源管理，全面收集整理案源信息，合理、准确地选择待查对象。待查对象确定后，经稽查局局长批准实施立案检查。必要时，依照法律法规的规定，稽查局可以在立案前进行检查。稽查局应当统筹安排检查工作，严格控制对纳税人、扣缴义务人的检查次数。

1. 案源管理

案源管理，是指按照规定程序，对各类涉税数据、信息和线索进行收集、处理、立案、反馈的管理过程。税务局稽查局负责对辖区内的稽查案源进行统筹管理，统筹推送各类案源，跨区域稽查局原则上不开展选案工作。

案源管理应当遵循依法依规、风险导向、统筹协调、分类分级、动态管理的原则。税务局稽查局应当以风险管理为导向，以税收大数据为支撑，以风险推送、外部转办、稽查自选为重点，以打击偷税（逃避缴纳税款）、逃避追缴欠税、骗税、抗税、虚开发票等税收违法行为为目标，注重处理结果的分析反馈和增值使用，形成风险闭环式案源管理的新格局。

2. 选案

税务局稽查局应当通过多种渠道获取案源信息，积极运用税收大数据分析选取稽查案源，开展“双随机”选案，受理风险推送、涉税检举、上级交（督）办、外部单位转办、受托协查等案源。

（1）建立案源信息库。

案源信息是指税务局在税收管理中形成的，以及外部相关单位、部门或者个人提供的纳税人、扣缴义务人和其他涉税当事人的税收数据、信息和违法行为线索。案源信息的内容具体包括：

①纳税人自行申报的税收数据和信息，以及税务局在税收管理过程中形成的税务登记、发票使用、税收优惠、资格认定、出口退税、企业财务报表等涉税数据和信息；

②税务局风险管理等部门在风险分析和识别工作中发现并推送的高风险纳税人风险信息；

③上级党委、政府、纪检监察等单位和上级税务机关（以下统称上级机关）通过督办函、交办函等形式下发的督办、交办任务提供的税收违法线索；

④检举人提供的税收违法线索；

⑤受托协查事项形成的税收违法线索；

⑥公安、检察、审计、纪检监察、海关、人民银行等外部单位以及税务局督察内审、纪检监察等部门提供的税收违法线索；

⑦专项情报交换、自动情报交换和自发情报交换等过程中形成的国际税收情报信息；

⑧稽查局在执法过程中形成的案件线索、处理处罚等税务稽查数据；

⑨政府部门和社会组织共享的涉税信息，以及税务局收集的社会公共信息等第三方信息；

⑩其他涉税数据、信息和税收违法线索。

(2)开展选案。

税务局稽查局根据随机抽查计划和打击偷税(逃避缴纳税款)、骗税、虚开发票、骗取留抵退税等专项稽查任务安排，制订选案方案，并根据方案要求，充分利用案源信息库有关数据，采用人机结合的方式开展选案，选取待查对象。对国家税务总局大企业税收管理司列名的“千户集团”企业，由省税务局稽查局和省大企业税收服务和管理局共同协商制订工作计划，选取随机抽查对象，实现数据共享、资源共享、结果共享。待查对象确定后，经稽查局局长批准后立案检查，按规定移交检查环节开展检查；对待查对象经初步分析，认为案情复杂、疑难、重大，有必要进行立案前检查的，提请立案前检查审批、移交检查部门实施立案前检查，并根据检查结果进行处理。案源处理(选案)人员不得同时对所立案件进行检查、审理、执行。

四、税务稽查检查环节

稽查局应当依照法定权限和程序采取相应的检查方法，收集能够证明案件事实的证据材料，对推送的涉税疑点以及检查中发现的其他涉税问题逐一查证，制作《税务稽查报告》及相关文书，与案件相关证据材料一并移交审理。

1.检查任务分配

稽查局检查部门接到《检查任务通知书》后，应当及时安排人员实施检查。对待查案件进行分配时需要选择至少 2 名以上具有执法资格的检查人员。在同一案件查办中，检查人员不得与案源处理(选案)人员交叉重复。

2.检查实施前准备

检查前，稽查局应当告知被查对象检查时间、需要准备的资料等，但预先通知有碍检查的除外。检查人员实施检查前，应当进行查前分析，制订检查方案，做好检查前准备。检查人员应当共同实施检查，并向被查对象出示税务检查证件、出示或者送达税务检查通知书，告知其权利和义务。

3.实施检查

(1)检查方法。

①检查应当依照法定权限和程序，采取实地检查、调取账簿资料、询问、查询存款账户或者储蓄存款、异地协查等方法。对采用电子信息系统进行管理和核算的被查对象，检查人员可以要求其打开该电子信息系统，或者提供与原始电子数据、电子信息系统技术资料一致的复制件。被查对象拒不打开或者拒不提供的，经稽查局局长批准，可以采用适当的技术手段对该电子信息系统进行直接检查，或者提

取、复制电子数据进行检查，但所采用的技术手段不得破坏该电子信息系统原始电子数据，或者影响该电子信息系统正常运行。

检查应当依照法定权限和程序，收集证据材料。收集的证据材料必须经查证属实，并与所证明的事项相关联。不得严重违反法定程序收集证据材料；不得以违反法律强制性规定的手段获取且侵害他人合法权益收集、获取证据材料；不得以利诱、欺诈、胁迫、暴力等不正当手段获取证据材料。

需要提取证据材料原件的，应当向当事人出具提取证据专用收据，由当事人核对后签章确认。对需要退还的证据材料原件，检查结束后应当及时退还，并履行相关签收手续。需要将已开具的纸质发票调出查验时，应当向被查验的单位或者个人开具发票换票证；需要将空白纸质发票调出查验时，应当向被查验的单位或者个人开具调验空白发票收据。经查无问题的，应当及时退还，并履行相关签收手续。提取证据材料复制件的，应当由当事人或者原件保存单位（个人）在复制件上注明“与原件核对无误”及原件存放地点，并签章。

②实地检查。检查人员实地调查取证时，可以制作现场笔录、勘验笔录，对实地调查取证情况予以记录。制作现场笔录、勘验笔录，应当载明时间、地点和事件等内容，并由检查人员签名和当事人签章。当事人经通知不到场或者拒绝在现场笔录、勘验笔录上签章的，检查人员应当在笔录上注明原因；如有其他人员在场，可以由其签章证明。

③调取账簿资料。调取账簿、记账凭证、报表和其他有关资料时，应当向被查对象出具调取账簿资料通知书，并填写调取账簿资料清单交其核对后签章确认。调取纳税人、扣缴义务人以前会计年度的账簿、记账凭证、报表和其他有关资料的，应当经县以上税务局局长批准，并在 3 个月内完整退还；调取纳税人、扣缴义务人当年的账簿、记账凭证、报表和其他有关资料的，应当经设区的市、自治州以上税务局局长批准，并在 30 日内退还。退还账簿资料时，应当由被查对象核对调取账簿资料清单，并签章确认。

④实施询问。询问应当由 2 名以上检查人员实施。除在被查对象生产、经营、办公场所询问外，应当向被询问人送达询问通知书。询问时应当告知被询问人有关权利义务。询问笔录应当交被询问人核对或者向其宣读；询问笔录有修改的，应当由被询问人在改动处捺指印；核对无误后，由被询问人在尾页结束处写明“以上笔录我看过（或者向我宣读过），与我说的相符”，并逐页签章、捺指印。被询问人拒绝在询问笔录上签章、捺指印的，检查人员应当在笔录上注明。

当事人、证人可以采取书面或者口头方式陈述或者提供证言。当事人、证人口头陈述或者提供证言的，检查人员应当以笔录、录音、录像等形式进行记录。笔录可以手写或者使用计算机记录并打印，由当事人或者证人逐页签章、捺指印。当事人、证人口头提出变更陈述或者证言的，检查人员应当就变更部分重新制作笔录，注明原因，由当事人或者证人逐页签章、捺指印。当事人、证人变更书面陈述或者证言的，变更前的笔录不予退回。

⑤视听制作。制作录音、录像等视听资料的，应当注明制作方法、制作时间、制作人

和证明对象等内容。调取视听资料时，应当调取有关资料的原始载体；难以调取原始载体的，可以调取复制件，但应当说明复制方法、人员、时间和原件存放处等事项。对声音资料，应当附有该声音内容的文字记录；对图像资料，应当附有必要的文字说明。

以电子数据的内容证明案件事实的，检查人员可以要求当事人将电子数据打印成纸质资料，在纸质资料上注明数据出处、打印场所、打印时间或者提供时间，注明"与电子数据核对无误"，并由当事人签章。

需要以有形载体形式固定电子数据的，检查人员应当与提供电子数据的个人、单位的法定代表人或者财务负责人或者经单位授权的其他人员一起将电子数据复制到存储介质上并封存，同时在封存包装物上注明制作方法、制作时间、制作人、文件格式及大小等，注明"与原始载体记载的电子数据核对无误"，并由电子数据提供人签章。

⑥查询存款账户或者储蓄存款。查询从事生产、经营的纳税人、扣缴义务人存款账户，应当经县以上税务局局长批准，凭检查存款账户许可证明向相关银行或者其他金融机构查询。查询案件涉嫌人员储蓄存款的，应当经设区的市、自治州以上税务局局长批准，凭检查存款账户许可证明向相关银行或者其他金融机构查询。

⑦异地调查。检查人员异地调查取证的，当地税务机关应当予以协助；发函委托相关稽查局调查取证的，必要时可以派人参与受托地稽查局的调查取证，受托地稽查局应当根据协查请求，依照法定权限和程序调查。需要取得境外资料的，稽查局可以提请国际税收管理部门依照有关规定程序获取。

(2)检查结束。

①制作稽查工作底稿。检查人员将税务检查实施中收集到的各种证据资料适时整理归集，并分析归纳制作税务稽查工作底稿。税务稽查工作底稿分为《税务稽查工作底稿(一)》和《税务稽查工作底稿(二)》。《税务稽查工作底稿(一)》主要用于记录从被查对象的账簿凭证资料中摘录的内容，《税务稽查工作底稿(二)》主要用于记录案件具体事实。税务稽查工作底稿填写完毕后，由检查人员签名，并交被查对象(当事人)核对无误、陈述意见后签章；如果仅作为归集相关证据材料使用的，可以不要求被查对象(当事人)签章。税务稽查工作底稿填写应当数据准确，项目齐全，字迹清楚，不得随意涂改；确需改正的，应当在改动处逐一签名、捺指印。

检查结束前，检查人员可以将发现的税收违法事实和依据告知被查对象。被查对象对违法事实和依据有异议的，应当在限期内提供说明及证据材料。被查对象口头说明的，检查人员应当制作笔录，由当事人签章。

②制作税务稽查报告。检查结束时，检查人员应当根据税务稽查工作底稿及有关资料，制作《税务稽查报告》《拟查补、退税款汇总表》。《税务稽查报告》应当由2名以上检查人员签名，并注明日期。在《税务稽查报告》中签名的检查人员应当与《税务检查通知书》或者《税务事项通知书》所列检查人员一致。

③移交审理。检查完毕后，检查人员将整理的税务稽查案卷材料及相关文件材料移交审理部门并办理交接手续。

(3)中止检查。

有下列情形之一，致使检查暂时无法进行的，经稽查局局长批准后，中止检查：①当事人被有关机关依法限制人身自由的；②账簿、记账凭证及有关资料被其他国家机关依法调取且尚未归还的；③与税收违法行为直接相关的事实需要人民法院或者其他国家机关确认的；④法律、行政法规或者国家税务总局规定的其他可以中止检查的。

中止检查的情形消失后，经稽查局局长批准后，恢复检查。

(4)终结检查。

有下列情形之一，致使检查确实无法进行的，经稽查局局长批准后，终结检查：①被查对象死亡或者被依法宣告死亡或者依法注销，且有证据表明无财产可抵缴税款或者无法定税收义务承担主体的；②被查对象税收违法行为均已超过法定追究期限的；③法律、行政法规或者国家税务总局规定的其他可以终结检查的。

五、税务稽查审理环节

检查结束后，稽查局应当对案件进行审理。符合重大税务案件标准的，稽查局审理后提请税务局重大税务案件审理委员会审理。

1. 分类分级审理

(1)审理部门审理。稽查局检查的案件，由本局审理部门审理；不具有审理职能的，应当提请税务局稽查局审理部门进行集中审理。

(2)稽查局集体审理。重大、复杂、疑难的案件由稽查局集体审理。

(3)重点案件集体审理。跨区域稽查局查办的重点案件，应当提请税务局稽查局进行重点案件集体审理。

(4)税务局重大税务案件审理。达到所属税务局重大税务案件标准的案件，应当按照规定程序提请所属税务局重大税务案件审理委员会审理。

2. 审核重点

案件审理应当着重审核以下内容：执法主体是否正确；被查对象是否准确；税收违法事实是否清楚，证据是否充分，数据是否准确，资料是否齐全；适用法律、行政法规、规章及其他规范性文件是否适当，定性是否正确；是否符合法定程序；是否超越或者滥用职权；税务处理、处罚建议是否适当；其他应当审核确认的事项或者问题。

3. 补正或者补充调查

有下列情形之一的，应当补正或者补充调查：①被查对象认定错误的；②税收违法事实不清、证据不足的；③不符合法定程序的；④税务文书不规范、不完整的；⑤其他需要补正或者补充调查的。需补正或者补充调查的，审理部门应当有明确的要求并且一次性全部告知，补正或者补充调查次数一般不得超过两次。

4. 对当事人的权益保障

被查对象或者其他涉税当事人可以书面或者口头提出陈述、申辩意见。对当事人口头提出陈述、申辩意见，应当制作陈述申辩笔录，如实记录，由陈述人、申辩人签章。

应当充分听取当事人的陈述、申辩意见；经复核，当事人提出的事实、理由或者证据成立的，应当采纳。

被查对象或者其他涉税当事人按照法律、法规、规章要求听证的，应当依法组织听证。听证依照国家税务总局有关规定执行。

5.审理意见

经审理，区分下列情形分别作出处理：

(1)有税收违法行为，应当作出税务处理决定的，制作税务处理决定书。

(2)有税收违法行为，应当作出税务行政处罚决定的，制作税务行政处罚决定书。

(3)税收违法行为轻微，依法可以不予税务行政处罚的，制作不予税务行政处罚决定书。

(4)没有税收违法行为的，制作税务稽查结论。

税务处理决定书、税务行政处罚决定书、不予税务行政处罚决定书、税务稽查结论引用的法律、行政法规、规章及其他规范性文件，应当注明文件全称、文号和有关条款。

六、税务稽查执行环节

稽查局对案件出具结论性文书后，应当依法及时将税务文书送达当事人，督促当事人按照税务处理决定书、税务行政处罚决定书确定的期限缴纳或者解缴税收款项，对不主动履行的当事人、被执行人依法采取税收保全措施、税收强制执行。

1.结论性文书送达

稽查局应当依法及时送达税务处理决定书、税务行政处罚决定书、不予税务行政处罚决定书、税务稽查结论等税务文书。

2.强制执行

(1)具有下列情形之一的，经县以上税务局局长批准，稽查局可以依法强制执行，或者依法申请人民法院强制执行：①纳税人、扣缴义务人未按照规定的期限缴纳或者解缴税款、滞纳金，责令限期缴纳逾期仍未缴纳的；②经稽查局确认的纳税担保人未按照规定的期限缴纳所担保的税款、滞纳金，责令限期缴纳逾期仍未缴纳的；③当事人对处罚决定逾期不申请行政复议也不向人民法院起诉、又不履行的；④其他可以依法强制执行的。

(2)当事人确有经济困难，需要延期或者分期缴纳罚款的，可向稽查局提出申请，经税务局局长批准后，可以暂缓或者分期缴纳。

(3)作出强制执行决定前，应当制作并送达催告文书，催告当事人履行义务，听取当事人陈述、申辩意见。经催告，当事人逾期仍不履行行政决定，且无正当理由的，经县以上税务局局长批准，实施强制执行。

实施强制执行时，应当向被执行人送达强制执行决定书，告知其实施强制执行的内容、理由及依据，并告知其享有依法申请行政复议或者提起行政诉讼的权利。

催告期间，对有证据证明有转移或者隐匿财物迹象的，可以作出立即强制执行决定。

(4)稽查局采取从被执行人开户银行或者其他金融机构的存款中扣缴税款、滞纳金、罚款措施时，应当向被执行人开户银行或者其他金融机构送达扣缴税收款项通知书，依法扣缴税款、滞纳金、罚款，并及时将有关凭证送达被执行人。

(5)拍卖、变卖被执行人商品、货物或者其他财产，以拍卖、变卖所得抵缴税款、滞纳金、罚款的，在拍卖、变卖前应当依法进行查封、扣押。

稽查局拍卖、变卖被执行人商品、货物或者其他财产前，应当制作拍卖/变卖抵税财物决定书，经县以上税务局局长批准后送达被执行人，予以拍卖或者变卖。

拍卖或者变卖实现后，应当在结算并收取价款后3个工作日内，办理税款、滞纳金、罚款的入库手续，并制作拍卖/变卖结果通知书，附拍卖/变卖查封、扣押的商品、货物或者其他财产清单，经稽查局局长审核后，送达被执行人。

以拍卖或者变卖所得抵缴税款、滞纳金、罚款和拍卖、变卖等费用后，尚有剩余的财产或者无法进行拍卖、变卖的财产的，应当制作返还商品、货物或者其他财产通知书，附返还商品、货物或者其他财产清单，送达被执行人，并自办理税款、滞纳金、罚款入库手续之日起3个工作日内退还被执行人。

3. 中止执行

执行过程中发现有下列情形之一的，经稽查局局长批准后，中止执行：①当事人死亡或者被依法宣告死亡，尚未确定可执行财产的；②当事人进入破产清算程序尚未终结的；③可执行财产被司法机关或者其他国家机关依法查封、扣押、冻结，致使执行暂时无法进行的；④可供执行的标的物需要人民法院或者仲裁机构确定权属的；⑤法律、行政法规和国家税务总局规定其他可以中止执行的。

中止执行情形消失后，经稽查局局长批准后，恢复执行。

4. 终结执行

当事人确无财产可供抵缴税款、滞纳金、罚款或者依照破产清算程序确实无法清缴税款、滞纳金、罚款，或者有其他法定终结执行情形的，经税务局局长批准后，终结执行。

七、重新作出决定

税务处理决定书、税务行政处罚决定书等决定性文书送达后，有下列情形之一的，稽查局可以依法重新作出：

①决定性文书被人民法院判决撤销的；

②决定性文书被行政复议机关决定撤销的；

③税务机关认为需要变更或者撤销原决定性文书的；

④其他依法需要变更或者撤销原决定性文书的。

八、涉嫌犯罪案件移送

税收违法行为涉嫌犯罪的，填制涉嫌犯罪案件移送书，经税务局局长批准后，依法移送公安机关，并附送以下资料：①涉嫌犯罪案件情况的调查报告；②涉嫌犯罪的主要证据材料复制件；③其他有关涉嫌犯罪的材料。

九、税务文书送达方式

税务文书应当按照法律、法规规定的权限、程序和方式送达受送达人。送达税务文书时，必须主动向当事人和相关人员表明身份，告知当事人执法事由、执法依据、权利义务等内容。必要时，可以通过制作《现场笔录》、音像记录等适当方式记录税务文书送达过程。税务文书送达方式包括直接送达、留置送达、委托送达、邮寄送达和公告送达。

1. 直接送达

(1)税收文书可以直接送达的，应当直接送交受送达人。

(2)受送达人是公民的，应当由本人直接签收；本人不在的，交其同住成年家属签收，并应当注明与受送达人的关系。受送达人是法人或者其他组织的，应当由法人的法定代表人、其他组织的主要负责人或者该法人、组织的财务负责人、负责收件的人签收；受送达人有代理人的，可以送交其代理人签收。

(3)直接送达税务文书的，以签收人在《税务文书送达回证》上记明的收到日期为送达日期。

2. 留置送达

(1)受送达人或者其同住成年家属、代收人、代理人拒绝签收，无法直接送达税务文书的，可以采取留置送达的方式送达税务文书。

(2)留置送达可以邀请有关基层组织人员或者其他第三方见证人到场，在送达回证上记明拒收事由和日期，由被邀请到场的见证人填写见证内容："税务机关直接送达税务文书，受送达人拒绝签收，无法直接送达"字样，由送达人、见证人签名或者盖章，将税务文书留在受送达人处，即视为送达。

(3)邀请见证人到场见证的，应当取得见证人的有效身份证明资料。税务人员不应作为见证人。

(4)原则上应当制作《现场笔录》或者音像记录设备记录留置送达过程。

3. 委托送达

(1)直接送达税务文书有困难的，包括受送达人不在本税务机关辖区内经营或者居住而难以直接送达的，可以委托其他有关机关或者其他单位代为送达。

(2)采取委托送达的，应当向被委托方出具委托书，并将税务文书及送达回证交被委托方。

(3)委托送达以受送达人在税务文书送达回证上签收的日期为送达日期。

4.邮寄送达

(1)直接送达税务文书有困难或者受送达人提出邮寄送达要求的,可以保留相关证据,采取邮寄送达方式送达税务文书。

(2)邮寄送达应当交由邮政企业采用挂号函件等可以证明收件的邮寄方式,并在邮寄单据或者回执上注明税务文书名称、文书号、份数,以及是否为原件。

(3)邮寄送达以挂号函件回执上注明的收件日期为送达日期,并视为已送达。

5.公告送达

(1)同一送达事项的受送达人众多,或者采用前述其他送达方式无法送达税务文书的,可以公告送达税务文书。

(2)采用其他送达方式无法送达税务文书而采取公告送达的,应当留存已经采用其他送达方式的证据。

6.《税务文书送达回证》填写规范

直接送达、留置送达和委托送达应当制作《税务文书送达回证》,样式见表1-1。

表1-1　税务文书送达回证

送达文书名称	
受送达人	
送达地点	
受送达人签名或盖章	年　月　日　时　分
代收人代收理由及签名或盖章	年　月　日　时　分
受送达人拒收理由	年　月　日　时　分
见证人签名或盖章	年　月　日　时　分
送达人签名或盖章	年　月　日　时　分
填发税务机关	(印章)年　月　日　时　分

使用说明:

1.本送达回证依据《中华人民共和国税收征收管理法实施细则》第一百零一条至第一百零六条设置。

2.适用范围:向当事人送达税务文书时使用。

3."送达文书名称"栏,填写送达文书名称及文号。

4."受送达人"栏,受送达人为单位的,填写单位名称、统一社会信用代码,没有统一社会信用代码的,以纳税人识别号代替;受送达人为个人的,填写姓名、有效身份证件号码。

5."送达地点"栏,填写送达税务文书的具体地点。

6."受送达人签名或盖章"栏,受送达人是法人或其他组织的,应当由法人的法定代表人、其他组织的主要负责人或者该法人、组织的财务负责人、负责收件的人签收;受送达人是公民的,应当由本人直接签收。

7."代收人代收理由及签名或盖章"栏,受送达人为个人的,本人不在由其同住成年家属在此栏签名,并注明与受送达人关系;受送达人为单位的,法定代表人不在的,由其代理人或其他负责人或负责收件的人员在此栏签字。

8."受送达人拒收理由"栏,受送达人或其他法定签收人拒收时,由送达人填写此栏。

9."见证人签名或盖章"栏,受送达人拒收时,邀请有关基层组织或其所在单位的代表作为见证人到场,由见证人在此栏签名或盖章,不应由税务人员签名或盖章。

10.本送达回证为A4竖式,随同送达的税务文书装入卷宗。

第二章　税收违法案件发票协查实务

税收违法案件发票协查是税务稽查部门查办涉税违法案件，特别是打击跨区域、链条式虚开骗税案件的重要手段，对提高案件查办质量具有重要意义。税收违法案件发票协查是稽查局常态化工作，是广大税务稽查干部必须掌握的技能。

第一节　税收违法案件发票协查基础知识

一、税收违法案件发票协查基本概念

税收违法案件发票协查（以下简称发票协查）是指查办税收违法案件的税务局稽查局（以下简称委托方）将需异地调查取证的发票委托有管辖权的税务局稽查局（以下简称受托方），开展调查取证的相关活动。税收违法案件发票的协查由税务局稽查局负责实施。

发票协查按照协查方向，可分为委托协查和受托协查。

二、委托协查

1. 委托协查的概念和方式

委托协查是指委托方向受托方发函或者派人参与的方式，对税收违法案件中涉及的发票提出异地协查事项和需求的行为。

发函是指委托方向受托方发出《税收违法案件协查函》（以下简称协查函），包括网络协查和寄送纸质协查函两种方式。网络协查，是指通过协查信息管理系统传递协查信息和资料，同时配合寄送纸质资料的协查方式，除涉密案件或无法通过协查信息管理系统发起的委托协查外，委托方不再通过纸质方式发起委托协查。寄送纸质协查函，是指国家税务总局未纳入协查信息管理系统的发票和涉税事项的协查，通过邮寄方式传

递协查信息和资料的协查方式。纸质协查函原则上采取同级发函的方式进行，上级稽查局组织的协查，采取逐级发函的方式进行。

派人参与是指重大案件或者有特殊要求的案件，委托方可派人参与受托方的调查取证，提出取证要求。委托方采取派人参与方式进行协查的，应当向受托方通报情况、沟通案情，派出人员需携带加盖本单位公章的《介绍信》和协查函、《税务检查证》等相关证明，参与受托方的调查取证，提出取证要求。

协查函应信息准确、内容完整，具体内容包括委托方案件名称、基本案情、涉案发票记载的信息、已掌握的疑点或线索、作案手法、提出有针对性的取证要求、回复期限、组卷及寄送要求、联系人和联系方式等。

2. 委托协查的分类

委托协查又可以分为调查取证类和确定虚开类。调查取证类是指委托方立案检查的税收违法案件已取得涉嫌违法的部分证据，需要受托方对涉案发票协助调查取证的，检查人员异地调查取证的，当地税务机关应当予以协助；确定虚开类是指委托方立案检查的税收违法案件经过审理程序认定虚开后，需要通知受托方作出相应处理的。

3. 委托协查的要求

(1)调查取证类。

委托方根据案件查办情况，确定协查对象，需要发起委托协查的，向受托方发出协查函。

国家税务总局督办案件的发票协查应当按照《重大税收违法案件督办管理暂行办法》有关规定执行，并在协查函中予以说明，注明督办函号。承办机关可以就督办案件向相关地区同级税务机关发出协查函，提出具体协查要求和回复时限。案情重大复杂的，承办机关可以报请督办机关组织协查。

(2)确定虚开类。

已确定虚开发票案件的协查，委托方应当按照受托方一户一函的形式出具《已证实虚开通知单》及相关证据资料，并在所附发票清单上逐页加盖公章，随同协查函寄送受托方。通过协查信息管理系统发起已确定虚开发票案件协查函的，委托方应当在发送委托协查信息后5个工作日内寄送《已证实虚开通知单》以及相关证据资料。

4. 委托协查的跟踪管理

委托方应当及时登记《委托协查台账》，跟踪协查函的发出、回复和处理情况。委托方收到协查回函后，根据协查回函信息依法对被查对象进行查处。

三、受托协查

1. 受托协查的概念

受托协查是指受托方收到协查函后，根据协查请求，依照法定权限和程序调查，并按照要求及期限回函的行为。

协查函涉及的协查对象不属于受托方管辖范围的，受托方应当在收函之日起 5 个工作日内，出具本辖区县（区）级主管税务机关证明材料，并将协查函退回委托方或者交由本级或者上级税务局稽查局重新分拣。

2. 受托协查案源的分类处理

接收的协查案源信息涉及的纳税人状态正常，且存在下列情形之一的协查案源，受托方应当按照《税务稽查案件办理程序规定》有关规定立案检查或并案检查：

①委托方已开具《已证实虚开通知单》并提供相关证据的；

②委托方提供的证据资料证明协查对象存在税收违法嫌疑的；

③受托方检查发现协查对象存在税收违法嫌疑的；

④上级税务局稽查局要求立案检查的；

协查案源信息不符合前述规定的直接立案条件的，应当根据协查要求及时安排调查核实。

协查案源涉及纳税人已走逃而无法开展检查的（有特殊要求的除外）或存在其他不宜开展检查又无法退回的情形的，可以作暂存待查。

3. 受托协查回函要求

受托方应当依据调查取证所掌握的情况及所获取的证据材料，向委托方出具《税收违法案件协查回复函》。

《税收违法案件协查回复函》的内容包括：

①协查来源；

②涉案企业的基本情况及协查发票记载的信息；

③协查取证要求的说明；

④协查结论或者协查结果；

⑤税务处理和税务行政处罚事项；

⑥其他应予说明的事项。

受托方应当对取得的证据材料，连同相关文书一并作为协查案卷立卷存档；同时根据委托方协查函委托的事项，将相关证据材料及文书复制，注明“与原件核对无误”，注明原件存放处，并加盖本单位印章后一并寄送委托方。

受托方通过协查信息管理系统收到的协查函，应当通过协查信息管理系统进行函复。经检查有问题的以及委托方要求寄送取证材料的，应当在回复协查结果后 5 个工作日内将相关证据材料及文书复制，注明“与原件核对无误”，注明原件存放处，并加盖本单位印章后一并寄送委托方。

4. 受托协查回函期限

受托方应当在收到协查函后 60 日内回函。通过协查信息管理系统发出的协查函，受托方应当在收到协查函后 30 日内回函。

国家税务总局督办的案件，受托方在回函期限前不能完成检查工作的，可以逐级上报国家税务总局申请延期，在得到国家税务总局同意后，在延期期限内给予回复。申请延期应当说明延期理由、延期期限以及与委托方沟通的情况。

国家税务总局对协查回函期限有特殊要求的，应当按照相关要求办理。

5.受托协查跟踪管理

受托方应当登记《受托协查台账》，及时掌握协查工作安排、回复、处理情况。

四、发票协查内容

1.涉案企业发票开具或取得情况及证据

如是否以收取或支付介绍费、开票费等形式，取得或开具发票；协查的发票信息是否与实际经营业务情况一致；商贸企业购销货物（劳务、服务）品名是否严重不符等。

2.涉案企业资金流情况及证据

如全部或部分交易资金信息是否真实，是否有资金回流嫌疑；是否存在大宗交易未付款或虚假现金支付等嫌疑；是否利用银行承兑汇票虚假结算等。

3.涉案企业货物（劳务、服务）流情况及证据

如货物流转和收发存的实物登记与财务账面登记的种类、数量、金额是否相符；购货与生产领用、生产订单是否严重不符；材料采购、货物运输、资金支付以及财务处理是否相互矛盾；运输发票是否为虚开或开票方及受票方是否均未支付运费；是否存在其他无真实货物（劳务、服务）交易的情形等。

4.涉案企业生产经营真实性核实情况及证据

如生产企业是否无实际生产加工场所；注册经营地生产场所是否不是真正生产场地，是否为被查企业借用、租用他人生产场所虚假挂牌；生产设备是否不能够生产所开具发票载明货物，且无委托加工情况；生产能耗与销售是否严重不符；进项货物（购进原材料）是否不能直接生产销项货物，且无委托加工情况等。

5.涉案企业走逃（失联）情况及证据

如主管税务机关核实确认并出具企业未按规定按期办理各类纳税申报及地址变更等涉税事项的已经失联证明；检查人员实地核查企业的注册登记地址和生产经营地址，制作现场检查笔录，通过经营场所照片、证人证言（如物业公司、街道办事处、村委会管理人员和经营注册地址实际使用人员或其他相关人员的书面陈述或口述记录）、物业相关证据，证实在经营注册地址未能找到企业，或企业经营注册地址根本不存在；检查人员通过已知的联系人及联系方式（包括从互联网渠道所查询的联系信息）联系企业相关人员的录像（视频）、电话录音、电话笔录或第三方人员的证人证言。能够联系到企业代理记账、报税人员等的，取得相关人员的笔录或其他证明材料等。

6.涉案企业涉嫌税收违法的其他证据

如公安机关已控制犯罪嫌疑人的取得相关笔录；下游受票企业已被定性让他人为自己开具与实际经营情况不符的发票或取得明知开票方虚开发票的证明材料等。

五、发票协查报告

发票协查工作完成后，协查人员应及时制作税务稽查调查核实（包括协查）报告。税务稽查调查核实（包括协查）报告模板见表2-1。

表2-1　税务稽查调查核实（包括协查）报告

调查核实（包括协查）编号：×××

总　　页/第　　页

纳税人名称		纳税人识别号	
法定代表人		联系电话	
地址			
调查核实（包括协查）人员		调查核实（包括协查）时间	
调查核实（包括协查）报告：			
一、企业基本情况			
二、疑点调查核实（包括协查）情况			
三、调查核实（包括协查）结果和建议			
四、其他需要说明的情况			
……			
调查核实（包括协查）人员（签名）：		部门负责人（签名）：	

使用说明：

1. 设置依据：本报告依据《税务稽查案源管理办法（试行）》第二十二条设置，是《协查报告》的特殊形式。
2. 适用范围：检查部门实施调查核实（包括协查）后，将调查核实（包括协查）结果向安排调查核实（包括协查）任务的部门进行反馈时使用。
3. 本报告为A4竖式，一式两份，一份转给安排调查核实（包括协查）任务的部门，另一份由检查部门留存并根据有关规定装入调查核实（包括协查）案卷。

第二节　受托协查案件的定性处理

受托协查案件多为委托协查确定虚开类案件，委托方出具《已证实虚开通知单》及相关证据资料，通知受托方作出相应处理。对此类受托协查案件的定性处理，需要区分被查对象是否善意取得增值税专用发票(以下简称专用发票),处理时会涉及查补增值税、企业所得税等税种,并涉及如何定性,是否加收滞纳金,是否行政处罚等问题。

一、受托协查确定虚开发票案件的定性和增值税处理

确定虚开类受托协查案件中,在开具发票方(以下简称开票方)已确定虚开的情形下,稽查实务中对于开票方和取得发票方(以下简称受票方)的检查处理可能并不完全一致,对受票方的涉税行为的定性存在以下三种不同情形:

1. 受票方构成善意取得虚开专用发票

所谓善意取得虚开的专用发票,根据《国家税务总局关于纳税人善意取得虚开的增值税专用发票处理问题的通知》(国税发〔2000〕187 号)的规定,必须同时满足以下三个条件:①购货方与销售方存在真实的交易;②销售方使用的是其所在省(自治区、直辖市和计划单列市)的专用发票;③专用发票注明的销售方名称、印章、货物数量、金额及税额等全部内容与实际相符,且没有证据表明购货方知道销售方提供的专用发票是以非法手段获得的。

根据《国家税务总局关于纳税人善意取得虚开的增值税专用发票处理问题的通知》(国税发〔2000〕187 号)和《国家税务总局关于纳税人善意取得虚开增值税专用发票已抵扣税款加收滞纳金问题的批复》(国税函〔2007〕1240 号)的相关规定,此种情形下,受票方不以偷税或者骗取出口退税论处,不适用滞纳金和罚款的相关规定,如能够重新从销售方取得合法、有效增值税专用发票的,准予抵扣进项税款。

2. 受票方构成恶意取得虚开专用发票

所谓恶意取得虚开发票,并没有明确的税收法律法规的规定。相对于前文善意取得的规定,可以理解为,纳税人没有真实交易,而让对方为其虚开,或明知对方为其虚开而接受,或在真实交易中,从购货方取得第三方开具的发票,并向税务机关申报抵扣税款的行为。因此,恶意取得虚开发票一般应同时满足以下条件:①没有发生真实交易而取得发票;或虽有真实交易,但发票从第三方取得;②主观上事先知道而且希望或放任这种行为发生,客观上可能向税务机关申报增值税抵扣或减少其他税负。

根据《国家税务总局关于纳税人取得虚开的增值税专用发票处理问题的通知》(国税发〔1997〕134 号)规定,受票方利用他人虚开的专用发票,向税务机关申报抵扣税款进行偷税的,应当依照《中华人民共和国税收征收管理法》(以下简称《税收征收管理法》)及有关规定追缴税款,处以偷税数额五倍以下的罚款;进项税额大于销项税额的,还应当调减其留抵的进项税额。利用虚开的专用发票进行骗取出口退税的,应当依法追缴税款,处以骗税数额五倍以下的罚款。

同时根据《中华人民共和国行政处罚法》(以下简称《行政处罚法》)第二十九条的规定,对当事人的同一个违法行为,不得给予两次以上罚款的行政处罚。同一个违法行为违反多个法律规范应当给予罚款处罚的,按照罚款数额高的规定处罚。

恶意取得虚开发票的行为，同时也违反《中华人民共和国发票管理办法》(以下简称《发票管理办法》)的规定，构成虚开发票行为，应比照前述《税收征收管理法》的条款和《发票管理办法》第三十七条的规定按照罚款数额高的规定处罚。

3. 没有证据证明受票方属于恶意取得虚开专用发票，但也不构成善意取得取得虚开专用发票

根据《中华人民共和国增值税暂行条例》(以下简称《增值税暂行条例》)第九条规定，纳税人购进货物、劳务、服务、无形资产、不动产(以下简称货物)，取得的增值税扣税凭证不符合法律、行政法规或者国务院税务主管部门有关规定的，其进项税额不得从销项税额中抵扣。《国家税务总局关于纳税人虚开增值税专用发票征补税款问题的公告》(国家税务总局公告 2012 年第 33 号)规定，纳税人取得虚开的增值税专用发票，不得作为增值税合法有效的扣税凭证抵扣其进项税额。因此，纳税人取得虚开的增值税专用发票已抵扣进项税额的，应追缴已抵扣的增值税。同时由于也不构成善意取得取得虚开专用发票，应按规定加收滞纳金。根据《发票管理办法》第二十一条的规定，不符合规定的发票，不得作为财务报销凭证。但是实务中，一般不会因此对受票方进行处罚。

对于确定虚开的专用发票，目前税收政策有增值税的分类处理规定，但对于取得确定虚开的其他增值税扣税凭证，无专门的分类处理规定，实务中，一般参照确定虚开的专用发票的增值税规定进行处理。

二、受托协查确定虚开发票案件的企业所得税处理

根据《国家税务总局关于发布〈企业所得税税前扣除凭证管理办法〉》(国家税务总局公告 2018 年第 28 号)规定，企业取得私自印制、伪造、变造、作废、开票方非法取得、虚开、填写不规范等不符合规定的发票(以下简称不合规发票)，以及取得不符合国家法律、法规等相关规定的其他外部凭证(以下简称不合规其他外部凭证)，不得作为税前扣除凭证。

企业应当取得而未取得发票、其他外部凭证或者取得不合规发票、不合规其他外部凭证的，若支出真实且已实际发生，应当在当年度汇算清缴期结束前，要求对方补开、换开发票、其他外部凭证。补开、换开后的发票、其他外部凭证符合规定的，可以作为税前扣除凭证。

汇算清缴期结束后，税务机关发现企业应当取得而未取得发票、其他外部凭证或者取得不合规发票、不合规其他外部凭证并且告知企业的，企业应当自被告知之日起 60 日内补开、换开符合规定的发票、其他外部凭证。

企业在补开、换开发票、其他外部凭证过程中，因对方注销、撤销、依法被吊销营业执照、被税务机关认定为非正常户等特殊原因无法补开、换开发票、其他外部凭证的，可凭以下资料证实支出真实性后，其支出允许税前扣除：

①无法补开、换开发票、其他外部凭证原因的证明资料(包括工商注销、机构撤销、

列入非正常经营户、破产公告等证明资料)；

②相关业务活动的合同或者协议；

③采用非现金方式支付的付款凭证；

④货物运输的证明资料；

⑤货物入库、出库内部凭证；

⑥企业会计核算记录以及其他资料。

前款第一项至第三项为必备资料。

企业在规定的期限未能补开、换开符合规定的发票、其他外部凭证，并且未能按照前述规定提供相关资料证实其支出真实性的，相应支出不得在发生年度税前扣除。

对于企业没有实际交易发生，让他人为自己开具与实际经营业务情况不符的发票，用于列支成本费用，以少缴税款为目的，具有以主观故意性，在调增应纳税所得额后，追缴企业所得税及滞纳金。同时前述行为既符合《税收征收管理法》第六十三条关于偷税的规定，又符合《发票管理办法》第三十七条虚开发票的规定，应根据《行政处罚法》)第二十九条的规定，比照前述两个条款的规定按照罚款数额高的规定处罚。

对调增应纳税所得额后仍然亏损的，既符合《税收征收管理法》第六十四条编造虚假计税依据规定的情形，又符合《发票管理办法》第三十七条虚开发票规定的情形，应根据《行政处罚法》)第二十九条的规定，比照前述两个条款的规定按照罚款数额高的规定处罚。

第三节　发票协查工作中值得关注的几个问题

一、《已证实虚开通知单》的证据力

1.《已证实虚开通知单》不具有对外效力

从文书类型的角度看，《已证实虚开通知单》属于异地税务机关之间的协查文件，由委托方根据案件查办情况，向受托方发出协查函，其中《已证实虚开通知单》是协查函的附件之一。协查函是税务机关之间执法协作的告知函，《已证实虚开通知单》亦如此，并不具有对外效力，仅供税务机关内部使用，并不直接送达行政相对人，对相对人的权利义务并不产生直接的影响。协查函、《已证实虚开通知单》只能证明开票方存在虚开行为，不能直接作为认定受票方构成虚开发票的证据，《已证实虚开通知单》及相关证据资料仅是为受托方查处受票方发票违法行为而提供的证据线索，就受托方对受票企业进行调查、处理而言，《已证实虚开通知单》记载内容并不具有公定力、既定力，受托方收到《已证实虚开通知单》后，仍应当结合相关证据资料，进一步取证核实，履行稽查程序对受票企业涉嫌发票违法行为进行调查取证，并根据调查取证的

结果依法定性处理。

2.《已证实虚开通知单》不符合证据的合法性要求

民事诉讼的证据条件包括证据主体、证据形式、证据的取得方法和取得程序，只有符合证据条件的材料才能作为证据采用。

《行政处罚法》第五十四条规定，除依法可以当场作出的行政处罚外，行政机关发现公民、法人或者其他组织有依法应当给予行政处罚的行为的，必须全面、客观、公正地调查，收集有关证据；必要时，依照法律、法规的规定，可以进行检查。

《税务稽查案件办理程序规定》（国家税务总局令第52号）第十六条规定，检查应当依照法定权限和程序，采取实地检查、调取账簿资料、询问、查询存款账户或者储蓄存款、异地协查等方法。

依据上述规定，只有作出税务处理处罚决定的税务机关才是合格的证据主体，其采用合理方法依法定职权收集的材料才能作为证明案件事实的证据。《已证实虚开通知单》是由开票方企业所在地税务机关出具的，而开票方企业所在地税务机关并不是对受票企业作出处理处罚的税务机关，也未接受受票方企业所在地税务机关的协查委托，不具备本案的证据主体资格；因此，《已证实虚开通知单》不具备证据的合法性要件，不足以直接用以证明案件事实。

3.《已证实虚开通知单》不符合证据的真实性要求

根据《税收违法案件发票协查管理办法（试行）》（税总发〔2013〕66号）第十五条规定，委托方开具《已证实虚开通知单》的，受托方应立案检查；据此可知，受托方收到《已证实虚开通知单》后应当立案，启动检查程序，调查核实、收集证据材料。《已证实虚开通知单》作为稽查立案的案源信息，其真实性是不确定的。

综上所述，《已证实虚开通知单》作为内部公文，只是违法信息线索，不能直接作为行政程序的证据使用。

二、纳税人虚增进项税额，对外开具的发票不一定属于对外虚开

《国家税务总局关于纳税人对外开具增值税专用发票有关问题的公告》（国家税务总局公告2014年第39号）规定，纳税人通过虚增增值税进项税额偷逃税款，但对外开具专用发票同时符合以下情形的，不属于对外虚开专用发票：

①纳税人向受票方纳税人销售了货物，或者提供了增值税应税劳务、应税服务的；

②纳税人向受票方纳税人收取了所销售货物、所提供应税劳务或者应税服务的款项，或者取得了索取销售款项的凭据的；

③纳税人按规定向受票方纳税人开具的专用发票相关内容，与所销售货物、所提供应税劳务或者应税服务相符，且该专用发票是纳税人合法取得、并以自己名义开具的。

受票方纳税人取得的符合上述情形的专用发票，可以作为增值税扣税凭证抵扣进项税额。

三、增值税发票不合规的常见情形

1. 未填写购买方的纳税人识别号或统一社会信用代码

自 2017 年 7 月 1 日起，购买方为企业的，索取增值税普通发票时，应向销售方提供纳税人识别号或统一社会信用代码；销售方为其开具增值税普通发票时，应在“购买方纳税人识别号”栏填写购买方的纳税人识别号或统一社会信用代码。不符合规定的发票，不得作为税收凭证。前述所称企业，包括公司、非公司制企业法人、企业分支机构、个人独资企业、合伙企业和其他企业。

2. 填开内容与实际交易不符

销售方开具增值税发票时，发票内容应按照实际销售情况如实开具，不得根据购买方要求填开与实际交易不符的内容。

3. 未在备注栏注明规定信息

(1)提供建筑劳务。发票备注栏未按规定注明建筑服务发生地县(市、区)名称及项目名称。

(2)销售不动产。发票备注栏未按规定注明不动产的详细地址。

(3)出租不动产。发票备注栏未按规定注明不动产的详细地址。

(4)提供货物运输服务。发票备注栏未按规定注明起运地、到达地、车种车号以及运输货物信息等内容，如前述内容较多无法注明，未按规定另附清单。

(5)单用途卡或多用途卡结算销售款。

①单用途卡：销售方与售卡方不是同一个纳税人的。销售方在收到售卡方结算的销售款，向售卡方开具普通发票时，发票备注栏未按规定注明“收到预付卡结算款”。

②多用途卡：特约商户收到支付机构结算的销售款，向支付机构开具普通发票时，发票备注栏未按规定注明“收到预付卡结算款”。

(6)保险公司代收车船税。发票备注栏中未按规定注明代收车船税税款信息，具体应包括保险单号、税款所属期(详细至月)、代收车船税金额、滞纳金金额、金额合计等。

第三章　一般案件检查实务与案例

税务稽查检查是指稽查局依照法定权限和程序，采取法定检查方法，收集能够证明案件事实的证据材料，对选案环节推送的涉税疑点以及查前、查中发现的其他涉税问题逐一查证，制作《税务稽查报告》及相关文书，检查完毕将案件相关证据材料一并移交审理的业务活动。

第一节　查前准备和送达文书

一、查前准备

查前准备，是指检查人员在接到案件检查任务后，实施税务检查前，对被查对象进行案头分析、制订检查方案、制作《税务检查通知书》及送达回证等准备工作。

(一)查前分析

检查人员应当收集被查对象基本信息，熟悉被查对象所属行业特点，掌握被查对象生产经营情况，学习相关财务、税收政策，做好查前准备。通过对被查对象的财务资料、申报信息、第三方获取信息等进行对比、分析，形成待核实疑点，并以此为重点制订检查方案。

(二)制订检查方案

检查方案的主要内容一般包括以下 7 个方面：

①税务检查实施的目的和要求；

②税务检查实施的范围和重点；

③税务检查的所属期间；

④税务检查实施的具体方法和步骤；

⑤检查人员的分工；

⑥检查实施时间的安排；

⑦检查实施过程中预计出现的问题和应急措施。

二、出示或者送达《税务检查通知书》

(一)出示《税务检查通知书》

检查人员在实施检查前,应当告知被查对象检查时间、需要准备的资料等,但预先通知有碍检查的除外。检查应当由 2 名以上具有执法资格的检查人员共同实施,并向被查对象出示税务检查证,出示或者送达《税务检查通知书》,并告知其权利和义务。

(二)可以不必预事先通知的情形

①被查对象被检举涉嫌存在税收违法行为,如预事先通知可能会妨碍检查的;

②有根据认为被查对象有税收违法行为,如预事先通知可能会妨碍检查的;

③预先通知有碍于税务稽查实施工作开展的其他情形的。

《税务检查通知书》作为税务执法文书,具体内容见三、《税务检查通知书》式样,就是通知××公司,根据税务检查通知书对你单位进行检查。

三、《税务检查通知书》填写规范式样

根据《国家税务总局关于修订部分税务执法文书的公告》(国家税务总局公告 2021 年第 23 号)。

________税务局(稽查局)

税务检查通知书

________税检通〔 〕 号

____________________:(纳税人识别号:)

根据《中华人民共和国税收征收管理法》第五十四条规定,决定派________等人,自____年____月____日起对你(单位)____年____月____日至____年____月____日期间(如检查发现此期间以外明显的税收违法嫌疑或线索不受此限)涉税情况进行检查。届时请依法接受检查,如实反映情况,提供有关资料。

税务机关(印章)

年 月 日

告知:税务机关派出的人员进行税务检查时,应当出示税务检查证和税务检查通知书,并有责任

为被检查人保守秘密；未出示税务检查证和税务检查通知书的，被检查人有权拒绝检查。

使用说明：

1. 本通知书依据《中华人民共和国税收征收管理法》第五十四条、第五十九条、《中华人民共和国税收征管法实施细则》第八十九条设置。

2. 适用范围：税务检查人员在依法对纳税人、扣缴义务人实施税务检查时使用。

3. 本通知书抬头填写纳税人、扣缴义务人等税务行政相对人名称或者姓名，统一社会信用代码或者有效身份证件号码，没有统一社会信用代码的，以纳税人识别号代替。

4. “决定派____等人”横线处至少填写两人姓名。

5. 本通知书与《税务文书送达回证》一并使用。

6. 文书字号设为“检通”，稽查局使用设为“稽检通”。

7. 本通知书为A4竖式，一式二份，一份送被查对象，另一份装入卷宗。

第二节　实施检查和收集证据

实施检查，是指稽查局依照法定权限和程序，收集能够证明案件事实的证据材料，制作《税务稽查工作底稿（一）》《税务稽查工作底稿（二）》《税务稽查报告》，检查完毕将案件相关证据材料移交审理的业务处理过程。

一、检查手段和方式

（一）实地检查

实地检查，是指检查人员依照法定权限和程序，到被查对象或者有关第三方的生产、经营或者办公场所实地实施检查的业务处理过程。实地检查时，可以制作《现场笔录》、《勘验笔录》、音像记录等适当方式，对实地检查情况予以记录或者说明。

（二）询问

询问，是指检查人员依法进行税务检查时，向有关单位和个人询问被查对象和其他当事人与纳税或者代扣代缴、代收代缴税款有关问题和情况的业务处理过程。

(1)询问应当由2名以上检查人员实施，出示税务检查证。税务检查证的出示应当在笔录中确认。

(2)询问可以在被询问人办公场所、税务机关办公场所或者其他合适的场所进行。除在被查对象生产、经营或者办公场所询问外，检查人员应当制作并向被询问人送达《询问通知书》。

(3)询问开始前应当取得被询问人身份证复印件等有效的身份证明资料，并由被询问人在身份证明资料上签名。

(4)询问应当制作《询问（调查）笔录》。《询问（调查）笔录》应当使用能够长期保持字迹的书写工具书写，也可以使用计算机记录并打印，并保证字迹清楚。

(5)《询问(调查)笔录》固定格式部分应当逐项填写清楚,正文部分采用问答形式。

(6)记录询问内容应当如实反映被询问人的原意,语意清晰,表达通顺,重要情节应当尽量记录原话。

(7)《询问(调查)笔录》正文部分一般可以分为四个环节,分别是告知环节、被询问人身份和经历核对环节、涉税事实调查环节和核对确认环节。

(8)《询问(调查)笔录》正文告知环节一般包括但不限于以下事项:

①向被询问人表明身份,并出示税务检查证;

②告知被询问人本次询问(调查)的事由;

③告知被询问人接受询问(调查)、申请回避等权利义务的法律依据;

④告知被询问人享有的法定权利、承担的法定义务和责任;

⑤请被询问人确认是否清楚告知事项和是否需要申请检查人员回避。

(9)《询问(调查)笔录》正文被询问人身份和经历核对环节中一般应当对被询问人身份、工作经历、与被查对象关系等事实进行询问调查,应当注意围绕被询问人与案件待证事实的关系进行询问。

(10)《询问(调查)笔录》正文涉税事实调查环节中应当就待调查了解的案件事实进行询问,询问人措辞应当做到意思表达清晰、明确,不得使用暗示性或者隐喻性的言辞;涉及重要事实、情节、数字、日期等问题时,应当要求被询问人准确回答,避免含糊,应当记录被询问人核对资料的情况或者对数字、日期等关键事项作出答复所依据的资料和资料来源;对被询问人提供的物证、书证等,应当在记录中反映并记明证据的来源;询问人出示证据的,应当注明出示何物。

(11)询问(调查)结束后,《询问(调查)笔录》应当交被询问人核对或者向其宣读;《询问(调查)笔录》有修改的,应当由被询问人在改动处捺指印;核对无误后,由被询问人在尾页结束处写明"以上笔录我看过(或者向我宣读过),与我说的相符",逐页签章、捺指印,并在多页《询问(调查)笔录》骑缝处捺指印,即将多页《询问(调查)笔录》整齐按顺序沿着缝摊开,将一个指印捺印在每页纸的边上,几页纸上的指印拼在一起才是一个完整的指印。

被询问人拒绝在《询问(调查)笔录》上签章、捺指印的,检查人员应当在笔录上注明,同时可以通过制作《现场笔录》、音像记录等适当方式记录现场情况。

(12)询问(调查)人、记录人要逐页签署日期并签名;检查人员可以同时担任询问(调查)人和记录人,但应当分别签名;询问(调查)人与记录人不得相互代签名;询问(调查)人签字处应当由 2 名以上检查人员签名。

(13)询问(调查)工作一般应当在工作时间内进行;若确实无法在工作时间内完成的,在征得被询问人同意后,可以继续进行,但应当在笔录中予以确认。

(三)调取账簿资料

调取账簿资料,是指检查人员依照法定权限和程序,将被查对象的账簿、记账凭证、报表和其他有关资料调回税务机关检查的业务处理过程。

(1)调取被查对象以前会计年度的账簿、记账凭证、报表和其他有关资料时，检查人员填写《税务行政执法审批表》，报稽查局所属县以上税务局(分局)局长审批；有特殊情况的，报稽查局所属设区的市、自治州以上税务局局长审批，可以调取被查对象当年的账簿、记账凭证、报表和其他有关资料。特殊情况是指：

①涉及增值税专用发票检查的；

②纳税人涉嫌税收违法行为情节严重的；

③纳税人及其他当事人可能毁灭、藏匿、转移账簿等证据资料的；

④税务机关认为其他需要调回当年的账簿、记账凭证、报表和其他有关资料检查的情况。

(2)《税务行政执法审批表》经批准后，检查人员制作《调取账簿资料通知书》，向被查对象送达《调取账簿资料通知书》。

(3)调取被查对象账簿资料时，须由 2 名以上检查人员实施，填制《调取账簿资料清单》，《调取账簿资料清单》中"数量"和"页(号)数"栏应当使用中文大写数字填写。

中文大写数字的填写规范为：壹、贰、叁、肆、伍、陆、柒、捌、玖、拾、佰、仟、万、亿。

《调取账簿资料清单》由检查人员和被查对象有关人员共同核对后在清单上签名确认，一份交被查对象，另一份由税务机关存档。

(4)调取账簿资料，可以通知被查对象将资料送到税务机关，也可以在送达《调取账簿资料通知书》后由检查人员带回税务机关。

(四)退还调取账簿资料

退还调取账簿资料，是指检查人员调取被查对象的账簿、记账凭证、报表和其他有关资料的，在规定的时间内完整退还的业务处理过程。

(1)调取纳税人、扣缴义务人以前会计年度的账簿、记账凭证、报表和其他有关资料的，应当在 3 个月内完整退还；调取纳税人、扣缴义务人当年的账簿、记账凭证、报表和其他有关资料的，应当在 30 日内退还。

(2)退还账簿资料时，检查人员填写《调取账簿资料退还清单》，与被查对象有关人员共同清点资料、核对清单，核对无误后，由检查人员和被查对象经办人签名，注明退还时间，并由税务机关盖章和被查对象签章。

(3)检查人员在规定的期限内退还账簿资料时，被查对象拒绝在《调取账簿资料退还清单》签章的，检查人员应当通过制作《现场笔录》、音像记录等适当方式对被查对象拒绝签章的行为进行记录。

(4)检查人员在规定的期限内通知被查对象领回账簿资料，被查对象无正当理由未在约定时间领回的，检查人员可以向被查对象送达《税务事项通知书》，通知被查对象到税务机关或者所调取账簿资料实际存放地，领回账簿资料。被查对象未及时领回的，检查人员应当主动退还。确实无法退还的，应当对无法退还的情况进行记录，并妥善保管待退回账簿资料。

(五)提取证据原件

提取证据原件,是指需要以证据原件作为定案依据,或不提取原件可能导致灭失或者被转移、隐匿的其他证据材料,检查人员提取证据原件并出具《提取证据专用收据》的业务处理过程。证据原件应当包括但不限于:伪造、变造、虚开的发票,用来伪造、变造证件和发票的机器设备等;不提取原件可能导致灭失或者被转移、隐匿的其他证据材料等。

(六)调验空白发票

调验空白发票,是指检查人员将有关单位或者个人的空白发票调出查验,经查无问题的及时退还的业务处理过程。检查人员应当根据职权使用《调验空白发票收据》调取辖区内被查验对象的空白发票,需要调取辖区外被查验对象的发票查验时,应当提请该被查验对象主管税务局稽查局调取发票。在伪造、变造现场以及买卖地、存放地查获的发票,由当地税务机关调取和鉴别。

(七)调取发票原件

调取发票原件,是指检查人员将有关单位或者个人已开具的发票原件调回检查的业务处理过程。检查人员应当根据职权使用《发票换票证》调取辖区内被查验对象的发票,需要调取辖区外被查验对象的发票查验时,应当提请具有管辖权的稽查局给予协助。在伪造、变造现场以及买卖地、存放地查获的发票,由当地税务机关调取和鉴别。经鉴定或者查验确认为伪造、变造、虚开的发票后,使用《提取证据专用收据》提取证据原件,同时换回原先交付给发票提供单位或者个人的《发票换票证》。

(八)检查电子信息系统

检查电子信息系统,是指检查人员在检查过程中对被查对象电子信息系统进行直接检查,或者提取、复制电子数据进行检查的业务处理过程。检查被查对象电子信息系统应当依照法定权限和程序,遵循有关技术标准,全面、客观、及时地提取电子数据,确保电子数据的真实、完整。

(九)检查存款账户、储蓄存款

检查存款账户、储蓄存款,是指检查人员在调查取证过程中,对从事生产、经营的纳税人、扣缴义务人在银行或者其他金融机构的存款账户和案件涉嫌人员的储蓄存款进行查询的业务处理过程。检查人员在调查取证过程中,认为需要查询从事生产、经营的纳税人、扣缴义务人在银行或者其他金融机构的存款账户,由检查人员填制《税务行政执法审批表》提出申请,报县以上税务局(分局)局长审批。需要查询案件涉嫌人员的储蓄存款,报设区的市、自治州以上税务局(分局)局长审批。

(十)对第三方调查取证

检查人员依法进行税务检查时,可以向有关第三方调查与被查对象履行纳税义务、扣缴义务及其他涉税义务情况相关的各种信息或者向其他第三方获取相关涉税参照信息。

(1)检查人员向与被查对象有关的单位和个人调查取证时,应当出示税务检查证件、出示或者送达《税务协助检查通知书》,获取与被查对象履行纳税义务、扣缴义务及其他涉税义务相关的证据材料。

(2)检查人员可以向其他第三方获取相关涉税参照信息。

①检查人员认为被查对象销售货物或者应税劳务的价格明显偏低并无正当理由的和视同销售行为而无销售额的，在被查对象最近时期没有同类货物的平均销售价格时，可以根据其他纳税人最近时期同类货物的平均销售价格核定被查对象销售额。

②被查对象与其关联方之间的业务往来，不符合独立交易原则而减少企业或者其关联方应纳税收入或者所得额的，检查人员可以根据与其没有关联关系的交易各方进行相同或者类似业务往来取得的净利润水平来核定被查对象利润；被查对象不提供与其关联方之间业务往来资料的，或者提供虚假、不完整资料，未能真实反映其关联业务往来情况的，检查人员可以根据同类或者类似企业的利润率水平来核定被查对象应纳税所得额。

(3)检查人员向其他第三方调查获取的资料，不得用于税收以外的用途。

税务协助检查通知书

________税协通〔　〕　号

____________________：

根据《中华人民共和国税收征收管理法》第五十七条规定，现派____等____人，前往你处对________进行调查取证，请予支持，并依法如实提供有关资料及证明材料。

税务机关(印章)

年　月　日

告知：税务机关派出的人员进行税务调查时，应当出示税务检查证和税务协助检查通知书。未出示税务检查证和税务协助检查通知书的，被调查人有权拒绝为税务机关提供有关资料及证明材料；有权拒绝协助税务机关调查取证。

使用说明：

1.本通知书依据《中华人民共和国税收征收管理法》第五十四条、第五十七条、第五十九条设置。

2.适用范围：检查人员在向有关单位和个人调查取证、协查案件时使用。

3.本通知书的抬头填写有配合调查义务的单位名称或个人姓名，空白横线处分别填写所派出税务人员的姓名和需要调查取证的涉税事项。

4.本通知书与《税务文书送达回证》一并使用。

5.文书字号设为“协通”，稽查局使用设为“稽协通”。

6.本通知书为A4竖式，一式二份，一份送被调查对象，另一份装入卷宗。

(十一)纳税担保

检查人员在检查过程中发现欠缴税款的被查对象或者其法定代表人需要出境等情形的,可以要求其在出境前结清欠缴税款、滞纳金或者提供担保。

(十二)采取税收保全措施

检查人员在检查过程中发现从事生产、经营的纳税人有逃避纳税义务行为,并有明显转移、隐匿其应纳税商品、货物以及其他财产或者应纳税收入迹象的,可以依法采取税收保全措施。

(十三)调查核实

调查核实,是指检查人员依据相关规定对需要调查核实的对象实施调查核实,并在规定的期限内完成调查核实的业务处理过程。

(十四)通知有关税务事项

通知有关税务事项,是指稽查局通知被查对象缴纳税款、滞纳金,要求当事人提供有关资料,办理有关涉税事项,以及向被查对象通知其他有关税务事项的业务处理过程。

(1)税务机关向被查对象通知有关税务事项时,除另有规定外,应当使用《税务事项通知书》。

(2)《税务事项通知书》中应当填写办理通知事项的具体内容,写明办理事项所依据的法律、行政法规、规章名称、文号和具体条款,并明确被通知人履行义务的具体要求。

(3)检查过程中,应当制作《税务事项通知书》,通知被查对象的情形包括检查人员发生变更。

(4)检查过程中,可以制作《税务事项通知书》,通知被查对象的情形包括:

①稽查所属期间发生变更;

②要求被查对象在规定期限内提供有关的文件、材料或者证明资料。

③发现被查对象名称、纳税识别号、注册经营地址、法人代表等税务登记内容以及被查对象银行账户账号等基本信息发生变更的,通知其到主管税务机关办理变更登记手续的。

④检查结束前,检查人员可以将发现的税收违法事实和依据告知被查对象;必要时,可以向被查对象发出《税务事项通知书》,要求其在限期内说明,并提供有关资料;被查对象口头说明的,检查人员应当制作笔录,由当事人签章。

⑤走逃(失联)企业涉嫌虚开增值税专用发票案件,检查人员公告送达《税务检查通知书》的,可以同时公告送达《税务事项通知书》,要求其限期向税务机关提供账簿资料、取得和开具的增值税专用发票、合同等有关涉税资料。

________税务局(稽查局)

税务事项通知书

________税通〔　〕　号

____________________:(纳税人识别号:　　　　　　　　)

事由:

依据:

通知内容:

税务机关(印章)

年　月　日

使用说明:

1.本通知书依据《中华人民共和国税收征收管理法》《中华人民共和国税收征管法实施细则》设置。

2.适用范围:税务机关对纳税人、扣缴义务人通知有关税务事项时使用。除法定的专用通知书外,税务机关在通知纳税人缴纳税款、滞纳金,要求当事人提供有关资料,办理留抵退税,异常增值税扣税凭证处理,变更检查人员、变更检查所属期,办理有关涉税事项时均可使用此文书。

3.填写说明:

(1)抬头:填写被通知人名称或者姓名,统一社会信用代码或者有效身份证件号码,没有统一社会信用代码的,以纳税人识别号代替;

(2)事由:简要填写通知事项的名称或者实质内容;

(3)依据:填写有关税收法律法规的具体内容;

(4)通知内容:填写办理通知事项的时限、资料、地点、税款及滞纳金的数额、所属期等具体内容。通知纳税人、扣缴义务人、纳税担保人缴纳税款、滞纳金的,应告知被通知人:若同税务机关在纳税上有争议,必须先依照本通知的期限缴纳税款及滞纳金或者提供相应的担保,然后可自上述款项缴清或者提供相应的担保被税务机关确认之日起六十日内依法向税务机关申请行政复议;其他通知事项需要告知被通知人申请行政复议或者提起行政诉讼权利的,应告知被通知人:如对本通知不服,可自收到本通知之日起六十日内依法向税务机关申请行政复议,或者自收到本通知之日起六个月内依法向人民法院起诉。告知税务行政复议的,应写明税务复议机关名称。

(十五)责令限期改正

责令限期改正,是指稽查局制作并送达《责令限期改正通知书》,依法责令被查对象限期改正违法行为的业务处理过程。

(十六)案件变更事项处理

检查过程中,需要变更检查人员和稽查所属期间等事项的,应当进行案件变更事项处理。

1. 变更检查人员

检查过程中，需要变更原先确定的检查人员时，检查人员应当填制《税务稽查案件稽查人员变更审批表》，写明申请理由及建议，报稽查局局长审批。检查人员发生变更的，应当向被查对象送达《税务事项通知书》，告知其变更情况。

2. 变更稽查所属期间

检查过程中，需要变更稽查所属期间时，检查人员应当填制《税务稽查案件稽查所属期间变更审批表》，写明申请理由及建议，报稽查局局长审批。稽查所属期间发生变更的，可以向被查对象送达《税务事项通知书》，书面通知其变更情况。

(十七)提出稽查建议

提出稽查建议，是指检查过程中，检查人员发现税务机关在税收政策、管理制度和措施方面存在缺陷或者薄弱环节，或者发现涉及其他单位或者个人的涉嫌税收违法行为，提出工作建议的业务处理过程。

(十八)查中入库

稽查局作出税务处理决定之前，被查对象可以主动补缴税款。

(1)检查人员向被查对象告知其可能存在的违法事实及认定理由和依据时，可以同时告知主动补缴税款有关事项。

(2)稽查查中预缴税款入库时，稽查预缴税款的税款属性为“查补预收税款”。

(3)被查对象提供的书面补税事由、完税凭证复制件等资料应当统一归入稽查案卷保存。

二、证据的收集与固定

(一)证据的概念及属性

证据是指用来证明事情真实性的凭据，能够证明案件真实情况的一切事实都是证据。证据具有合法性、真实性和关联性三个属性。

1. 合法性

合法性，是指证据必须由当事人按照法定程序提供，或由法定机关、法定人员按照法定的程序调查、收集和审查。合法性，包括证据的收集主体、收集程序和证据形式合法。

2. 真实性

真实性，也称客观性，是指证据必须是客观存在的事实。任何一种税收违法行为的发生、发展和结果，必然会留下痕迹和映象，它是客观存在的事实，而非猜测和虚构的东西。

3. 关联性

关联性，是指证据必须是与案件有客观联系的事实，即指作为证据的事实不仅是一种客观存在，而且它必须是与案件所要查明的事实存在逻辑上的联系，从而能够说明案件事实。

(二)税务稽查证据的分类

税务稽查证据包括书证、物证、视听资料、电子数据、证人证言、当事人的陈述、鉴定意见以及勘验笔录、现场笔录。

(三)证据提取的一般要求

(1)应当按照法律、法规、规章和司法解释等规定的取证途径和程序收集证据，取得的证据应当符合法定形式和要求。

(2)调查取证应当 2 人以上，并出示执法证件。所取得的证据应当注明来源、提取时间和地点，并有证据提供人、提取人的签名；当事人拒绝签章的，可以邀请基层组织人员或者其他第三方见证人到场，制作《现场笔录》。在《现场笔录》上记明拒签事由和日期，并由检查人员、见证人签章，也可以通过音像记录设备进行记录。

(3)检查人员与当事人有利害关系的，应当回避。

(4)告知当事人或者证据提供人对涉及国家秘密、商业秘密、个人隐私、个人信息的证据做出明确标注。

(5)告知当事人或者有关人员不如实提供证据、证言和作伪证或者隐匿证据应负的法律责任。

(6)不得以下列方式收集、获取证据材料：

①严重违反法定程序收集；

②以违反法律强制性规定的手段获取且侵害他人合法权益；

③以利诱、欺诈、胁迫、暴力等手段获取。

(7)单份证据多页的，应当逐页签章或者捺指印，并在骑缝处加盖印章或者捺指印。

(8)调查取证时因特殊情况难以取得书证、物证等实物性证据或者取得实物性证据有困难的，可以取得言词证据，但应当有 2 人以上言词证据相互印证。

(9)将其他部门取得的证据转换作为税务稽查案件证据的，所转换证据应当符合证据的法定形式和取证要求，必要时可以制作《现场笔录》，说明证据转换的时间、地点、过程以及是否核对无误等情况，并由提供证据的部门盖章确认。从其他部门取得的言词证据，一般不能直接作为案件的证据，检查人员在条件允许的情况下应当自行取得言词证据。

(10)检查人员既要收集被查对象有违法行为、有从重处罚情节的证据，也要收集被查对象没有违法行为的证据，以及有法定从轻、减轻或者不予处罚情节的证据。

(四)主要证据收集与固定的一般规范

1. 书证的收集与固定

(1)检查人员应当取得书证的原件，取得原件确有困难的，可以取得与原件核对无误的复印件、照片、节录本。原本、正本和副本均属于书证的原件。

(2)需要调取账簿资料的，应当向被查对象出具《调取账簿资料通知书》并填写《调取账簿资料清单》；需要提取证据材料原件的，应当向被查对象出具《提取证据专用收据》；需要将已开具的发票调出查验的，应当向被查对象开具《发票换票证》；需要将空白发票调出查验的，应当向被查对象开具《调验空白发票收据》。需要退还的账簿资料、证据材料原件或者经查无问题的发票，应当及时退还。

（3）提取证据材料复制件的，应当由当事人或者原件保存单位（个人）注明“原件核对无误”以及原件存放地点，并由其签章，注明日期；当事人或者原件保存单位（个人）拒绝签章的，可以邀请基层组织人员或者其他第三方见证人到场，制作《现场笔录》，在《现场笔录》上记明拒签事由和日期，并由检查人员、见证人签章，也可以通过音像记录设备进行记录。

（4）取得的报表、图纸、会计账簿、专业技术资料、科技文献等书证的，应当附有说明材料。

（5）外文书证或者外国语视听资料，应当附有由具有翻译资质的机构翻译的或者其他翻译准确的中文译本，由翻译机构盖章或者翻译人员签名。

（6）向有关部门取得其保管的书证原件的复制件、影印件或者抄录件的，应当注明出处，并由该部门核对无误后加盖其印章。

（7）单份书证多页的，应当逐页签章或者捺指印，并在骑缝处加盖印章或者捺指印。书证复制件页数众多、逐页签章或者捺指印确有困难的，可以使用《证据材料复制确认书》（以下简称确认书），汇总确认复制件名称、数量以及与原件核对的情况，由相关人员签章。确认书内容应当逐项填写。确认书记载的复制材料内容应当与所附列的复制件材料顺序、内容和数量一致。原件由法人或者其他组织提供的，由相关经办人员在确认书上签名，加盖单位印章并注明日期，并在每页复制件上加盖单位印章（不再由个人签名），确认书与复制件一起加盖骑缝印章；原件由个人提供的，由个人在确认书上签名并注明日期，并在确认书和每页复制件上捺指印，确认书与复制件一起加盖骑缝印章。

2.物证的收集与固定

（1）应当取得原物。取得原物确有困难的，可以取得与原物核对无误的复制件或者证明该物证的照片、录像等其他证据；原物为数量较多的种类物的，可以提取其中具有代表性的一部分，并辅以《现场笔录》、音像记录资料等加以佐证。原物无法长期保存的，可以采取照相、录像、模型复制等方法加以固定，并依法妥善处理原物。

（2）提取原物时，应当通知被查对象当事人或者当事人具有民事行为能力的成年亲属到场，并开具《提取证据专用收据》，由当事人或者其成年亲属签章确认。拒绝到场的，可以邀请有关基层组织人员或者其他第三方见证人到场，制作《现场笔录》，在《现场笔录》上记明拒签事由和日期，并由检查人员、见证人签章，也可以通过音像记录设备进行记录。

（3）提取物证或者以照片、录像方式提取物证复制件时，应当同时制作《现场笔录》。《现场笔录》应记载提取物证的机关、人员、提取时间和地点、提取方法、过程、物证所有人（持有人）及物证基本情况，当事人或者其成年亲属拒绝到场的，应当记录在《现场笔录》中。

3.视听资料的的收集与固定

(1)在执法过程中可以照相机、录音机、摄像机、执法记录仪、视频监控等设备通过录音、录像、照相等方式制作视听资料,制作视听资料不得侵犯当事人的合法权益。

(2)制作视听资料时,一般应当口头明确告知当事人。口头告知过程应当记录在视听资料里。

(3)录音、录像、照片等视听资料,可以采用离线或者在线存储,优先采用离线存储。离线存储可以选择使用只读光盘、一次写光盘、磁带、可擦写光盘、硬磁盘等耐久性好的载体,对每份视听资料应当注明制作方法、制作时间、制作人和证明对象等内容;在线存储应当使用专用存储服务器。

(4)调取视听资料的,应当调取有关资料的原始载体;难以调取原始载体的,可以调取复制件,并应当注明复制方法、人员、时间和原件存放处等事项,由复制人和原始载体持有人签章。

(5)利用视听资料对言词证据进行固定时,录音、录像应当不间断;摄录时应当将当时所处的环境摄录清楚,并记录摄录时间、地点;对用于固定证据的录音、录像不得进行剪辑。

(6)对声音资料,应当附有该声音内容的文字记录;对图像资料,应当附有必要的文字说明。文字记录、说明可以由当事人提供或者由稽查人员制作。

三、制作稽查工作底稿

制作稽查工作底稿,是指检查人员在检查过程中制作《税务稽查工作底稿(一)》《税务稽查工作底稿(二)》,记录调查事实,归集相关证据材料,由被查对象签署意见的业务处理过程。

四、制作税务稽查报告

制作税务稽查报告是指检查人员根据税务稽查的目的和要求,经对被查对象的账簿、记账凭证及有关资料进行审查,并对有关问题调查取证结束后,制作《税务稽查报告》,全面反映检查过程、结果,提出对税务稽查对象税收违法或者其他涉税问题的税务处理、处罚建议及依据的业务处理过程。经检查无论是否发现有税收违法事实的,检查人员均应制作《税务稽查报告》。《税务稽查报告》应当做到文字简练、内容完整、逻辑清晰、表述准确、制作规范。检查人员制作《税务稽查报告》,同时填写《税务稽查项目书》。

1.经检查发现有税收违法事实的

《税务稽查报告》应当包括以下主要内容:

(1)报告开头部分。主要包括案件来源、检查人员、检查时间、检查对象、纳税人识别号、检查所属期间等。

(2)基本情况。被查对象基本情况,包括被查对象的全称或者姓名、法定代表人或者单位负责人姓名、成立日期、企业类型、经营地址、经营范围、经营方式、主管税务机关、纳税人类别、享受税收优惠类型、财务制度等;被查对象检查所属期间生产经营、纳税申报、税款缴纳情况、享受减免税直接相关情况等;以往税务检查处理情况、检查期末增值税期末留抵税额情况(增值税一般纳税人)、是否正常申报、是否欠税等其他直接相关情况。

(3)实施检查基本情况。本次检查工作实施的基本情况,包括检查方式、检查方法、检查重点及检查过程中采取的措施等。对采取税收保全措施、税收强制执行或者与其他部门联合检查等情况应当重点说明;变更稽查所属期和延长检查时限的,要说明理由。

(4)检查情况及发现问题。对被查对象税收违法情况可以按照税种或者税收违法行为分类整理,详细叙述检查发现的税收违法事实及性质、手段,并用附件的形式标明证据出处,违法事实描述应当有条理性,逻辑关系应当清晰,涉税数据应当准确。具体包括:违反税收法律、法规、规章和其他税收规范性文件的具体情况;具体写明被查对象税收违法行为查证情况,如税收违法行为的目的、手段、情节以及所造成的实际后果和收集的相关证据;被查对象对有关违法事实提出的陈述申辩及检查人员复核意见;分税种完整列示税款的计算过程,并附拟查补、退税款汇总表;被查对象是否有拒绝、阻挠检查的情形。

(5)税务处理、处罚依据及建议。分别就被查对象税收违法行为写明法律、法规、规章等依据;根据被查对象税收违法行为的动机、手段、情节、造成的后果以及是否有拒绝、阻挠检查的情形等因素,分别确定税收违法行为的性质,提出相应的税务处理、处罚等建议。

(6)其他情况说明。包括被查对象其他陈述申辩情况;税收违法行为是否涉嫌犯罪;对选案分析疑点的检查排除等情况说明;其他需要补充说明的事项等。

(7)拟查补、退税款情况。《税务稽查报告》后所附的《拟查补、退税款汇总表》,应当明细列明报告中拟提的查补、退税款情况。其中《拟查补、退税款汇总表(一)》用于增值税;《拟查补、退税款汇总表(二)》用于企业所得税等其他税种。

(8)检查人员签名和报告时间。《税务稽查报告》应当由2名以上检查人员签名,并注明日期。在《税务稽查报告》中签名的检查人员应当与《税务检查通知书》或者《税务事项通知书》所列变更后的检查人员一致。

2.经检查没有发现税收违法事实的

应当在《税务稽查报告》中说明检查内容、过程、事实情况等,并提出稽查结论意见建议。

五、移交审理

移交审理，是指检查完毕后，检查人员将整理的税务稽查案卷材料及相关文件材料移交审理部门审理并办理交接手续的过程。

(1)检查人员将检查环节的证据资料分类整理，并制作证据目录，证据目录应当包括证据名称、来源、证明对象等内容。

(2)检查人员填写《税务稽查案卷文件材料交接清单》，连同《税务稽查报告》《税务稽查工作底稿(一)》《税务稽查工作底稿(二)》《税务稽查项目书》及相关文件材料在5个工作日内移交审理部门。

(3)《税务稽查案卷文件材料交接清单》"序号"栏应当连续填写，不得断号、跳号；"文件材料名称"栏按照《税务稽查报告》、其他税务稽查文书及文书送达回证、证据材料及其他资料的分类顺序填写具体证据及其他资料的名称；"页(件)数"栏使用汉字大写填写证据材料、相关文书以及其他文件材料的数量，格式如"叁份共贰拾肆页""壹份共壹页"。"存放处"栏填写文件材料的存放处。

(4)办理交接手续时，检查人员与审理人员共同对《税务稽查案卷文件材料交接清单》所列证据材料、相关文书以及其他文件材料进行逐项清点，核对无误后，各自在《税务稽查案卷文件材料交接签收单》相应栏目签名、注明日期。

六、补正或者补充调查

补正或者补充调查，是指检查人员按照《补正或者补充调查通知书》的要求，在规定的期限内，对退回案件进行补正或者补充调查取证，重新制作《税务稽查报告》及相关附表并补充相关资料，再次将案件移交审理的业务处理过程。

(1)检查人员按照审理人员出具的《补正或者补充调查通知书》的要求，在规定期限内，对案件进行补正或者补充调查。

(2)检查人员应当根据补充调查取证的结果重新制作《税务稽查报告》及附表，并在《税务稽查报告》中表述补充调查的过程、取得的证据材料等，补充或者修正《税务稽查工作底稿(一)》《税务稽查工作底稿(二)》《税务稽查项目书》，并重新填写《税务稽查案卷文件材料交接清单》《税务稽查案卷文件材料交接签收单》，移交审理。

(3)重大税务案件补充调查时间不超过30日，有特殊情况的，经稽查局局长批准可以适当延长，但延长期限最多不超过30日。

第三节　一般案件检查案例

一、冒用他人身份信息偷税的税务稽查案例

案情概况：

A 市税务局稽查局根据举报信息，对辖区内某制造企业甲企业实施税收检查，通过核查企业岗位和职工人数、审核工资费用数据，查实该企业冒用他人身份信息编制工资表，套取资金后为企业管理人员发放奖金，逃避代扣代缴个人所得税义务，经分人计算，共计少代扣代缴工资薪金个人所得税 15 万元。稽查局依法责令企业补扣补缴个人所得税，并处罚款共计 30 万元。

案情简介：

A 市税务局稽查局收到举报称甲企业涉嫌在 2019 年至 2021 年，通过虚列企业工作人员人数、虚增工资额、套取资金的方式为管理人员偷逃个人所得税。但举报信中只提到该企业存在偷逃税款问题，并未提供被举报企业详细经营情况、实质性资料证据等关键信息。

检查人员结合行业信息和征管数据，对举报信息分析后认为，该举报信中所反映情况真实度较高，决定对甲企业 2019 年至 2021 年个人所得税缴纳情况立案检查。根据企业情况，检查人员针对甲企业账簿中的工资费用项目，从四个方面入手实施核查：

(1)审核工资支出凭证。将工资发放表与企业人员花名册、考勤表、工资明细账和计算表，审核工资发放签名情况及支付方式。发现企业没有按照规定为全员办理基本养老等社会保险，仅为少数管理人员缴纳了社会保险费。

(2)核查在岗职工人数。检查人员经过岗位调查登记，与工资表人员比对分析，初步确定了涉嫌挂名人员 10 名。

(3)稽查人员分成两组，同时对企业负责人、财务负责人单独询问，经过耐心的税法宣传并出示企业虚构人员发放工资的证据后，要求其作出合理解释。企业人员终于承认了违法事实：将套取的资金为管理人员发放奖金福利，并提供了真实的工资发放明细表。

(4)重算个税，查清事实。根据企业提供的工资发放表，检查人员分人逐月计算个人所得税，并与企业实际扣缴数比较，查明企业少代扣代缴个人所得税 15 万元。

经过核查取证，检查人员确认，甲企业在 2019 年至 2021 年，通过非法冒用他人的个人身份信息的方式，虚列 10 名企业人员，分解企业管理人员工资 150 多万元，偷逃个人所得税 15 万元。A 市税务局稽查局依法补征了税款，并对企业进行了处罚。

政策依据：

《税收征收管理法》第六十九条规定，扣缴义务人应扣未扣、应收而不收税款的，由

税务机关向纳税人追缴税款，对扣缴义务人处应扣未扣、应收未收税款百分之五十以上三倍以下的罚款。

《国家税务总局关于贯彻〈中华人民共和国税收征管法〉及其实施细则若干具体问题的通知》(国税发〔2003〕47号)规定，扣缴义务人违反征管法及其实施细则规定应扣未扣、应收未收税款的，税务机关除按征管法及其实施组则的有关规定对其给予处罚外，应当责成扣缴义务人限期将应扣未扣、应收未收的税款补扣或补收。

案例分析：

在本案中，企业被举报后，税务局稽查局立案检查，但是举报内容并未有实质性的、明确线索与证据，税务局稽查局依靠金税系统中的同行业信息和征管数据进行查前分析，发现企业的破绽，明确了检查重点和方向。

二、不提供成本费用证据是否适用核定征收的税务稽查案例

在税务检查中，经常出现被查企业因未取得合法、有效凭证等证据证明其成本费用支出的真实性，导致其相应支出不能税前扣除的情况。当这部分成本费用比例较大时，会造成对企业收入额征收企业所得税的情况，企业往往会质疑这违背了企业所得税对“所得”征税的原则，提出对其进行核定征收。此时，税务机关是否就要对企业采用核定征收，在税收稽查实务中颇有争议。

案例一：乙某与B市税务局稽查局的行政诉讼案

乙某是甲公司的唯一自然人股东，甲公司是一人有限责任公司。甲公司注销后，B市税务局稽查局发现该公司在存续期间存在隐瞒收入的行为，遂对其股东乙某追征税款。

税务局稽查局经查确定，甲公司在2019年至2021年隐瞒营业收入789.64万元，税务局稽查局依法向甲公司送达《税务事项通知书》，通知其在15日内提供与此收入相关的成本费用。由于乙某一直未提供甲公司有关营业收入的成本费用，税务局稽查局遂按照有关规定，以收入减除营业税金及附加得出应纳税所得额，合计应补缴企业所得税186.36万元。乙某认为此处理决定几乎是对甲公司的收入全额征税，违反了“就所得额征税”的企业所得税征税原则，应对甲公司采用核定征收，故提起诉讼，要求法院撤销有关税务处理决定。

法院认为，税务局稽查局作出“要求甲公司提交书面陈述申辩意见及相关证据材料”的通知后，乙某未提交证据材料，故税务局稽查局根据纳税检查结果计算对甲公司的追缴税款，并无不当。

案例二：丙公司与C市税务局稽查局行政诉讼案

C市税务局稽查局经检查认定，丙公司在2018年至2021年，通过支付手续费的方式购买增值税普通发票584份，票面金额合计3 224.93万元，用于虚增成本、减少利润，导致少缴企业所得税806.23万元，依法认定丙公司的有关行为为偷税。丙公司对此税

务处理决定不服，故提起诉讼。

庭审中，丙公司对其取得虚开发票的行为并不否认，但认为“不应直接根据虚开发票金额认定企业的偷逃税款金额，可以通过鉴定企业的工程项目成本或者评估企业的利润来确定企业的应缴企业所得税金额，也可以通过核定征收的办法来确定企业的应缴企业所得税金额”。丙公司提出，税务机关违背了对“所得”征收企业所得税的原则，主张核定征收。

法院认为，查账征收与核定征收是我国现行企业所得税的两种征收方式。2018 年至 2021 年，丙公司企业所得税征收方式均为查账征收，现因税务违法行为被查处而主张改变征收方式。为保证税收征管的严肃性、合法性，打击、惩处税务违法行为，企业所得税征收方式能否变更为核定征收，应当严格按照法律法规的规定。经审查，要求“稽查局在本案情形中对丙公司征收方式改为核定征收”的诉求，现行法律法规并无相关规定，故丙公司的上诉理由于法无据，驳回其诉讼请求。

政策依据：

《税收征收管理法》第十九条规定，纳税人、扣缴义务人按照有关法律、行政法规和国务院财政、税务主管部门的规定设置账簿，根据合法、有效凭证记账，进行核算。

《国家税务总局关于印发〈企业所得税核定征收办法（试行）〉的通知》（国税发〔2008〕30 号）规定，推进纳税人建账建制工作。税务机关应积极督促核定征收企业所得税的纳税人建账建制，改善经营管理，引导纳税人向查账征收方式过渡。对符合查账征收条件的纳税人，要及时调整征收方式，实行查账征收。

案例分析：

通过以上两个法院判例，可以看出，当企业不能向检查人员提供相关证据证明其成本费用真实性的证据时，稽查局按照企业的收入额征收企业所得税，并无不当。

根据《税收征收管理法》第三十五条和《国家税务总局关于印发〈企业所得税核定征收办法〉（试行）的通知》（国税发〔2008〕30 号）规定，核定征收只适用于特定情形。上述两案中，涉案企业并不是没有设置账簿或者账簿混乱，而是不能向检查人员提供证据，证明其账簿所载成本费用的真实性，所以不符合核定征收的规定情形。企业一直使用查账征收，被检查时主张改为核定征收，明显有逃避缴纳税款的意图。若对此种情况采用核定征收，有悖法律法规规定，可能会导致被查企业故意不提供或销毁相关证据，以降低企业所得税税负率。

三、赠送手机未视同销售少缴税款的税务稽查案例

案情概况：

D 市税务局稽查局对丁公司 2019 年至 2021 年立案检查，检查发现该公司向客户无偿赠送外购的手机，金额共计 500 余万元，税务局稽查局对丁公司依法追缴增值税、企业所得税和滞纳金，责令补扣补缴个人所得税，并处以罚款共计 300 余万元。

案情简介：

丁公司的业务比较单一，即购进某品牌手机，对手机进行改装，然后销售给特定的企业客户。检查人员经过初步的账面检查，发现该公司长期存在进销数量不符的情况，即进货数量明显大于销售数量，且这个差距数量随着时间推移不断扩大。检查人员就此情况对企业财务进行询问，财务人员未道明原因，坚称绝对不存在虚开增值税发票的行为。

面对这样反常的情况，检查人员认为必须盘查该企业的库存商品，只有在认真核对了该公司的库存商品和入库、出库情况之后，才能确定该公司是否存在虚开增值税发票的行为。

经过盘库，检查人员发现丁公司2019年至2021年购进的1366部某品牌手机有购进和入库记录，却无出库和销售记录，经询问得知，丁公司由于业务的特殊性，经常要在产品推介会上把安装了最新功能的某品牌手机赠送给客户使用，之前盘库时发现的那1366部手机，都是作为赠品送给客户使用。企业相关人员均不清楚赠送客户手机需要视同销售缴纳增值税、企业所得税等税收政策。

税务局稽查局对该公司作出如下处理决定：

对于丁公司将购入的1366部手机无偿赠送给客户的行为，作视同销售处理，购入手机的不含税价格为5 460 820.52元，增值税上视同销售组成计税价格为6 006 902.57元，应补缴增值税1 021 173.44元，应补缴城市维护建设税、教育费附加和地方教育附加共122 540.81元。上述税款及附加共计1 143 714.25元。同时该笔业务未结转成本、确认收入，该笔业务涉及补缴增值税1 021 173.44元对应的附加税费122 540.81元，应调增企业所得税应纳税所得额为423 541.24元(6 006 902.57－5 460 820.52－122 540.81)，补缴企业所得税105 885.31元(423 541.24×25％)。

丁公司2019年至2021年，将企业购入的1366部手机在产品推介会及培训会上无偿赠送给个人客户，涉及金额合计5 873 310元，未按"偶然所得"代扣代缴个人所得税，应按照20％税率补扣补缴个人所得税1 174 662元。

稽查局对上述税收违法行为处以少缴税款50％的罚款。

政策依据：

(1)《中华人民共和国增值税暂行条例》及实施细则(略)。

(2)《企业所得税法》及实施条例(略)。

(3)《财政部 税务总局关于个人取得有关收入适用个人所得税应税所得项目的公告》(财政部 税务总局公告2019年第74号)规定，自2019年1月1日起，企业在业务宣传、广告等活动中，随机向本单位以外的个人赠送礼品(包括网络红包，下同)，以及企业在年会、座谈会、庆典以及其他活动中向本单位以外的个人赠送礼品，个人取得的礼品收入，按照"偶然所得"项目计算缴纳个人所得税，但企业赠送的具有价格折扣或折让性质的消费券、代金券、抵用券、优惠券等礼品除外。

(4)《税收征收管理法》第六十九条规定，扣缴义务人应扣未扣、应收而不收税款的，由税务机关向纳税人追缴税款，对扣缴义务人处应扣未扣、应收未收税款百分之五十以

上三倍以下的罚款

(5)《国家税务总局关于贯彻〈中华人民共和国税收征管法〉及其实施细则若干具体问题的通知》(国税发〔2003〕47号)规定，扣缴义务人违反征管法及其实施细则规定应扣未扣、应收未收税款的，税务机关除按征管法及其实施细则的有关规定对其给予处罚外，应当责成扣缴义务人限期将应扣未扣、应收未收的税款补扣或补收。

四、预收房款少预缴税款、不调增预计计税毛利额的税务稽查案例

根据当地扫黑办移交线索，A市稽查局于2019年8月对B公司的2017年10月1日至2019年6月30日涉税情况进行了检查。

(一)基本情况

B公司经营范围为房地产开发经营，增值税一般纳税人，企业所得税为查账征收。该公司开发的"XY"项目，于2018年12月取得第一份商品房预售许可证。

检查人员通过征管系统导出了检查所属期的纳税申报表和财务会计报表，通过案头审核，发现预售收入尚未结转主营业务收入，企业缴纳的增值税和企业所得税等与会计报表"预收账款"科目余额增加数不匹配，涉嫌少申报缴纳税款。

(二)违法事实

1.印花税

检查人员发现B公司无建筑安装工程承包合同、产权转移书据等印花税申报记录，有悖常理。遂要求企业提供检查期内签订的所有经济合同。经检查，该企业2017年11月与某设计研究院签订《建设工程设计合同》一份，合同金额270万元；2018年4月与某建筑公司签订《建设工程施工合同》一份，合同金额114 230 964.00元；2018年与客户签订商品房销售合同(含装修费用)，合同金额合计49 314 080元；2018年共支付车辆租赁费430 400元。应缴未缴建设工程勘察设计合同印花税1 350元、建筑安装工程承包合同印花税34 269.30元、产权转移书据印花税24 657.00元、财产租赁印花税430.40元。

2.个人所得税

2017年12月12号凭证中"其他应付款"科目反映向个人支付借款利息59 605.00元，未按规定扣缴利息、股息、红利所得的个人所得税11 921.00元(59 605.00×20%)。

3.增值税

通过审查预收账款明细账、相关凭证并和实际预缴增值税税额核对，发现少预缴增值税。2018年12月预收房款20 075 064元，应预缴增值税547 501.75元(20 075 064÷(1+10%)×3%)，申报预缴265 791.95元，少预缴281 709.80元。2019年1月至3月预收房款98 962 784.00元，应预缴增值税2 698 985.02元[98 962 784.00÷(1+10%)×3%]，申报预缴968 325.85元，少预缴1 730 659.17元。2019年4月至6月份预收房款53 541 169.00元，应预缴增值税1 473 610.16元[53 541 169.00÷(1+9%)×3%]，申报预缴2 864 787.42元，多预缴1 391 177.26元。

4.城市维护建设税及附加

2018年应预缴增值税547 501.75元,应缴纳城市维护建设税27 375.09元(547 501.75×5%),已申报缴纳13 289.60元,少申报缴纳14 085.49元。2019年1月至6月应预缴增值税4 172 595.18元,应缴纳城市维护建设税208 629.76元(4 172 595.18×5%),申报缴纳191 655.67元,少申报缴纳16 974.09元。

2018年应预缴增值税547 501.75元,应缴纳教育费附加16 425.05元(547 501.75×3%),已申报缴纳7 973.76元,少申报缴纳8 451.29元。2019年1月至6月应预缴增值税4 172 595.18元,应缴纳教育费附加125 177.86元(4 172 595.18×3%),已申报缴纳114 993.40元,少申报缴纳10 184.46元。

2018年应预缴增值税547 501.75元,应缴纳地方教育附加10 950.04元(547 501.75×2%),已申报缴纳5 315.84元,少申报缴纳5 634.20元。2019年1月至6月应预缴增值税4 172 595.18元,应缴纳地方教育附加83 451.90元(4 172 595.18×2%)已申报缴纳76 662.27元,少申报缴纳6 789.63元。

5.土地增值税

根据该省税务局发布的公告规定,企业收取的诚意金应并入销售收入预征土地增值税。

2018年预收诚意金、房款共31 863 678.00元,当地普通住宅土地增值率预征率为1.5%,应预缴增值税547 501.75元,应预缴土地增值税469 742.64元[(31 863 678.00－547 501.75)×1.5%],未申报预缴469 742.64元。

2019年1月至6月预收诚意金、房款共143 488 953.00元,应预缴增值税4 172 595.18元,应预缴土地增值税2 089 745.36元[(143 488 953.00－4 172 595.18)×1.5%],申报预缴2 227 963.54元,多预缴138 218.18元。

6.企业所得税

企业财务人员由于税法知识缺乏,未调整应纳税所得额,尤其是未按照计税毛利率调整应税所得,导致企业所得税申报错误。(未完工开发产品预计计税毛利率为15%)

2018年:

(1)账面利润为－3 918 418.64元。

(2)纳税调增2 922 934.68元,其中:

①职工福利费超列84 993.34元(277 876.94－1 377 740.00×14%)。

②"管理费用"列支业务招行费156 562.90元,"销售费用"列支业务招待费36 120元,合计191 682.90元,发生额的60%为115 609.74元,预售收入的5‰为91 250.29元[20 075 064÷(1＋10%)×5‰],税前可列支限额为91 250.29元,超列100 432.61元(191 682.90－91 250.29)。

③预计计税毛利额:预收房款、装修款2 737 508.73元[20 075 064÷(1＋10%)×15%。

(3)纳税调减761 993.52元:税前可列城市维护建设税及附加、印花税、土地使用税、土地增值税等761 993.52元。

(4)纳税调整后所得为－1 757 477.48 元(账面利润－3 918 418.64＋调增 2 922 934.68－调减可列税费 761 993.52－1 757 477.48)。

2019 年 1 月至 6 月：

(1)账面利润为－4 767 641.86 元。

(2)预计计税毛利额：

①1 月至 3 月预收房款＝13 494 925.09 元(98 962 784÷(1＋10%)×5%)。

②4 月至 6 月预收房款＝53 541 169÷(1＋9%)×15%＝7 368 050.78 元预计计税毛利额合计 20 862 975.87 元。

(3)弥补以前年度亏损 5 159 349.77 元(2014 年亏损 1 379 211.61 元，2015 年亏损 610 869.49 元，2016 年亏损 535 692.85 元，2017 年亏损 876 098.34 元，2018 年亏损 1 757 477.48 元)。

(4)实际利润额为 10 935 984.24 元。(－476 7641.86＋预计计税毛利额 20 862 975.87－弥补以前年亏损 5 159 349.77)。

(5)应预缴企业所得税为 2 733 996.06 元(10 935 984.24 元×25%)，已申报预缴 2 111 577.71 元，少预缴 622 418.35 元。

(三)处理、处罚结果

(1)追缴 B 公司未申报缴纳的印花税 154 715.70 元，并处 5%的罚款 77 357.85 元。

(2)责成 B 公司补扣补缴 2017 年 12 月利息、股息、红利所得个人所得税 11 921 元，对该公司应扣未扣个人所得税 11 921 元处 50%的罚款 5 960.50 元。

(3)追缴 B 公司 2018 年 1 月 1 日至 2019 年 6 月 30 日少预缴的增值税 621 191.71 元，对应的城市维护建设税 31 059.58 元、教育费附加 18 635.75 元、地方教育附加 12 423.83 元一并追缴。

(4)追缴 B 公司 2018 年 1 月 1 日至 2019 年 6 月 30 日少预缴的土地增值税 331 524.46 元。

(5)追缴 B 公司 2019 年 1 月 1 日至 2019 年 6 月 30 日少预缴的企业所得税 622 418.35 元。

(6)根据《税收征收管理法》第三十二条规定，对上述未按照规定期限缴纳的印花税、增值税、城市维护建设税、土地增值税、企业所得税，从滞纳税款之日起，按日加收万分之五的滞纳金。

注：由于预缴税款是在未发生纳税义务的前提下进行的，企业在发生纳税义务时要申报应纳税款并减去预缴税款后补缴税款，预缴阶段少纳税款并未最终产生少缴税款的后果，在现行税收法律未明确的情况下，故未对企业定性偷税并处罚。

五、违法抵扣进项税额、预收租金挂往来的税务稽查案例

根据随机抽查任务安排，A 省甲市税务局稽查局派员对该市 H 公司的 2019 年 1 月

1日至2019年12月31日涉税情况进行了检查。

(一)企业基本情况

H公司成立于2012年4月,注册资本:7 000万元;登记注册类型:有限责任公司;经营范围:房屋建筑工程、装饰工程、绿化工程、市政工程、水利工程、土建工程、路桥工程施工;预制构件、沥青混凝土、水泥混凝土生产、销售。

(二)检查情况及发现问题

1.违法抵扣进项税额

(1)2019年6月,H公司购买300 000元生活用品用于职工福利,抵扣该笔进项税额39 000元。

(2)2019年10月,H公司因管理不善报废一批建筑材料786 000元,进项有限公司税额102 180元未转出。

(3)2019年12月,H公司购买空调、热水器、洗衣机共925 000元用于职工宿舍,抵扣进项税额120 250元。

根据《中华人民共和国增值税暂行条例》第十条规定,用于非增值税应税项目、免征增值税项目、集体福利或者个人消费的购进货物或者应税劳务;非正常损失的购进货物及相关的应税劳务的进项税额不得从销项税额中抵扣。H公司以上3笔进项税额不得抵扣,应补缴2019年6月增值税39 000元、2019年10月份增值税102 180元、2019年12月增值税120 250元。以上3笔增值税应补缴城市维护建设税18 300.10元、教育费附加7 842.90元、地方教育附加5 228.60元。

2.预收房屋租金未申报纳税

2019年12月份预收客户2020年1月至2021年12月商铺(2015年购入)租金1 000 000元列入"其他应付款"科目,未申报缴纳增值税。根据《纳税人提供不动产经营租赁服务增值税征收管理暂行办法》第三条、《营业税改征增值税试点实施办法》第四十五条第七款、2019年12月应补缴增值税47 619.05元(1 000 000/1.05×0.05)、城市维护建设税3 333.33元、教育费附加1 428.57元、地方教育附加952.38元。

3.税前列支接受虚开的普通发票

2019年6月该公司取得乙市N商贸有限公司于2019年6月20日开具的2张普通发票,品名为混凝土,金额合计320 000元。该发票集团份发票已被乙市税务局稽查局确定为虚开发票,H公司提供情况说明,无法从供货人处重新取得发票。N商贸有限公司委托黄某与H公司结算该笔货款,H公司通过银行转账支付货款给黄某,账面列支××镇农村道路畅通工程材料成本。经调查,××镇农村道路畅通工程是政府招标工程,项目施工方式是通过内部承包给黄某,双方签订了承包施工协议,上述2张发票是承包人交给H公司财务列支项目成本,公司只能在收票时查验发票真伪,业务真实性由承包人承诺负责。

经询问黄某,其自称承接H公司中标的××镇农村道路畅通工程项目,项目现已完工,从N商贸有限公司购进的混凝土实际是由当地私人搅拌站提供,货款以现金分批支付给私人搅拌站，混凝土普通发票由私人搅拌站提供。由于没有证据证明该公司存在让他人为自己开具与实际经营业务情况不符的发票，对该公司非主观故意取得不合规发票的陈述予以采信。依据《中华人民共和国发票管理办法》第二十一条、《国家税务总局关于发布〈企业所得税税前扣除凭证管理办法〉》(国家税务总局公告2018年第28号)第十二条规定，对企业取得的不合规定的发票，不得作为税前扣除凭证。该公司2019年度盈利，且不符合小型微利企业标准，2019年应补缴企业所得税80 000元(320 000×25%)。

(三)处理、处罚结果

(1)根据《中华人民共和国税收征收管理法》第六十三条的规定，追缴该公司2019年6月份增值税39 000元、2019年10月份增值税102 180元、2019年12月份增值税167 869.05元，合计309 049.05元，并处少缴税款50%罚款154 524.53元。

(2)根据《中华人民共和国税收征收管理法》第六十三条的规定，追缴该公司2019年6月城市维护建设税2 730元、2019年10月城市维护建设税7 152.60元、2019年12月城市维护建设税11 750.83元，合计21 633.43元，并处少缴税款50%罚款10 816.72元。

(3)根据《中华人民共和国税收征收管理法》第五十二条第二款规定，追征该公司因取得不合规发票导致2019年少缴的企业所得税80 000元。

(4)根据《中华人民共和国税收征收管理法》第三十二条的规定，对上述应补缴的税款，从滞纳税款之日起，按日加收滞纳税款万分之五的滞纳金。

(5)根据国务院关于《征收教育费附加的暂行规定》规定，对该公司2019年的教育费附加9 271.47元予以追缴。

(6)根据《A省地方教育费附加征收和使用管理暂行规定》，对该公司2019年的地方教育附加6 180.98元予以追缴。

六、保洁服务公司隐瞒收入少申报税款的税务稽查案例

2019年3月，知情人举报W保洁服务有限公司采取隐匿收入、虚假申报的方式逃避缴纳税款，税务局稽查局于2019年4月6日派出检查人员对该公司2017年1月1日至2018年12月31日涉税情况进行了检查。

(一)基本情况

W保洁服务有限公司成立于2016年11月20日，注册类型为其他有限责任公司，注册地址为××市××路29号，经营范围为保洁服务；洗涤服务；纺织用品租赁。增值税小规模纳税人，按季申报纳税。企业所得税实行核定应税所得率征收。

2017年度申报收入601 376.63元，税控设备抵减1 100.00元，应纳增值税16 941.29元，应纳企业所得税6 013.77元。

2018年度申报收入1 578 749.47元，应纳增值税47 362.48元，应纳企业所得税15 787.49元。

(二)检查情况及发现问题

(1)检查人员到该公司经营地址实地检查，发现经营地址内无任何公司标识，内有洗衣机、烘干机、烫平机等设备。

(2)检查人员通过对W保洁服务有限公司检查所属期内的申报数据、税控发票自开和代开情况进行核对，发现该企业申报数据不准确，也无法提供与取得收入有关的合理成本费用支出凭证。

(3)检查人员根据举报人提供的线索，选取了A公司、B大酒店、C酒店管理公司、D酒店公司进行调查取证。上述公司存在洗涤合同到期后未续签，取得的洗涤发票存在多家开票方，但洗涤费用均支付到W保洁服务有限公司和孙某个人账户。W保洁服务有限公司法定代表人李某解释称其同孙某是夫妻关系，孙某的个人账户主要用于收取洗涤收入、窗帘店收入和家庭往来。W保洁服务有限公司的洗涤业务均由公司驾驶员负责对外承接，公司3名驾驶员自己成立个体干洗店对外承接洗涤业务，然后拿到公司洗涤，公司收取洗涤收入的85%，合同和发票均由个体洗涤店签订和开具，公司为上述3家干洗店代理洗涤所取得的洗涤收入未申报纳税。

上述未申报收入：2017年一季度未申报收入54 596.74元，二季度未申报收入141 282.04元，三季度未申报收入112 327.09元，四季度未申报收入119 640.39元。2018年一季度未申报收入157 804.00元，二季度未申报收入161 476.23元，三季度未申报收入129 052.12元，四季度未申报收入112 827.44元。

经计算，该公司2017年应补缴增值税12 461.54元、企业所得税4 153.85元，2018年应补缴增值税16 344.46元、企业所得税5 611.60元。该公司隐匿收入进行虚假纳税申报的行为构成偷税。

(三)处理、处罚结果

(1)根据《中华人民共和国税收征收管理法》第六十三条的规定，追缴2017年少缴的增值税12 461.54元、2018年少缴的增值税16 344.46元。

(2)根据《中华人民共和国城市维护建设税暂行条例》第三条的规定，追缴城市维护建设税2 178.76元；根据《国务院关于修改〈征收教育费附加的暂行规定〉的决定》(国务院令第448号)第三条的规定，追缴教育费附加864.18元；根据《B省地方教育附加征收和使用管理暂行办法》第三条，追缴地方教育附加576.12元。

(3)根据《中华人民共和国税收征收管理法》第六十三条的规定，追缴该公司2018年企业所得税4 153.85元、2019年企业所得税5 611.60元。

(4)根据《中华人民共和国税收征收管理法》第三十二条的规定，对上述追缴的增值税、城市维护建设税、企业所得税按规定加收滞纳金。

(5)根据《中华人民共和国税收征收管理法》第六十三条的规定，对上述追缴的增值税28 806元、城市维护建设税2 178.76元、企业所得税9 765.45元处以一倍罚款，即罚款40 750.21元。

第四章　虚开骗税查办实务与案例

【引言】

近年来，不法分子实施虚开发票违法行为屡见不鲜，重点地区、重点行业虚开发票违法行为频发、高发；同时，近年来涉税犯罪案件高度集中在虚开发票案件上，虚开刑事案件数量持续上升，石化、再生资源、医药、农产品收购、建材、外贸等行业仍然是虚开发票案件频发的重灾区，虚开发票案件呈现区域性、行业性集中爆发，严重影响了"放管服"改革和"便民办税春风行动"等优化营商环境措施的顺利实施，严重破坏了正常的经济税收秩序，必须出重拳、亮利剑，毫不手软地实施打击。在工作中，查办虚开发票案件是广大税务稽查干部必须掌握的真本领，同时也是广大税务稽查干部在税务检查中普遍遇到的难题之一。

第一节　虚开发票查办基础知识

一、发票基础知识

发票，是指在购销商品、提供或者接受服务以及从事其他经营活动中，开具、收取的收付款凭证。发票的种类、联次、内容以及使用范围由国务院税务主管部门规定。国务院税务主管部门统一负责全国的发票管理工作，省、自治区、直辖市税务机关依据职责做好本行政区域内的发票管理工作。在中华人民共和国境内印制、领购、开具、取得、保管、缴销发票的单位和个人，必须遵守《中华人民共和国发票管理办法》。

从开票方角度看，销售商品、提供服务以及从事其他经营活动的单位和个人，对外发生经营业务收取款项，收款方应当向付款方开具发票；特殊情况下，由付款方向收款方开具发票。从受票方角度看，所有单位和从事生产、经营活动的个人在购买商品、接受服务以及从事其他经营活动支付款项，应当向收款方取得发票。取得发票时，不得要求变更品名和金额。不符合规定的发票，不得作为财务报销凭证，任何单位和个人有权拒收。

现行发票种类可以按照是否通过税控设备开具分成两大类。第一大类为通过税控设备开具的发票，实务中纳税人使用增值税发票管理新系统开具。发票种类包括增值税专用发票、增值税普通发票（含农产品收购）、增值税电子普通发票、道路通行费增值税电子普通发票、机动车销售统一发票、二手车销售统一发票、增值税电子专用发票（部分地区试点）。第二大类为不通过税控设备开具的发票，实务中纳税人不使用增值税发票管理新系统开具。发票种类包括通用机打发票、通用定额发票、通用手工发票、景点门票、火车票、客运定额发票、航空运输电子客票行程单等。

虚开增值税专用发票是随着我国增值税专用发票制度的设立而慢慢出现的犯罪行为。1994 年税制改革，我国开始实行凭票扣税的增值税，此时可以从销项税额中抵扣进项税额的扣税凭证就是增值税专用发票。由于增值税专用发票可以用于抵扣税款，虚开增值税专用发票可以抵扣税款达到少缴税、不缴税的目的，因此增值税实行没多久，不法分子为牟取暴利开始铤而走险，出现虚开增值税专用发票的违法行为。随着时间的推移和政策的演变，又陆续新增虚开增值税普通发票、增值税电子普通发票、农产品收购发票、道路通行费增值税电子普通发票、机动车销售统一发票、航空运输电子客票行程单等各类增值税扣税凭证的违法行为，在这里我们统称为“虚开发票”。尤其是近些年国家推行“放管服”改革，优化营商环境，增值税一般纳税人从事前审查的审批制改为更为便捷的登记制，领用增值税发票从传统的事前审批变为更为快捷的受理即办模式，可以抵扣进项税额的扣税凭证逐步增多，虚开发票之势越来越严峻，由虚开发票引发的税务稽查案件也越来越多。可以说，虚开发票案件查办已成为税务稽查工作的重头戏与主战场。下面我们按照时间脉络，梳理学习下虚开发票的行政处理、刑事处理与相关税收规范性文件。

二、虚开发票的行政处理

现行《中华人民共和国税收征收管理法》及《中华人民共和国税收征收管理法实施细则》并没有虚开发票的定义。

虚开发票在行政法中的表述，来源于《中华人民共和国发票管理办法》第二十二条规定，开具发票应当按照规定的时限、顺序、栏目，全部联次一次性如实开具，并加盖发票专用章。

任何单位和个人不得有下列虚开发票行为：

①为他人、为自己开具与实际经营业务情况不符的发票；

②让他人为自己开具与实际经营业务情况不符的发票；

③介绍他人开具与实际经营业务情况不符的发票。

这里界定为虚开发票行为具体包括为他人开具、为自己开具、让他人为自己开具、介绍他人开具四类行为，同时都有一个界定范围：与实际经营业务情况不符。

同时《中华人民共和国发票管理办法》第三十七条明确规定：“违反本办法第二十二

条第二款的规定虚开发票的，由税务机关没收违法所得；虚开金额在1万元以下的，可以并处5万元以下的罚款；虚开金额超过1万元的，并处5万元以上50万元以下的罚款；构成犯罪的，依法追究刑事责任。非法代开发票的，依照前款规定处罚。”

这里明确虚开发票的行政处罚标准，按照虚开金额是否超过1万元来界定处罚最高限，注意这里的罚款都是“可以并处”，明确构成犯罪的，依法追究刑事责任。

三、虚开发票的刑事处理

全国人大常委会在1995年10月30日通过并颁布《全国人民代表大会常务委员会关于惩治虚开、伪造和非法出售增值税专用发票犯罪的决定》(中华人民共和国主席令第57号)，第一次出现“虚开增值税专用发票”这一概念。

文中第一条规定：

“虚开增值税专用发票的，处三年以下有期徒刑或者拘役，并处二万元以上二十万元以下罚金；虚开的税款数额巨大或者有其他严重情节的，处三年以上十年以下有期徒刑，并处五万元以上五十万元以下罚金；虚开的税款数额特别巨大或者有其他特别严重情节的，处十年以上有期徒刑或者无期徒刑，并处没收财产。有前款行为骗取国家税款，数额特别巨大、情节特别严重、给国家利益造成特别重大损失的，处无期徒刑或者死刑，并处没收财产。

虚开增值税专用发票的犯罪集团的首要分子，分别依照前两款的规定从重处罚。

虚开增值税专用发票是指有为他人虚开、为自己虚开、让他人为自己虚开、介绍他人虚开增值税专用发票行为之一的。”

注意，这里明确了四种虚开增值税专用发票的行为，但未对每一类具体行为做出具体解释。

1996年，最高人民法院印发《关于适用〈全国人民代表大会常务委员会关于惩治虚开、伪造和非法出售增值税专用发票犯罪的决定〉的若干问题的解释》的通知(法发〔1996〕30号)(2024年3月20日起施行《最高人民法院、最高人民检查院〈关于办理危害税收征管刑事案件适用法律若干问题的解释〉》后，法发〔1996〕30号同时废止)，其中第一条规定：

“具有下列行为之一的，属于‘虚开增值税专用发票’：(1)没有货物购销或者没有提供或接受应税劳务而为他人、为自己、让他人为自己、介绍他人开具增值税专用发票；(2)有货物购销或者提供或接受了应税劳务但为他人、为自己、让他人为自己、介绍他人开具数量或者金额不实的增值税专用发票；(3)进行了实际经营活动，但让他人为自己代开增值税专用发票。”

这里的三种情形就是我们俗称的“无货虚开”、“有货虚开”和“他人代开”。值得注意的是，这里虚开行为界定为“数量或金额不实”。

同时，在(法发〔1996〕30号)文中，明确了量刑标准：

“虚开税款数额1万元以上的或者虚开增值税专用发票致使国家税款被骗取5 000元以上的，应当依法定罪处罚。

“虚开税款数额10万元以上的，属于‘虚开的税款数额较大’；具有下列情形之一的，属于“有其他严重情节”：(1)因虚开增值税专用发票致使国家税款被骗取5万元以上的；(2)曾因虚开增值税专用发票受过刑事处罚的；(3)具有其他严重情节的。

“虚开税款数额50万元以上的，属于‘虚开的税款数额巨大’；具有下列情形之一的，属于“有其他特别严重情节”：(1)因虚开增值税专用发票致使国家税款被骗取30万元以上的；(2)虚开的税款数额接近巨大并有其他严重情节的；(3)具有其他特别严重情节的。

利用虚开的增值税专用发票实际抵扣税款或者骗取出口退税100万元以上的，属于‘骗取国家税款数额特别巨大’；造成国家税款损失50万元以上并且在侦查终结前仍无法追回的，属于‘给国家利益造成特别重大损失’。利用虚开的增值税专用发票骗取国家税款数额特别巨大、给国家利益造成特别重大损失，为‘情节特别严重’的基本内容。”

1996年，国家税务总局转发《最高人民法院关于适用〈全国人民代表大会常务委员会关于惩治虚开、伪造和非法出售增值税专用发票犯罪的决定〉的若干问题的解释》，发文号为国税发〔1996〕210号。

1997年，《中华人民共和国刑法》将《全国人民代表大会常务委员会关于惩治虚开、伪造和非法出售增值税专用发票犯罪的决定》（中华人民共和国主席令第57号）吸收进刑法。刑法经过历年多次修正，现行《中华人民共和国刑法修正案（十二）》中关于虚开发票罪具体表述如下：

“第二百零五条【虚开增值税专用发票、用于骗取出口退税、抵扣税款发票罪】虚开增值税专用发票或者虚开用于骗取出口退税、抵扣税款的其他发票的，处三年以下有期徒刑或者拘役，并处二万元以上二十万元以下罚金；虚开的税款数额较大或者有其他严重情节的，处三年以上十年以下有期徒刑，并处五万元以上五十万元以下罚金；虚开的税款数额巨大或者有其他特别严重情节的，处十年以上有期徒刑或者无期徒刑，并处五万元以上五十万元以下罚金或者没收财产。

“单位犯本条规定之罪的，对单位判处罚金，并对其直接负责的主管人员和其他直接责任人员，处三年以下有期徒刑或者拘役；虚开的税款数额较大或者有其他严重情节的，处三年以上十年以下有期徒刑；虚开的税款数额巨大或者有其他特别严重情节的，处十年以上有期徒刑或者无期徒刑。

“虚开增值税专用发票或者虚开用于骗取出口退税、抵扣税款的其他发票，是指有为他人虚开、为自己虚开、让他人为自己虚开、介绍他人虚开行为之一的。

“第二百零五条之一　【虚开发票罪】虚开本法第二百零五条规定以外的其他发票，情节严重的，处二年以下有期徒刑、拘役或者管制，并处罚金；情节特别严重的，处二年以上七年以下有期徒刑，并处罚金。

“单位犯前款罪的，对单位判处罚金，并对其直接负责的主管人员和其他直接责任人员，依照前款的规定处罚。”

刑法中明确虚开发票，不仅包括增值税专用发票，还包括用于骗取出口退税、抵扣税款的其他发票，比如增值税普通发票、农产品收购发票，等等。

2015 年 6 月，最高人民法院研究室就公安部经济犯罪侦查局《关于如何认定以“挂靠”有关公司名义实施经营活动并让有关公司为自己虚开增值税专用发票行为的性质的函》（公经财税〔2015〕40 号）复函，明确：

“一、挂靠方以挂靠形式向受票方实际销售货物，被挂靠方向受票方开具增值税专用发票的，不属于刑法第二百零五条规定的‘虚开增值税专用发票’。

“主要考虑：

“(1)由挂靠方适用被挂靠方的经营资格进行经营活动，并向挂靠方支付挂靠费的经营方式在实践中客观存在，且带有一定普遍性。相关法律并未明确禁止以挂靠形式从事经营活动。

“(2)虚开增值税专用发票罪是行政犯，对相关入罪要件的判断，应当依据、参照相关行政法规、部门规章等，而根据《国家税务总局关于纳税人对外开具增值税专用发票有关问题的公告》（国家税务总局公告 2014 年第 39 号），挂靠方以挂靠形式向受票方实际销售货物，被挂靠方向受票方开具增值税专用发票的，不属于虚开。

“二、行为人利用他人的名义从事经营活动，并以他人名义开具增值税专用发票的，即便行为人与该他人之间不存在挂靠关系，但如行为人进行了实际的经营活动，主观上并无骗取抵扣税款的故意，客观上也未造成国家增值税款损失的，不宜认定为刑法第二百零五条条规定的‘虚开增值税专用发票’；符合逃税罪等其他犯罪构成条件的，可以其他犯罪论处。

“主要考虑：

“(1)虚开增值税发票罪的危害实质在于通过虚开行为骗取抵扣税款，对于有实际交易存在的代开行为，如行为人主观上并无骗取的扣税款的故意，客观上未造成国家增值税款损失的，不宜以虚开增值税专用发票罪论处。虚开增值税专用发票罪的法定最高刑为无期徒刑，系严重犯罪，如将该罪理解为行为犯，只要虚开增值税专用发票，侵犯增值税专用发票管理秩序的，即构成犯罪并要判处重刑，也不符合罪刑责相适应原则。

“(2)1996 年 10 月 17 日《关于适用〈全国人民代表大会常务委员会关于惩治虚开、伪造和非法出售增值税专用发票犯罪的决定〉的若干问题的解释》虽然未被废止，但该解释制定于 1997 年刑法施行前，根据我院《关于认真学习宣传贯彻修订的〈中华人民共和国刑法〉的通知》（法发〔1997〕3 号）第五条‘修订的刑法实施后，对已明令废止的全国人大常委会有关决定和补充规定，最高人民法院原作出的有关司法解释不再适用，但是如果修订的刑法有关条文实质内容没有变化的，人民法院在刑事审判工作中，在没有新的司法解释前，可参照执行。其他对于与修订的刑法规定相抵触的司法解释，不再适用’的规定，应当根据现行刑法第二百零五条关于虚开增值税专用发票罪的规定，合理选择该解释中可以继续参照适用的条文。其中,该解释中关于'进行了实际经营活动,但让他人为自己代开增值税专用发票'也属于虚开的规定,与虚开增值税专用发票罪的规定不符,不应继续适用;如继续适用该解释的上述规定,则对于挂靠代开案件也要以犯罪论处,显然有失妥当。

"(3)《刑事审判参考》曾刊登'芦才兴虚开抵扣税款发票案'。该案例提出,虚开可以用于抵扣税款的发票冲减营业额偷逃税款的行为。主观上明知所虚开的运输发票均不用于抵扣税款,客观上使用虚开发票冲减营业额的方法偷逃应纳税款,其行为不符合虚开用于抵扣税款发票罪的构成要件,属于偷税行为。2001 年福建高院请示的泉州市松苑绵涤实业有限公司等虚开增值税专用发票案,被告单位不以抵扣税款为目的,而是为了显示公司实力以达到在与外商谈判中处于有利地位的目的而虚开增值税发票。我院答复认为该公司的行为不构成犯罪。

以上意见供参考。"

此复函对如何认定挂靠开票及其他代开发票的行为是否构成虚开增值税专用发票罪以及对法发〔1996〕30 号司法解释的适用问题作出了指导性的解释,同时也对有关虚开增值税专用发票罪争论较多的传统问题表达了观点。但该复函在性质上不属于司法解释,仅属于类似司法解释性质的文件,因此必然不具有司法解释所独有的法律效力,仅具有参照和指导的作用,法院无法在审理具体案件时对其进行援引。

2018 年 8 月,最高人民法院出台《关于虚开增值税专用发票定罪量刑标准有关问题的通知》(法〔2018〕226 号),明确:

"自本通知下发之日起,人民法院在审判工作中不再参照执行《最高人民法院关于适用〈全国人民代表大会常务委员会关于惩治虚开、伪造和非法出售增值税专用发票犯罪的决定〉的若干问题的解释》(法发〔1996〕30 号)第一条规定的虚开增值税专用发票罪的定罪量刑标准。

"在新的司法解释颁行前,对虚开增值税专用发票刑事案件定罪量刑的数额标准,可以参照《最高人民法院关于审理骗取出口退税刑事案件具体应用法律若干问题的解释》(法释〔2002〕30 号)第三条的规定执行,即虚开的税款数额在五万元以上的,以虚开增值税专用发票罪处三年以下有期徒刑或者拘役,并处二万元以上二十万元以下罚金;虚开的税款数额在五十万元以上的,认定为刑法第二百零五条规定的'数额较大';虚开的税款数额在二百五十万元以上的,认定为刑法第二百零五条规定的'数额巨大'。"

可以看到,前期虚开发票量刑标准过低,已背离罪责刑相适应原则。现行虚开增值税专用发票、用于骗取出口退税、抵扣税款发票罪量刑标准起点从最初的"虚开税款数额在一万元以上"到后来的"虚开税款数额在五万元以上",至现在提高到"虚开的税款数额在十万元以上或者造成国家税款损失数额在五万元以上的","数额较大"从"虚开的税款数额十万元以上"提高到"五十万元以上","数额巨大"从"虚开的税款数额一百万元以上"提高到"二百五十万元以上"。虚开其他发票罪的量刑标准也有相应的调整。

四、与虚开发票相关的税收规范性文件

(一)"三流一致"

1."三流一致"概念的提出

增值税实务中我们常说的"三流",是指货物流、资金流、发票流,"三流一致"是指货物、资金、发票的流向必须一致。而《国家税务总局关于加强增值税征收管理若干问题的通知》(国税发〔1995〕192 号),关于增值税一般纳税人进项税额的抵扣问题规定:

"购进货物或应税劳务支付货款、劳务费用的对象。纳税人购进货物或应税劳务,支付运输费用,所支付款项的单位,必须与开具抵扣凭证的销货单位、提供劳务的单位一致,才能够申报抵扣进项税额,否则不予抵扣。"

此项规定正是"三流一致"的源头。

2."三流一致"的澄清

近年来,不少财税人员乃至税务稽查干部都以国税发〔1995〕192 号文为依据,片面理解为,增值税实务中必须保证"三流一致",所有"三流不一致"的行为都不得抵扣税款,都是虚开发票。

2006 年,国家税务总局在答复北京市国税局《关于诺基亚公司采用总公司对北京、江苏和东莞三个地区分公司的购销业务实行统一结算方式涉及增值税进项税额抵扣问题的请示》(京国税发〔2004〕379 号)时,批复《国家税务总局关于诺基亚公司实行统一结算方式增值税进项税额抵扣问题的批复》(国税函〔2006〕1211 号):

"对诺基亚各分公司购买货物从供应商取得的增值税专用发票,由总公司统一支付货款,造成购进货物的实际付款单位与发票上注明的购货单位名称不一致的,不属于《国家税务总局关于加强增值税征收管理若干问题的通知》(国税发〔1995〕192 号)第一条第(三)款有关规定的情形,允许其抵扣增值税进项税额。"这里对个案的回复,明确了"三流一致"未必是虚开的口径。

按《发票管理办法》规定,任何单位和个人不得有下列虚开发票行为:

①为他人、为自己开具与实际经营业务情况不符的发票;

②让他人为自己开具与实际经营业务情况不符的发票;

③介绍他人开具与实际经营业务情况不符的发票。

虚开发票实质是与实际经营情况不符,而不是"三流一致"等形式。

(二)取得虚开专票的处理

(1)《国家税务总局关于纳税人取得虚开的增值税专用发票处理问题的通知》(国税发〔1997〕134 号)明确受票方取得虚开的专用发票抵扣税款是偷税行为。该文件中具体明确:

"一、受票方利用他人虚开的专用发票,向税务机关申报抵扣税款进行偷税的,应当依照《中华人民共和国税收征收管理法》及有关法规追缴税款,处以偷税数额五倍以下

的罚款;进项税金大于销项税金的,还应当调减其留抵的进项税额。利用虚开的专用发票进行骗取出口退税的,应当依法追缴税款,处以骗税数额五倍以下的罚款。

"二、在货物交易中,购货方从销售方取得第三方开具的专用发票,或者从销货地以外的地区取得专用发票,向税务机关申报抵扣税款或者申请出口退税的,应当按偷税、骗取出口退税处理,依照《中华人民共和国税收征收管理法》及有关法规追缴税款,处以偷税、骗税数额五倍以下的罚款。

"三、纳税人以上述第一条、第二条所列的方式取得专用发票未申报抵扣税款,或者未申请出口退税的,应当依照《中华人民共和国发票管理办法》及有关法规,按所取得专用发票的份数,分别处以一万元以下的罚款;但知道或者应当知道取得的是虚开的专用发票,或者让他人为自己提供虚开的专用发票的,应当从重处罚。

"四、利用虚开的专用发票进行偷税、骗税,构成犯罪的,税务机关依法进行追缴税款等行政处理,并移送司法机关追究刑事责任。"

(2)《国家税务总局关于〈国家税务总局关于纳税人取得虚开的增值税专用发票处理问题的通知〉的补充通知》(国税发〔2000〕182 号),该文件是对国税发〔1997〕134 号文件的补充与解释口径。该文件中具体明确:

"有下列情形之一的,无论购货方(受票方)与销售方是否进行了实际的交易,增值税专用发票所注明的数量、金额与实际交易是否相符,购货方向税务机关申请抵扣进项税款或者出口退税的,对其均应按偷税或者骗取出口退税处理。

"一、购货方取得的增值税专用发票所注明的销售方名称、印章与其进行实际交易的销售方不符的,即 134 号文件第二条法规的'购货方从销售方取得第三方开具的专用发票'的情况。

"二、购货方取得的增值税专用发票为销售方所在省(自治区、直辖市和计划单列市)以外地区的,即 134 号文件第二条法规的'从销货地以外的地区取得专用发票'的情况。

"三、其他有证据表明购货方明知取得的增殖税专用发票系销售方以非法手段获得的,即 134 号文件第一条法规的'受票方利用他人虚开的专用发票,向税务机关申报抵扣税款进行偷税'的情况。"

(三)善意取得虚开增值税专用发票

1.具体概念

《国家税务总局关于纳税人善意取得虚开的增值税专用发票处理问题的通知》(国税发〔2000〕187 号)中首次提出了善意取得虚开增值税专用发票的概念。该文件中具体明确:

"购货方与销售方存在真实的交易,销售方使用的是其所在省(自治区、直辖市和计划单列市)的专用发票,专用发票注明的销售方名称、印章、货物数量、金额及税额等全部内容与实际相符,且没有证据表明购货方知道销售方提供的专用发票是以非法手段获得的,对购货方不以偷税或者骗取出口退税论处。但应按有关法规不予抵扣进项税款或者不予出口退税;购货方已经抵扣的进项税款或者取得的出口退税,应依法追缴。

“购货方能够重新从销售方取得防伪税控系统开出的合法、有效专用发票的,或者取得手工开出的合法、有效专用发票且取得了销售方所在地税务机关已经或者正在依法对销售方虚开专用发票行为进行查处证明的,购货方所在地税务机关应依法准予抵扣进项税款或者出口退税。

“如有证据表明购货方在进项税款得到低扣、或者获得出口退税前知道该专用发票是销售方以非法手段获得的,对购货方应按《国家税务总局关于纳税人取得虚开的增值税专用发票处理问题的通知》(国税发〔1997〕134 号)和《国家税务总局关于〈国家税务总局关于纳税人取得虚开的增值税专用发票处理问题的通知〉的补充通知》(国税发〔2000〕182 号)的法规处理。”

在税务稽查实务中,国税发〔2000〕187 号文首次提出“善意取得”这一概念。对购货方与销货方存在真实的交易、销货方专用发票票面信息与实际交易相符,且没有证据表明购货方知道销售方提供的专用发票是以非法手段获得的,界定为“善意取得虚开的增值税专用发票”,对购货方不以偷税或者骗取出口退税论处,但不得抵扣进项税额。如购货方能重新从销货方取得合法、有效专用发票,准予购货方抵扣进项税额。

国税发〔2000〕187 号文是一项重大突破,援引的“善意取得”概念来源对相当一部分纳税人权益起到了保护作用,而不是一概而论、一刀切的处理“购货方取得虚开的专用发票”。

2. 滞纳金加收

《国家税务总局关于纳税人善意取得虚开增值税专用发票已抵扣税款加收滞纳金问题的批复》(国税函〔2007〕1240 号),是对国税发〔2000〕187 号文的补充。明确购货方善意取得增值税专用发票的,不加收滞纳金。该文件中具体明确:

“根据《国家税务总局关于纳税人善意取得虚开的增值税专用发票处理问题的通知》(国税发〔2000〕187 号)规定,纳税人善意取得虚开的增值税专用发票指购货方与销售方存在真实交易,且购货方不知取得的增值税专用发票是以非法手段获得的。纳税人善意取得虚开的增值税专用发票,如能重新取得合法、有效的专用发票,准许其抵扣进项税款;如不能重新取得合法、有效的专用发票,不准其抵扣进项税款或追缴其已抵扣的进项税款。

“纳税人善意取得虚开的增值税专用发票被依法追缴已抵扣税款的,不属于税收征收管理法第三十二条‘纳税人未按照规定期限缴纳税款’的情形,不适用该条‘税务机关除责令限期缴纳外,从滞纳税款之日起,按日加收滞纳税款万分之五的滞纳金’的规定。”

(四)虚开补税

1. 对外虚开补税

《国家税务总局关于纳税人虚开增值税专用发票征补税款问题的公告》(国家税务总局公告 2012 年第 33 号),规定了虚开增值税专用发票对应的销项税额要补缴,取得虚开的进项税额不得抵扣。该文件中具体明确：

“纳税人虚开增值税专用发票，未就其虚开金额申报并缴纳增值税的，应按照其虚开金额补缴增值税；已就其虚开金额申报并缴纳增值税的，不再按照其虚开金额补缴增值税。税务机关对纳税人虚开增值税专用发票的行为，应按《中华人民共和国税收征收管理法》及《中华人民共和国发票管理办法》的有关规定给予处罚。纳税人取得虚开的增值税专用发票，不得作为增值税合法有效的扣税凭证抵扣其进项税额。”

2. 不属于虚开的情形

《国家税务总局关于纳税人对外开具增值税专用发票有关问题的公告》(国家税务总局公告 2014 年第 39 号)，规定了纳税人对外开具专票同时符合三种情形的界定为“不属于虚开增值税专用发票”。但是需注意的是，从本文件不能简单推导出：“不符合下列三种情形的行为，就是非此即彼的虚开专票行为。”

该文件具体规定：

“纳税人通过虚增增值税进项税额偷逃税款，但对外开具增值税专用发票同时符合以下情形的，不属于对外虚开增值税专用发票：

“一、纳税人向受票方纳税人销售了货物，或者提供了增值税应税劳务、应税服务；

“二、纳税人向受票方纳税人收取了所销售货物、所提供应税劳务或者应税服务的款项，或者取得了索取销售款项的凭据；

“三、纳税人按规定向受票方纳税人开具的增值税专用发票相关内容，与所销售货物、所提供应税劳务或者应税服务相符，且该增值税专用发票是纳税人合法取得、并以自己名义开具的。

“受票方纳税人取得的符合上述情形的增值税专用发票，可以作为增值税扣税凭证抵扣进项税额。”

第二节　虚开发票案件的常见手法与案例

一、“暴力虚开”

(一)“暴力虚开”常见手法

“暴力虚开”是指不法分子甚至不需要编造任何经营行为，如伪造合同、进行虚假资金支付等，利用市场登记等便利条件，大量成立空壳企业、领用发票，并在短时间内对外大量虚开发票，不办理纳税申报或者进行虚假纳税申报后，直接走逃(失联)。走逃(失联)后，税务机关无法联系企业负责人及相关人员，或者虽然可以联系到企业代理记账、报税人员等，但其并不知情也不能联系到企业实际控制人。由于其简单粗暴虚开发票的特点，通常称为“暴力虚开”。一般来说，“暴力虚开”案件具有犯罪链条长、团伙成员多、作案手段隐蔽等特点，并且，当前暴力“虚开犯罪”呈现出由单个企业犯罪转变为团伙犯罪的趋势。出现职业化、链条式犯罪的特点。

知识链接:《国家税务总局关于走逃(失联)企业开具增值税专用发票认定处理有关问题的公告》(国家税务总局公告2016年第76号),首次提出“走逃(失联)企业”这一概念。在税务稽查实务中,走逃(失联)企业极大可能是不法分子“暴力虚开”的载体和平台。

走逃(失联)企业,是指不履行税收义务并脱离税务机关监管的企业。根据税务登记管理有关规定,税务机关通过实地调查、电话查询、涉税事项办理核查以及其他征管手段,仍对企业和企业相关人员查无下落的,或虽然可以联系到企业代理记账、报税人员等,但其并不知情也不能联系到企业实际控制人的,可以判定该企业为走逃(失联)企业。

(二)“暴力虚开”常见特点

“暴力虚开”常见特点包括以下方面:

1.注册设立“空壳企业”

“空壳企业”成为暴力虚开发票的主要载体。对外虚开发票的源头企业,主要是不进行任何经营活动的“空壳企业”。这些“空壳企业”,大多是不法分子通过骗用、租用、借用、盗用他人身份信息,为实施虚开注册成立的。

案例4-1 2018年7月,某稽查局在税务检查中发现有4户企业在分别领购了5份增值税专用发票后,均未进行纳税申报。进一步检查发现,4户企业均在同一日注册,存在企业法人、财务负责人相互任职的情况,但呼叫4户企业留下的电话,却无法接通。实地调查企业注册地、经营地,均无前述企业办公或生产经营过的痕迹,是典型的虚假注册“空壳企业”。后查明,张某全等4人的注册登记信息共涉及9家企业,涉嫌虚开增值税专用发票价税合计227万元,增值税税额31万元。

2.短时间大量领票

“空壳企业”注册后,不法分子会在短时间内大量领票,用于对外暴力虚开,非法获利。

案例4-2 合肥“11·19”特大虚开增值税专用发票案件

2018年10月下旬至11月上旬,一名女子先后在合肥市税务局办税大厅内自助领票机上,使用36个税控盘大量领取对应公司的增值税发票。该女子的异常行为引起了税务部门的关注,经税务部门核实,该36个公司均纳税异常,涉嫌虚开增值税专用发票。合肥警方和合肥市税务部门紧密协作,重拳出击,成功破获了一起特大团伙暴力虚开增值税发票案件,公安机关联合税务部门在皖粤两省四地(合肥、潮州、中山、深圳)同时收网,一举抓获邱某某等11名虚开发票团伙主犯及成员,捣毁开票窝点5处,现场缴获用于群发卖票短信设备的伪基站设施4台、笔记本电脑30多部、台式电脑10多台、手机100多部、大量税控盘、空白发票、虚假身份证件、公章、银行卡等赃物。

3.“粗暴虚开”

“粗暴虚开”是指虚开企业甚至不需要编造任何“经营行为”,如伪造合同、进行虚假资金支付、伪造生产场地、伪造水电能耗等,简单粗暴地对外虚开增值税发票。这些企业在短期存续领票开票后，进行虚假纳税申报或不进行申报即走逃失联。

4. 虚假申报或不申报后走逃失联

虚开企业注册设立“空壳企业”、粗暴虚开增值税发票后，一般采取直接走逃不申报，或利用申报表不比对栏次填入虚假进项税额“消化”销项税额等方式采取虚假申报逃避缴纳应纳税额。

5. 虚开团伙分工明确

案例 4-3　上海“2·12”特大虚开增值税发票团伙案

2019 年 1 月，上海市税务局第一稽查局在利用金税三期系统、增值税发票电子底账系统等交叉分析，不断加强对团伙性案件的分析研判力度后，有一职业领票人莫某浮出水面，他们为多家涉嫌虚开企业代领发票，且代领票企业的多家下游受票企业与前期已定性虚开案件中的下游受票企业高度重合，团伙作案的重大嫌疑初露端倪。

在案件查办过程中该团伙呈现以下特点：一是具有较强的反侦查能力，采取多种手段企图“瞒天过海”。跨区租住了多处窝点，雇佣大量社会人员负责领购发票，购买移动 Wi-fi 搭配异地上网卡进行移动开票。二是涉案嫌疑人具有明确的内部分工，有专门负责注册或者收购公司的人员，有专门负责租用场地的人员，有专门负责代理记账和虚假申报的人员，有专门负责领购发票的人员，也有负责对外发布虚开信息，联系买家的人员，甚至还有专门负责管理资金的人员，团伙式作案特征明显。

案件最终当场抓获犯罪嫌疑人 5 人，捣毁犯罪窝点 5 个；现场查抄证照齐全的空壳公司资料、假身份证、公章，伪造的房地产权证，作案用手机、台式电脑、打印机、移动 Wi-fi，以及已开未寄出发票、空白发和空白航空运输电子客票行程单等；涉案的虚开企业共计 379 户，涉案金额逾 88 亿元。

6. 代理人办理业务、实际控制人幕后指挥

不少虚开团伙中主谋、实际控制人冒用他人身份证件，处心积虑藏身幕后指挥，隐身外地“遥控”指挥其在本地寻找的“代理人”办理公司注册、发票申领等业务，随后大肆对外虚开，非法牟利。

案例 4-4　新疆哈密市某公司虚开发票案

本案中，以孙某、薛某等人为首的团伙，使用他人身份证件，雇佣哈密市高某等人，通过注册多家“空壳公司”方式，在两个多月的时间里，向河北、吉林和天津等 11 个省市的 45 户企业虚开增值税专用发票累计对外虚开增值税专用发票 1 329 份，涉及金额 1.52 亿余元，税额 2 200 万元。

最终查明：孙某与薛某授意高某设立 6 家空壳贸易公司。随后，高某与会计周某等人使用他人身份证件，采用相同的手段，在注册设立 XC 商贸公司后，又先后设立 DC 商贸公司等 5 户企业并办理了税务登记。其间，会计周某以 6 户企业的名义，先后向主管税务机关申领空白发票 1300 多份并交于高某，高某通过快递方式将空白发票邮递给河北省廊坊市的薛某。收到发票的孙某、薛某等人在异地短时间内大量对外虚开发票。

孙某、薛某等团伙主谋一直隐蔽在幕后“遥控指挥”，高某、周某等代理人在“台前”

负责企业注册登记、领票、邮寄发票。

7. 高科技手段辅助

当前已经有相当虚开团伙采取移动 Wi-fi 开票等高科技手段，伪装开票 IP 地址，起到违法行为隐蔽、开票行为难以追踪的作用，处心积虑藏身匿迹。

案例 4－5 珠海“11·21”出售非法制造的发票案

本案涉及假发票数量达 110 万余份，票面总金额逾 350 亿元，受票客户共约 24.8 万家，遍及全国 30 个省份，系全国首宗特大利用新型的网络技术实施制造销售假发票案件。

2018 年 11 月，珠海某企业的一财务人员在工作中发现两张疑似假发票，经当地税务部门检测确认，两张发票为假票。珠海警方接到报警后，从税务部门提供的两张假发票线索入手，发现了一个利用高科技网络技术非法制造销售假发票的庞大犯罪网络。

经查明，该犯罪团伙不仅虚构了“国家税务总局发票查验平台”，还研发了“开票软件”，建立了一套完整的数据库，团伙人员涉及全国各地。制售的普通假发票与真发票极其相似，不经专业部门检测，很难辨别其真伪。

珠海经侦部门率先对作为该犯罪网络的“核心团队”——提供技术支撑的团伙实施抓捕行动，在深圳市龙岗区一举抓获以詹某泽为首的 7 名提供技术支撑的犯罪嫌疑人。广东的广州、深圳、汕头、佛山、惠州、潮州、揭阳等地市和河北、浙江、福建、山东、河南、四川、云南等省份也随后开展收网行动，共抓获制售发票团伙人员 83 名，捣毁涉案团伙窝点 45 个，现场查获了完整的电子证据资料、缴获假发票 37 万多份和大批涉案工具。至此，从源头上打掉了这个以广东饶平籍人员为主体，并由多个关联又相对独立的犯罪团伙构成的涉及全国的犯罪网络。

二、“层层洗票”

“层层洗票”是指，不法分子注册设立空壳企业等上游企业向下游企业“暴力虚开”，下游企业再向次下游企业虚开发票，次下游企业也再向它的下游企业虚开发票，以此类推、层层传导，在这过程中逐层变更增值税专用发票票面的商品名称，对增值税专用发票进行层层“洗涤”，最终达到最终端下游买票企业进项税额抵扣。这类虚开手法目的就是拉长虚开发票链条、隐匿违法行为线索、多层隔离以保护下游买票企业。也有一部分增值税专用发票在“层层洗票”过程中，并不变更票面商品名称，目的是拉长发票链条，多层藏匿，也增加了税务稽查调查取证时间和查办难度。

案例 4－6 2020 年上海某黄金票虚开专票案

2020 年 6 月，闵行区经侦支队结合税务异常数据和楼宇排查后发现，2019 年 2 月至 2020 年 1 月，位于闵行区的某国企公司主营业务由粮食购销新增为销售“电解铜”“合金电解铜”等金属产品，累计销售金额 40 亿余元，且购销、委托加工业务均在外地，真实性无法核实，有虚开增值税专用发票的嫌疑。

经查明，2018 年，不法分子侯某通过中间人周某联系某国企领导，希望可以借助国企的招牌，合作将“黄金”加工成“合金电解铜”的业务。2019 年 2 月，经过安排，周某担任某公司副总经理，专门负责将“黄金”加工成“合金电解铜”的“洗票”业务。

这期间，购买黄金的资金由侯某背后的团伙负责解决，侯某找好上下游相关企业后，会在微信上联系周某，并让周某将公司公章交到侯某团伙所在公司签单。在组织上下游企业签约运作的同时，侯某承诺开完发票后，将给周某共计 23 万元的好处费。在利益的驱使下，周某决定铤而走险，接受侯某所介绍的业务模式。在侯某及背后团伙的组织介绍下，周某利用该公司国企的身份，先后向上游企业购买黄金近 15 吨（价税合计 42 亿余元）及电解铜约 133 吨，采用票货分离的方式取得进项增值税专用发票，后通过虚构委托加工合同、出入库单的方式，制造出黄金和电解铜经“加工”成为“合金电解铜”的假象。

最终，在无真实业务、交易的情况下，该公司为 10 余家下游企业虚开品名为“合金电解铜”的销项增值税专用发票，价税合计 42 亿余元，其中税额 5 亿余元。被虚开的销项增值税专用发票最终经下游企业再次洗票，被虚开为品名“电解铜”的增值税专用发票，被次下游的几十家企业购买、认证。11 月 17 日，该院以涉嫌虚开增值税专用发票罪对周某、谢某、黄某等 3 名犯罪嫌疑人批准逮捕。

三、“富余票”

“富余票”是指，部分企业有实际经营业务，销售、购进业务比较规范，但由于其销售业务相当一部分面向不需要增值税专用发票进行抵扣的自然人、小规模纳税人或非增值税纳税人，因此有所谓的发票富余空间，成为对外虚开的寻租空间。使用“富余票”对外虚开，多见于超市、加油站、电子产品销售、建材、纺织服装等行业。

案例 4－7　2016 年南京某企业虚开发票案

2016 年，南京市税务稽查人员根据营改增高风险疑点推送，先后对 G 建设实业有限公司和 A 贸易有限公司立案检查。通过数据分析，检查人员发现这两户企业均存在进销品名不一致等问题如购进手机，对外销售却是电脑、服务器等产品，且其进项发票大多来自南京市某知名手机集散地，有共同的上下游企业，操作手法相似。另外，A 公司、G 公司 2015 年的增值税税负率分别只有 0.03％、0.06％，明显低于同行业企业。面对这些情况，检查人员高度怀疑这两户企业以手机为道具，对外虚开增值税专用发票，稽查部门随即成立了专案组并案检查。

但在收到税务检查通知书后，G 公司立刻停止开票，并称账簿遗失，拒绝向检查人员提供账簿资料。紧接着，A 公司如法炮制，竟然还主动提出愿意按照违规开具发票性质接受 50 万元的顶格处罚。企业的反常行为加深了专案组怀疑，专案组决定从发票流、货物流和资金流三方面同时入手求证。然而，经过调查，涉案大部分上游企业所属税务部门对发票协查的回复均为“票货款一致，暂未发现问题”。专案组抽查涉案下游企业,发现这些企业虽然存在进销品名不一致的问题,但设备型号一致,企业的解释是应客户要求变更了发票开具品名。至于对涉案企业资金账户的抽查,也没有发现资金回流等虚开发票的证据。

随后,专案组进一步分析数据,厘清涉案企业的增值税发票链条,掌握发票性质、发票品名和发票流向等信息。由此发现,该链条的最顶层为手机区域经销商,经销商以品名"××手机"开具增值税专用发票给G公司和A公司的上游企业,上游企业以品名"手机"开具增值税专用发票给G公司和A公司,G公司和A公司再将品名变更为"电子产品"向下游虚开,基本印证了G公司和A公司为虚开发票团伙"中间层"的猜想。专案组通过对同法定代表人、同股东、同高管、同领票人、同上下游企业的归类分析,厘清虚开团伙的规模和构成。由此,检查人员发现G公司控制人在税务检查期间,先后在本市外区和上海成立3家新公司继续作案。而G公司和A公司的共同供票方黄某,则直接控制5家、间接控制10多家企业对外虚开发票,涉案金额已达30亿元。专案组结合发票数据和企业数据分析情况,调取218个公司和个人资金账户信息,进行分类归集、交叉比对和综合研判,建构一套资金分析模型。运用该模型,检查人员层层穿透涉案团伙上下游的所有资金交易,揭开了其资金回流操作:上游虚开发票团伙通过所控制个人账户,以层层扣费方式收取下游企业的开票费,下游企业再通过对公账户按发票金额伪装成正常交易向上游企业层层打款,完成虚开发票的业务循环。

最终查明,黄某等人从手机经销商处购买手机后,以低于成本价格吸引不需要发票的手机零售终端客户,形成大量"富余票",通过对外销售"富余票"牟利。该违法犯罪网络以3个团伙为核心,自2014年以来,支付2.5%～3%的手续费从黄某等人控制的上游企业取得手机增值税专用发票,变更品名后收取5%～9%的手续费再对外虚开增值税专用发票,下游涉及15省数千家企业,案涉金额总计117亿元。值得注意的是,在本案中,犯罪团伙除利用"富余票"虚开手法外,还利用了"层层洗票"的普遍手法虚开发票。

四、"虚开农产品收购发票"

农产品收购发票由来已久,其自开自抵的税制设计和税源日常管理不及时、难度大的特点,给不法分子虚开发票找到了空子,近年来,"虚开农产品收购发票"是最为常见的典型虚开手法。在税务稽查实务中,很多虚开、骗税案件的虚开源头是农产品收购、加工企业。常见手法是虚提收购价格、虚增购进数量、虚开多抵进项税额,调节企业税负维持在一定水平逃避监管;甚至直接虚构购进业务,虚构农业生产者身份,再对外虚开专用发票给买票企业,从中获利。

案例4-8 2019年某花茶生产企业虚开案

2019年,H市税务机关收到中国人民银行H市支行反洗钱中心提供的一条线索:H市两家花茶生产企业的对公账户与私人账户之间资金进出频繁,且进出金额基本一致，存在违法嫌疑。税务机关接到信息后，立即组织人员核查。检查人员发现：这两家企业同期成立，注册资本、经营地址相同，均从事花茶产品加工销售业务，并且两家企业均由魏某实际控制。两家企业对公账户资金流动具有明显的"短期内集中转入，分散转出，快进快出，频繁收付"特征，并且账户资金流动量与企业注册资本和经营规模明显不符。综合对企业初步调查信息，检查人员认为，两家企业具有较大虚开违法嫌疑，于是立即启动联合办案机制，与公安、银行成立跨部门专案组，对两家企业立案调查。

专案组对两家公司实地核查后发现，其生产经营地仅为商业楼内一个不到10平方米的出租屋，房内既无生产加工设备，也无生产人员。办案人员找到了两家企业的代账会计黄某。面对办案人员的询问，黄某承认，她完全不了解企业情况，只根据企业实际控制人魏某的指令开票和做账，并定期到税务机关申报。而此时，魏某已失联。

在中国人民银行H市支行的大力支持下，专案组取得了涉案企业和相关人员的完整账户流水信息。面对数万条数据，专案组奋战不懈，花费大量时间精力，从中梳理出涉案企业资金流向图。办案人员发现，两家涉案企业取得下游广东企业"货款"后，资金当天均转移到魏某控制的4个个人银行账户中，并最终流回下游广东企业人员账户，存在明显资金回流。

赴上游调查企业采购活动的办案人员通过对当地农户和村委会进行调查走访，证实涉案企业原材料采购地并不种植其收购发票所记载的玫瑰花、菊花原料，被调查农户也从未向两家企业投售过农产品，两家涉案企业农产品收购为虚假活动。

最终查明，涉案人员魏某以两家空壳花茶生产企业为平台，虚构花茶生产销售业务，虚开农产品收购发票354份，涉及金额2 028.79万元；向下游广东两家医药经销公司虚开增值税专用发票285份，涉及金额3 186.56万元。随后，公安机关对涉案人员魏某进行了网上追逃，通过布控追踪，最终将其抓捕归案。

五、"票货分离"

在税务稽查实务中，存在大量要货不要票或要票不要货的单位或个人，由此催生出一大批倒票牟利的职业"掮客"。"掮客"首先寻找上述两类单位或个人，对要货不要票的单位或个人，承诺可以低价购货；对要票不要货的单位或个人，按开票金额收取手续费或开票费。双方达成一致后，"掮客"要求要货不要票的单位或个人支付低价购货款，接着以要票不要货单位名义去销货单位进货，支付货款并取得增值税专用发票，最终分离票货，发票给要票不要货的单位，货物给要货不要票的单位，达到虚开发票牟利的目的。此类"票货分离"虚开手法，多见于大型电商平台、百货零售企业、黄金经销企业、成品油、食品药品经销企业。

案例4－9　2013年W市煤炭经销企业虚开发票案

2013年，W市国税局收到来自Q市国税局的协查函及《已证实虚开通知单》，来函称W市恒×公司涉嫌接受虚开发票，请W市国税局稽查人员予以协查。接到案源线索后，W市国税局立即成立检查组，对恒×公司立案检查。恒×公司成立于2006年9月，注册资金为50万元，法定代表人为郭某，主营煤炭购销业务。账面检查结果显示，恒×公司与Q市发票开具方的购销合同、付款记录、过磅单据等资料一应俱全。

在检查人员了解情况的过程中，法定代表人郭某声称采购原煤的合同是与发票开具方设在内蒙古乌海市的销售代理人员签订，自己到当地考察过，交易均是真实的。内蒙古的原煤，来自东北的进项发票——票流与货流不一致，这一问题引起了检查人员注意，恒×公司很可能采取“票货分离”模式取得虚开增值税专用发票。

检查人员进一步检查恒×公司生产经营模式，并实地查看了企业经营场地，发现该企业租赁的场地在2010年已转租他人，企业仅在武威市凉州区某宾馆租用的一间小房间内办公。对于恒×公司的经营方式，郭某声称，企业的煤炭生意谈好后，供方均把原煤运到企业指定地点，所以没有仓储场地和库存，运输费用也均由上游供货企业负责支付。检查人员认为，从郭某反映的情况和企业工整的账务信息看，企业购销似乎没有问题，但这种“先找买家，再找卖家，不留库存，应收账款较少”的情况，实际上并不符合煤炭购销企业经营常规和实际状态。

经外围调查，确认吉林当地涉案的开票公司均是利用他人身份证件虚假注册的企业，其设在内蒙古的“业务员”实质均是售卖发票的联系人，以企业外派“业务员”的方式招揽业务，通过收取开票费，对外虚开发票的方式，非法牟利。随后，专案组又转赴北京等地多家金融机构，通过调查，证实了恒×公司与上游开票企业在经营中编造虚假资金流的违法事实。

检查人员继续对恒×公司下游受票企业德×公司、天×矿业公司，以及德×公司的下游受票企业Z市某公司继续调查。经查，德×公司从事铁路运输和商贸服务。2010年企业经营还处于勉力维持状态，但2011年3月至2012年6月业绩出现大幅增长。每次恒×公司与德×公司的“购销”业务完成后，德×公司将“购进”的“煤炭”每吨加价12元，又“销售”给了下游张掖某公司，货款主要通过承兑汇票支付结算。每次张掖某公司将承兑汇票背书给德×公司，德×公司再背书给恒×公司，但最终均由张掖某公司以银行贴现的方式“取回”货款。貌似正常的承兑汇票流转支付方式背后是资金回流的事实。

检查人员掌握证据后查实，恒×公司和德×公司不存在真实货物交易行为。德×公司为完成上级经营指标任务，2011年2月由张某和谷某与恒×公司郭某、Z市某公司法定代表人毛某商议后决定，恒×公司“销售”“煤炭”给德×公司，德×公司每吨加价12元后，再将“煤炭”“转售”给张掖某公司，三家公司为此还签订了购销协议。德×公司仅根据恒×公司和张掖某公司提供的“货物”数据，制作入库、出库单据，在无货的情况下，根据三方协议，对外开具了大量增值税专用发票。除此之外，恒×公司与天×矿业公司交易调查显示，两家公司之间也无真实货物交易，天×矿业公司通过向恒×公司支付手续费的方式取得其虚开的发票。

至此，恒×公司与下游受票企业德×公司、天×矿业公司，以及张掖某公司4家企业虚开和接受虚开发票的违法事实水落石出。经查，这4家企业共虚开和接受虚开增值税专用发票480份，涉及金额4750万元，税额802万元。

本案中，恒×公司在源头上，通过“票货分离”模式取得虚假进项税额抵扣，再对外向德×、天×等公司虚开发票，收取手续费非法获利。

案例4-10　2018年S市手机走私入境案

2018年，一位女士携带大量不能拨打电话的手机模型入境，引起S市海关人员怀疑。顺着S市海关提供的这一蹊跷线索，S市税务、公安、海关、人民银行四部门联合侦破一个特大新型骗取出口退税案，涉案金额近60亿元，涉及票货分离取得虚开发票、骗税、配单中介、配货回流和走私等多个职业犯罪团伙。

S市海关对申报出口货物为手机的报关单进行了仔细梳理分析，发现一个重要情况：在出口货物查验记录中，有多家外贸企业存在货不对板的问题，即出口报关单上载明的货物与实际装箱的货物完全不符，报关单上申报的是手机，但在现场查验时变成了一堆手机模型和其他杂货。根据这一发现，S市海关进一步进行信息排查，梳理出了十余条涉嫌手机出口骗税的重要线索。

联合专案组短时间内就基本厘清了该案整个犯罪网络的运转情况，锁定了以杨某和李某为首的职业虚开发票团伙、以吴某为首的骗税团伙、以张某为首的配单中介、以詹某为首的职业配货回流团伙及以林某为首的走私团伙。

经过周密部署，联合专案组在多地发起联合收网行动，实施同步抓捕。行动当天，专案组一举抓获犯罪嫌疑人46名，摧毁团伙7个，端掉犯罪窝点22个，查封走私骗税道具手机、显示屏16.5万个，冻结资金75万元，直接截停退库税额765万元，确定涉案案值近60亿元。

经查明，以杨某和李某为首的职业虚开发票团伙通过购买或“票货分离”的方式，从河南、上海等地虚开团伙非法取得品牌手机、路由器等品名的虚开增值税发票；后通过配单中介张某，非法获取以其团伙控制企业名义出口手机的报关单，无实际出口货物申报取得报关单；再交由以吴某为首的骗税团伙控制的8户外贸企业申报出口退税，合计骗取出口退税款1.67亿元。

本案中，从虚开源头看，虚开团伙采用“票货分离”的模式取得手机品名的虚开发票，继而买单配票、骗取出口退税，牟取巨额非法利益。

六、“利用海关进口增值税专用缴款书虚开”

不法分子利用海关进口增值税专用缴款书稽核比对环节的不足，冒用他人海关进口增值税专用缴款书骗抵税额并对外虚开发票违法行动。除此之外，用票企业利用海关进口增值税专用缴款书“富余额度”虚构进口业务串通实际进口企业以他人名义取得海关缴款书骗抵税额虚开发票；货物进口后票货分流、变造货物品名洗票、再对外虚开增值税发票；或以虚开委托进口企业名义嵌入“双抬头”海关进口增值税专用缴款书骗抵税额后对外虚开发票。

案例 4－11 2015 年 N 市盗用海关进口增值税专用缴款书案

2015 年 N 市国税局以 370 份失控发票为线索，跟踪追查，成功破获一起涉案金额逾 10 亿元的特大盗用海关完税凭证虚开发票案件。4 家涉案企业盗用 19 份海关完税凭证抵扣进项税额 1.19 亿元；接受 38 家企业虚开发票 1692 份，涉及金额 2.68 亿元；对外虚开增值税专用发票 964 份，价税合计达 10.9 亿元。

2015 年年底，N 市国税局在分析审核企业涉税信息时发现，辖区内 4 家贸易公司接受的 370 份已认证发票被 L 市国税局认定为失控发票。在对 4 家企业信息进行核查的过程中，税务人员发现，4 家企业成立时间均为 2015 年 9 月 24 日，企业代办注册的经办人均为李某宽。

税务人员仔细研究了征管系统中 4 家企业的报表信息与抵扣明细数据，发现这 4 家企业用于申报抵扣的 22 张海关完税凭证（其中 3 张比对重号未成功抵扣）填发日期竟然比企业开业登记日期还要早 4 个月。出现这个情况是由于申报系统对海关完税凭证填发日期未实行监控，企业网上申报时，海关完税凭证只需信息比对相符即可自动完成抵扣，因为这一原因，4 家企业能够利用比开业时间早几个月填发的 19 张海关完税凭证成功抵扣进项税额 1.19 亿元。4 家贸易公司在进项抵扣方面疑点重重，N 市国税局税务人员认为其具有虚开违法重大嫌疑，果断采取措施，停止了 4 家企业的发票领购业务。随即联络公安机关，抽调检查人员、征管人员与公安干警成立联合专案组，对 4 家贸易企业立案调查。

检查人员立即针对 22 份海关完税凭证涉及的地区，分头奔赴镇江、大连、广州、天津等地的 10 家海关实施外围调查，办案人员根据系统中查获的海关完税凭证号码，逐票查看了海关留存的原始凭证信息。经核实，这些完税凭证的报关进口货物多为大豆和小麦，而进口单位却根本不是 4 家涉案企业中的任何一家，而是 14 家粮油类大型国企。检查人员同时了解到，为了方便部分大型粮油经营类国企核算，税务机关对其实行核定扣除的管理办法。这些企业向国外进口大豆粮食所取得的海关完税凭证，按规定一般只用于核定成本入账，而不向税务机关申报抵扣。

经进一步检查，4 家涉案企业对外虚开的违法事实逐渐显现：L 公司负责人孙某和范某承认以支付开票手续费的方式通过中间人张某，从宁波 4 家企业取得虚开发票价税合计 9 418 万元；东莞 C 公司法定代表人许某承认，在没有实际购销业务的情况下，支付 5.5%～5.8%开票手续费从中间人张某、袁某手中取得宁波 4 家企业虚开发票价税合计 1.3 亿元。此外，经过调查，办案人员确认大连 Z 公司存在接受 4 家涉案企业价税合计 3.1 亿元虚开发票的违法行为。此时，4 家贸易公司背后团伙违法手段逐步浮出水面：利用外地人员身份证注册多家公司，通过不法手段盗用企业海关完税凭证、接受上游企业大量虚开发票，以此虚抵进项税额，随后向全国多地的企业大肆虚开非法牟利。

在检查组对徐州、青岛、东莞等地下游受票企业调查取证的过程中，张某虎、张某水、袁某旺、冼某等虚开中间人陆续浮出水面，随着张某虎、冼某等人的先后落网，犯罪嫌疑人李某宽的行踪逐渐浮现。经查，犯罪嫌疑人李某宽、李某其、胡某洋等人盗用他人身份证注册成立 4 家公司，非法盗用 19 份海关完税凭证申报抵扣进项税额 1.19 亿元，并通过支付 2.5%手续费的方式，接受 38 户企业虚开增值税专用发票 1692 份。同时，以收取票面金额 3.3%～3.5%开票费的方式，向 33 家企业无货虚开增值税专用发票 964 份，涉及税额 1.66 亿元。

本案的违法分子不但知晓粮油类经营企业使用海关完税凭证的核算情况，而且知晓海关与国税机关之间稽核系统存在凭证信息比对项目未完全覆盖的不足。不法分子利用这一管理漏洞，通过非法手段获取海关进口增值税专用缴款书，先申报虚抵进项税额，随后大肆对外虚开获利。

七、其他手段与新趋势

2020 年 7 月 31 日，《国务院办公厅关于支持多渠道灵活就业的意见》（国办发〔2020〕27 号）发布，指出要“支持发展新就业形态。实施包容审慎监管，促进数字经济、平台经济健康发展，加快推动网络零售、移动出行、线上教育培训、互联网医疗、在线娱乐等行业发展，为劳动者居家就业、远程办公、兼职就业创造条件。合理设定互联网平台经济及其他新业态新模式监管规则，鼓励互联网平台企业、中介服务机构等降低服务费、加盟管理费等费用，创造更多灵活就业岗位，吸纳更多劳动者就业”。实现劳动者灵活就业，即需要企业能够灵活用工，因此“灵活用工平台”的诞生正是顺应企业用工的需要。但是，随着资本的涌入，灵活用工平台如雨后春笋般出现，不仅加剧了平台之间的竞争，还出现了“供大于求”现象。一些不法分子发现“商机”：相比于“用工”，企业更需要“用票”，而发票则意味着税收利益。因此，一些不法分子利用“灵活用工平台”的外衣转而从事违法犯罪活动。例如，2020 年 11 月，Y 市互联网共享经济服务平台虚开发票案件。该案系“营改增”税制改革后，全国首例利用互联网共享经济服务平台虚开发票案件，涉嫌虚开增值税专用发票金额高达 13 亿余元。

在巨额利益的驱动下，违法犯罪分子利令智昏、疯狂作案，在税务总局、公安部、海关总署、人民银行四部委联合持续打击的高压态势下，仍不收敛，虚开发票在重点地区、重点行业、领域仍呈高发频发态势，并出现了新手段、新趋势，使得防范和打击虚开发票工作面临严峻挑战，严重损害了社会公平正义，破坏社会主义市场经济秩序。不同以往虚开违法行为，虚开违法新趋势有以下几点。

（一）短时间大量设立“空壳企业”

不法分子利用国家商事制度改革后企业开班便利条件，大肆注册虚假“空壳”企业，用于对外虚开发票。“空壳企业”虚假地址、虚假生产、虚假人员、虚假申报，设立目的就是赤裸裸地虚开获利。为规避或延迟市场监管部门、税务部门的风险防控、日常进户检查等监管措施，采取短时间内大批量设立“空壳企业”，领票即大量对外顶格开具增值税发票。

(二)作案手段日趋隐蔽

为了隐藏身份,不法分子采取盗用、租用、骗用他人虚假身份注册新企业,或直接购买无生产经营行为的"僵尸企业",通过单线联系、不见面对接等模式,幕后操作虚开发票行为全流程的各环节。同时,向下游企业虚开发票后,通过层层"洗票",拉长交易链条,伪造资金流水,逃避行政部门的日常监管。

(三)高科技手段"辅助"

在税务稽查实务中,不法分子利用交通通信、网络技术飞速发展带来的便利,采取移动 Wi-fi 开票等多种高科技手段,隐藏真实身份,隐匿作案地点,高科技手段"层出不穷",也给税务稽查检查人员综合素质提出了更高的要求。

(四)作案周期逐步缩短

不法分子不再像传统手法那样伪造生产、单据、资金流水等,而是越来越多地采取简单粗暴的"设立即领票,领票即开票,开票即走逃"模式,开票后不申报或虚假申报,作案周期逐步缩短,设立两三月开票数百万元后不申报立即走逃,甚至有的当月设立当月开票当月走逃,不法分子虚开发票的气焰十分嚣张。

第三节　虚开发票案件案头分析

案头分析是检查部门收到案源部门分配的涉嫌虚开案源后,依托金税三期税收管理系统、增值税发票管理新系统、金税三期决策支持系统、各省自建的风险防控平台等系统查询、导出涉嫌虚开案源的登记信息、行政许可信息、日常申报信息、开具(取得)发票信息、征管数据、财务数据等,结合案源信息、第三方信息,运用先进计算机技术分析,运用税务检查人员的职业判断与经验识别,抓住涉嫌虚开案源隐藏在海量信息背后的关键人物,把握隐匿在幕后的开票(取得)发票的关键环节,明确后续调查取证方向,为正式检查工作开展奠定基础。

一、涉嫌虚开案源主体分析

(一)企业登记信息分析

1. 数据来源

从金税三期税收管理系统(税务内网)、增值税发票管理新系统(税务内网)、全国企业信用信息公示系统(http://gsxt. saic. gov. cn)等网站,或通过天眼查、企查查等第三方 App 查询。

具体来说,从金税三期税收管理系统查询,涉案企业税务登记状态一般分为受理、筹建期、正常、停业、清算、注销、非正常户注销、报验、核销报验、中断缴费、恢复缴费、其他、简易注销无异议十三类状态。从全国企业信用信息公示系统查询,涉案企业工商登记状态分为存续(在营、开业、在册)、吊销营业执照、注销三类状态。

从金税三期税收管理系统中查询企业变更登记历史信息,如企业名称、法定代表人、股东、财务负责人、办税人员、经营地址、经营范围等登记事项每次变更时间、变更前值、变更后值。

从全国企业信用信息公示系统查询中,查询工商登记资料中的公司章程、股东会议决议、验资报告等书证;固定股东、证件号、出资额、持股比例、出资方式、出资时间、验资账户、缴存个人账户等信息(实缴制);或查询工商登记资料中的公司章程、股东、身份件、出资额、出资方式、认缴时间、实缴额度等信息,向股东核查是否收到公司签发的出资证明书(认缴制)。

2. 常见疑点

(1)税务登记状态为非正常户,认定原因为走逃(失联)并开具(取得)专票。

(2)税务登记状态发生过解除非正常状态后又领用发票对外开具后再被认为非正常户的。

(3)税务登记状态为非正常户,工商登记状态为吊销营业执照的。按照《中华人民共和国公司登记管理条例》第六十八条的规定,公司开业后自行停业连续 6 个月以上的,可以由公司登记机关吊销营业执照。因此,该企业被工商吊销执照说明可能为中介代理机构代办工商登记,在税务机关领用发票对外开具后走逃(失联),无人办理后续工商事宜。

(4)税务登记状态为非正常户或注销税务登记,工商登记状态为存续的。如企业开业税务登记到注销税务登记时间存续时间短,或变更工商登记后短期内办理税务登记注销的,应结合发票数据分析涉税疑点。

(5)税务登记为正常,主管税务机关已查无下落判定其为走逃(失联)企业,但企业仍然通过网络申报方式办理纳税申报。

(6)检索变更税务登记信息,以检查企业发票开受票时间为节点,开展企业开立变更登记时间与开票时间匹配分析,核查发现有开受票时间早于企业开立时间的情况。

(7)检索变更税务登记信息,检查企业属于"设立领票"(新发起设立的公司后领用发票对外开具)还是"借壳变更"(收购旧公司后通过变更登记领用发票对外开具)。

(8)检索变更税务登记信息,结合发票数据信息,发现其对外开具发票的货物、服务品种名称未包含在经营范围变更内容中,或经营范围变更后,短时间内受票的货物、服务品种名称未包含在变更内容中的情况。

(9)检索注册资本,对注册资本额度与开受票金额进行分析,发现涉案企业开受票金额是与其注册资本严重不匹配。核查股东实缴出资情况,调取企业财务报表数据核查实收资本期末余额数。

(二)企业生产经营地、注册登记地分析

1. 数据来源

从金税三期税收管理系统(税务内网)查询涉案企业注册登记地、生产经营地,可通过百度地图、高德地图等第三方 App 校验地址。

2. 常见疑点

(1)地址异常。涉案企业注册登记地、生产经营地地址为居民区、公寓楼等，或者通过百度地图、高德地图等第三方 App 无法准确定位企业注册登记地(可能存在道路名称异常、楼宇名称异常、门牌号异常等情况)。

(2)一址多照。涉案企业注册登记地址存在"一址多户""一址多照"现象，同时同一地址上的多家企业存在走逃(失联)、非正常、清算、注销等情况。

(3)名称雷同。同一注册登记地的企业或同一中介代理机构代办的跨区(市、县)的企业名称类似、高度雷同，且注册时间接近。企业名称中含有商贸、工贸、贸易、实业、科技、广告、文化、咨询、劳务、网络、信息、物资、投资、经营部、供应链、电子商务等字样的。

(4)反复开业。同一注册登记地企业，注销税务登记后重新设立，新设立企业经营范围与注销企业经营范围类似，取得发票来源和对外开具发票的受票方重叠的。

(5)权属溯源。厘清工商登记查询资料中生产经营地址为自持、承租，还是共享。经营地址为自持、自有的，后续检查时应到不动产登记部门核实房屋权属证明是否真实；工商登记资料中附列租赁合同证明经营地址为租赁的应对出租人进行询问何人何时租赁过其房屋开展生产经营活动；对提取的工商登记资料中所附房屋租赁合同、房屋权属证照的真实性进行核查；取得注册经营场所所在地的物业公司、街道办事处、村委会管理人员、该地址现有实际使用人员的询问或其书面陈述材料和其出具的有关证据。

(三)企业法定代表人、财务负责人、办税人员等人员分析

1. 数据来源

从金税三期税收管理系统中查询法定代表人、财务负责人、办税人员身份信息。从金税三期税收管理系统、增值税发票管理新系统中查询发票领用人姓名、身份证号码。从实名办税系统中的《办税授权委托书》，查询企业代办人员姓名、电话等信息。

在税务内部系统查询人员信息后，借助公安全国人口信息系统查询法定代表人、财务负责人、股东、监事、高管、办税人员、员工等人的家庭及社会关系，构建案件人员社会关系信息数据表。

2. 常见疑点

(1)企业法定代表人为外省的。

(2)企业法定代表人身份信息隶属于虚开发票违法活动的敏感、高发地区的。

(3)企业法定代表人年龄未满 18 周岁或截至案件检查所属期开始年度年龄大于 70 岁的。

(4)企业法定代表人信息在全国人口信息系统查无此人或登记信息为已经死亡的。

(5)企业法定代表人在案件检查所属期内被司法机关限制人身自由的。

(6)企业法定代表人在案件检查所属期内丧失完全行为能力的或变更后的企业法定代表人丧失完全行为能力的。

(7)企业法定代表人未参与企业生产经营活动或对企业生产经营活动不知情的。

(8)企业法定代表人未在企业领取薪资或按期领取固定报酬、按发票开具金额领取提成但企业未给法定代表人购买社保的。

(9)企业领票人同时担任其他多家企业领票人，且领票人不是兼职会计或中介代理机构人员的。

(10)企业购票员同时担任其他企业财务负责人、法定代表人、办税人的。

(四)企业日常征管数据分析

1.数据来源

从金税三期税收管理系统中获取企业设立登记、资格认定、优惠享受、财务报表、日常申报数据等。

2.常见疑点

(1)登记联系电话为异地号码，多次联系均无法接通或号码为空号。

(2)实体查验记录与登记信息不一致。查看在增值税一般纳税人实地查验记录(审批制期间)、纳税评估实地查验、日常巡查实地查验记录中，分析租赁合同与登记信息中生产经营地、生产经营地不一致，出租人、出租地发生变化但登记信息未变更；实地约谈地点与登记信息中注册登记地、生产经营地不一致，或明显为第三方地址；被约谈人签名与登记信息中对应人员身份不符或签名笔迹不一致。

(3)账户存疑。提取企业发票票面记载开户行账户信息和银行账户开立报告情况，通过中国人民银行反洗钱部门甄别分析。如未开立银行账户企业又领用发票开具的，可能为暴力虚开型虚开。从金税三期税收管理系统中调取企业财税库银联网系统中用于缴税的个人银行账户账(卡)号，后续对该银行账(卡)的开户信息进行查询，追踪案件关键人员和资金流转情况。

(4)财务核算制度分析。从金税三期税收管理系统中查询、导出企业财务报表报送种类、财务核算方法、低值易耗品摊销方法、折旧方法，会计核算软件等信息。

(5)优惠政策分析。从金税三期税收管理系统中查询、导出企业享受的税收优惠、税收减免备案信息，与涉案企业纳税申报情优惠政策分析况进行比对分析；是否有减免税政策即将到期提前开票再用红字普通发票冲回的情况；通过第三方了解企业是否获得政府补贴和财政返还等信息。

二、涉嫌虚开案源关联分析

(一)涉嫌虚开案源关联分析

当前，虚开案件涉案企业都是以几家、十几家甚至几十家企业为团伙，上下游传递，形成完整的虚开、虚抵链条。在案头分析中，要以涉嫌虚开案源企业为中心，向上游来票企业、下游受票企业、高度关联企业、人员关联企业四个方向分析拓展，以上下游对象、人员关联、投资关联为核心开展案源关联分析，构建涉嫌虚开案源关联企业集合，对涉嫌虚开关联企业精准画像。

1. 上游来票企业分析

主要包括:同一人以直接持股或间接持股方式控制不同来票企业的;同一人及特定关系人在不同上游来票企业担任法定代表人、财务负责人、股东、监事、办税人员或交叉任职;上游来票企业所属行业、地域、生产经营地、名称等一项或多项指标高度雷同。

2. 下游受票企业分析

主要包括:同一人以直接持股或间接持股方式控制不同受票企业的;同一人及特定关系人在不同下游受票企业担任法定代表人、财务负责人、股东、监事、办税人员或交叉任职;下游受票企业所属行业、地域、生产经营地、名称等一项或多项指标高度雷同。

3. 高度关联企业分析

依托金税三期税收管理系统,对聚合的涉税数据进行受托协查关联、委托协查关联、举报案源关联、风险应对关联、关键人员关联组织机构代码关联、投资关联、机构关联、正式户和临时户关联分析。有检查企业群组内的企业开立时间相近但有的群内企业短期购票开具后走逃(失联),其他企业仍在正常申报购票的;有检查企业群组内的群内企业(增值税一般纳税人)未领购发票零申报、群内其他企业正常领购发票的;有群组内的不同企业从同一开票方取得发票的;有群组内的多个企业向同一受票方(或中转层级公司)开具发票的,群组内的不同企业对开或环开发票的。对群组内的企业进销项发票货物(应税服务、劳务)名称一致或取得其他进项抵扣凭证相同情况进行关联分析,对群组内的企业存在虚假填列纳税申报表栏次取得虚假进项税额的情况进行关联分析。

4. 代办机构(人员)关联分析

同一掮客或同一中介代理机构办理不同企业的工商登记、税务登记、银行开户群组关联;同一发票领购人员或同一中介代理机构类的从业人员领购发票企业群组关联;不同企业的财务负责人、会计、出纳、办税人员、发票领购人同为一个中介代理机构员工或其法定代表人的关联分析。

(二)涉案人员关联分析

1. 人员关联分析

虚开发票案件呈现团伙协作、分工明确、跨域作案、快速虚开的特点,他们经常利用同乡、亲属等地缘、血缘关系纠集成团伙,实名办税前伪造、变造、冒用、盗用、骗用他人身份证件,实名办税后施以小惠利诱他人出借身份证件,或以欺诈手段骗取他人实名认证,以金钱开路收买掮客和中介代理机构为其全程操办,开立公司“空壳虚开”、收购公司“借壳虚开”、轮用公司“换壳虚开”。

在人员关联分析时,可以按照“设立登记—发票领用—日常申报—集中开票”这一事件流程,追踪、锁定团伙代理人、经办人,顺藤摸瓜、深挖幕后指挥人、控制人。从以人寻人(梳理人员角色、锁定幕后主谋)、因人寻事(通过询问人员、追寻事件流程)两个方面下手,最终实现对虚开团伙的“精准画像”。

主要数据来源为金税三期税收管理系统、全国企业信用信息公示系统、公安系统全国人口信息系统等，或通过对涉案人员询问得到的其他人员信息。

2.常见疑点

(1)一人多职。同一人在不同企业担任法定代表人、股东、监事、财务负责人、高管、办税人；同一个企业的法定代表人、财务负责人、办税人均由同一人担任。

(2)交叉任职、关联度高。姓氏关联、地域关联、亲缘关联的人员，分别在同类行业内的不同企业担任法定代表人、财务负责人、办税人；人员关联出的不同企业向同一受票方(下游受票企业内的不同企业或某个中转层级公司)开具发票的；人员关联出的不同企业从同一开票方(上游来票企业的多个企业)取得发票的或同一物流企业(关联物流企业)取得增值税专用发票的；人员关联出的不同企业向同一自然人开具农产品收购发票；人员关联出的不同企业从同一渠道处取得海关进口增值税专用缴款书等其他增值税扣税凭证信息的。

三、涉嫌虚开案源发票分析

发票可以说是虚开案件的最重要的数据分析来源和案头分析材料。在税务稽查实务中，完成对涉嫌虚开案源的主体、关联分析后，要从金税三期税收管理系统、增值税发票管理新系统等提取涉案企业增值税专用发票存根联(报税)信息，增值税普通发票信息、农产品收购(销售)发票开具信息，增值税专用发票抵扣联信息、红字增值税专用发票信息、滞留发票信息、异常增值税扣税凭证信息、原货运专票认证抵扣信息、海关进口增值税专用缴款书抵扣信息、机动车销售统一发票信息、二手车销售统一发票信息、收费公路道路通行费增值税电子普通发票信息、增值税专用发票稽核信息，对发票溯源、发票开具(取得)、发票去向、开具(取得)发票构成占比、进销匹配、物耗能耗、正常经营、特殊发票、发票作废等方面进行深度分析。

(一)发票票种分析

分析企业领用发票至今的发票票种核定历史记录，包括开票限额、领用数量、领用方式(办税大厅领用、自主办税设备申领、网络申领邮寄配送)、最高开票限额、用票数量，是否存在不符合逻辑地方，是否与被查企业实际领用发票票种、领购数量、领购方式是否一致。特别针对发票最高开票限额达到一百万元以上实地查验的，可以按照《实地查验报告》中记载的事项进行分析，核实固定经营场所是否与税务登记信息一致；主要供销商、合同协议与发票开受票单位是否一致。

(二)税控设备实务分析

从防伪税控设备服务商处调取税控设备安装服务协议，校验企业购买税控专用设备的经办人、交费途径，获取经办人员姓名、交费银行卡号、支付宝、微信号等信息；了解税控设备服务商安装人员上门安装、维护的真实地址，与税务登记中生产经营地、注册登记地是否一致；核实是否存在多家企业在同一地址或同一网址(手机热点)安装、使用税控设备；从防伪税控设备服务商处查询企业开具发票的源 IP 地址和 MAC 地址，锁定企业开票的真实物理地址，并核查是否存在同源 IP 地址、同 MAC 地址、同时间戳进行“一址多机”“单机多盘”集中开具发票的情况。

（三）发票领用分析

重点分析以下情况：涉案企业关联企业集合中是否有领用发票后囤积发票暂未对外开具的情况；通过临时增票方式一次性大量领票的，应对合同、协议等佐证材料进行分析，核查合同购销双方是否均为被查企业关联企业集合成员，合同标的物单价、金额、数量是否畸高或异常；是否存在短期内大量、频繁领票的；是否存在新办企业初期少量领票开具，申报后短期内随即大量领票的；是否存在变更税务登记的企业变更后大量领票的；是否存在前期发票领用量大的企业突然领票量大幅下降的；是否存在领票时间集中在每月特定时段的；是否存在大量领用发票开具随即注销税务登记的；是否存在统一采取邮寄配送等便利化渠道获取发票的，可对发票实际送达地址和发票收件人员关联分析；是否存在仅仅以“非接触办税”方式申用发票获取发票电子号段，只通过增值税发票新系统开具发票电子数据而弃用空白纸质发票的情况。

（四）发票开具（取得）分析

1. 开具时间分析

通过增值税发票管理新系统查询涉案企业开票时间，分析可能存在的开票异常现象（集中开票、夜间开票等）：在每日晚上 11 时至次日早上 6 时开票的，月末最后 1 天集中开票的，在每月月末最后两天 22 时以后的时间还在开票的，或日常不开票而全在每月中下旬的 1～5 天集中开票的；受票方为省外企业，开票时间集中在 1 天之内，且后续再无向此受票方开具发票的；长期或跨年度与同一受票方的业务突然中断的；发票勾选认证前取得未接壤的外省企业开具增值税专用发票，于当天就扫描认证的；发票使用勾选认证的，外省企业当天就勾选认证开票方开具发票的；非工作时间在辖区外的自助办税终端上扫描认证发票的；开票方同一天开具的多张连号发票，受票方分月抵扣税款的。

2. 票面金额分析

重点分析是否存在顶格开具、价格畸高或畸低等情况。如被查企业对外开具的发票均按核定票面限额顶格开具；向同一购买方（农户）开具多张同金额（顶格开具）发票的；取得并勾选确认的进项发票或普通发票按核定票面限额顶格开具的；从同一销货方取得并勾选确认的进项发票或普通发票，有多张发票金额相同（顶格开具）、税额相同、货物名称规格相同的。还包括开具发票金额明显偏高或偏低，不符合实际。

3. 商品品名关键词分析

涉案企业开具或取得的发票中商品货物（服务）名称中包含“××黄金”“黄金首饰”“合金电解铜”“××中药材”“××颗粒”“螺纹钢”“钢材”“白糖”“柴油”“劳务费”“煤炭”“籽棉”“皮棉”等虚开发票案件中常见的关键词。

4. 受票方区域离散度分析

企业自设立工商登记至发票开具（取得）时间间隔短，发票开具（取得）时间集中，进项票对应货物（应税劳务、服务）品名单一或来票企业单一，但企业开具的发票，受票方区域离散度高，对外开具发票的货物（应税劳务、服务）品名众多，受票企业大跨度散落于各省、自治区、直辖市，业务无连续性且与销售半径、票载货物经营常规明显不符。

5.销货清单分析

重点核实整个发票链条中，有没有通过销货清单功能规避对票面商品品名比对的行为。对开具销货清单的，在增值税防伪税控系统提取物品清单明细，对受票方（非生产型企业）对应取得上游开票方开具销货清单上的物品再次对外销售的，再次在增值税防伪税控系统提取销货清单物品清单明细，能够从增值税发票电子底账系统调取受票方取得发票销货清单的应调取数据，在后续检查中对下游受票企业取得的发票销货清单进行调取比对检查，检查是否有阴阳销货清单情况（利用电子底账系统启用初期未采集销货清单数据或不发生纳税义务单位取得的发票销货清单数据税务部门核查少等信息比对盲区，虚开发票企业用防伪税控系统开具销货清单留在账簿上制造进销对应假象应付检查，向受票方用非税控系统开具销售实际货物品种的清单，以达到虚进虚出、虚增成本的目的）。

（五）发票上下游溯源分析

利用金税三期决策支持系统·总局平台为手段，以涉案企业为中心，拓展至发票上游来票企业与下游受票企业，向上追踪发票来源，向下跟踪发票去向，分析整个交易链条，推定整个交易链上各节点涉案企业的层级位次、虚开发票动机和作案手法，选择重点调查对象，确定检查工作重点。

1.上游来票企业溯源

从金税三期决策支持系统·总局平台中，向上对发票上游来票企业的进项发票溯源分析。重点分析票面信息、进项税额来源占比构成（分析增值税专用发票、农产品收购（销售）票、海关进口增值税专用缴款书、其他增值税扣税凭证占全部抵扣进项税额比重）。

2.下游受票企业溯源

从金税三期决策支持系统·总局平台中，向下对发票下游受票企业的销项、进项发票溯源分析，重点厘清下游受票企业是中间过渡层级还是终端用票层。如属于中间过渡层级，则仍需向下钻取到次下游、直到终端虚抵进项税或出口骗税环节。

（六）进项税额构成占比分析

从年度、增值税扣税凭证种类、税率、征收率等多个维度，分析筛选出涉案企业上游来票企业、下游受票企业、物流运输企业、农业生产者名录等数据，与前期整理关联企业、关联人员等数据交互分析。

常见疑点："两头在外"（销项发票、进项发票两头均在外省市开具）；销项发票、进项发票企业户头离散度高、固定客户少；单笔开票金额大，业务连续性差；大宗商品交易均为现金收付或挂往来账；特定商品名称的进项税额占比高；特定减税降费政策实施后对应享受政策的货物或服务发票占比明显提升。

(七)进销项配比分析

1.货物进销品名分析

对商贸企业,常见疑点:商贸企业购进、销售货物品名、规格型号、数量、单位严重背离;商贸企业存在有进无销、有销无进、进多销少、进少销多等进销项不配比的情况。对生产企业,首先核实企业有无实际生产能力,有无委托加工或委托加工生产能力。

常见疑点:生产企业购进货物与其生产工艺、产品构成无关的;生产企业无实际生产加工能力且无委托加工;生产水电能耗与销售情况严重不符的。在分析时,要注意甄别企业开受票存疑时间起止期。

2.匹配分析

常见疑点:不合常规的购进低(高)税率货物(服务),开具高(低)税率货物(服务);对外开具(取得)发票的货物、劳务、服务税率与经营范围不符合逻辑;对外开具(取得)发票的货物、劳务、服务,显著超出下游受票企业(上游来票企业)经营范围、生产能力和实际交易能力。

3.销售半径分析

对下游受票企业(上游来票企业)所属区域、隶属行业分析中,特别注意水泥、黄沙等货物存在一定销售半径,超出销售半径,跨区域销售(购进)会造成边际成本剧增,不符合常规。

(八)物耗能耗分析

常见疑点:生产企业没有水费、电费等能耗发票,没有运输费用、仓储费用、合理损耗、装卸搬运等费用支出;生产企业能耗物耗与实际产量不匹配或明显不足。

(九)日常经营分析

常见疑点:企业很少发生差旅费、会议费、培训费、市场推广费等费用支出;企业固定资产购置、办公用品、物业费用等与生产规模不匹配;企业实际缴纳社保与个税申报数据明显不符或人数、人员身份信息明显无法对应。

(十)特殊发票分析

1.农产品收购发票

常见疑点:农产品收购发票上销售方身份证号码为空、校验失败或存在明显错误;销售方大多为省外异地人员身份信息;销售方为已办理税务登记证件或营业执照的纳税人或企业法定代表人的。

2.红字增值税专用发票

开具红字增值税专用发票一般要求:购买方取得专用发票已用于申报抵扣的,购买方可在增值税发票管理新系统中填开并上传《开具红字增值税专用发票信息表》。销售方开具专用发票尚未交付购买方,以及购买方未用于申报抵扣并将发票联及抵扣联退回的,销售方可在新系统中填开并上传《开具红字增值税专用发票信息表》。销售方凭税务机关系统校验通过的《开具红字增值税专用发票信息表》开具红字专用发票。

常见疑点:是否存在系统未校验通过但已经开出销项负数(红字)专用发票的情况。

3. 负数增值税普通发票

负数增值税普通发票一般对应填写蓝字增值税普通发票代码、号码。

常见疑点：开具的负数增值税普通发票是否收到退回的蓝字增值税普通发票或取得对方有效证明；负数增值税普通发票的金额是否大于原蓝字增值税普通发票的金额；每月开具的负数增值税普通发票金额是否等于或大于开具的增值税专用发票金额的。

4. 异常增值税扣税凭证

属于以下情形之一：纳税人丢失、被盗税控专用设备中未开具或已开具未上传的增值税专用发票；非正常户纳税人未向税务机关申报或未按规定缴纳税款的增值税专用发票；增值税发票管理系统稽核比对发现"比对不符""缺联""作废"的增值税专用发票；税务总局、省税务局经大数据分析发现，纳税人开具的增值税专用发票存在涉嫌虚开、未按规定缴纳消费税等情形的；属于《国家税务总局关于走逃（失联）企业开具增值税专用发票认定处理有关问题的公告》（国家税务总局公告 2016 年第 76 号）第二条第（一）项规定情形的增值税专用发票，会列入异常增值税扣税凭证。要重点分析列为异常增值税扣税凭证的原因。注意区分，同时符合异常凭证进项税额累计占同期全部增值税专用发票进项税额 70%（含）以上且异常凭证进项税额累计超过 5 万元的一般纳税人对外开具增值税专用发票也会被列入异常增值税扣税凭证。

5. 滞留发票

滞留发票是指增值税发票稽核系统中有存根联信息没有抵扣联信息，常见于账外经营、简易征收无须抵扣、购进货物用于不得抵扣项目等情形，要重点分析滞留票滞留成因。

6. 作废发票

重点分析是否存在月初月中顶格、大量开票，月底最后一天集中作废发票；是否存在最后一天大量作废发票、调节应申报税款，实地检查阶段要重点核实作废发票全联次是否作废。

7. 代开发票

重点分析是否从某地区、某行业、某关联企业、某人员关联方取得代开发票数量、代开金额占比高，是否存在代开发票与常规不符，不符合交易常规的情景。

四、涉案虚开企业申报分析

国家税务总局自 2018 年以来，推行新的增值税纳税申报比对管理操作规程，旨在管控增值税日常申报管理。具体来说，从金税三期税收管理系统接收企业增值税纳税申报表及其附列资料数据，与当期企业开具发票数据、抵扣数据、税款入库数据、增值税优惠备案信息及其他数据进行票表税比对（票表税比对包括表表比对、票表比对和表税比对。表表比对是指纳税申报表表内、表间逻辑关系比对。票表比对是指各类发票、凭证、备案资格等信息与纳税申报表进行比对。表税比对是指纳税人当期申报的应纳税款与当期实际入库税款比对)，对比对一致的正常办理申报，对比对不一致后续核实处理。对于涉案虚开企业来说，常见手法是寻找并利用申报表栏次“漏洞”、票表税比对“空档”，寻求大量虚开发票后的不缴税的“操作空间”，企图“绕过”或“规避”票表税比对，争取虚开行为不被发现或迟发现。

申报比对中发现常见疑点：

①申报表存在短期内销售额陡增或骤降，且不符合商业常规；

②《增值税纳税申报表附列资料(一)》“未开具发票”栏次填列负数过大或填列数字波动过大，存在冲减销售额，减少应纳税额的情况；

③金税三期系统内企业无增值税免税备案信息或企业明显无增值税免税行为，但《增值税纳税申报表》及附列资料中“货物及加工修理修配劳务”或“服务、不动产和无形资产”免税销售额大于零；

④金税三期系统内企业无增值税即征即退优惠备案信息或企业明显无即征即退业务，但《增值税纳税申报表》及附列资料中“货物及加工修理修配劳务”或“服务、不动产和无形资产”的即征即退销售额大于零；

⑤《增值税纳税申报表》(一般纳税人适用)，“应纳税额减征额”填列数字过大，不符合常规，存在冲减应纳税额、不缴税款的目的；

⑥《增值税纳税申报表》(一般纳税人适用)，“进项税额转出”强制填列为负数，不符合常规，存在冲减应纳税额、不缴税款的目的；

⑦《增值税纳税申报表》(一般纳税人适用)，“分次预缴税额”填列数字过大不符合常规，或超过实际预缴税额冲减应纳税额、存在不缴税款的目的；

⑧《增值税纳税申报表附列资料(二)》，企业未领用农产品收购发票、未取得海关进口增值税专用缴款书、未取得代扣代缴税收缴款凭证或不适用加计扣除农产品进项税额的，但上述业务对应栏次填列进项税额大于零；

⑨《增值税纳税申报表附列资料(二)》，“其他扣税凭证—其他”栏次填列数字过大、不符合常规，或超过实际进项税额，存在冲减应纳税额、不缴税款的目的；

⑩《增值税纳税申报表附列资料(二)》，“进项税转出”栏次强制填列负数，存在冲减应纳税额、不缴税款的目的；

⑪《增值税纳税申报表附列资料(三)》，不符合差额征税政策但“服务、不动产和无形资产扣除项目”填列数字大于零；

⑫《增值税纳税申报表附列资料(四)》，不符合加计抵减政策，但对应栏次“加计抵减实际抵减税额”大于零；

⑬不符合增值税减免税政策，但《增值税减免税申报明细表》对应栏次“实际减免税额”大于零，存在人为调节税款的嫌疑。

虚开案件案头分析工作，除了上述涉案企业基本信息、关联信息、发票信息、申报信息分析之外，还有诸如第三方信息分析、财务数据分析，等等。第三方信息分析，主要从政府机关网站、监管部门网站、行业协会网站、期货交易所、商品交易所等数据、交易、行情数据共同平台查询。财务分析主要从税负率、利润率、存货周转率、应收账款周转率等财务指标分析。在税务稽查实务中，涉嫌虚开企业往往无法取得企业的账簿凭证，无法获取真实的财务数据，甚至走逃（失联）企业根本不做账。财务分析部分本书就不再展开叙述。

第四节　虚开发票案件检查实务

一、资金流检查

（一）银行账户基本知识

1. 银行结算账户

具体指银行为存款人开立的办理资金收付结算的人民币活期存款账户。银行结算账户的开立和使用应当遵守法律、行政法规，不得利用银行结算账户进行偷逃税款、逃废债务、套取现金及其他违法犯罪活动。涉及税务检查的银行结算账户，主要指企业银行结算账户和个人银行结算账户。按用途可分为基本存款账户、一般存款账户、专用存款账户、临时存款账户。

（1）基本存款账户是存款人因办理日常转账结算和现金收付需要开立的银行结算账户。下列存款人，可以申请开立基本存款账户：企业法人；非法人企业；机关、事业单位；团级（含）以上军队、武警部队及分散执勤的支（分）队；社会团体；民办非企业组织；异地常设机构；外国驻华机构；个体工商户；居民委员会、村民委员会、社区委员会；单位设立的独立核算的附属机构；其他组织。

（2）一般存款账户是存款人因借款或其他结算需要，在基本存款账户开户银行以外的银行营业机构开立的银行结算账户。

（3）专用存款账户是存款人按照法律、行政法规和规章，对其特定用途资金进行专项管理和使用而开立的银行结算账户。对下列资金的管理与使用，存款人可以申请开立专用存款账户：基本建设资金；更新改造资金；财政预算外资金；粮、棉、油收购资金；证券交易结算资金；期货交易保证金；信托基金；金融机构存放同业资金；政策性房地产开发资金；单位银行卡备用金；住房基金；社会保障基金；收入汇缴资金和业务支出资金；党、团、工会设在单位的组织机构经费；其他需要专项管理和使用的资金。

（4）临时存款账户是存款人因临时需要并在规定期限内使用而开立的银行结算账户。有下列情况的，存款人可以申请开立临时存款账户：设立临时机构；异地临时经营活动；注册验资。

存款人有下列情形之一的，可以在异地开立有关银行结算账户：营业执照注册地与经营地不在同一行政区域（跨省、市、县）需要开立基本存款账户的；办理异地借款和其他结算需要开立一般存款账户的；存款人因附属的非独立核算单位或派出机构发生的收入汇缴或业务支出需要开立专用存款账户的；异地临时经营活动需要开立临时存款账户的;自然人根据需要在异地开立个人银行结算账户的。

2.企业银行结算账户

具体指银行业金融机构为境内依法设立的企业法人、非法人企业、个体工商户(以下统称企业)办理银行结算账户。这里的银行结算账户包括《人民币银行结算账户管理办法》规定的基本存款账户、一般存款账户、专用存款账户、临时存款账户。

企业开立、变更、撤销基本存款账户、临时存款账户实行备案制。企业只能在银行开立一个基本存款账户,不得开立2个(含)以上基本存款账户。

银行应当按规定履行客户身份识别义务,落实账户实名制,不得为企业开立匿名账户或者假名账户,不得为身份不明的企业提供服务或者与其进行交易。银行应当全面、独立承担企业银行结算账户合法合规主体责任,对企业银行结算账户实施全生命周期管理,防范不法分子利用企业银行结算账户从事违法犯罪活动。

企业申请开立银行结算账户,应当按规定提交开户申请书,并出具下列开户证明文件:营业执照;法定代表人或单位负责人有效身份证件;法定代表人或单位负责人授权他人办理的,还应出具法定代表人或单位负责人的授权书以及被授权人的有效身份证件;《人民币银行结算账户管理办法》等规定的其他开户证明文件。企业应当对开户申请书所列事项及相关开户证明文件的真实、有效性负责。银行应当审核企业开户证明文件的真实性、完整性和合规性,开户申请人与开户证明文件所属人的一致性,以及企业开户意愿的真实性。

企业申请开立基本存款账户的,银行应当通过人民币银行结算账户管理系统审核企业基本存款账户唯一性,未通过唯一性审核的不得为其开立基本存款账户。银行通过账户管理系统审核企业基本存款账户唯一性时,应当在系统中准确录入企业名称、统一社会信用代码、注册地地区代码等信息。企业申请开立基本存款账户的,银行应当向企业法定代表人或单位负责人核实企业开户意愿,并留存相关工作记录。银行可采取面对面、视频等方式向企业法定代表人或单位负责人核实开户意愿,具体方式由银行根据客户风险程度选择。

银行为企业开立基本存款账户、临时存款账户后应当立即至迟于当日将开户信息通过账户管理系统向当地人民银行分支机构备案,并在2个工作日内将开户资料复印件或影像报送当地人民银行分支机构。银行完成企业基本存款账户信息备案后,账户管理系统生成基本存款账户编号,并在企业基本信息“经营范围”中标注“取消开户许可证核发”字样。银行应当通过账户管理系统打印《基本存款账户信息》和存款人查询密码,并交付企业。持有基本存款账户编号的企业申请开立一般存款账户、专用存款账户、临时存款账户时,应当提供基本存款账户编号。

企业银行结算账户,自开立之日即可办理收付款业务。企业名称、法定代表人或者单位负责人以及其他开户证明文件发生变更时,企业应当按规定向开户银行提出变更申请。银行应当对企业银行结算账户变更申请进行审核。经审核符合变更条件的,银行为企业办理变更手续。银行发现企业名称、法定代表人或单位负责人发生变更的,应当及时通知企业办理变更手续。企业自通知送达之日起合理期限内仍未办理变更手续，且未提出合理理由的，银行有权采取措施适当控制账户交易。

单位从其银行结算账户支付给个人银行结算账户的款项，每笔超过5万元的，应向其开户银行提供下列付款依据：①代发工资协议和收款人清单；②奖励证明；③新闻出版、演出主办等单位与收款人签订的劳务合同或支付给个人款项的证明；④证券公司、期货公司、信托投资公司、奖券发行或承销部门支付或退还给自然人款项的证明；⑤债权或产权转让协议；⑥借款合同；⑦保险公司的证明；⑧税收征管部门的证明；⑨农、副、矿产品购销合同；⑩其他合法款项的证明。

企业银行账户存续期间，银行应当对企业开户资格和实名制符合性进行动态复核，并根据复核情况做相应处理。银行应当建立和完善企业银行结算账户行为监测和交易监测方案，加强企业银行结算账户开立、变更、撤销等行为监测和账户交易监测，并按规定提交可疑交易报告。对涉及可疑交易报告的账户，银行应当按照反洗钱有关规定采取适当后续控制措施。

3.个人银行结算账户

存款人凭个人身份证件以自然人名称开立的银行结算账户为个人银行结算账户。邮政储蓄机构办理银行卡业务开立的账户纳入个人银行结算账户管理。

个人银行结算账户是自然人因投资、消费、结算等而开立的可办理支付结算业务的存款账户。有下列情况的，可以申请开立个人银行结算账户：①使用支票、信用卡等信用支付工具的；②办理汇兑、定期借记、定期贷记、借记卡等结算业务的。自然人可根据需要申请开立个人银行结算账户，也可以在已开立的储蓄账户中选择并向开户银行申请确认为个人银行结算账户。

个人银行结算账户用于办理个人转账收付和现金存取。下列款项可以转入个人银行结算账户：①工资、奖金收入；②稿费、演出费等劳务收入；③债券、期货、信托等投资的本金和收益；④个人债权或产权转让收益；⑤个人贷款转存；⑥证券交易结算资金和期货交易保证金；⑦继承、赠与款项；⑧保险理赔、保费退还等款项；⑨纳税退还；⑩农、副、矿产品销售收入；⑪其他合法款项。

4.开户许可取消

根据中国人民银行令(2019年第1号)，自2019年2月25日起，在全国范围分批取消企业银行账户许可。取消企业银行账户许可地区范围由江苏省泰州市、浙江省台州市扩大至江苏省、浙江省。其他各省(区、市)、深圳市在2019年年底前完成取消企业银行账户许可工作。

境内依法设立的企业法人、非法人企业、个体工商户(以下统称企业)在银行办理基本存款账户、临时存款账户业务(含企业在取消账户许可前已开立基本存款账户、临时存款账户的变更和撤销业务)，由核准制改为备案制，人民银行不再核发开户许可证。机关、事业单位等其他单位办理银行账户业务仍按现行银行账户管理制度执行。机关、实行预算管理的事业单位开立基本存款账户、临时存款账户和专用存款账户，应经财政部门批准并经人民银行核准,另有规定的除外。

取消企业银行账户许可后,企业基本存款账户、临时存款账户开立、变更、撤销以及企业银行账户管理,要遵循《企业银行结算账户管理办法》执行。银行为企业开立、变更、撤销基本存款账户、临时存款账户,要通过人民币银行结算账户管理系统向人民银行当地分支机构备案。银行为企业开立、变更、撤销一般存款账户、专用存款账户,应按照《人民币银行结算账户管理办法》(中国人民银行令〔2003〕第 5 号)等规定,对企业应当出具的证明文件进行严格审查,防止企业违规开户或随意开立银行账户。

(二)资金回流

资金回流是虚开案件中最为常见、最为典型、最为主要的查办要素与检查关键点,可以说,资金回流是虚开案件的关键,把握住资金回流的流向、节点与银行账户及其幕后控制人,也就基本掌握整个案件违法手段与整体脉络。

1. 资金回流概念

正常的经济活动是开票方向受票方提供货物、服务、劳务,此时发票作为在购销商品、提供或者接受服务以及从事其他经营活动中开具、收取的收付款凭证;对应的交易资金从受票方账户流出,再流入开票方账户,整个经济活动发票流向、资金流向都是单向不可逆的。未发生真实经济活动的虚开行为是不法分子为了虚构、伪造经济活动,发票仍从开票方开具流向受票方,但交易资金从受票方账户流出、流入开票方账户后,并未结束流转,而是通过一道或多道层层、多个账户的流出流入,最终返回受票方或受票方实际控制的企业银行账户或个人账户中,实现资金回流。其中,资金从受票方向开票方流出的单向行为是为了构造正常资金收付假象,资金从开票方多道返回受票方流回的逆向行为是为了确保构造资金收付假象的资金安全。

因此,资金回流是指在没有真实的交易关系和债权债务关系的前提下开受票双方通过虚构交易,受票方将自有的、开票方实际控制人、特定关系人或控制的他人个人银行结算账户转入的,或与开受票双方均无交易关系和债权债务的第三方单位(个人)结算账户转入的虚假交易资金,从受票方单位银行结算账户通过银行支付结算系统转入开票方单位银行结算账户后,开票方将资金通过银行支付结算系统中转或现金支付结算的方式,将虚假交易资金等额或不等额转回受票方单位银行结算账户或关联受控企业银行结算账户、受票方实际控制人个人银行结算账户、特定关系人个人银行结算账户或受票方实际控制人控制的他人个人银行结算账户;或开票方将虚假交易资金等额或不等额转回开票方实际控制人、特定关系人或控制的他人个人银行结算账户的;或开票方将虚假交易资金等额或不等额转回其控制的其他单位结算账户或第三方单位(个人)结算账户的资金收付行为。

2. 类型

(1)资金完全回流。

资金完全回流指资金从流出到流回,金额在流转过程中不发生变化。其中,有的资金从受票方银行账户流出,流入开票方银行账户后再次流出,多个账户流动后,金额

100%流回受票方银行账户，形成循环回路；有的资金从受票方银行账户流出，流入开票方银行账户后再次流出，多个账户流动后，金额100%流回虚开团伙控制的企业或个人账户（非受票方银行账户），不形成循环回路。

资金完全回流常见特征：回流金额与受票方取得发票票面金额一致。开票方实际控制人、特定关系人名下或其控制的企业或个人银行账户转入受票方银行账户，或与开受票双方均无交易关系和债权债务的第三方企业（个人）银行账户转入受票人银行账户金额与取得发票票面金额一致。受票方票账金额一致。受票方取得的发票抵扣联、发票联票面注明金额与受票方账列贷记银行存款发生额一致。开票方票账金额一致。开票方开具发票记账联票面注明金额与开票方账列借记银行存款发生额相同。受票方票款一致。受票方取得的发票抵扣联、发票联票面注明金额与受票方银行账户流至开票方银行账户金额一致。开票方收款相同。开票方开具发票记账联注明金额与开票方银行账户收到受票方银行账户流入金额一致。回流金额相同。开票方通过多道账户中转、提现等方式，转回受票方企业账户、实际控制企业账户、受票方实际控制人名下个人银行账户、特定关系人个人银行账户及实际控制他人个人银行账户（在此资金流转过程中，资金流出流入金额保持一致）。

（2）资金部分回流。

资金部分回流指资金从流出到流回，金额在流转过程中发生变化，资金部分流回原受票方银行账户或其控制的其他银行账户。

资金部分回流的原因有很多：①半真半假，开票方收取真实经济活动对应的货款，虚开活动对应的资金全部回流。②虚开案件开票量大，对应的每一笔资金流出、中转、流入数量大，很难一一厘清，对应每一份虚开发票；③虚开企业收取手续费（开票费）等名目费用的扣点因素。这里包括以下情形：开票方或中间人走账公司注入受票方资金小于票面金额，受票方添加开票手续费后，连同注入资金转回开票方，开票方收取开票手续费。受票方转入开票方账户金额大于票面金额，开票方坐扣开票手续费或中间人报酬后将剩余资金回流的。开票方账户收到受票方账户转入资金后，将部分资金再转入开票方的上游虚开或虚开团伙内的上游虚开企业账户虚构资金流后，资金流入虚开团伙关联走账公司的，资金不回流或者不全部回流开票方的。开票方以报销费用、支付工资、销售提成、折扣返利等方式另外向受票方关联受控企业回流资金。

3.资金回流的表象特征

资金回流普遍特点是“资金交易快进快出、短期内交易量大、同一时间段借贷总额大体一致、同一网银IP操作资金交易、网银U盾集中掌握在虚开团伙主要人员手中”。

具体来讲，资金流水常见表象特征有：①同一笔大额资金短期内（24小时内）在受票方账户，开票方账户、个人银行账户之间快速流动、快进快出；②短期内受票方账户与个人账户，开票方账户与个人账户，开票方账户与其生产经营无明显关系、无真实债权债务关系的第三方单位账户、个人账户与个人账户等账户之间，频繁发生资金收付；③短期内个人银行账户或与其生产经营无明显关系、无真实债权债务关系的第三方单位账户资金，转入受票方账户后再向开票方账户转出（一对一账户注入、一对多账户注入、多对一账户注入）；④开票方账户短期内将受票方转入资金再转入个人银行账户或与其产经营无明显关系、无真实债权关系的第三方单位账户；⑤开票方账户资金快进快出，不留余额或者留下一定比例余额后，中转过渡性质明显；⑥个人银行账户短期内频繁提现（或异地取现），再存入受票方企业银行账户或名下控制银行；⑦开票方银行账户短期内频繁提现（或异地取现）后，存入实际控制人名下个人银行账户或受票方银行账户；⑧第三方单位账户频繁提现（或异地取现），以受票方名义存入开票方银行账户或名下实际控制账户；⑨长期闲置的个人账户突然启用或平常资金流量小的银行账户突然有异常资金流出流入，且短期内出现大量资金收付；⑩账户销户前发生大量资金收付或长期“休眠”银行账户突然苏醒，短期内发生大量资金进出。

(三)检查涉案企业、个人存款账户

1.依据

依据《中华人民共和国税收征收管理法》及《中华人民共和国税收征收管理法实施细则》，经县以上税务局（分局）局长批准，凭全国统一格式的检查存款账户许可证明，查询从事生产、经营的纳税人、扣缴义务人在银行或者其他金融机构的存款账户。税务机关在调查税收违法案件时，经设区的市、自治州以上税务局（分局）局长批准，可以查询案件涉嫌人员的储蓄存款。税务机关查询所获得的资料，不得用于税收以外的用途。上文中，存款包括独资企业投资人、合伙企业合伙人、个体工商户的储蓄存款以及股东资金账户中的资金等。其他金融机构是指信托投资公司、信用合作社、邮政储蓄机构以及经中国人民银行、中国证券监督管理委员会等批准设立的其他金融机构。

依据《税务稽查案件办理程序规定》，稽查局应当在所属税务局的征收管理范围内实施税务稽查，同时税收违法行为，由违法行为发生地或者发现地的稽查局查处。虚开发票案件涉及企业本地账户、异地账户、发票全链条上下游企业本地异地账户，正式立案检查稽查局均有权限查询。

依据《金融机构协助查询、冻结、扣划工作管理规定》，金融机构协助有权机关查询的资料应限于存款资料，包括被查询单位或个人开户、存款情况以及与存款有关的会计凭证、账簿、对账单等资料。对上述资料，金融机构应当如实提供，有权机关根据需要可以抄录、复制、照相，但不得带走原件。金融机构协助复制存款资料等支付了成本费用的，可以按相关规定收取工本费。有权机关在查询单位存款情况时，只提供被查询单位名称而未提供账号的，金融机构应当根据账户管理档案积极协助查询，没有所查询的账户的，应如实告知有权机关。

依据《中华人民共和国税收征收管理法》，纳税人、扣缴义务人的开户银行或者其他金融机构拒绝接受税务机关依法检查纳税人、扣缴义务人存款账户，或者拒绝执行税务机关作出的冻结存款或者扣缴税款的决定，或者在接到税务机关的书面通知后帮助纳税人、扣缴义务人转移存款，造成税款流失的，由税务机关处十万元以上五十万元以下的罚款，对直接负责的主管人员和其他直接责任人员处一千元以上一万元以下的罚款。

2. 检查流程

税务检查人员在调查取证过程中，认为需要查询从事生产、经营的纳税人、扣缴义务人在银行或者其他金融机构的存款账户，填制《税务行政执法审批表》提出申请，按规定程序和权限由税务局稽查局局长审核后，报县以上税务局（分局）局长审批。调查税收违法案件时，根据案情需要，查询案件涉嫌人员的储蓄存款，由检查人员填制《税务行政执法审批表》提出申请，按规定程序和权限由税务局稽查局局长审核后，报设区的市、自治州以上税务局（分局）局长审批。经审批同意后，检查人员制作全国统一格式的《检查存款账户许可证明》（见下）到相关银行或者其他金融机构进行查询。查询的内容，包括存款账户余额和资金往来情况。

________税务局（稽查局）

检查存款账户许可证明

________税许〔　〕　号

______________________：

根据《中华人民共和国税收征收管理法》第五十四条第（六）项规定，经____________________税务局（分局）局长批准，我局税务人员等________人（税务检查证号码分别为：____________________）前去你处查询____________________的____________________情况，请予支持协助。

税务机关（签章）

年　月　日

使用说明：

1. 本证明依据《中华人民共和国税收征收管理法》第五十四条设置。

2. 适用范围：检查人员在对纳税人、扣缴义务人在银行或者其他金融机构的存款账户及案件涉嫌人员在银行或者其他金融机构的储蓄存款账户进行查询时使用。

3. 抬头填写具体市、县银行及其办事处名称，也可填写其他非银行金融机构的具体名称。

4. “经________税务局（分局）局长批准”横线处填写符合《中华人民共和国税收征收管理法》规定具有审批权限的税务局（分局）局长所在税务机关的具体名称。

5. “________等”横线处填写检查人员的姓名。

6. “税务检查证号码分别为：________”横线处填写检查人员的税务检查证编号。

7. 查询纳税人、扣缴义务人存款账户由县以上税务局（分局）局长签发，查询案件涉嫌人员的储蓄存款由设区的市、自治州以上税务局（分局）局长签发。

8. “前去你处查询________的________情况”中第一横线处填写纳税人或扣缴义务人及案件涉嫌人员名称或姓名，第二横线处填写“存款账户”或者“储蓄存款”。

9. 本证明与《税务文书送达回证》一并使用。

10 文书字号设为“许”，稽查局使用设为“稽许”。

11. 本证明为 A4 竖式，一式二份，一份送有关银行或其他金融单位，另一份装入卷宗。

在税务稽查实务中，检查人员还可以通过利用当地税警协作机制、中国人民银行各地反洗钱部门、公安部门资金查控平台等部门协作平台、系统、渠道，查询涉案相关企业的所有银行账户余额、往来等信息，这比检查人员通过上款流程逐户逐个银行查询的模式，节约时间、效率大大提高。

3. 整理分析

检查人员查询银行账户中重点查询、整理、归集、筛选以下银行账户：金税三期税收管理系统中涉案企业报备《存款账户账号报告》中注明的银行账户账号，税库银联网三方协议的银行账户账号，涉案企业开具或取得发票中注明的销货方（购货方）开户行及账号，公安经侦部门、人民银行、审计部门、社保部门等外部门移交、传递的涉案企业相关银行账户账号信息；中国人民银行各地反洗钱中心依据《金融机构大额交易和可疑交易报告方法》提交的相关银行账号；委托协查（受托协查）资料中备注的相关银行账户账号；通过询问法定代表人、财务负责人、办税人员等相关人员获取的相关银行账户账号；涉案企业账簿凭证中注明的相关银行账户账号；上述途径中相关的个人银行卡账号也在查询范围内。虚开发票案件中银行账户账号涉及众多，在案头分析、实施检查过程中，查询银行账户是一个不断增加、扩充，直至锁定关键节点、关键任务的过程。

检查人员在具体查询银行账户中重点查询、整理、归集、筛选以下信息：企业或个人设立银行账户时银行端留存的初始资料（办理人员身份信息、代理人身份信息、被代理人身份信息、相关委托书、账户备案资料中企业或个人留存信息），查询银行账户的具体信息（包括交易日期、交易时间、被查询账户账号、被查询开户行、交易账号或卡号、摘要、借方发生额、贷方发生额、余额、对方账户、对方户名、对应银行名称、交易渠道、网银操作 IP 地址、交易机构名称），企业或个人销户时银行端留存的初始资料（办理人员身份信息、代理人身份信息、被代理人身份信息、相关委托书、办理渠道、办理时间）等。提醒注意的是，近年来，各地银行均采取面宣面签、视频、现场拍照等方式向企业法定代表人或实际负责人核实开户意愿，确保开户真实性，相关纸质、视频资料也在整理归集范围内，同时在查询银行账户信息时，可要求银行提供纸质信息对应的 Excel 表，便于后续整理、归集、筛选操作。

银行账户信息录入 Excel，形成涉案关联账户资金流水明细汇总表，利用 Excel 筛选等功能，采取两种模式检索分析：一是顺着资金流转方向检查。跟踪开票方接收受票方交易资金的流出情况钻取检查。一般有如下情况：①归还借款、支付各类费用、发放工资等；②直接或通过多个账户层层流入走账公司账户，最终流回受票方资金账户；③大额现金提现，多为异地提现，重点关注取现地点、交易时间、交易频次、交易摘要、取现人员等；④虚构交易，款项流入开票方或受票方同一幕后控制人名下或实际控制账户。二是资金流转逆向检查。跟踪受票方交易资金的来源，着重分析同一时间段、同一网银 IP、同一企业（个人）、同一控制下银行账户转入受票方账户资金、金额及频次。常见情况有：①走账公司账户资金流入受票方银行账户；②大额现金存入受票方银行账户，这里多为个人名义、走账公司、虚开团伙控制账户大额现金存入；③个人银行账户流入受票方银行账户，同样多是虚开团伙掌握的个人银行卡转入。

在实务检查中，面对确凿的银行资金回流情况，涉嫌虚开发票企业经常以偿还对方借款、归还各类款项、代采购款等原因辩解资金回流，检查人员可从以下思路来应对企业的辩解：一是根据《最高人民法院关于行政诉讼证据若干问题的规定》（法释〔2002〕21号）第五十九条："被告在行政程序中依照法定程序要求原告提供证据，原告依法应当提供而拒不提供，在诉讼程序中提供的证据，人民法院一般不予采纳"，以及《国家税务总局关于进一步做好税收违法案件查处有关工作的通知》（税总发〔2017〕30号）要求，可制发《税务事项通知书》，要求涉嫌虚开企业提供偿还借款等借贷、投资、代采购书面协议、条款和凭证，涉嫌虚开企业拒不提供的，其辩解理由不予采信，如涉嫌虚开企业提供相关书证，检查人员应进一步检查书证中列明时间、金额、方式与资金流转时间、金额、账户是否一致，是否存在矛盾之处，同时委托司法鉴定机构对涉嫌虚开企业提供的书证签署时间、人员签字进行司法鉴定，证明是否存在事后补正虚假证明材料。二是向当事人发出《询问通知书》，询问借款、还款、代采购等事项发生与否、时间、金额等，对答复情况进一步核实，查实解释理由是否符合逻辑，对应一致。三是检查涉嫌虚开企业银行存款日记账、其他应付款、短期借款、长期借款、实收资本、资本公积等相关会计科目是否做相应财务核算等。四是注意资金回流特征不符合归还借款等常规资金流出流入特点。资金回流大多表现为大额资金快进快出、账户停留时间极短、操作时间集中、网银 IP 一致等，这与实务中常规业务下的资金流入流出明显不符。可以依据《最高人民法院关于行政诉讼证据若干问题的规定》（法释〔2002〕21号）第六十八条："下列事实法庭可以直接认定：（一）众所周知的事实；（二）自然规律及定理；（三）按照法律规定推定的事实；（四）已经依法证明的事实；（五）根据日常生活经验法则推定的事实。"合理排除企业辩解理由。

在实务检查中，须着重查实开票费或手续费的收付情况、比例。支付虚开发票开票费（手续费）是指受票方按虚开发票票面金额的一定比例向开票方或中间人支付的款项。收取虚开发票开票费（手续费）是指开票方按虚开发票票面金额的一定比例向受票方或中间人收取的款项。虚开发票手续费收付有三种方式：一是坐扣收取手续费，即从资金往来中直接扣除虚开手续费；二是单独收付手续费，通过企业或涉案人员名下或实际控制的银行账户单独收付虚开手续费；三是以其他渠道方式收付手续费。在对涉案关联账户资金流水明细汇总表分析过程中，统计发票金额、资金流出流入金额时，注意计算收付手续费比例；在询问当事人、实地检查时，在电脑、手机、记录本、聊天记录中，注意搜集可能发现收付扣点的聊天记录、对话记录、日记账、流水账等。

（四）虚假现金收支

虚开行为中，虚假现金收支也是常见手法，因现金收支不易追踪，成为虚开企业常见手法。检查人员可从合同协议、账簿凭证、询问当事人等多个角度来检查是否存在虚假现金收支行为。

1. 合同协议

依据合同法，合同应有当事人姓名、住所，标的、数量、质量，价款或报酬、支付方式，履行日期、地点和交付方式,违约与赔偿责任,解决争议方法等。涉嫌虚开企业针对虚假交易自制的虚假合同,与真实合同相比,多存在内容简单、要件缺失、逻辑不符等情况。检查人员可重点从合同要约(受票人在何时何地何人经办何种方式发出招标公告、询价函件),合同承诺(开票方在何时何地何人经办何种方式送达投标文件、报价函件),合同要件(开票方、受票方公章、合同专用章、法定代表人签字盖章、签订日期、是否约定争议解决方式、是否约定货物运输方式地点、是否约定到货检验标准、未约定违约赔偿支付责任),合同内容(合同标的物品名、规格、型号、单位、数量、单价、金额与发票票面要素是否一致,合同约定支付方式与资金实际支付是否一致,合同约定支付时间与资金流出、财务核算是否一致)等多个方面查找疑点,合理排除真实合同的可能性。

2.账簿凭证检查

检查"库存现金日记账"摘要说明为"取现""提现",对应科目为"银行存款"的记账凭证、原始凭证,检查"银行存款日记账""银行对账单"与"银行存款余额调节表",排除利用现金支票虚增或虚列现金支取;检查"库存现金日记账"摘要说明为"借款""借入",对应科目为"其他应付款""其他应收款"的记账凭证、原始凭证,排除以借款名义虚列现金收入、便于大宗交易虚列现金支出;检查"库存现金日记账"摘要说明为"所有者投入",对应科目为"实收资本""资本公积"的记账凭证、原始凭证,排除以认缴注册资本名义虚列现金收入,便于大宗交易虚列现金支出;检查"库存现金日记账"摘要说明为"销售商品",对应科目为"主营业务收入""其他业务收入""应收账款""应付账款"的记账凭证、原始凭证,排除虚假销售业务、虚假退货虚增现金收入。

(五)承兑汇票虚假支付结算

汇票是一种远期支付工具,从出票、背书、贴现、承兑到付款流转,环节众多。虚开团伙虚构交易,多采取伪装为汇票流转环节的出票人和收款人、背书回流;利用变造、伪造、克隆票据虚假支付结算;以票据持票人名义,假汇票真背书、真汇票虚假背书虚构资金流,伪造支付结算。

在税务稽查实务中,重点检查账务单证,检查开票方、受票方"应收票据""应付票据"明细账,对应科目"银行存款、应付账款、应收账款"记账凭证、原始凭证、票据复印件;检查以受票人为出票人的,到承兑银行提取检查承兑协议,检查是否有真实委托关系,判定商业承兑汇票付款人是否有足够的支付能力;到出票人的出票银行,调取其签发汇票的存根联复印件等。

(六)虚增债权债务

虚开企业经常采取虚增债权或债务方式应对税务检查。

虚增债权常见于"富余票"虚开(开票方销售货物有富余票对外虚开,长期挂应收账款)、无货虚开(受票方从实际供货方购买货物并现金支付货款,开票方虚开发票,长期挂应收账款)等情形。对虚增债权的,可检查开票方财务报表——利润表中资产减值损失是否填列,检查在账簿中是否设置"资产减值损失""坏账准备"科目,如设置科目借贷方是否有发生额;检查应收账款借方明细账,预收账款贷方明细账;开受票方年末是否进行对账；对长期挂应收账款的，对照购销合同真实性、账务核算开展后续检查。

虚增债务常见于没有真实货物交易，故意账记应付账款，未虚构虚假现金支付、未使用银行账户回流资金、未利用承兑汇票虚假支付结算；受票方法定代表人或经办人员支付实际供货人现金货款、受票企业财务人员不愿承担风险，在没有原始支付凭证的情况下，账记应付账款。

虚增债务检查方法：检查应付账款明细账，预收账款明细账；检查受票方与开票方之间是否存在库存商品或设备等抵偿债务业务发生而会计未做处理情况；受票方与开票方之间是否存在合同异议、质量纠纷情况；是否有因债权人缘故确实无法支付的应付款项，受票方是否计入营业外收入；对长期挂应付账款的结合购销合同真实性、账务核算、具体经营业务开展后续检查。

二、发票流检查

我国税收历来一直采取“以票控税”的监管模式，而虚开发票企业的作案工具和媒介正是一张张可以抵扣税款的增值税扣税凭证。因此，在税务稽查检查中，“查账必查票、查税必查票、查案必查票”是历来的共识与重点。发票检查思路与流程：首先通过平台查验、真伪鉴别，厘清真票虚开或是假票虚开；其次通过发票票面全要素与合同协议、物流仓储、资金支付、生产能力等比对，查找疑点、深挖溯源；最后对虚开嫌疑重大的企业，重点溯源开具（取得）纸质发票的传递、交接“过程还原”，依次对虚开案件的前台代理人、后台经办人记忆幕后指挥人“精准画像”。

（一）发票核验

1. 平台查验

通过国家税务总局全国增值税发票查验平台（https://inv-veri.chinatax.gov.cn/）可在线查验使用增值税发票管理系统开具的发票，包括增值税专用发票、增值税电子专用发票、增值税普通发票（折叠票）、增值税普通发票（卷票）、增值税电子普通发票（含收费公路通行费增值税电子普通发票）、机动车销售统一发票、二手车销售统一发票；可查验使用电子发票服务平台开具的发票，包括电子发票（增值税专用发票）、电子发票（普通发票）、增值税专用发票、增值税普通发票。可以查验的时间范围为最近 5 年内增值税发票管理系统与电子发票服务平台开具的发票，当日开具的发票当日可进行查验。每天每张发票可在线查询次数为 5 次，查验界面如图 4－1 所示。

根据查验的票种不同，输入的校验项目也不相同，其中：①增值税专用发票、增值税电子专用发票：发票代码、发票号码、开票日期和开具金额（不含税）；②增值税普通发票、增值税电子普通发票（含通行费发票）、增值税普通发票（卷票）：发票代码、发票号码、开票日期和校验码后 6 位；③机动车销售统一发票：发票代码、发票号码、开票日期和不含税价；④二手车销售统一发票发票：发票代码、发票号码、开票日期和车价合计；

⑤电子发票(增值税专用发票)、电子发票(普通发票):发票号码、开票日期、价税合计;⑥电子发票服务平台开具的纸质增值税专用发票:发票代码、发票号码、开票日期和开具金额(不含税);⑦电子发票服务平台开具的纸质增值税普票发票:发票代码、发票号码、开票日期和校验码(密码区全电发票号码后 6 位);⑧电子发票(铁路电子客票):发票号码、开票日期和票价;⑨电子发票(航空运输电子客票行程单):发票号码、开票日期、开票金额(价税合计)。根据查验结果,录入不同项目查验:增值税专用发票:发票代码、发票号码、开票日期和开具金额(不含税);增值税普通发票、增值税电子普通发票(含收费公路通行费增值税电子普通发票)、增值税普通发票(卷票):发票代码、发票号码、开票日期和校验码后 6 位;机动车销售统一发票:发票代码、发票号码、开票日期和不含税价;二手车销售统一发票:发票代码、发票号码、开票日期和车价合计。

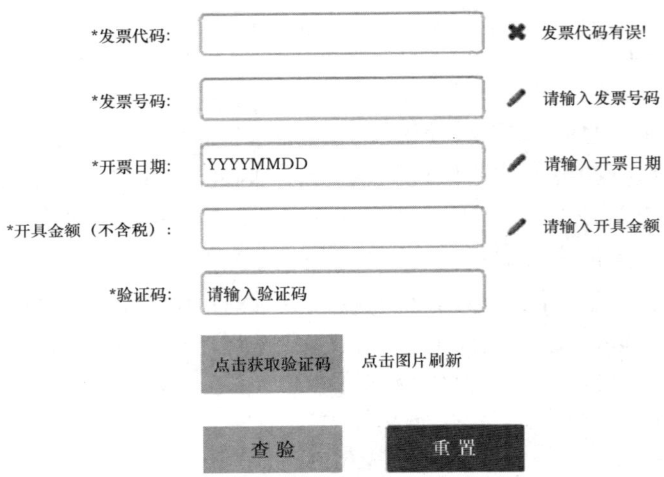

图 4-1 查验界面

录入信息无误后,单击查验按钮,自动弹出查验结果,查验相符的,说明增值税发票管理新系统记录的发票数据与纸质发票票面主要信息一致。(以下图增值税专用发票、增值税普通发票为例)

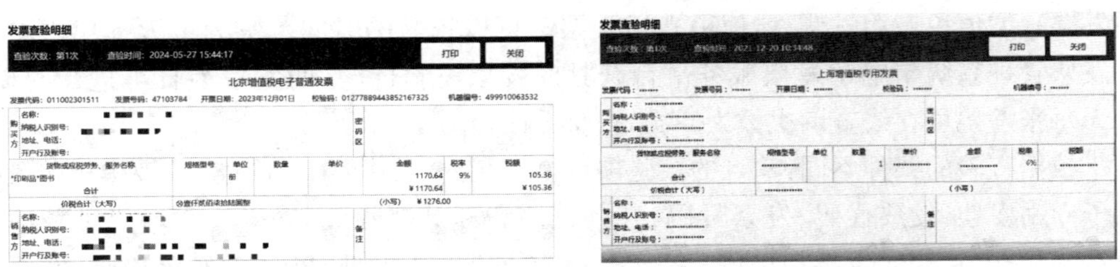

图 4-2 查验结果

查验不符，有两种结果：票面信息与纸质信息不一致、查无此票。这就存在虚假发票、套打发票、“大头小尾”发票的可能性，有待进一步核实。

图 4-3　查验结果

全国增值税发票查验平台可查验最近 5 年内增值税发票管理新系统开具的发票，但不能查验未通过管理新系统开具的通用机打发票、通用定额发票等，同时，企业当日开具发票当日即可在该平台查验。特别提醒注意的是，目前已出现不法分子虚假制作的“伪造国家税务总局全国增值税发票查验平台”，所以检查人员在查验中要登录官方网站操作。

2. 真伪鉴别

通过第一步平台核验，只能证明涉案企业发票票面要素与增值税发票管理新系统中记录要素一致，但仍不能完全排除存在纸质“假票”的可能性，这就需要对纸质发票进行真伪鉴别。增值税专用发票、普通发票防伪鉴别方法如下。

(1)增值税专用发票。

①光角变色圆环纤维。

防伪效果：防伪纤维的物理形态呈圆环状随机分布在发票的发票联、抵扣联和记账联专用纸张中，在自然光下观察与普通纸张基本相同，在 365nm 紫外光照射下，圆环靠近光源的半圆环为红色，远离光源的半圆环为黄绿色(如图 4-4 所示)。

图 4-4　防伪效果示意

鉴别方法：使用标准 365nm 紫外光源以小于 45 度的角度照射环形纤维，靠近光源的半圆环为红色，远离光源的半圆环为黄绿色。

②造纸防伪线。

防伪效果：在发票的发票联、抵扣联和记账联专用纸张中含有造纸防伪线，防伪线在自然光下有黑水印的特点，在365nm紫外光照射下，为红蓝荧光点形成的条状荧光带(如图4-5所示)，防伪线据票面右边缘20～80mm。

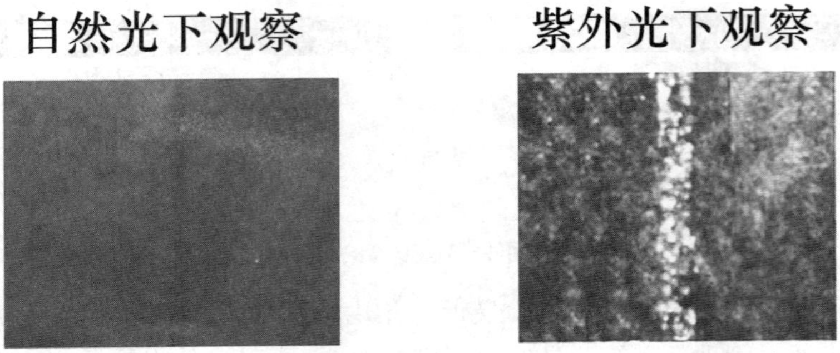

图4-5　防伪效果示意

鉴别方法：在日光下对光观察防伪线呈现黑色线状水印，使用标准365nm紫外光源垂直照射防伪线呈现红蓝荧光点形成的条状荧光带。

③防伪油墨颜色擦可变。

防伪效果：发票各联次左上方的发票代码使用防伪油墨印制，油墨印记在外力摩擦作用下可以发生颜色变化，产生红色擦痕(如图4-6所示)。

发票代码图案原色　　原色摩擦可产生红色擦痕

4600143160　　4600143160

图4-6　防伪效果示意

鉴别方法：使用白纸摩擦票面的发票代码区域，在白纸表面以及地区代码的摩擦区域均会产生红色擦痕。

④专用异型号码。

防伪效果：发票各联次右上方的发票号码为专用异型号码，字体为专用异型变化字体(如图4-7所示)。

9876543210

图4-7　字体

鉴别方法：直观目视识别。

⑤复合信息防伪。

防伪效果：发票的发票联、抵扣联和记账联票面具有复合信息防伪特征。

鉴别方法：使用复合信息防伪特征检验仪检测(如图4-8所示)，对通过检测的发票，检验仪自动发出复合信息防伪特征验证通过的语音提示。

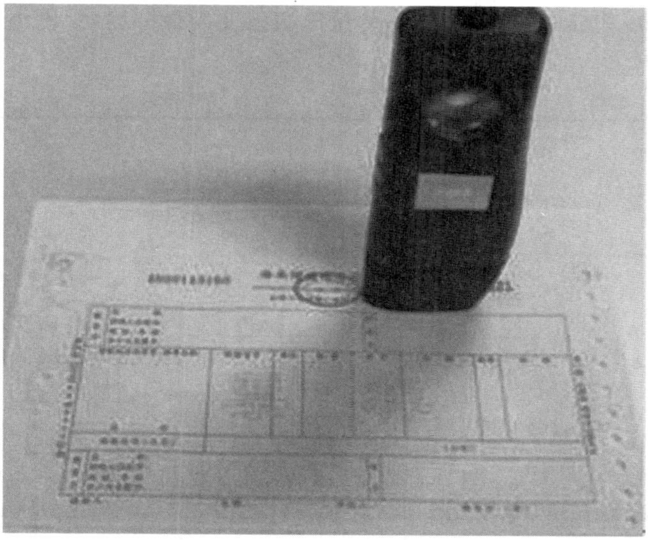

图 4-8　防伪检测

(2)增值税普通发票。

①专用防伪无碳复写纸。

a.“弯曲状一荧光正反纸面变色防伪纤维(黄、蓝双面荧光)。”

防伪效果:发票纸张在自然光下观察与普通纸张基本相同。当使用 365nm 紫外光在发票正面、反面分别照射时,可见防伪荧光纤维,纤维呈弯曲状,同一根荧光纤维显现黄色、蓝色荧光交替变换颜色的特征。

鉴别方法:将发票放置在验钞机或其他 365nm 紫外光光源下观察,可见发票纸张中多根弯曲状防伪荧光纤维。当使用紫外光光源交替照射发票正面、反面时,即可观察到同一根纤维显现出黄色、蓝色两种荧光颜色交替变化的效果,如图 4-9 所示。

图 4-9　颜色交替变化示意

b. 纸张温变防伪。

防伪效果发票记账联、发票联纸张在正常情况下为白色,在 130 度左右温度下,纸张背面加热部位呈现粉红色,颜色不可逆。

鉴别方法:使用日常生活中的简易加热器(如吹风筒、直发器、点烟器、电熨斗等)靠近发票记账联、发票联纸张，纸张背面加热部位由白色变为粉红色，颜色不可逆，如图 4 - 10 所示。

图 4 - 10　颜色示意

c. 纸张划线防伪。

防伪效果：发票记账联、发票联纸张在正常情况下为白色，使用硬物在发票纸张的背面划线，纸张显现淡蓝色的线条。

鉴别方法：将发票记账联、发票联纸张放于硬的平面上，用手指甲、竹签或其他光滑硬物在纸张的背面用力快速划过，纸面显现淡蓝色的线条防伪特征。见图 4 - 11 所示。

图 4 - 11　线条防伪示意

②监制章专用红外激发荧光防伪。

规格：椭圆形，长 30.0mm，高 20.0mm，字体为楷体。位置：位于产品记账联、发票联票面表格上方居中，椭圆下半弧顶点距表格上边框线 2.5mm。印刷油墨：专用红外激发荧光防伪油墨。防伪效果及鉴别方法：监制章图案在 960nm 专用红外激光笔照射下发射出红色亮点，如图 4 - 12 所示。

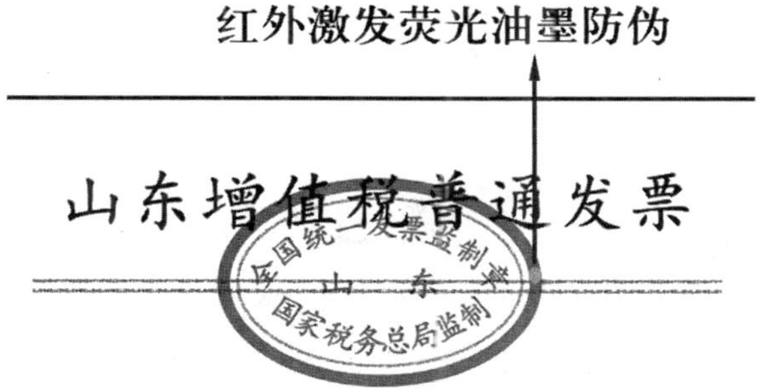

图 4－12　油墨防伪示意

③定制专用号码防伪。

规格：8 位专用号码，长约 22.0mm，高约 5.0mm。位置：位于票面右上角字符（№）后，号码首位数字距字符（№）右端 4.0mm，底边距表格上边框线 14.0mm。发票号码颜色为深蓝色。防伪效果及鉴别方法：专业定制异形字体，为增值税普通发票专用号码。采用样品对比方法，使用刻度尺测量鉴别。如图 4－13 所示。

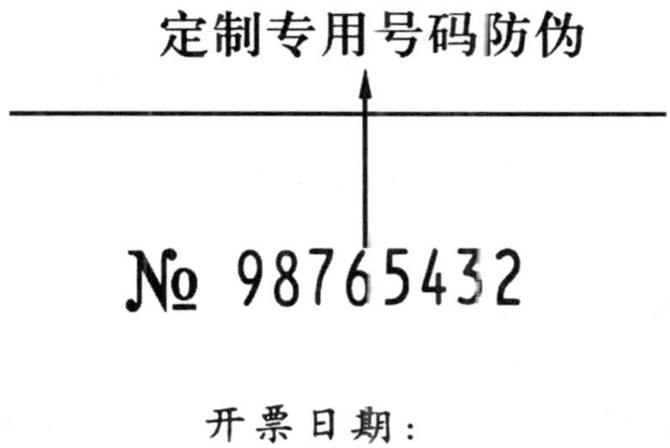

图 4－13　号码防伪示意

④压划变色红外非吸收油墨防伪。

规格：发票代码：10 位 2 号宋体阿拉伯数字，字高 4.5mm，长 35.0mm。字符 No：字高 5.0mm，宽 5.5mm。位置：发票代码位于票面左上角，数字最右端距双杠线左端 10.0mm，底边距表格上边框线 14.0mm。字符（№）位于票面右上角，字符（№）左端距双杠线右端 10.0mm，底边距表格上边框线 14.0mm。内容：发票代码及字符（№）。印刷油墨：压划变色红外非吸收防伪油墨。防伪效果及鉴别方法：在外力作用下发票代码及字符（№）图案周围图案变红色；发票代码和字符（№）在自然光下呈现灰黑色，在红外专用识别仪下发票代码字符和字符（№）不可见。红外非吸收防伪需要工具鉴别，鉴别工具为红外专用识别仪，在>700nm 的近红外区无吸收。压划防伪无须检验工具，用白纸或硬币等压划代码及字符（№）即可，如图 4－14 所示。

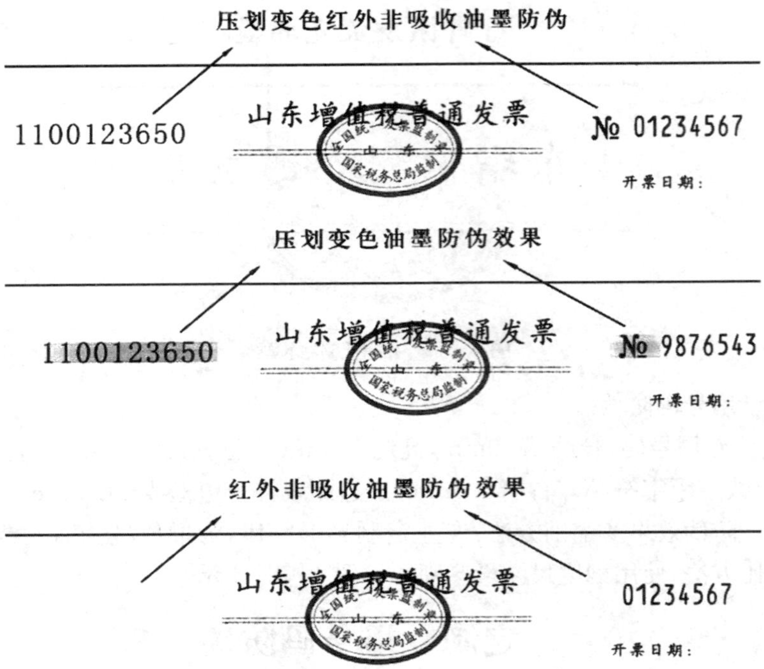

图 4-14　油墨防伪示意

⑤微缩文字防伪。

规格:双杠线两端各长出票头 3.0mm,线粗 0.28mm。监制章内圈线粗 0.26mm。位置:位于监制章内圈及票面表格上方居中,双杠线下一行线距表格上边框线 11.5mm。内容:双杠线缩微内容由地区加“增值税普通发票”和“国家税务总局监制”的汉语拼音(首位字母按特定规律组合)的微缩文字构成。例如:山东增值税普通发票上条线缩微内容为“山东增值税普通发票”的汉语拼音首位字母循环组成,即“SDZZHSHPTFP”循环组成。下条线缩微内容为“国家税务总局监制”的汉语拼音首位字母循环组成。监制章内圈缩微内容:“国家税务总局监制”的汉语拼音首位字母循环组成。颜色:双杠线颜色与发票表格文字颜色相同,监制章内圈线颜色与监制章颜色相同。防伪效果及鉴别方法:使用放 10 倍以上放大镜下观察,缩微线内容清晰可见,如图 4-15 所示。

(二)票面全要素检查

发票作为市场主体、政府机关、自然人等发生经济活动的重要载体,票面全要素(发票代码、号码、开票日期、销货方纳税人识别号、购货方纳税人识别号、商品和服务税收分类编码、品名、规格、单位、数量、金额、税率、税额、价税合计、银行账号、地址、销货清单明细、开票人等)记载了生产、交换、消费活动的各个细节,是税务稽查检查活动真实性、关联性、逻辑性的重要凭证。检查人员在对涉嫌虚开企业检查时,着重对票面全要

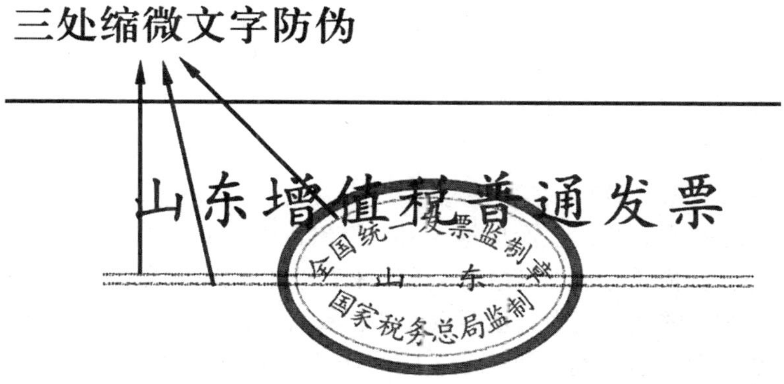

图 4-15　微缩文字防伪示意

素检查，从中发现涉嫌虚开的疑点、检查的重点方向等。

1. 核实开票日期

虚开发票企业往往集中某一个时间段集中、大量开票，取得的虚开发票也较为集中。检查时重点关注开票日期集中、金额较大的发票段，重点关联的上下游企业列入协查、外调企业的范围内。虚开企业有的会在国家优惠税率、征收率的政策实施后或截止期内集中大量，取得虚开发票时间段也比较集中，也参照上文重点关注。

2. 核实发票代码、发票号码

虚开企业集中开票时，发票代码一致、发票号码多为连号。检查时重点关注合同协议、货物进销等业务发生时间跨度大，但开具或取得的发票连号这一不符合常规的现象，上下游企业列入协查、外调企业范围内。

3. 与货物品名、规格、单位、数量、金额，仓储物流信息比对

(1)核实企业与上下游签订的合同协议，与开具或取得发票票面载明信息是否一致；是否存在"洗票""变名"；是否存在偷换货物商品单位概念；是否存在进销货物品名不一致、规格不对应等，核实货物或服务品名是否属于企业经营范围，是否存在高税率低开；是否存在购进原材料根据常规无法生产对外开具的货物等情况、如有上述情况，都要作为检查重点予以关注。

(2)核实企业过磅单、出库单、入库单、仓库保管账等仓储保管记录，与合同协议载明货物数量、单位，票面载明信息比对，比对不一致存在疑点，重点检查关注。

(3)核实企业开具或取得的各类运输发票，票面载明起运地、到达地、运价、路途、过路过桥费、高速公路通行费等信息，与合同协议载明货物数量、单位，开具或取得发票票面载明信息比对，比对不一致存在疑点，重点检查关注。

4. 销售方、购货方纳税人识别号及纳税人名称等信息

通过票面要素展示的销售方、购货方名称、所在地域、隶属行业，核实购货方是否在销售方合理销售半径内，核实购进货物是否从符合常规的行业、企业和采购范围内购入，是否存在从超市、加油站、电子产品等"富余票"高发行业取得大量进项票或进项税

额占比明显过高等现象，核实销售方、购货方税务登记基本信息，重点核实是否存在走逃（失联）户、非正常户、开票后迅速注销户等情况，有疑点的作为后续外调、协查重点对象。此外，核实票面进销方注册地址、开户银行及账号，是否真实、有效，暴力虚开型开具发票票面注册地址、开户行均为捏造。

5. 与实际生产能力比对

对于生产企业，重点掌握生产场地、实际生产能力、产成品，掌握机器设备、生产线的数量、产量、能耗、物耗等基础信息，实行计件工资的掌握工人工资，掌握企业是否有委托加工、委托加工的生产能力。虚开企业往往没有生产场地，或者有生产场地和机器设备，但生产能力远远达不到开票票面载明的产品数量，或委托加工能力达不到开票反映的产量，或者通过一段时间内水费、电费、用气量等投入产出测算分析实际产量，是否与发票载明信息基本匹配。结合资金流、货物流，排除委托加工能力、外购货物等干扰因素，检查是否存在虚开发票。

6. 票面信息与电子信息比对

登录增值税发票电子底账系统、增值税发票新系统，结合纸质发票票面信息，重点核实增值税专用发票发票联与抵扣联、记账联与抵扣联（发票联）、抵扣联（发票联）与销货清单票面信息是否一致；核实同一代码、号码的增值税专用发票，存根联与抵扣联的货物品名或受票单位名称是否不一致；核实纸质销货清单是否通过系统开具、与电子销货清单数据是否一致，是否存在机外开具、阴阳销货清单情况；核查作废发票全部联次是否齐全、票面信息是否一致；核对同一代码、号码的增值税专用发票，纸质发票与增值税发票管理新系统信息不一致的；核实红字增值税专用发票开具是否符合规定、通过系统校验流转、有无强制开具红字增值税专用发票情况；核实滞留票信息，查找记账联滞留且系统无抵扣联原因，排除进项税额不得抵扣、简易征收等正常因素；对增值税电子普通发票、增值税电子专用发票，核实开具是否规范、是否存在篡改信息、是否存在先开具后开具红字发票的现象，核实增值税电子专票开具时间对应电子专票推行地区是否匹配等。对存在疑点的，作为下一步检查要点。

7. 与资金流比对

对"空壳企业"暴力虚开的，在税务稽查实务中往往都没有银行流水对应。增值税专用发票经销货方开具后传递到购货方，而违反常规的是，根本没有任何银行流水可寻，不法分子为了在短时间内大量虚开牟利，根本不伪造银行流水等资金流线索。对于此类情况，几乎可以断定对方为赤裸裸的暴力虚开。此外，大宗交易未付款、虚假现金支付、利用银行承兑汇票虚假结算的资金流情况，与增值税专用发票流向明显不符的，亦是涉嫌虚开的重大嫌疑。

对有银行流水的，查实进销双方合同协议中货物、款项、发票结算流程、先后顺序；核实资金流动时间与发票开具（取得）时间有无异常，或存在资金流动、发票开具（取得）、合同约定之间逻辑不符现象；查实资金流动金额与发票票面注明金额对应关系，是否存在金额大小对比不符合合同约定、实务逻辑的现象。

(三)发票流转"还原画像"

经过案头分析、发票查验、票面要素核对,不能排除或仍存在重大虚开嫌疑的,要对发票流转过程"还原画像"。询问当事人之前拟定的询问提纲,以发票时间信息为主线查来实现,厘清发票的开具、取得、入账、抵扣等时间节点,还原跟踪发票传递流程、交接方式与痕迹。

针对不同发票流转方式拟定询问提纲,对面对面现场交接的,应查实:何人、何时、以何种工具到达与何人在何处交接、何人在场、收到发票后何时再交予何人;对他人委托交接的,应查实:何人、何时、何地、受何人委托、以何种方式交接、收到发票后何时再交予何人;对邮寄交接的,应查实:寄出地、寄达地、交receive频率、收派途径、收件人、联络途径、联系方式;对中间人交接的,应查实:中间人的基本情况及联络方式、何时、何地从开票方取得发票、何时、何地交予受票方何人以及中间人收取开票费等情况。对检查中发现多家受票企业同一联络人收取发票,或多家受票企业同一邮寄地址收取发票,重点检查、问询同一联络人,实地检查同一邮寄地址,溯源跟踪实际取票人。对销售方开具发票后购货方直接通过增值税发票综合服务平台勾选抵扣的,双方根本不传递纸质发票的赤裸裸虚开行为,进一步追根溯源,利用信息化手段深挖幕后主谋。

三、货物流检查

(一)货物流检查概述

货物流与资金流、发票流检查是虚开案件检查的核心抓手;企业货物流的检查,主要包括对生产场所、生产能力、行业特点、销售半径、上下游链条等一系列检查,重点查实有无货物流、是否票货分离,属于无货虚开还是有货虚开,从而固定虚开发票的有力证据。

(二)货物流检查流程

实地核查涉案企业或关联第三方的注册登记地址、生产经营地址,制作现场检查笔录、勘验笔录,通过现场检查确认企业是否虚假注册经营地址,现场调取被查对象账簿、记账凭证、电子数据和其他涉税单据、资料,对企业的生产经营真实性、实际生产能力进行核实。

1. 准备

了解涉案企业的金三系统注册登记地、生产经营地址与实际生产经营场所是否一致,掌握涉案企业的管理、财务、业务等部门和主管人员的办公地址(场所),上、下班时间;了解已向主管税务机关备案的会计核算软件,并熟悉主流的财务软件和业务系统的操作应用,尽可能提前摸清财务核算服务器存储数据物理地址。对涉案企业重要人员、经营场所和建筑物等提前进行拍照、录音和录像等(制作拍照、录音、录像等资料的,应当注明制作方法、制作时间、制作人和证明对象等内容。对声音资料,应当附有该声音内容的文字记录;对图像资料,应当附有必要的文字说明)。

对涉案企业一般采取突击检查，直接到企业注册登记地、生产经营地进行检查，检查前准备好执法记录仪、税务执法文书；准备信息化办案工具，如笔记本电脑、便携式打印机、录音笔、硬盘读取器、执法记录仪、刻录光盘、移动硬盘、U盘、无线上网卡等电子信息设备；准备合适的查账软件、解密软件、恢复删除数据软件、文件搜索等软件；携带进检查现场的笔记本电脑、移动存储介质等电子设备都应当提前经过杀毒处理，凡在被查对象计算机中运行的专业技术应用软件工具（如数据检索、拷贝、备份、恢复删除数据文件、解密等工具），均不得影响被查对象电子设备及信息系统正常运行，且是合法正版的软件；准备封存存储介质的包装物及签封证明、电子证据签封证明。

2.实地检查

（1）检查人员实地核查企业注册登记地、生产经营地是否存在，是否存在虚假地址、实际生产经营地与金三系统登记不一致等情况，制作现场检查笔录，通过执法记录仪拍摄视频，现场照片，社区街道办事处、村委会、管委会、物业管理公司、地址权属人、实际使用人等证人证言、书证，证实注册登记地、生产经营地不存在，或上述地址他人使用而非涉案企业实际使用。

（2）检查人员联系涉案企业法定代表人、财务负责人、办税人员或代理记账人员，记录联系方式、时间、内容、联系结果，能够联系上的询问相关情况、制作现场笔录，不能联系上做好记录。

（3）检查人员实地调取账簿凭证及相关电子证据。检查人员调取涉案企业以前会计年度的账簿、记账凭证、报表和其他有关资料时，填写《税务行政执法审批表》，经检查部门领导岗和税务局稽查局局长审核，报稽查局所属县以上税务局（分局）局长审批；有特殊情况的，报稽查局所属设区的市、自治州以上税务局局长审批，可以调取被查对象当年的账簿、记账凭证、报表和其他有关资料。这里的特殊情况包括增值税专用发票检查的、纳税人涉嫌税收违法行为情节严重的、纳税人及其他当事人可能毁灭、藏匿、转移账簿等证据资料的、税务机关认为其他需要调回检查。虚开案件一般直接调取当年账簿、记账凭证。检查人员随后制作《调取账簿资料通知书》，向被查对象送达《调取账簿资料通知书》；须由2名以上检查人员实施调取工作，填制《调取账簿资料清单》，《调取账簿资料清单》中“数量”和“页（号）数”栏应当使用中文大写数字填写。《调取账簿资料清单》由检查人员和被查对象有关人员共同核对后在清单上签名确认，一份交涉案企业，另一份由税务机关存档。

（4）提取证据。检查人员应当根据提取的证据原件逐项填写《提取证据专用收据》，“证据名称”栏填写需要提取的证据材料原件名称，“证据出处”栏填写获取具体证据的来源和原存放处，“数量”栏应当使用中文大写数字填写并写明计量单位。

现场难以判定是否为伪造、变造、虚开的证据材料的，区分不同情况分别处理：①现场难以判定是否为伪造、变造、虚开的发票的，可以先行依照相关规定分别使用《发票换票证》或者《调验空白发票收据》进行调取。经鉴定或者查验确认为伪造、变造、虚开的发票后，使用《提取证据专用收据》调取证据原件，同时换回原先交付给证据提供单位或者个人的《发票换票证》或者《调验空白发票收据》。②现场难以判定是否为伪造、变造的账簿、凭证及有关资料的，可以先行依照法律、行政法规的规定使用《调取账簿资料通知书》并附《调取账簿资料清单》进行调取。经鉴定或者查验确认为伪造、变造的账簿、凭证及有关资料后，使用《提取证据专用收据》调取证据原件，同时在原先出具的《调取账簿资料清单》上注明。

伪造、变造、虚开的发票应当提取，且不需要归还。依照法律、法规规定可以没收、收缴的资料、物品，经提取作为证据材料的，可以不归还。对需要归还的证据材料原件，检查结束后应当及时归还，并出具《提取证据退还清单》。《提取证据专用收据》和《提取证据退还清单》由检查人员和被查对象有关人员共同核对后在收据和清单上签章确认，一份交被查对象，另一份由税务机关存档。证据提供单位为法人或者其他组织的，由相关人员签名，加盖单位印章并注明日期；证据提供单位为个人的，由个人签名并注明日期。税务机关应当妥善保管提取的证据原件，不得损坏原件或者在原件中作标注、加记载等处理。

(5)固定电子证据。以电子数据的内容证明案件事实的，可以要求被查对象将电子数据打印成纸质资料，在纸质资料上注明数据出处、打印场所、打印时间，注明“与电子数据核对无误”，并由被查对象签章。被查对象计算机(服务器或者其他电子设备)设备中财务核算系统或者其他业务管理系统的数据库信息量庞大，或者涉及各种类型涉税文档类文件数量较多，检查现场直接打印成纸质资料有困难的，应当对其计算机(服务器或者其他电子设备)设备中的涉税电子数据拷贝、备份到 2 个以上有足够存储容量的有形存储介质中，分别用于检查和证据保全。

检查人员应当要求被查对象对有形存储介质中涉税电子数据信息的制作情况和一致性进行确认，并由被查对象对其中一份的有形存储介质进行签封，作为证据保全。对实施证据封存保全的电子数据存储介质，使用牢固信封(包装物)予以封存，在信封(包装物)各封口处加贴封条，由被查对象在封条上签章，在信封(包装物)上或者贴的标签上注明:“本信封(包装物)内封存的为××(存储介质)，其所存储的电子数据由我单位(公司)计算机设备(或者电子设备)中复制、备份的，由我单位(公司)提供，与原始载体记载的电子数据核对无误，是真实、完整且未经任何改动的原始数据”并注明制作方法、制作时间、制作人、文件格式及大小，由被查对象的法定代表人、财务负责人或者其他代理人签名、捺指印，注明日期，加盖单位印章。被查对象拒绝配合签封的，可以由公证人员、见证人实施签封，注明“本信封(包装物)内所存储的电子数据为税务检查人员从(×××)的计算机设备(或者电子设备)中下载复制的原始电子数据，下载复制时我在场，下载人员未对数据进行改动”。并由公证人员、见证人签名。签封好的有形存储介质由稽查局保存。在实地检查取证过程中，检查人员可以通过制作《现场笔录》或者视听资料记录检查和取证过程。

3. 核实真实生产能力

核实企业真实生产能力指核实企业实际生产场所、机器设备配置数量及生产能力、生产线运行状态、生产时间安排、车间工人数量等与开票要素反映的企业生产能力、产品数量能否匹配；核实企业日常物耗、能耗、辅助材料耗用水平等与企业开票要素反映的生产能力、产品数量能否匹配；核实企业有无委托加工行为；核实企业委托加工的受托方有无实际生产能力，受托方实际生产能力与委托加工合同、发票反映的生产能力、产品数量是否匹配，核实委托方提供原材料和主料、受托方代垫主要辅助材料能否生产出企业产成品，核实受托方收取手续费是否符合经营常规；核实企业购进原材料、辅助材料等能否生产出产成品、产品数量是否对应相关；核实企业销售产品、购进原材料与其账面、发票反映的生产流程、生产工艺是否对应；核实企业购进货物与销售货物是否匹配，有无相关代加工行为；结合第三方信息，对比生产企业实际生产能力、产品数量是否符合常规。

4. 上下游企业实地调查。

对虚开企业的税务检查，要从增值税全链条角度分析思考，不能只盯住虚开企业不放，要根据需要及时拓展对上下游企业的立案检查。

对涉嫌虚开企业案头分析过程中，初步框定上下游重点检查企业，对非所属稽查局管辖范围内的涉案企业建议有权限的稽查局同步立案检查，尤其对暴力虚开的空壳企业，要及时启动税警部门协作机制，迅速移送公安经侦部门或与公安经侦部门联合办案，多地同步立案、同一时间进户检查。案件达到大案要案报告标准的，应在规定时间内向上级税务机关报告，并要按照总局稽查局打虚专项工作方案的通知要求实施流程追踪，落实项目制管理，对涉及的管辖区内的下游中转（洗票）层级公司开展检查；对辖区外的中转（洗票）层级公司按发票业务链条进行追踪，做好跨区域联动检查和协查工作，对发票链条上终端接受发票的正常生产经营企业要注意甄别，确需检查的纳入正常稽查范围，不简单扩大检查范围。

以受票企业为被查对象的，其上游虚开企业为发票开具起点的，应对全部上游涉嫌虚开发票的企业进行协查，如在协查中发现上游虚开发票起点企业给税务局稽查局本辖区内的其他企业开票的，对涉案辖区内非实体型受票企业也应立案检查。若上游虚开企业所在地税务局稽查局未发出《已证实虚开通知单》，可以通过增值税发票新系统中的电子底账系统或外调检查，及时发现辖区外其他受票企业接受上游虚开企业开具发票的情况，并应按有关规定逐级上报上级税务机关协同处理。

以跨地域虚开、团伙式虚开中转层级“变票”“洗票”虚开企业为被查对象的，及时对其虚开的全部发票涉及的再下游中转（洗票）层级公司和受票企业开展检查。达到大案要案标准的，应在规定时间内向上级税务机关报告。对初步查证的虚开团伙内的其他关联虚开企业应立案检查，对上游虚开企业应深入实地检查或发起委托协查。

以抵扣税款、虚增成本费用为目的的虚进不虚出企业为被查对象的，首先应聚焦挽回税款损失的主业，通过行政立案、行政取证、行政定性、行政处理全力挽回国家税款损失，同时应对其提供虚开发票的上游开票企业以及发票业务链条上的再上游开票企业进行层层追踪，开展联动检查和协查工作。

第五节　虚开发票典型稽查案例

一、总局“三假”违法行为典型案例

为维护经济税收秩序，依法严厉打击没有实际经营业务只为虚开发票的“假企业”、没有实际出口只为骗取退税的“假出口”、没有具备条件只为骗取疫情防控税收优惠政策的“假申报”，按照国家税务总局部署，各地税务机关与公安机关联动，加大对有重大涉税违法嫌疑的企业和个人的查办力度，接连破获多起“三假”典型案件，形成有力震慑效应。2020 年 8 月，税务总局公布五起“三假”违法行为典型案件。

1. 重庆“4·1”专案抓获犯罪嫌疑人 63 名，涉及多个“假企业”

国家税务总局重庆市税务局、税务总局驻重庆特派办、重庆市公安局集成作战打击“三假”，2020 年 5 月 19 日，税警联动在重庆、大连、山东、河北的 12 个市、区、县，对“4·1”专案涉及的 7 个虚开团伙跨省虚开发票案实施统一收网行动，打掉窝点 12 个，抓获犯罪嫌疑人 63 名。截至今年 7 月底，已查实该团伙注册了若干户空壳企业，涉案金额 71.8 亿元。

2. 安徽“4·20”专案抓获犯罪嫌疑人 21 名，查获“假企业”106 家

安徽省税务、公安部门联合成立“4·20”专案组，对“农产品—运输”行业链条式虚开团伙开展打击，自 2020 年 5 月 20 日第一次收网行动至今，已打掉虚开运输发票及其上游虚开农产品发票犯罪团伙 5 个，抓捕犯罪嫌疑人 21 名。截至 2020 年 7 月底，已查实该团伙注册空壳运输公司 106 家，涉及虚开发票 17.48 亿元。

3. 河南“12·12”虚开发票案抓获犯罪嫌疑人 16 名，查获一批“假企业”

2020 年 5 月 25 日，河南省税务局、省公安厅联合指挥，商丘、郑州、台州、深圳多地同时行动，成功抓获“12·12”虚开发票团伙的 16 名涉案人员。该团伙以办理小额贷款为名将人员诱骗至商丘，冒用身份信息大量注册空壳公司虚开发票。截至 2020 年 7 月底，已查实该团伙通过操控若干家企业对外开具增值税普通发票 16.2 万余份。

4. 浙江“百城会战”1 号战役抓获犯罪嫌疑人 18 名，涉案金额 2.5 亿元。

杭州市税务局通过大数据全面扫描申报疫情防控税收优惠政策企业及相关涉税数据，发现某商贸公司存在重大虚开疑点，经进一步分析监测最终锁定关联企业 62 户，其中李某控制的 21 户企业主要负责成立公司后网上领票并虚开；胡某控制的 41 户企业主要负责非法出售营业执照和开票资格并过票洗钱。2020 年 5 月 28 日，浙江省税务局、省公安厅联合指挥，杭州税警出动 57 人，分赴山东、河北、山西、江西、安徽、福建等地开展集中收网行动，抓捕犯罪嫌疑人 18 名，涉案金额 2.5 亿元。

5. 江西摧毁两个虚开人力资源发票犯罪团伙，查获“假企业”45 家

江西省税务部门在系统预警扫描时发现，南昌市一些劳务公司在疫情防控期间为

建筑企业开具大量人力资源发票，存在虚开嫌疑。南昌市税务和公安部门立即成立联合专案组，通过调查发现，该团伙控制了45家空壳公司，按照受票方提供的信息，虚构合同、虚开发票后快递邮寄给受票方，并按照受票方要求进行资金回流。为营造经营假象，该团伙以轮班方式定期派出2人到空壳公司值班。2020年5月底至6月初，江西南昌税警联合开展集中收网行动，成功捣毁犯罪团伙虚开窝点3个，抓捕犯罪嫌疑人9人，涉案金额39亿元。

二、一场“窃听风云”，十亿元虚开大案

2018年，浙江省台州市税警联合破获一起团伙虚开大案，该团伙利用他人身份注册19家空壳公司，买“黄金票”抵扣税款，多道“洗票”，暴力虚开，作案范围跨9个省13个市，涉案金额10.9亿元，税款1.58亿元。该团伙涉案人员已全部归案获刑。

2016年春节刚过，台州市国税局稽查局接到基层局报来的一个情况：路桥区有数十户商贸企业经营状态陆续转为非正常，征管人员实地核查这些企业的注册地址，不是人去楼空，就是查无踪迹，其法定代表人也都是外省人且失去联系。当地税务部门在分析了这些商贸企业的进销项发票以后，发现了更多异常：进项票均来自外地，有些已经失控；进货渠道舍近求远，不符合经营常规；销项发票部分指向进出口公司，风险较大。

凭借多年的稽查经验，台州市国税局稽查局认为这些企业存在重大虚开增值税专用发票的嫌疑。但如何对它们展开检查成为难题，因为这些企业都已处于“无人、无账、无场地”的“三无”状况。综合多方意见后，该局决定成立专案组，通过大数据挖掘、资金流分析和摸排调查等多种方式展开调查，案件代号“缔华专案”。

资金链常被称作涉税案件的“DNA”。企业资金往来的背后，往往隐藏着丰富的信息，一笔可疑资金、一个账户姓名……都有可能成为直达案情主脉的线索。于是，资金流分析成为案件检查的起点。随着检查的进展，一个新问题出现在专案组面前：该案涉及本地空壳企业14户，外地空壳企业90多户，本地受票企业200多户，外地受票企业100多户。面对数千个账户和数十万条数据，要找到关键证据，无异于大海捞针。

专案组经过研讨决定使用大数据技术对所采集的银行资金数据进行数据清洗、分析和可视化处理，绘制资金流向图，分析有关资金流动差异的规律。经过一个月的高强度分析，专案组终于在数十万条资金数据里，发现了资金在上下三层账户间的流向规律：空壳开票公司的资金账户中不留余额，收到受票企业支付的款项后，将之转到十余个一层账户；一层账户扣除费用后，再转到数个二层账户；二层账户扣除费用后，又转到几百个三层账户；最后所有三层账户里的资金，全部流回受票企业账户。

资金流向图绘制完毕，一个虚开发票的团伙“产业链”架构完整地呈现在专案组面前：一层账户指向控制空壳开票公司的团伙，二层账户指向票贩、黄牛等中间人，三层账户指向购买虚开发票的受票企业。专案组通过分析涉案账户的存取结构，发现这些账户的开票费收益最终都归集到一个名为黄某某的账户中。至此，“缔华专案”的“DNA”

密码被专案组破解，一个以黄某某为首的虚开发票团伙渐渐浮出水面。

锁定以黄某某为首的虚开发票团伙后，专案组立即通过台州市联合打击发票违法协作平台，将线索移交给台州市公安局经侦支队，双方很快成立税警联合专案组共同办案。联合专案组侦查后发现，该团伙非常狡猾，游走全国各地。黄某某是一名累犯，反侦查能力极强，他居无定所，频繁更换手机号码。在税警开展联合行动后不久，他似乎听到了风声，突然销声匿迹。专案组重新梳理线索，发现一个叫王某某的涉案会计跟黄某某在资金等方面往来频繁。在前期的调查约谈中，王某某称自己只是代理建账，不承认跟虚开团伙有关系，但专案组根据已掌握线索判断，王某某很可能是黄某某虚开团伙的一员，只是缺少关键证据佐证。经研究，专案组决定实施代号为“响尾蛇”的引蛇出洞计划。

经过长时间的悄然布控，联合专案组决定对以黄某某为首的涉嫌犯罪团伙开展收网行动。终于在一个合适的时机，联合专案组一举抓获这个涉嫌虚开团伙的头目黄某某，以及成员应某某、徐某和王某某等人。“响尾蛇”计划实施成功。

警方控制黄某某后，连夜对其展开审讯。然而，黄某某拒不承认自己有虚开发票的行为，审讯陷入停滞。面对这种局面，联合专案组意识到，如果黄某某以零口供的方式对抗调查，时间一长，必然引起连锁反应，对调查该涉嫌虚开团伙的其他成员以及外围票贩、受票企业带来不利影响，并为今后该案的行政查处和刑事诉讼带来困难。

要攻破这个难题，必须构建物证、人证和言证完整的证据链条，锁定黄某某的罪行，将案件办成铁案。经过多次研讨，专案组精心设计了“金字塔”型取证方案：以资金回流为脉络，搭建自下而上的证据模型。先取证受票企业，依次确认票贩中间人、涉嫌虚开团伙成员的违法事实，然后由涉嫌虚开团伙的成员指证头目黄某某，最终完成本案证据的缜密关联。

在随后的 3 个月里，专案组兵分几路，加班加点展开询问约谈和外调取证工作，完成了对数十个票贩、200 多户受票企业的调查取证，构建起完整的证据结构。在调查中，面对办案人员出示的严密、翔实的证据，该涉嫌虚开团伙的成员纷纷招供。黄某某看到大势已去，在巨大的心理压力下，最终交代了其虚开发票的事实。

专案组经过查证确定，黄某某在 2014 年出狱后，做塑料原料生意一直亏本，通过一次偶然机会他了解到，不少企业缺乏进项票抵扣税款，有购买发票抵扣税款的强烈需求，于是他便打起了虚开增值税专用发票的主意。从 2015 年 2 月开始，黄某某先后找到会计王某某、无业青年应某某、徐某等人，邀其一起干虚开发票“生意”。他们用收购来的外省人身份信息，先后注册了 19 个空壳公司，通过非法向其他虚开团伙购买“黄金票”、农产品收购发票抵扣进项税额，接受他人虚开发票 4333 份，合计税额 7 303 万元，价税合计 5.03 亿元；同时进行“多道洗票”，暴力虚开，非法收取开票费牟利，先后对下游 326 户企业虚开发票 5670 份，涉及税额 8 542 万元，价税合计 5.87 亿元。

该案跨9个省13个市，涉案金额10.9亿元，税款1.58亿元，涉案企业394户，警方已抓获犯罪嫌疑人19人。根据此案，台州市税务机关已检查台州下游企业200多户，查补入库税款5 216万元。该涉嫌虚开团伙涉案人员全部归案。台州市中级人民法院经过审理近日对该案作出一审判决，判主犯黄某某无期徒刑，判从犯王某某十一年零六个月徒刑，判票贩方某十年零六个月徒刑，其余涉案人员均获程度不等的刑罚。

三、虚开又骗补，棉纺业“害群之马”被清除

在优质棉重要产区新疆巴音郭楞蒙古自治州，一些棉纺企业精心制造“正常经营”表象，暗里一方面虚构籽棉收购业务，自己给自己虚开农产品收购发票；另一方面根据棉纺产业优惠条件弄虚作假，虚开发票，违规套取财政补贴，收取开票费。这一骗局最终被税务机关利用大数据技术揭穿，挽回税收损失1.5亿元。

巴州是我国优质棉重要产区，2017年棉花种植面积已达到320万亩，目前已有棉纺企业642户。然而，在这个繁荣的市场中，有人打起了虚开骗补的主意。

2018年4月底，国家税务总局巴音郭楞蒙古自治州税务局（以下简称巴州税务局）收到国家税务总局下发的20户打虚打骗案源，涉案企业全部为棉纺企业。针对这一情况，巴州税务局决定对巴州棉纺行业展开深挖细查。

通过侧面了解，税务人员听闻，巴州有棉纺企业弄虚作假享受国家扶持棉纺产业的优惠政策，违规套取财政补贴，虚开发票。巴州税务局高度警惕，考虑到不法分子通常作案隐蔽，反侦查意识强，为避免打草惊蛇，决定先做好案头分析工作，争取从大数据中找到突破。一方面，依托金税三期系统和增值税发票管理新系统等信息系统，筛选、集成靶向指标，根据指标选案；另一方面，结合巴州税务局搭建的棉纺织业个性化管理模型，全面剖析棉纺行业和企业的各项经营指标。在此基础上，实行四级风险管理应对措施，综合反映靶向企业的税法遵从情况，同时与基层局共享对有关基础数据的分析方式和成果。

通过对20户案源企业上下游购销业务的逐一分析排查，巴州税务局筛选出79户企业。这些企业存在开票变动幅度明显、购销业务有违常规、虚开或接受虚开发票风险高的特征。此后，针对这些企业的专项检查启动。

基于这种情况，检查组转而通过询问寻求突破。但几经询问，只得到一个有价值的信息，即多数被查企业的法定代表人是实际经营人的亲戚或朋友，这些人大多是同乡。显然，在巴州，棉纺行业企业已经形成家族化、同乡化的趋势，从口供上打开缺口的想法不切实际。意识到这一点，检查组决定从细微处找疑点。他们逐笔核查被查企业的会计记账凭证，发现有部分企业的收购凭证资料中，农民的种植面积信息是通过对《自治区棉花目标价格改革信息平台》截图打印出来的。检查组随即到田间地头，连续10天核实了100余农户，最终查实：有关企业开具的部分收购发票上列示的农户，实际上并没有向该企业交售过籽棉，是企业对《自治区棉花目标价格改革信息平台》截图进行信

息篡改后,伪造了收购棉花凭证,并据此虚开农产品收购发票。

为深入了解涉案企业的作案手段,检查组登录网络,对《自治区棉花目标价格改革信息平台》的种植面积上报系统、棉农交售信息查询系统等各功能模块仔细研究,彻底搞清楚了从实地核查棉农土地面积、棉农交售棉花、加工企业开具收购发票到发放补贴各个流程的细节。案件最终能否查实,资金流成为重中之重。新疆税务局稽查局马上与中国人民银行乌鲁木齐市中心支行联系,选派巴州税务局 2 名检查人员到乌鲁木齐市各家商业银行进行账号查询。乌鲁木齐市各商业银行按照相关规定,在一周内查询企业银行账户 500 余个、银行流水信息数十万余条。比对分析有关资金回流证据与物流证据,检查组确定这些证据相互印证,使涉案棉农企业虚开发票的证据链条更加清晰。

调查至此,巴州税务局决定请警方介入。6 月 12 日,该局与巴州公安局经侦支队组成“6·12”税警专案组。税警双方研判这个特大虚开案件的情况后,拟定了周密措施。6 月 20 日晚上,警方采取集中抓捕行动,成功控制犯罪嫌疑人 7 名。此后,专案组多次召开税警协调会议,组织骨干力量对重点犯罪嫌疑人展开心理攻坚和深挖扩线工作,结果又锁定团伙成员 50 余人。

专案组最终查实,有 16 户棉纺织企业一方面虚构籽棉收购业务,自己给自己虚开农产品收购发票;另一方面伪造棉纱棉布销售业务,对外虚开棉纱棉布销售增值税专用发票,非法获取开票手续费,骗取纺织服装产品出疆运费补贴。为扶持棉纺行业发展,巴州针对棉纺行业企业推出了多项财政补贴措施,企业只要符合规定条件即可申请享受。其中,纺织服装产品出疆运费补贴的条件之一,是企业要有对外销售棉纱棉布的发票。于是,这些不法企业便对外虚开棉纱棉布销售增值税专用发票,由此既获得了财政补贴,又获得了开票手续费,共涉嫌违规骗取财政补贴 4 060 万元。

案件查实后,巴州税务局专项检查组深入分析涉及发票的流向数据,逐级追踪,在取得确凿证据的情况下,通过协查系统向全国 15 个省发出了 306 份确定虚开函,涉及发票 5000 份,由此挽回国家税收损失 1.5 亿元。

案例分析:管查互动,全流程规范棉纺行业秩序

这起特大虚开案件得以成功查处,挽回国家税收损失 1.5 亿元,税收大数据支持和地方多部门配合功不可没。此案对巴州棉纺企业虚开增值税发票的违法犯罪活动形成了有力震慑,也给税务系统日常税收征管工作提供了重要的启示。

以往的虚开发票大案,大多是在没有真实货物交易的情况下,通过挂应收应付账款、现金支付等方式虚构资金往来,大量对外虚开发票。但在这起特大虚开案中,涉案企业是经过精心包装,使得企业的注册资金与职工人数、经营规模等相匹配,运输流、货流与资金流一致,形成“正常经营”的表象。为避免事情败露,涉案企业的法定代表人大多由实际经营人的亲戚朋友担任,形成家族化、同乡化的局面。他们有组织、有策划、分工明确,相互掩护,反侦查能力极强。面对这种情况,税务机关靠传统查案方式很难获得进展,本案的查办情况表明,大数据应用是突破方向。避免此类虚开发票案件的发生可以注意以下几点。

首先要抓预防，强化事前查验。在这方面，要做好税务登记工作，把住税收征管的首个关口。在为企业办理登记业务时，主管税务机关要严格按照规定对纳税人提交的证件、资料仔细审核。要强化实名制管理，及时对有不良记录的人员进行业务阻断处理。对用票量特别大的企业，要及时掌握企业人员、经营地、经营范围变化等情况，发现异常，迅速采取应对措施。要强化对企业纳税情况的日常检查，随时掌握企业的发票使用和经营情况，使风险防范关口前移，将问题消灭在萌芽状态。

其次要抓中段，做好事中过程控制。在这方面，要加强日常监督管理，督促增值税一般纳税人企业设置库存商品明细账，严格按照会计制度规定，依据合法有效凭证，进行明细核算，鼓励引导企业使用银行结算方式。要强化重点企业监控，将多次被预警、发票用量长期超过核定标准、变更登记信息、购销货物主要在外地、大量开具大额增值税专用发票的企业列入重点监控，对这些企业建立监控台账，密切关注。

最后要抓保证，强化事后评估稽查。一方面，要强化纳税评估管理。建立定期评估和稽查制度，对用票量大、开票额高的纳税人，在一定时间内实施巡查；定期从综合征管软件、防伪税控系统中取存在变更法定代表人、变更经营地址、销售额增长过快、专用发票用量增长过大、单一客户销售额过多等情形的企业，进行有针对性的评估。另一方面，要加强与财政、公安、农业等部门的联系，加大对棉花加工企业收购情况和领取财政补贴资金的棉纺服装企业的监管力度，预防棉纺企业虚开骗补，同时加强对高风险企业的相查，管查互动。

第六节　出口退税基础知识

一、出口退税基本概念

(一)适用增值税退(免)税政策的出口货物劳务

对下列出口货物劳务，除特殊规定外，实行免征和退还增值税[以下称增值税退(免)税]政策。

1. 出口企业出口货物

出口企业，是指依法办理工商登记、税务登记、对外贸易经营者备案登记，自营或委托出口货物的单位或个体工商户，以及依法办理工商登记、税务登记但未办理对外贸易经营者备案登记，委托出口货物的生产企业。出口货物，是指向海关报关后实际离境并销售给境外单位或个人的货物，分为自营出口货物和委托出口货物两类。生产企业，是指具有生产能力(包括加工修理修配能力)的单位或个体工商户。

2. 出口企业或其他单位视同出口货物

具体是指：

(1)出口企业对外援助、对外承包、境外投资的出口货物。

(2)出口企业经海关报关进入国家批准的出口加工区、保税物流园区、保税港区、综合保税区、珠澳跨境工业区(珠海园区)、中哈霍尔果斯国际边境合作中心(中方配套区域)、保税物流中心(B型)(以下统称特殊区域)并销售给特殊区域内单位或境外单位、个人的货物。

(3)免税品经营企业销售的货物(国家规定不允许经营和限制出口的货物、卷烟和超出免税品经营企业《企业法人营业执照》规定经营范围的货物除外)。具体是指:①中国免税品(集团)有限责任公司向海关报关运入海关监管仓库,专供其经国家批准设立的统一经营、统一组织进货、统一制定零售价格、统一管理的免税店销售的货物;②国家批准的除中国免税品(集团)有限责任公司外的免税品经营企业,向海关报关运入海关监管仓库,专供其所属的首都机场口岸海关隔离区内的免税店销售的货物;③国家批准的除中国免税品(集团)有限责任公司外的免税品经营企业所属的上海虹桥、浦东机场海关隔离区内的免税店销售的货物。

(4)出口企业或其他单位销售给用于国际金融组织或外国政府贷款国际招标建设项目的中标机电产品(以下称中标机电产品)。上述中标机电产品,包括外国企业中标再分包给出口企业或其他单位的机电产品。

(5)生产企业向海上石油天然气开采企业销售的自产的海洋工程结构物。

(6)出口企业或其他单位销售给国际运输企业用于国际运输工具上的货物。上述规定暂仅适用于外轮供应公司、远洋运输供应公司销售给外轮、远洋国轮的货物,国内航空供应公司生产销售给国内和国外航空公司国际航班的航空食品。

(7)出口企业或其他单位销售给特殊区域内生产企业生产耗用且不向海关报关而输入特殊区域的水(包括蒸汽)、电力、燃气(以下称输入特殊区域的水电气)。

3. 出口企业对外提供加工修理修配劳务

对外提供加工修理修配劳务,是指对进境复出口货物或从事国际运输的运输工具进行的加工修理修配。

(二)增值税退(免)税办法

适用增值税退(免)税政策的出口货物劳务,按照下列规定实行增值税免抵退税或免退税办法。

1. 免抵退税办法

生产企业出口自产货物和视同自产货物及对外提供加工修理修配劳务,以及列名生产企业出口非自产货物,免征增值税,相应的进项税额抵减应纳增值税税额(不包括适用增值税即征即退、先征后退政策的应纳增值税税额),未抵减完的部分予以退还。

2. 免退税办法

不具有生产能力的出口企业(以下称外贸企业)或其他单位出口货物劳务,免征增值税,相应的进项税额予以退还。

(三)增值税出口退税率

1. 一般规定

除财政部和国家税务总局根据国务院决定而明确的增值税出口退税率(以下称退

税率)外,出口货物的退税率为其适用税率。国家税务总局根据上述规定将退税率通过出口货物劳务退税率文库予以发布,供征纳双方执行。退税率有调整的,除另有规定外,其执行时间以货物(包括被加工修理修配的货物)出口货物报关单(出口退税专用)上注明的出口日期为准。

2. 退税率的特殊规定

(1)外贸企业购进按简易办法征税的出口货物、从小规模纳税人购进的出口货物,其退税率分别为简易办法实际执行的征收率、小规模纳税人征收率。上述出口货物取得增值税专用发票的,退税率按照增值税专用发票上的税率和出口货物退税率孰低的原则确定。

(2)出口企业委托加工修理修配货物,其加工修理修配费用的退税率,为出口货物的退税率。

(3)中标机电产品、出口企业向海关报关进入特殊区域销售给特殊区域内生产企业生产耗用的列名原材料、输入特殊区域的水电气,其退税率为适用税率。如果国家调整列名原材料的退税率,列名原材料应当自调整之日起按调整后的退税率执行。

(4)适用不同退税率的货物劳务,应分开报关、核算并申报退(免)税,未分开报关、核算或划分不清的,从低适用退税率。

(四)增值税退(免)税的计税依据

(1)出口货物劳务的增值税退(免)税的计税依据,按出口货物劳务的出口发票(外销发票)、其他普通发票或购进出口货物劳务的增值税专用发票、海关进口增值税专用缴款书确定。

(2)生产企业出口货物劳务(进料加工复出口货物除外)增值税退(免)税的计税依据,为出口货物劳务的实际离岸价(FOB)。实际离岸价应以出口发票上的离岸价为准,但如果出口发票不能反映实际离岸价,主管税务机关有权予以核定。

(3)生产企业进料加工复出口货物增值税退(免)税的计税依据,按出口货物的离岸价(FOB)扣除出口货物所含的海关保税进口料件的金额后确定。

(4)海关保税进口料件,是指海关以进料加工贸易方式监管的出口企业从境外和特殊区域等进口的料件,包括出口企业从境外单位或个人购买并从海关保税仓库提取且办理海关进料加工手续的料件,以及保税区外的出口企业从保税区内的企业购进并办理海关进料加工手续的进口料件。

(5)生产企业国内购进无进项税额且不计提进项税额的免税原材料加工后出口的货物的计税依据,按出口货物的离岸价(FOB)扣除出口货物所含的国内购进免税原材料的金额后确定。

(6)外贸企业出口货物(委托加工修理修配货物除外)增值税退(免)税的计税依据,为购进出口货物的增值税专用发票注明的金额或海关进口增值税专用缴款书注明的完税价格。

(7)外贸企业出口委托加工修理修配货物增值税退(免)税的计税依据,为加工修理修配费用增值税专用发票注明的金额。外贸企业应将加工修理修配使用的原材料（进料加工海关保税进口料件除外）作价销售给受托加工修理修配的生产企业，受托加工修理修配的生产企业应将原材料成本并入加工修理修配费用开具发票。

(8)出口进项税额未计算抵扣的已使用过的设备增值税退（免）税的计税依据，按下列公式确定。

退（免）税计税依据＝增值税专用发票上的金额或海关进口增值税专用缴款书注明的完税价格×已使用过的设备固定资产净值÷已使用过的设备原值

已使用过的设备固定资产净值＝已使用过的设备原值－已使用过的设备已提累计折旧。已使用过的设备，是指出口企业根据财务会计制度已经计提折旧的固定资产。

(9)免税品经营企业销售的货物增值税退（免）税的计税依据。为购进货物的增值税专用发票注明的金额或海关进口增值税专用缴款书注明的完税价格。

(10)中标机电产品增值税退（免）税的计税依据。生产企业为销售机电产品的普通发票注明的金额，外贸企业为购进货物的增值税专用发票注明的金额或海关进口增值税专用缴款书注明的完税价格。

(11)生产企业向海上石油天然气开采企业销售的自产的海洋工程结构物增值税退（免）税的计税依据，为销售海洋工程结构物的普通发票注明的金额。

(12)输入特殊区域的水电气增值税退（免）税的计税依据，为作为购买方的特殊区域内生产企业购进水（包括蒸汽）、电力、燃气的增值税专用发票注明的金额。

(五)增值税免抵退税和免退税的计算

1.生产企业出口货物劳务增值税免抵退税计算公式

(1)当期应纳税额。

当期应纳税额＝当期销项税额－（当期进项税额－当期不得免征和抵扣税额）

当期不得免征和抵扣税额＝当期出口货物离岸价×外汇人民币折合率×（出口货物适用税率－出口货物退税率）－当期不得免征和抵扣税额抵减额

当期不得免征和抵扣税额抵减额＝当期免税购进原材料价格×（出口货物适用税率－出口货物退税率）

(2)当期免抵退税额。

当期免抵退税额＝当期出口货物离岸价×外汇人民币折合率×出口货物退税率－当期免抵退税额抵减额

当期免抵退税额抵减额＝当期免税购进原材料价格×出口货物退税率

(3)当期应退税额和免抵税额。

当期期末留抵税额≤当期免抵退税额，则

当期应退税额＝当期期末留抵税额

当期免抵税额＝当期免抵退税额－当期应退税额

当期期末留抵税额＞当期免抵退税额，则

当期应退税额＝当期免抵退税额

当期免抵税额＝0

当期期末留抵税额为当期增值税纳税申报表中“期末留抵税额”。

(4)当期免税购进原材料价格。

包括当期国内购进的无进项税额且不计提进项税额的免税原材料的价格和当期进料加工保税进口料件的价格，其中当期进料加工保税进口料件的价格为组成计税价格。

当期进料加工保税进口料件的组成计税价格＝当期进口料件到岸价格＋海关实征关税＋海关实征消费税

其中，采用“实耗法”的，当期进料加工保税进口料件的组成计税价格为当期进料加工出口货物耗用的进口料件组成计税价格。其计算公式为：当期进料加工保税进口料件的组成计税价格＝当期进料加工出口货物离岸价×外汇人民币折合率×计划分配率

计划分配率＝计划进口总值÷计划出口总值×100％

实行纸质手册和电子化手册的生产企业，应根据海关签发的加工贸易手册或加工贸易电子化纸质单证所列的计划进出口总值计算计划分配率。实行电子账簿的生产企业，计划分配率按前一期已核销的实际分配率确定；新启用电子账簿的，计划分配率按前一期已核销的纸质手册或电子化手册的实际分配率确定。

采用“购进法”的，当期进料加工保税进口料件的组成计税价格为当期实际购进的进料加工进口料件的组成计税价格。若当期实际不得免征和抵扣税额抵减额大于当期出口货物离岸价×外汇人民币折合率×(出口货物适用税率－出口货物退税率)的，则：当期不得免征和抵扣税额抵减额＝当期出口货物离岸价×外汇人民币折合率×(出口货物适用税率－出口货物退税率)

2.外贸企业出口货物劳务增值税免退税计算公式

(1)外贸企业出口委托加工修理修配货物以外的货物。

增值税应退税额＝增值税退(免)税计税依据×出口货物退税率

(2)外贸企业出口委托加工修理修配货物。

出口委托加工修理修配货物的增值税应退税额＝委托加工修理修配的增值税退(免)税计税依据×出口货物退税率

(3)退税率低于适用税率的，相应计算出的差额部分的税款计入出口货物劳务成本。

(4)出口企业既有适用增值税免抵退项目，也有增值税即征即退、先征后退项目的，增值税即征即退和先征后退项目不参与出口项目免抵退税计算。出口企业应分别核算增值税免抵退项目和增值税即征即退、先征后退项目，并分别申请享受增值税即征即退、先征后退和免抵退税政策。

用于增值税即征即退或者先征后退项目的进项税额无法划分的，按照下列公式计算。

无法划分进项税额中用于增值税即征即退或者先征后退项目的部分＝当月无法划分的全部进项税额×当月增值税即征即退或者先征后退项目销售额÷当月全部销售

额、营业额合计

(六)适用增值税免税政策的出口货物劳务

对符合下列条件的出口货物劳务,除适用下文“(七)适用增值税征税政策的出口货物劳务”规定外,按下列规定实行免征增值税(以下称增值税免税)政策:

1.适用范围

适用增值税免税政策的出口货物劳务,是指:

(1)出口企业或其他单位出口规定的货物,具体是指:增值税小规模纳税人出口的货物;避孕药品和用具,古旧图书;软件产品。其具体范围是指海关税则号前四位为“9803”的货物;含黄金、铂金成分的货物,钻石及其饰品;国家计划内出口的卷烟;已使用过的设备。其具体范围是指购进时未取得增值税专用发票、海关进口增值税专用缴款书但其他相关单证齐全的已使用过的设备;非出口企业委托出口的货物;非列名生产企业出口的非视同自产货物;农业生产者自产农产品[农产品的具体范围按照《农业产品征税范围注释》(财税〔1995〕52号)的规定执行];油画、花生果仁、黑大豆等财政部和国家税务总局规定的出口免税的货物;外贸企业取得普通发票、废旧物资收购凭证、农产品收购发票、政府非税收入票据的货物;来料加工复出口的货物;特殊区域内的企业出口的特殊区域内的货物;以人民币现金作为结算方式的边境地区出口企业从所在省(自治区)的边境口岸出口到接壤国家的一般贸易和边境小额贸易出口货物;以旅游购物贸易方式报关出口的货物。

(2)出口企业或其他单位视同出口的下列货物劳务:国家批准设立的免税店销售的免税货物[包括进口免税货物和已实现退(免)税的货物];特殊区域内的企业为境外的单位或个人提供加工修理修配劳务;同一特殊区域、不同特殊区域内的企业之间销售特殊区域内的货物。

对于适用增值税免税政策的出口货物劳务,出口企业或其他单位可以依照现行增值税有关规定放弃免税,并依照下文“(七)适用增值税征税政策的出口货物劳务”的规定缴纳增值税。

2.进项税额的处理计算

适用增值税免税政策的出口货物劳务,其进项税额不得抵扣和退税,应当转入成本。

出口卷烟,依下列公式计算:

不得抵扣的进项税额=出口卷烟含消费税金额÷(出口卷烟含消费税金额+内销卷烟销售额)×当期全部进项税额

除出口卷烟外,适用增值税免税政策的其他出口货物劳务的计算,按照增值税免税政策的统一规定执行。其中,如果涉及销售额,除来料加工复出口货物为其加工费收入外,其他均为出口离岸价或销售额。

(七)适用增值税征税政策的出口货物劳务

下列出口货物劳务,不适用增值税退(免)税和免税政策,按下列规定及视同内销货

物征税的其他规定征收增值税(以下称增值税征税):

1. 适用范围

适用增值税征税政策的出口货物劳务,是指:

(1)出口企业出口或视同出口财政部和国家税务总局根据国务院决定明确的取消出口退(免)税的货物(不包括来料加工复出口货物、中标机电产品、列名原材料、输入特殊区域的水电气、海洋工程结构物)。

(2)出口企业或其他单位销售给特殊区域内的生活消费用品和交通运输工具。

(3)出口企业或其他单位因骗取出口退税被税务机关停止办理增值税退(免)税期间出口的货物。

(4)出口企业或其他单位提供虚假备案单证的货物。

(5)出口企业或其他单位增值税退(免)税凭证有伪造或内容不实的货物。

(6)出口企业或其他单位具有以下情形之一的出口货物劳务:①将空白的出口货物报关单、出口收汇核销单等退(免)税凭证交由除签有委托合同的货代公司、报关行,或由境外进口方指定的货代公司(提供合同约定或者其他相关证明)以外的其他单位或个人使用的;②以自营名义出口,其出口业务实质上是由本企业及其投资的企业以外的单位或个人借该出口企业名义操作完成的;③以自营名义出口,其出口的同一批货物既签订购货合同,又签订代理出口合同(或协议)的;④出口货物在海关验放后,自己或委托货代承运人对该笔货物的海运提单或其他运输单据等上的品名、规格等进行修改,造成出口货物报关单与海运提单或其他运输单据有关内容不符的;⑤以自营名义出口,但不承担出口货物的质量、收款或退税风险之一的,即出口货物发生质量问题不承担购买方的索赔责任(合同中有约定质量责任承担者除外),不承担未按期收款导致不能核销的责任(合同中有约定收款责任承担者除外),不承担因申报出口退(免)税的资料、单证等出现问题造成不退税责任的;⑥未实质参与出口经营活动、接受并从事由中间人介绍的其他出口业务,但仍以自营名义出口的。

2. 应纳增值税的计算

适用增值税征税政策的出口货物劳务,其应纳增值税按下列办法计算:

(1)一般纳税人出口货物。

销项税额=(出口货物离岸价-出口货物耗用的进料加工保税进口料件金额)÷(1+适用税率)×适用税率

出口货物若已按征退税率之差计算不得免征和抵扣税额并已经转入成本的,相应的税额应转回进项税额。

出口货物耗用的进料加工保税进口料件金额=主营业务成本×(投入的保税进口料件金额÷生产成本)

主营业务成本、生产成本均为不予退(免)税的进料加工出口货物的主营业务成本、生产成本。当耗用的保税进口料件金额大于不予退(免)税的进料加工出口货物金额时,耗用的保税进口料件金额为不予退(免)税的进料加工出口货物金额。

出口企业应分别核算内销货物和增值税征税的出口货物的生产成本、主营业务成本。未分别核算的，其相应的生产成本、主营业务成本由主管税务机关核定。

进料加工手册海关核销后，出口企业应对出口货物耗用的保税进口料件金额进行清算。清算公式为：清算耗用的保税进口料件总额＝实际保税进口料件总额－退(免)税出口货物耗用的保税进口料件总额－进料加工副产品耗用的保税进口料件总额。

若耗用的保税进口料件总额与各纳税期扣减的保税进口料件金额之和存在差额时，应在清算的当期相应调整销项税额。当耗用的保税进口料件总额大于出口货物离岸金额时，其差额部分不得扣减其他出口货物金额。

(2)小规模纳税人出口货物。

应纳税额＝出口货物离岸价÷(1＋征收率)×征收率

(八)适用消费税退(免)税或征税政策的出口货物

适用上述(一)、(六)或(七)规定的出口货物，如果属于消费税应税消费品，实行下列消费税政策：

1.适用范围

出口企业出口或视同出口适用增值税退(免)税的货物，免征消费税，如果属于购进出口的货物，退还前一环节对其已征的消费税。

出口企业出口或视同出口适用增值税免税政策的货物，免征消费税，但不退还其以前环节已征的消费税，且不允许在内销应税消费品应纳消费税款中抵扣。

出口企业出口或视同出口适用增值税征税政策的货物，应按规定缴纳消费税，不退还其以前环节已征的消费税，且不允许在内销应税消费品应纳消费税款中抵扣。

2.消费税退税的计税依据

出口货物的消费税应退税额的计税依据，按购进出口货物的消费税专用缴款书和海关进口消费税专用缴款书确定。

属于从价定率计征消费税的，为已征且未在内销应税消费品应纳税额中抵扣的购进出口货物金额；属于从量定额计征消费税的，为已征且未在内销应税消费品应纳税额中抵扣的购进出口货物数量；属于复合计征消费税的，按从价定率和从量定额的计税依据分别确定。

3.消费税退税的计算

消费税应退税额＝从价定率计征消费税的退税计税依据×比例税率＋从量定额计征消费税的退税计税依据×定额税率

(九)出口退(免)税企业分类管理

出口企业管理类别分为一类、二类、三类、四类。具有出口退(免)税审批权限的税务局负责评定所辖出口企业的管理类别。

1.一类出口企业的评定标准

(1)生产企业应同时符合下列条件：企业的生产能力与上一年度申报出口退(免)税规模相匹配。近3年(含评定当年，下同)未发生过虚开增值税专用发票或者其他增值税扣税凭证、骗取出口退税行为。评定时纳税信用级别为A级或B级。企业内部建立了较为完善的出口退(免)税风险控制体系。

(2)外贸企业应同时符合下列条件:近3年未发生过虚开增值税专用发票或者其他增值税扣税凭证、骗取出口退税行为。上一年度的年末净资产大于上一年度该企业已办理出口退税额的60%。持续经营5年以上(因合并、分立、改制重组等原因新设立企业的情况除外)。评定时纳税信用级别为A级或B级。评定时海关企业信用管理类别为高级认证企业或一般认证企业。评定时外汇管理的分类管理等级为A级。企业内部建立了较为完善的出口退(免)税风险控制体系。

(3)外贸综合服务企业应同时符合下列条件:近3年未发生过虚开增值税专用发票或者其他增值税扣税凭证、骗取出口退税行为。上一年度的年末净资产大于上一年度该企业已办理出口退税额的30%。上一年度申报从事外贸综合服务业务的出口退税额,大于该企业全部出口退税额的80%。评定时纳税信用级别为A级或B级。评定时海关企业信用管理类别为高级认证企业或一般认证企业。评定时外汇管理的分类管理等级为A级。企业内部建立了较为完善的出口退(免)税风险控制体系。

2. 三类评定标准

具有下列情形之一的出口企业,其出口企业管理类别应评定为三类:自首笔申报出口退(免)税之日起至评定时未满12个月。评定时纳税信用级别为C级,或尚未评价纳税信用级别。上一年度发生过违反出口退(免)税有关规定的情形,但尚未达到税务机关行政处罚标准或司法机关处理标准的。存在省税务局规定的其他失信或风险情形。

3. 四类评定标准

具有下列情形之一的出口企业,其出口企业管理类别应评定为四类:评定时纳税信用级别为D级。上一年度发生过拒绝向国税机关提供有关出口退(免)税账簿、原始凭证、申报资料、备案单证等情形。上一年度因违反出口退(免)税有关规定,被税务机关行政处罚或被司法机关处理过的。评定时企业因骗取出口退税被停止出口退税权,或者停止出口退税权届满后未满2年。四类出口企业的法定代表人新成立的出口企业。列入国家联合惩戒对象的失信企业。海关企业信用管理类别认定为失信企业。外汇管理的分类管理等级为C级。存在省税务局规定的其他严重失信或风险情形。

4. 二类评定标准

一类、三类、四类出口企业以外的出口企业,其出口企业管理类别应评定为二类。

(十)单证备案

出口企业应在申报出口退(免)税后15日内,将所申报退(免)税货物的下列单证,按申报退(免)税的出口货物顺序,填写《出口货物备案单证目录》,注明备案单证存放地点,以备主管税务机关核查。

外贸企业购货合同、生产企业收购非自产货物出口的购货合同,包括一笔购销合同下签订的补充合同等;出口货物装货单;出口货物运输单据(包括海运提单、航空运单、铁路运单、货物承运单据、邮政收据等承运人出具的货物单据,以及出口企业承付运费的国内运输单证）。

若有无法取得上述原始单证情况的，出口企业可用具有相似内容或作用的其他单证进行单证备案。除另有规定外，备案单证由出口企业存放和保管，不得擅自损毁，保存期为5年。

视同出口货物及对外提供修理修配劳务不实行备案单证管理。

二、出口骗税的行政处理

《中华人民共和国税收征收管理法》第六十六条明确："以假报出口或者其他欺骗手段，骗取国家出口退税款的，由税务机关追缴其骗取的退税款，并处骗取税款一倍以上五倍以下的罚款；构成犯罪的，依法追究刑事责任。对骗取国家出口退税款的，税务机关可以在规定期间内停止为其办理出口退税。"

《中华人民共和国税收征收管理法实施细则》第九十三条明确："为纳税人、扣缴义务人非法提供银行账户、发票、证明或者其他方便，导致未缴、少缴税款或者骗取国家出口退税款的，税务机关除没收其违法所得外，可以处未缴、少缴或者骗取的税款1倍以下的罚款。"

三、出口骗税的刑事处理

（一）法条

《中华人民共和国刑法》（以下简称《刑法》）第二百零四条："【骗取出口退税罪、逃税罪】以假报出口或者其他欺骗手段，骗取国家出口退税款，数额较大的，处五年以下有期徒刑或者拘役，并处骗取税款一倍以上五倍以下罚金；数额巨大或者有其他严重情节的，处五年以上十年以下有期徒刑，并处骗取税款一倍以上五倍以下罚金；数额特别巨大或者有其他特别严重情节的，处十年以上有期徒刑或者无期徒刑，并处骗取税款一倍以上五倍以下罚金或者没收财产。

"纳税人缴纳税款后，采取前款规定的欺骗方法，骗取所缴纳的税款的，依照本法第二百零一条的规定定罪处罚；骗取税款超过所缴纳的税款部分，依照前款的规定处罚。"

（二）解释

《刑法》第二百零四条规定的"假报出口"，是指以虚构已税货物出口事实为目的，具有下列情形之一的行为：伪造或者签订虚假的买卖合同；以伪造、变造或者其他非法手段取得出口货物报关单、出口收汇核销单、出口货物专用缴款书等有关出口退税单据、凭证；虚开、伪造、非法购买增值税专用发票或者其他可以用于出口退税的发票；其他虚构已税货物出口事实的行为。

具有下列情形之一的，应当认定为《刑法》第二百零四条规定的"其他欺骗手段"：骗取出口货物退税资格的；将未纳税或者免税货物作为已税货物出口的；虽有货物出口，但虚构该出口货物的品名、数量、单价等要素，骗取未实际纳税部分出口退税款的；以其他手段骗取出口退税款的。

骗取国家出口退税款 5 万元以上的，为《刑法》第二百零四条规定的“数额较大”；骗取国家出口退税款 50 万元以上的，为《刑法》第二百零四条规定的“数额巨大”；骗取国家出口退税款 250 万元以上的，为《刑法》第二百零四条规定的“数额特别巨大”。

具有下列情形之一的，属于《刑法》第二百零四条规定的“其他严重情节”：造成国家税款损失 30 万元以上并且在第一审判决宣告前无法追回的；因骗取国家出口退税行为受过行政处罚，两年内又骗取国家出口退税款数额在 30 万元以上的；情节严重的其他情形。

具有下列情形之一的，属于《刑法》第二百零四条规定的“其他特别严重情节”：造成国家税款损失 150 万元以上并且在第一审判决宣告前无法追回的；因骗取国家出口退税行为受过行政处罚，两年内又骗取国家出口退税款数额在 150 万元以上的；情节特别严重的其他情形。

(三)其他

有进出口经营权的公司、企业，明知他人意欲骗取国家出口退税款，仍违反国家有关进出口经营的规定，允许他人自带客户、自带货源、自带汇票并自行报关，骗取国家出口退税款的，依照《刑法》第二百零四条第一款、第二百一十一条的规定定罪处罚。

实施骗取国家出口退税行为，没有实际取得出口退税款的，可以比照既遂犯从轻或者减轻处罚。

国家工作人员参与实施骗取出口退税犯罪活动的，依照《刑法》第二百零四条第一款的规定从重处罚。

实施骗取出口退税犯罪，同时构成虚开增值税专用发票罪等其他犯罪的，依照《刑法》处罚较重的规定定罪处罚。

(四)移送

依据《最高人民检察院 公安部关于公安机关管辖的刑事案件立案追诉标准的规定(二)》第五十五条：“[骗取出口退税案(刑法第二百零四条)]以假报出口或者其他欺骗手段，骗取国家出口退税款，数额在十万元以上的，应予立案追诉。”

四、出口骗税的手段与动向

(一)常见手段

1.“借货出口”骗税

也称为“买单配票”或者“借货配票”，其中，“买单”是指非法获取套换骗税企业名称的其他真实货主无法申请退税或者不需要退税的出口货物单证信息，而“配票”是指非法取得虚开的增值税专用发票。

2."道具出口"骗税

"道具出口"又可分为两类:一类是将货物出口后走私夹带入境实施循环出口,这一行为包含了走私和骗税两种违法行为;另一类是将货物出口后不再走私夹带入境,可能就地低价出售或者抛弃。

3."低值高报"骗税

是指通过高报超出实际出口商品的价格骗取出口退税,此种手段有单独使用于真实出口货物,也常见于和"借货出口"手段叠加使用。

(二)新动向

1.骗税载体多样化

出口骗税的载体逐渐由原来主要涉及农产品、纺织品,扩大到电子信息产品等。体积小、重量轻、价值高、退税率高的货物,特别是手机等电子产品成为出口骗税分子首选的载体。

2.货代中介在骗税中扮演重要角色

报关行、货代公司等中介,参与骗税链条中,将自己掌握的大量信息层层转让,买卖报关单和出口信息,帮助出口骗税企业实施"配货配票",疯狂"炒单",构建所谓的利益共同体,分食退税款,协助作案。

3.生产型企业利用外贸综合服务企业平台骗取出口退税

外贸综合服务平台为中小生产企业自产货物提供办理海关出口报关、外汇结算、出口退税等服务,是国家鼓励的新业态。骗税分子乘机利用外贸综合服务平台交易量大、多方对新业态缺乏监管经验的特点,将不能退税的货物大量借道外贸综合服务平台进行骗税。甚至出现骗税分子自行搭建货代平台,再利用自己控制的外贸综合服务平台企业骗取退税。

4.犯罪区域从沿海口岸向内地口岸延伸

骗税分子为了逃避打击,利用内地政府招商引资的机会,和内地一些省份查办骗税案件少、经验不足、骗税容易得逞的状况,把外贸公司设在内地,在沿海通过货代找货源,跨区作案。从内地开票,在沿海配货出关,再到内地退税,隐蔽性非常强。

5.上游虚开发票来源更分散

骗税分子取得进项的开票方呈现多地区、多源头的发散趋势,商品名称经常使用统称、英文或简称,且在偏远市县注册企业短期内大量虚开后注销或走逃,加大了税务监管和检查难度。

6.从外贸企业向免抵退生产企业"转型"

骗税分子虚构生产经营场所、伪造生产假象,或者模仿供应链上下游采购和代加工模式操作,监管和检查难度进一步加大。

(三)新特点

骗税呈现网络化、信息化、专业化、团伙化和跨区域化等特点。

(1)网络化,主要是指虚开发票、出口配货配票、申报骗税、地下钱庄等犯罪团伙既可以相互独立，又可以“按点数”分别组合计算，形成了完整的犯罪网络。

(2)信息化，表现为骗税分子充分利用网络信息技术联络、操作，更便捷、更加隐蔽。

(3)专业化，表现为骗税分子具有一定的专业知识，属于高智商犯罪分子，作案流程多，不仅涉及上游虚开发票，还涉及外汇支付过程中可能衍出的地下钱庄犯罪等，作案手段越来越严密，如上游虚开发票人员，往往冒用他人身份注册公司、委托他人出面办理工商税务登记、虚构经营地址、虚构公司账簿等手段逃避打击。

(4)团伙化，表现为上、中、下游团伙作案。从上游的虚开发票，到利用外贸公司去退税，再到报关“配货配票”，都有专人操作，团伙成员之间关系密切，多呈现出地域式、家族式、密友式特征，具有很强的信任基础，成员之间分工明确，容易形成攻守同盟，反侦查意识很强。

(5)跨区域化，表现为骗税分子为了避开监管和增加税务检查障碍，一般在异地开票、异地报关的情况，在全国范围内跨区域进行虚开和洗票活动利用地方政府招商引资的机会，在偏远市县注册企业后短期内大量虚开然后注销或走逃。

第七节　出口退税典型稽查案例

一、一场借“机”生“单”的外销骗局

2015 年，原深圳市国家税务局联合公安机关查结一起由国家税务总局、公安部督办的虚开骗税大案。以周某、颜某为首的犯罪团伙，设立 8 家企业通过虚开发票和伪装手机生产出口业务的方式骗取国家出口退税，涉案金额达 57.54 亿元，涉及税额 4.96 亿元，涉及出口退税额 3.39 亿元。深圳市中级人民法院审理案件后依法作出判决，周某、颜某因犯虚开增值税发票罪分别被判处 15 年有期徒刑和 13 年有期徒刑。犯罪团伙其他成员李某、林某等人也分别被判处 4 年至 15 年不等有期徒刑。

2015 年年中，原深圳市国家税务局工作人员在对两家手机生产企业 Q 通信电子公司、D 电子科技公司涉税数据进行分析时发现，两户公司在 1 年时间内获得了超过 3 000 万元的出口退税额。其中 Q 通信公司获得 2 657 万元退税，D 电子公司获得了 647 万元退税。但在税务工作人员的印象中，这两户企业都是中小型企业，场地不大，不具备大规模手机生产出口能力。税务工作人员认为两户企业存在涉税疑点，遂将企业信息移交稽查部门。

接到线索后，稽查部门立即利用征管软件，结合海关提供信息对两户企业情况进行分析。检查人员发现，两户企业出口货物均为低价功能性手机，均通过陆运方式从深圳口岸出口，出口目的地均为香港。

两家企业生产经营有不少疑点：企业生产相关水、电费用极少，远低于正常手机生产企业平均值；深圳电子配套产品厂家众多，但两户企业电子原材料的进项发票都来自江西、湖南等地，如此舍近求远地赴外省采购原材料不符合生产常规；两户企业工人人

数很少，与其销售出口的手机产能并不匹配。此外，检查人员发现两户企业近期同时变更了办公经营地址、法定代表人等信息。但查看其新址时，却发现两户企业大门紧闭，均已停产。综合初步调查分析结果，检查人员认为，两家企业产能与产品出口情况不匹配，生产经营状态异常，存在骗取出口退税重大违法嫌疑。原深圳市国家税务局迅速与公安机关取得联系，双方成立联合专案组，对两户疑点企业立案调查。

专案组多次研讨案件调查方案，办案人员认为，以往涉嫌出口骗税的案件通常用“逆查法”调查，即根据报关单信息查找运输公司，再通过调查运输公司溯业务流调查真实出口厂家，最终确认出口涉案企业“配货”出口、骗取出口退税的违法事实。但是“逆查法”存在速度慢、信息杂乱、证据采集难等缺点，且容易“打草惊蛇”。最终，专案组决定直接对涉案企业“票流，货流，资金流”实施调查，如果调查确认涉案企业出口的手机并非自己生产的产品，企业就不具备出口退税资格，即可确认其具有骗取出口退税的违法行为。

随后，专案组将两户企业的企业登记人员信息、进项发票数据、银行资金流水等数据导入原深圳市国家税务局稽查局自主开发的税警联合分析系统。经过分析企业营运关系，办案人员发现，Q 通信公司和 D 电子公司与广东省东莞市的 3 户手机生产企业——W 手机公司、W 通信科技公司和 H 通信公司有频繁的资金往来，金额高达上亿元。但是，在 5 户企业之间并没有发现开具发票行为，专案组判断，5 户企业账户间的资金流可能只是单纯的资金拆借业务。专案组调查还发现，两地 5 户企业之间管理人员也存在交叉现象，深圳 Q 通讯公司和 D 电子公司的财务人员方某实际上也是东莞市 H 通信公司等企业的财务，而此时东莞 3 户手机生产企业也已获得逾亿元出口退税。综合调查信息，办案人员判断，深圳和东莞的这 5 户手机生产企业很可能为同一违法团伙所控制，遂决定将东莞市 3 户手机生产企业列入调查范围。

通过分析和追踪银行开户信息、涉案企业办税人员通信数据等线索，专案组发现，Q 通信公司、D 电子公司以及东莞市的 3 户手机生产企业的背后实际控制人为黄某和颜某。在追踪两人踪迹的过程中，专案组还发现颜某、黄某在东莞市控制着另外 3 户手机生产企业。专案组果断决定，合并已有线索，对 8 户手机生产出口企业同步实施调查。资料信息显示，东莞 W 手机公司是 8 户企业中产能最大的企业，没有内销行为，产品全部外销出口，专案组将其列为重点实地调查对象。

办案人员对 W 手机公司暗访时发现，该企业一线生产工人接近 2000 人，运输车辆频繁进出，企业生产运营看起来非常红火。这与办案人员前期调查深圳两户涉案企业的情况截然相反。办案人员进而追踪进出该企业的运输车辆后发现：进入 W 手机公司的运输车辆通常运载两类货物。一类是生产手机的电子原材料配件，另一类则是成品手机。这是怎么回事？一个手机生产企业为何要从别处运来成品手机？

办案人员通过询问企业生产人员，调查该企业生产情况，并对涉案人员通信信息分析，最终了解到，W 手机公司的生产线已由他人承包，运入企业的手机配件和繁忙的生产线是承包人自行承接的手机生产加工业务，与 W 手机公司并无关系。而大量运入的手机成品，则是 W 手机公司收集的其他厂家生产的产品，这些成品手机运入厂房“打个转”后，随即被 W 手机公司运至外贸出口企业以自行生产产品名义外销出口。

随后，专案组对东莞其余 5 户手机企业的调查也发现了同样情况。货流调查结果显示，由颜某和黄某控制的 8 户手机生产企业均不自行生产手机产品。企业大量出口的手机产品，来自多家承接委托加工业务的中小手机生产企业，8 家企业通过收集手机成品“配货”“配单”的方式，营造手机生产和外销假象，继而骗取国家出口退税。

在分析 8 家手机生产企业的进项发票信息时，专案组发现，涉案手机生产企业取得的大量进项发票均来源于江西、湖南等地的 45 户企业，发票品名均为手机主板、显示器等手机配件。专案组认为，8 户企业既然没有生产手机，就不需要手机主板等手机配件，企业从上游江西等地取得的进项发票很可能是虚开发票。专案组随即奔赴江西省和湖南省，对两省的 45 户供票企业产销情况，以及其与 8 户涉案手机生产企业的银行对公账户往来情况进行调查。

调查结果显示，45 户上游开票企业收到 8 户企业款项后，资金随即被转至多个个人账户，资金通过个人账户汇入颜某和黄某账户，并最终流回 8 户企业账户，形成资金回流。开票企业销售调查和资金流调查结果均显示，上游 45 户开票企业与涉案 8 户手机生产企业并无实际购销业务，8 户涉案企业接受的进项发票均为无货虚开。专案组经过调查确认，江西、湖南等地开票企业的背后控制人为周某。至此，通过不懈调查，专案组终于掌握了以周某、颜某为首的违法团伙虚开增值税专用发票，骗取出口退税的确凿证据，开始筹备最后的收网行动。

由于案值巨大，涉及地区和企业较多，案件查办得到了国家税务总局和公安部的高度重视，两部门联合督办，并对最后收网抓捕行动进行了缜密部署。随后，原深圳市国家税务局会同国家税务总局打骗（广东）工作组、原广东省国家税务局和原江西省国家税务局，联合广东、深圳、江西等地公安机关于同一时间实施了收网行动。收网行动当天，涉案企业所在地区共出动税务人员、公安干警及安保人员 236 名，成功抓获颜某等重要犯罪嫌疑人 20 名，捣毁作案窝点 15 个。据专案组统计，案件共涉及广东、江西、湖南的 53 户企业，行动中共查获违法分子作案税控机 7 套，收缴增值税专用发票 1000 多份，冻结银行账号 70 多个，扣押税务登记证、公章、银行存折（卡）多个。除黄某潜逃外，主要犯罪嫌疑人颜某、周某等人落网后，对其组织相关人员在江西、深圳和东莞等地设立多家企业从事虚开、出口骗税的违法事实供认不讳。

经查，以颜某和黄某为首的犯罪团伙，在深圳和东莞设立 8 家手机生产企业，从上游周某设立的 45 户空壳企业获得虚开的增值税进项发票，营造手机生产假象，同时收集其他加工企业生产的手机产品“配货”“配单”虚假出口，骗取国家出口退税，涉案金额达 57.54 亿元，涉及税额 4.96 亿元，涉及出口退税额 3.39 亿元。

案件思考：案件查办要善于打破常规。

本案是国家税务总局、公安部督办的一例跨地区虚开骗取国家出口退税案件。违法团伙在异地设立多家空壳公司，向下游的 8 家手机生产企业虚开电子元器件进项发票，营造手机生产假象，并用收集而来的手机产品假冒自产产品“配单”出口，骗取国家出口退税。案件涉及广东、江西、湖南和深圳等地的53户企业，涉案金额57.54亿元，影响恶劣，严重扰乱税收经济秩序。

本案中，违法分子分工明确，作案手段伪装性强，其违法行为呈现出“团伙化，专业化，跨地域”等特点，并且团伙主要成员均隐藏于幕后指挥，具有一定的反侦查能力，这为办案人员破获案件增加了难度。调查破获骗税案件，税务机关一般采取“逆查法”调查。在本案调查中，办案人员针对涉案企业情况复杂、涉案嫌疑人具有一定反侦查能力的特点，果断决定打破常规，制订了从涉案企业“票流、货流、资金流”三处入手实施调查计划，通过确认涉案企业货流、票流虚假，继而证实其骗税违法的调查方案。随后的案件调查过程证明，这一决策非常有效，通过资金流调查，专案组不仅顺藤摸瓜发现了另外6户违法企业，并且在未惊动违法人员的情况下，办案人员通过核查货流、票流已取得了涉案企业“配单”“配货”骗税违法的证据，为最终违法人员的顺利抓捕创造了条件，使这一跨地区虚开骗税大案得以顺利结案。

二、“一日游”虚开骗税食苦果受罚领刑

2018年初南京，一笔高达8 164万元的出口退税款缴入国库，一起引人注目的“一日游”骗税大案查处工作画上了圆满的句号。该案由陆某操控，涉及5家公司，分布在境内境外，覆盖进出口链条，涉案金额高达4.8亿元。涉及税款、罚金已全部追缴入库，涉案企业和个人受到法律制裁。

2013年11月，上海海关在一次例行抽检时发现，南京A公司出口的一台设备在香港没有卸货，次日又回到了上海码头。海关抽检人员未惊动这家企业，将情况报给了南京海关。南京海关缉私局认为这一异常情况可能牵涉到出口退税，立即告知了南京税务机关。根据海关提供的线索，南京税务机关迅速成立专案组，调查A公司进出口业务的真实性。稽查人员查询出口退税系统，发现A公司所出口货物由B公司生产，报关单上显示涉及进口货物的为生产型企业C公司。巧的是，B、C两家公司竟然在同一地址办公，财务负责人也相同。这显然令人生疑。

通过大数据比对，稽查人员又发现一个异常：B公司的上游企业大多生产销售CPU、计算机和手机等，电子产品开票金额巨大。其中，E商贸公司专营电脑，4年累计向B公司开票1.8亿元，按4 000元单价计算，这意味着其4年卖了45 000台电脑给B公司。而B公司是生产中型检测仪器的，一年怎能消耗上万台电脑？另有两家商贸企业F公司和G公司均销售手机，这两家公司注册地址相同，4个月向B公司开具了2 500多万元增值税专用发票，按照3 000元单价计算，意味着其每月都向B公司卖了2 000余部手机。这显然离谱。A公司的出口业务链条上连续出现两组奇怪的“孪生公司”，专案组初步判断，这几家企业存在联合出口骗税的可能。

随即，南京海关缉私局和原南京市国家税务局稽查局成立联合专案组，于当日凌晨

5 时同时出动 8 个抓捕小组，对涉案的 A(外贸企业)、B(供货企业)、C(进口企业)、D(货代企业)和 E(B 公司的最大上游企业)公司的相关人员进行突击抓捕。当日上午 10 时，所有涉案人员均抓捕到位，专案组依法调取了涉案企业的账簿凭证，并对涉案人员展开调查。其中，从 B 公司财务经理刘某的办公室发现了两本手工账，上面列了 31 家企业的收付款信息，刘某是 B 公司董事长陆某之妻；从陆某的汽车后备箱里搜出了大量未抵扣的增值税专用发票抵扣联。(原文详见《中国税务报》9 月 25 日 B1 版 1)

为提高审问效果，海关缉私局每个询问小组都配了一名税务稽查人员。在审问前，税务稽查人员运用电子查账软件，查找疑点，特别对原材料采购、成本结转、销售开票明细等做好梳理工作，将整理出的疑点交给海关缉私局干警，由其针对疑点询问。以 B 公司的原材料入库单虚假签字为突破口，联合专案组一举击破了犯罪嫌疑人的心理防线。短短一天时间内，6 名重要当事人中，包括刘某在内的 4 名关键嫌疑人均承认存在购买增值税专用发票和骗取出口退税款的行为。确定违法事实后，专案组进一步扩大，公安经侦干警加入。随即，税务、海关和公安组成的联合专案组对涉案企业展开全面检查。

虽然犯罪嫌疑人承认了其有接受虚开、骗取出口退税的行为，但在具体问题上含糊其词，给案件定性、证据收集造成了困扰。该案取证的最大难点在于：B 公司所产设备在国内市场上有一定的规模，如何区分其正常产品与违法产品的生产及销售是个挑战。经过研究，专案组决定从单证比对、上游发票梳理、产能计算、进口流向和资金流向排查等方面入手，全面收集证据，让"一日游"骗税逐步显形。

归集比对收集到的进出口单证材料，专案组发现：A 公司、B 公司、C 公司和 D 货运公司合伙利用同一台机器作"道具"反复进出口，先由 A 公司以每台约 40 万美元的价格办理出口手续，然后 C 公司套用零关税品名改换机器名称，以每台约 60 万美元的价格进口。A 公司出口获得退税款，C 公司以零关税产品报关进口，抵扣海关完税凭证上的增值税，同时虚抵成本。通过如此操作，用一台设备，循环骗取出口退税同时偷税。其中，出口到中国台湾更换集装箱后回南京的，共计 13 票。之后，犯罪嫌疑人为降低成本，出口中国香港后以原集装箱直接回南京，套用零关税申报进口，共计 68 票。这 81 单业务涉案金额 4.8 亿元人民币，涉嫌骗取出口退税款 8 164 万元。

针对 B 公司购买增值税专票用于骗取出口退税的违法情况，专案组迅速依法对涉嫌向 B 公司卖票的 E、F、G 三家商贸公司突击检查。经查证实，E 公司负责人周某以收取 3%～5%手续费的方式向 B 公司虚开增值税发票，并介绍他人为 B 公司虚开增值税发票。

产能分析是该案取证的难点。为准确判定 B 公司正常抵扣的原材料和买票抵扣的原材料，专案组翻阅 500 多本凭证、1 万多份发票，对企业每件产品的产能逐项分析，发现 B 公司的进出口商品都是 AOI 及检修站(出口货物品名)。运用"以设备主要配件数量测算产能"的方法进行核算，确定 B 公司检查期内 AOI 的产量在 208 台左右。而账面显示，B 公司检查期内共销售 AOI 设备 412 台，其中国内销售 196 台，出口 216 台。测算出的产能与国内销售的 196 台相近，基本符合生产规律。由此判定，多出其产能的

216 台不可能是实际生产的。再结合手工账上的购买专票信息，专案组验证了 B 公司接受虚开专用发票的违法事实——骗税之前先虚开。

专案组在刘某办公室的废纸篓中发现一个汇丰银行的对账单信封，上有 M 公司字样。M 公司是 C 公司进口 AOI 设备的境外供货商，其对账单怎会在刘某手里？专案组迅速提审刘某，原来这家境外公司是刘某成立的。刘某还交代，A 公司的客户 H 公司和 J 公司都是自己和丈夫陆某成立的。这证实有关境外买货和销货的外商就是陆某本人，其目的就是循环骗税。

在固定 B 公司接受虚开和虚假出口的证据后，专案组对进口环节开展检查。经过内查外调，专案组发现，进口 AOI 设备的 C 公司是一家空壳公司，其账面显示销售的 7 000 多万元 AOI 设备及检修站都是 B 公司生产的，与 C 公司进口的设备没关系。以 C 公司名义进口"道具机器"，是本案骗税链条中的一个重要环节，其主要目的就是虚假进口以实现"道具"循环使用。同时，C 公司为了抵扣海关完税凭证进项税额，也为了不引起税务部门怀疑，为 B 公司虚开增值税专用发票。

到深圳检查境外公司的离岸账户，专案组发现所涉及专用发票均由刘某提供给 A 公司，出口结汇款也由刘某操作，从 B 公司离岸账户汇入 A 公司。A 公司收到结汇款、退税款后扣除代理费，将余款汇入 B 公司账户。C 公司通过 K 公司代理"道具机器"进口，先将汇款支付给 K 公司，后者将结汇款支付给 M 公司，由刘某操作将 M 公司账户资金转入 B 公司离岸账户，用于 A 公司出口结汇。

D 公司法定代表人沈某被抓后，不承认参与了"道具机器一日游"骗税活动。专案组到上海调查，负责出口货物运输的海运单位和负责进口的海运单位当事人承认协助沈某操作了"一日游"流程，并提供了与沈某的 QQ 聊天记录为证。至此，本案循环骗税的真相被全部揭开。

经过审理，江苏省高级人民法院已对本案作出二审判决：依法追缴 A 公司骗取出口退税 8 164 万元；B 公司存在虚开增值税专用发票、接受虚开增值税专用发票等违法行为，应补缴增值税 1 045.38 万元、企业所得税 76.87 万元，判处罚金 8 467 万元；B 公司负责人陆某以骗取出口退税罪被判处有期徒刑 13 年，其余 3 名涉案人员均被判处五年有期徒刑；E 公司法定代表人以虚开发票罪被判处有期徒刑 4 年，实际负责人被判处有期徒刑 10 年。

案例思考：全链条核查信息三部门联合围堵。

本案是近年来江苏省税务、海关和公安三部门联手成功查办的一起特大骗取出口退税案件，案件的证据链完整，涉及税款、罚金追缴到位，取得了圆满结果。该案的成功查处，对于税务机关加强出口企业的管理和检查、打击假冒出口骗税具有启示意义。

在这起案件中，不法分子为骗取出口退税，在境内外成立多个公司，将一套机器作为"道具"，反复进出口，在报关单上完全分离，具有很强的隐蔽性；出口、进口使用不同的价格、税则号，以达到利益最大化。同时，大量从电脑、手机等销售企业购买虚开的增值税专用发票，将正常的生产销售业务与虚假的骗取退税的业务混在一起，避免引起管理部门的注意。后来，为缩短货物流转时间，降低成本，干脆将循环进出口的“道具”设备运到中国香港后，不更换集装箱就直接进口回来。

利欲熏心，忘乎所以，终将自食其果。随着江苏省税务、海关和公安部门联合发力，这群不法分子的违法犯罪活动被查得水落石出，受到法律的严惩。这再次证明：“手莫伸，伸手必被捉。”从案件的查处来看，多部门协作是案件侦破的关键，海关的进出口信息和缉私手段、税务部门的涉税信息和电子查账手段、公安的侦查手段等优势互补起到了重要作用。对于税务机关来说，该案的查处对加强出口企业管理有三点启示：

一是对于外贸企业的上游供货企业，一定要加强对其生产能力的核查，检查不能流于表面，要着重剖析其主要产品的原材料消耗、生产能力和销售渠道等信息，分析其生产销售的合理性，同时要关注其内销、出口商品与产能是否配比。

二是在对外贸供货企业进行深入检查的同时，要加大对货代企业的抽查力度。在出口骗税链条中，货代企业往往起到关键作用，却容易被监管忽视。针对这种情况，建议相关部门进一步完善对货代企业的管理制度，提高准入门槛，督促其加强内部管理，遵守税法规定。

三是税务稽查部门在选案环节就要注重对外部信息的梳理，注重并善于运用大数据对案件进行整体解剖，通过剖析及时发现蛛丝马迹，精准定位检查方向，不走、少走弯路。

三、黄花鱼“高价”外销的蹊跷

2017 年，浙江省温州市税务机关查处一起虚假申报骗取出口退税案件。涉案企业 H 贸易公司通过虚开增值税专用发票、伪造出口货物合同、虚假申报的方式，骗取出口退税 6103.09 万元。

2017 年 4 月，浙江省温州市税务机关接到上级下发的“温州 H 贸易公司涉嫌虚开增值税发票”疑点线索后，迅速抽调稽查精英力量，成立专案组实施调查。

专案组分析发现，H 贸易公司成立于 2011 年 7 月，主要从事水产品及其他货物进出口业务。2011 年至 2013 年销售额增长幅度平缓，但该公司自 2014 年至 2016 年，黄花鱼出口销售额呈现异常增长，从 2014 年的 538 万元，迅速增加到 2016 年的 1.1 亿元，足足增长了 20 倍。同时，检查人员发现，该企业上游从事黄花鱼等水产品速冻加工的供货商 L 公司生产电费开票金额与其销售额严重不匹配，上游企业存在虚开疑点，下游企业进出口业务增长畸快，这些企业特征与骗税违法特点重合。

检查人员决定对 H 贸易公司、其上游供货商 L 公司，以及另外 4 家向 H 贸易公司开票的上游供货商同步进行突击检查。但检查的结果却并不理想。4 家上游企业均未发现异常情况。检查人员在核对 L 公司的账务资料时发现，该公司的电费发票一部分是增值税专用发票，另一部分是增值税普通发票。因为普通发票的开票数据没有计入征管数据系统中，因此才出现了 L 公司生产电费开票金额与其生产销售额严重不匹配的情况。从现场看，L公司生产经营地点配备存储、加工冰冻黄花鱼所需生产设备，冷库当中也储藏着较多冰冻黄花鱼。

虽然检查未达到预想效果，但并非一无所获。检查人员发现，H、L两家公司的办公地在同一地点，投资人和财务人员有交叉现象。经对企业人员进行询问得知，两家公司法定代表人虽然不同，但幕后实际控制人均为H贸易公司法定代表人郑某。在现场调阅H贸易公司2014年至2016年度相关账册和涉税资料时，检查人员发现，会计蒋某企图藏匿一个蓝色封皮的笔记本。检查人员随即向蒋某表示，不配合税务机关执法，情节严重将承担法律责任，蒋某这才不情愿地将笔记本交出。

企业经营数据显示，L公司给H贸易公司供应冰冻黄花鱼的数量远超其他4家公司，并且两家公司实际上属同一人控制，专案组决定先集中力量对L公司实施重点调查，核查其收购黄花鱼等经营行为，并从其经营账簿资料中寻找线索。在查阅黄花鱼投售人领款凭证过程中，专案组发现很多记账凭证中黄花鱼投售人和领款人名字不一致，一些领款凭证上甚至没有银行付款回单和签字。为核实L公司采购行为，专案组派出两个外调组，分别赴浙江瑞安和台州地区，向当地渔民核实是否供应黄花鱼给L公司，同时设立资金查证组，对L公司支付货款情况进行调查。检查人员发现，虽然L公司对公账户银行流水未发现资金回流，但对L公司上游32户销售黄花鱼渔民的调查结果显示，渔民实际销售的黄花鱼数量和金额，远远小于L公司农产品收购发票填开金额。一些受调查渔民甚至表示，自己只捕捞过螃蟹、虾等水产，从未向L公司投售过黄花鱼。渔民调查结果证实L公司涉嫌虚开农副产品收购发票。

专案组认为，L公司与H贸易公司均为郑某一人实际控制，并且L公司生产的冰冻黄花鱼均出售给H贸易公司用于出口。在农副产品收购发票开具金额远超黄花鱼实际收购量，L公司涉嫌虚开发票的情况下，下游H贸易公司骗税的嫌疑进一步增大。

为查清H贸易公司是否有骗税违法行为，专案组决定核查L公司与H公司资金流与票流，从中寻找线索和证据。由于供货企业L公司和H贸易公司均由郑某实际控制，且财务人员交叉任职，专案组在梳理企业银行流水时发现企业的资金运转混乱、毫无章法，两家企业的银行存款经常互相调用，用传统的查账方法完全行不通。专案组扩大企业交易账号核查范围，发现与H贸易公司及其相关人员有关的银行交易账号有128个，通过比对账户流水情况，从中筛选出资金和外汇收支较为频繁、金额巨大的疑点银行账户35个。检查人员及时与浙江省人民银行杭州中心支行反洗钱处接洽，请该处协作对这35个疑点账户进行核查。

不久，银行方面传来疑点账户交易线索的核查分析结果：35个疑点账户2015年至2017年累计交易笔数4 651笔，累计收支金额达5.77亿美元，全部存在大额及可疑资金交易。经核查，这些疑点账户清一色全是离岸账户，且开户银行并不是H公司账簿上记载的黄花鱼出口目的地韩国，而是集中在美国、中国香港等地，与企业出口目的地不符，有违对外贸易常规。其中的一些账户，在此之前就已名列反洗钱中心的非法买卖外汇重点监控对象名单。反洗钱中心工作人员分析认为，这些疑点账户以及相关资金交易极有可能与地下钱庄非法买卖外汇有关。与具有地下钱庄和非法买卖外汇特征的账户有交易纪录——H公司账户信息核查结果表明，H贸易公司涉嫌通过非法买卖外汇的方式营造出口贸易的假象，以骗取出口退税。

此时，检查人员对蒋某企图藏匿的笔记本的检查工作也取得重大进展。检查人员通过将笔记本中标示为"美金差额"的数据，与郑某等涉案关键人物的银行流水进行比对后发现，笔记本中所记载的"美金差额"每笔数字对应日期的当天上午，郑某个人银行账户都会有一笔款项汇到一个私人账户中，当天下午，均会有一笔外汇从疑点境外离岸账户汇入H贸易公司对公账户，随后这笔钱在1小时内再由企业对公账户全额汇入郑某个人银行账户上。

通过计算，检查人员发现，郑某个人账户上汇出的款项均比离岸账户汇入H贸易公司对公账户上的外汇多出几个百分点。同时，经比对，这一出一进两笔款项的差额与笔记本上"美金差额"记录的数字完全吻合。检查人员认为，H贸易公司涉嫌通过上述资金回流的运转方式完成外汇支付造假。笔记本中所载的众多"美金差额"数字，极有可能是其非法买卖外汇支付给地下钱庄的手续费。

虽然发现了H贸易公司涉嫌通过地下钱庄账户非法买卖外汇的情况，但其骗税的具体方式仍未完全查清。在涉案企业人员不配合调查、无法取得言证的情况下，专案组结合手头证据线索，决定深挖H贸易公司外汇结算资金这一线索。

专案组发现，H贸易公司结算外汇方式主要有两类。一是在银行办理信用证抵押的方式取得外汇收入；二是境外离岸账户以电汇方式直接汇入。检查人员将两种结算方式的每笔金额，与笔记本上的信息进行比对，发现笔记本上记录为"出口货款—韩国"的收入，基本上与信用证押汇数额相对应；而与"美金差额"数据相对应的"货物出口"外汇，则与境外离岸账户电汇信息一一对应。

专案组分析后认为，H贸易公司骗税违法行为很有可能与信用证押汇有关。检查人员赴H贸易公司开户银行调取其办理信用证押汇的原始资料，将银行信用证押汇资料中的售货确认书、售货合同，与企业退税备案提供的售货确认书、售货合同进行比对后发现，H贸易公司提供的退税备案合同上标注的外汇收入金额，居然比企业办理信用证提供的合同中的金额高出一倍多。每份退税资料上多出的金额进行汇总后，则基本上与境外离岸账户汇入H贸易公司对公账户中的总额相同。

专案组还发现，信用证押汇资料中的海运提单记载有货物的品名、件数、重量等事项，但关键的出口金额却是空白。检查人员向当地海关部门查询后得知，根据我国海商法规定，海运提单上货物出口金额不是必须记载事项——提单上不标注出口金额不影响海运提单的性质和有效性。

专案组对企业收汇方式的调查，揭开了H贸易公司骗税的秘密——H贸易公司以高报货物价格和合同总额的方式骗取出口退税。该企业在出口销售冰冻黄花鱼时，一方面以信用证押汇的方式收取外汇。同时，伪造售货合同，在货物数量与真实海运提单一致的同时，虚报货物单价，使合同总金额翻倍，再配合利用上游L公司虚开的发票，向税务机关骗取出口退税。

案情明朗后，专案组迅速与公安机关合作，对涉案企业通过地下钱庄非法买卖外汇、骗取出口退税的证据链条进行完善。随后，公安机关对涉案人员郑某实施抓捕，对外逃财务人员蒋某实施网上通缉。迫于压力，蒋某不久便向公安机关投案自首。讯问中，蒋某、郑某对虚开发票、伪造合同骗取出口退税 6 103.09 万元的违法行为供认不讳。目前，案件已移交司法机关审理。

案例分析：加强信息审核，遏制骗税违法犯罪。

本案是一起作案手法异于常规的出口骗税案件。违法人员通过非法买卖外汇、出口合同造假、虚假申报等违法手段，达到骗取出口退税目的，违法性质十分恶劣，严重扰乱税收征管秩序。

本案中，专案组起初按照“查骗先查虚”的办案思路对上游企业虚开情况进行调查，虽然确认供货企业虚开农副产品收购发票，但对涉案出口企业进项货流、资金流、票流进行的检查却均未见明显异常。在此情况下，专案组及时调整方向，针对企业出口额逐年异常增长的情况，明确了核查企业外汇资金的办案思路。事实证明，这一及时转换思路、改变案件核查焦点的措施，对案件最终顺利查结起到了关键作用。

本案的查办经验对于稽查人员查办骗税案件具有较强的指导意义。稽查人员在以常规思路核查骗税案件收效不佳时，可考虑对出口企业外汇收支资金实施核查，以寻找突破口。本案专案组即是在发现企业与外汇收支有关的账户动向异常后，第一时间与中国人民银行杭州支行反洗钱中心接洽，在专业人员的协助下，从涉案企业非法买卖外汇入手，逐步将案件查得水落石出。

本案中违法分子利用海关与税务机关管理信息不对称的漏洞，伪造单据，虚假申报骗取巨额出口退税款。为防范类似违法行为发生，税务机关与海关部门协作，在进一步加强信息交换的同时，根据管理需要完善报关信息申报、审核制度，要求报关行、货代公司在出具出口单据时，须详细填写出口货物的价格等信息，不给违法分子可乘之机。

此外，有关部门应进一步加强企业出口手续、备案单证管理。出口退税审核等部门在日常管理中，应要求企业配套提供与货物出口相关的报关公司、货代公司，以及运输企业名称、联系方式等详细信息，并定期通过联网数据审核、去函协查、部门协查的方式对企业出口信息的真实性进行分析，对存在疑点的单证和企业及时移交稽查部门查处。

【本章节政策依据】

1.《中华人民共和国发票管理办法》

2.《国家税务总局关于加强增值税征收管理若干问题的通知》(国税发〔1995〕192 号)

3.《最高人民法院关于适用〈全国人民代表大会常务委员会关于惩治虚开、伪造和非法出售增值税专用发票犯罪的决定〉的若干问题的解释》(法发〔1996〕30 号)

4.《国家税务总局转发〈最高人民法院关于适用全国人民代表大会常务委员会关于惩治虚开、伪造和非法出售增值税专用发票犯罪的决定的若干问题的解释〉的通知》(国税发〔1996〕210 号)

5.《国家税务总局关于纳税人取得虚开的增值税专用发票处理问题的通知》(国税发〔1997〕134 号)

6.《国家税务总局关于〈国家税务总局关于纳税人取得虚开的增值税专用发票处理问题的通知〉的补充通知》(国税发〔2000〕182 号)

7.《国家税务总局关于纳税人善意取得虚开的增值税专用发票处理问题的通知》(国税发〔2000〕187 号)

8.《最高人民法院关于审理骗取出口退税刑事案件具体应用法律若干问题的解释》(法释〔2002〕30 号)

9.《最高人民法院关于审理偷税抗税刑事案件具体应用法律若干问题的解释》(法释〔2002〕33 号)

10.《国家税务总局关于诺基亚公司实行统一结算方式增值税进项税额抵扣问题的批复》(国税函〔2006〕1211 号)

11.《国家税务总局关于纳税人善意取得虚开增值税专用发票已抵扣税款加收滞纳金问题的批复》(国税函〔2007〕1240 号)

12.《国家税务总局关于纳税人虚开增值税专用发票征补税款问题的公告》(国家税务总局公告 2012 年第 33 号)

13.《国家税务总局关于纳税人对外开具增值税专用发票有关问题的公告》(国家税务总局公告 2014 年第 39 号)

14.《关于如何认定以"挂靠"有关公司名义实施经营活动并让有关公司为自己虚开增值税专用发票行为的性质的函》(公经财税〔2015〕40 号)

15.《国家税务总局关于走逃(失联)企业开具增值税专用发票认定处理有关问题的公告)(国家税务总局公告 2016 年第 76 号)

16.《关于虚开增值税专用发票定罪量刑标准有关问题的通知》(法〔2018〕226 号)

17.《中华人民共和国刑法》

第五章　增值税检查实务

【引言】

增值税的征收管理模式是:购进扣税,进销相抵,以增值税专用发票管理为中心,保障增值税税基的完整性。增值税作为新税制体系中的核心税种,其收入占工商各税收收入任务的一半以上。管理好增值税,对保证收入任务的完成具有重要意义,必须切实重视和加强增值税的管理。自 2016 年以来,国家全面推进增值税改革,对于减轻企业负担、激发市场活力、助力供给侧结构性改革、推动经济高质量发展具有重要意义,同时也有助于完善现代税制体系、提升税收治理能力。

在当前推进增值税改革的进程中,要直面增值税实践中的各种违法行为,采取有针对性的措施来应对,积极发挥税务稽查在规范增值税管理中的必要作用,才能真正意义上发挥出增值税改革的作用与效果。增值税检查工作业务性强,牵涉面广,检查人员必须熟悉增值税政策,掌握常见涉税疑点和检查方法。

第一节　纳税主体和征税范围

一、纳税人和扣缴义务人

(一)纳税人

凡在中华人民共和国境内销售货物或者提供加工、修理修配劳务(以下简称劳务),销售服务、无形资产或者不动产,以及进口货物的单位和个人,为增值税的纳税人。单位包括企业、行政单位、事业单位、军事单位、社会团体及其他单位。个人包括个体工商户和其他个人。

单位以承包、承租、挂靠方式经营的,承包人、承租人、挂靠人以发包人、出租人、被挂靠人名义对外经营并由发包人承担相关法律责任的,以该发包人为纳税人。否则,以承包人为纳税人。

特例:建筑企业与发包方签订建筑合同后,以内部授权或者三方协议等方式,授权集团内其他纳税人(以下称第三方)为发包方提供建筑服务,并由第三方直接与发包方结算工程款的,由第三方缴纳增值税,与发包方签订建筑合同的建筑企业不缴纳增值税。

(二)扣缴义务人

中华人民共和国境外(以下简称境外)的单位或个人在境内提供应税劳务,在境内未设有经营机构的,其应纳税款以境内代理人为扣缴义务人;在境内没有代理人的,以购买者为扣缴义务人。

境外单位或个人在境内销售服务、无形资产或者不动产,在境内未设有经营机构的,以购买方为增值税扣缴义务人。财政部和国家税务总局另有规定的除外。

二、增值税纳税人的分类

增值税纳税人分为小规模纳税人和一般纳税人。

增值税小规模纳税人是指年销售额在500万元以下,并且会计核算不健全,不能按规定报送有关税务资料的增值税纳税人。

年应税销售额超过小规模纳税人标准的其他个人按小规模纳税人纳税。年应税销售额超过规定标准但不经常发生应税行为的单位和个体工商户,以及非企业性单位、不经常发生应税行为的企业,可选择按照小规模纳税人纳税。

兼有销售货物、提供加工修理修配劳务以及应税服务,且不经常发生应税行为的单位和个体工商户可选择按小规模纳税人纳税。

登记为小规模纳税人,采用简易计税方法计算征收增值税。

增值税纳税人年应税销售额超过财政部、国家税务总局规定的小规模纳税人标准的,应当向主管税务机关办理一般纳税人登记。

其中,年应税销售额,是指纳税人在连续不超过12个月或四个季度的经营期内累计应征增值税销售额,包括“纳税申报销售额”“稽查查补销售额”“纳税评估调整销售额”。“纳税申报销售额”包括免税销售额和税务机关代开发票销售额。“稽查查补销售额”“纳税评估调整销售额”计入查补税款申报当月、当季的销售额,不计入税款所属期销售额。

销售服务、无形资产或者不动产(以下简称“应税行为”)有扣除项目的纳税人,其应税行为年应税销售额按未扣除之前的销售额计算。纳税人偶然发生的销售无形资产、转让不动产的销售额,不计入应税行为年应税销售额。

增值税小规模纳税人标准为年应征增值税销售额500万元及以下。

三、增值税征税范围

增值税征税范围包括销售货物、销售劳务、销售无形资产、销售不动产、进口货物以及销售服务。

(一)销售货物

销售货物是指有偿转让货物的所有权。“有偿”不仅指从购买方取得货币，还包括取得货物或其他经济利益。“货物”是指有形动产，包括电力、热力和气体在内。

(二)销售劳务

劳务是指加工和修理修配劳务。单位或个体工商户聘用的员工为本单位或雇主提供加工、修理修配劳务则不包括在内。

(三)销售无形资产

销售无形资产是指有偿转让无形资产，是转让无形资产所有权或者使用权的业务活动。

(四)销售不动产

销售不动产是指有偿转让不动产，是转让不动产所有权的业务活动。转让建筑物或者构筑物时一并转让其所占土地的使用权的，按照销售不动产缴纳增值税。

(五)进口货物

进口货物是指申报进入我国海关境内的货物。

(六)销售服务

销售服务包括交通运输服务、邮政服务、电信服务、建筑服务、现代服务、生活服务、金融服务。具体范围如表 5-1 所示：

表 5-1　销售服务具体范围

<table>
<tr><td rowspan="5">交通运输服务</td><td>陆路运输</td><td>(1)包括地上和地下
(2)出租公司收取的出租车管理费，按照陆路运输服务缴纳增值税</td></tr>
<tr><td>水路运输</td><td>含程租、期租业务</td></tr>
<tr><td>航空运输</td><td>含航空运输湿租业务和航天运输服务</td></tr>
<tr><td>管道运输</td><td>指通过管道设施输送气体、液体、固体物质的运输业务活动</td></tr>
<tr><td colspan="2">无运输工具承运业务按照交通运输服务缴纳增值税</td></tr>
<tr><td rowspan="3">邮政服务</td><td>邮政普遍服务</td><td>函件、包裹等邮件寄递，以及邮票发行、报刊发行和邮政汇兑等业务</td></tr>
<tr><td>邮政特殊服务</td><td>义务兵平常信函、机要通信、盲人读物和革命烈士遗物的寄递等业务</td></tr>
<tr><td>其他邮政服务</td><td>邮册等邮品销售、邮政代理等业务活动。</td></tr>
<tr><td rowspan="2">电信服务</td><td>基础服务</td><td>包括出租或者出售带宽、波长等网络元素的业务</td></tr>
<tr><td>增值服务</td><td>卫星电视信号落地转接服务，按照增值电信服务缴纳增值税</td></tr>
<tr><td>建筑服务</td><td colspan="2">包括工程服务、安装服务、修缮服务、装饰服务和其他建筑服务
【提示 1】修缮服务，是指对建筑物、构筑物进行修补、加固、养护、改善，使之恢复原来的使用价值或者延长其使用期限的工程作业。(注意和修理修配劳务的区别：看对象)
【提示 2】固定电话、有线电视、宽带、水、电、燃气、暖气等经营者向用户收取的安装费、初装费、开户费、扩容费以及类似收费，按照安装服务缴纳增值税
【提示 3】其他建筑服务中注意包括拆除建筑物或者构筑物、平整土地、园林绿化、疏浚(不包括航道疏浚)、表面附着物(包括岩层、土层、砂层等)剥离和清理等工程作业</td></tr>
</table>

续表

<table>
<tr><td rowspan="4">金融服务</td><td>贷款服务</td><td>贷款是指将资金贷与他人使用而取得利息收入的业务活动
【提示 1】包括各种占用、拆借资金取得的收入，金融商品持有期间(含到期)利息(保本收益、报酬、资金占用费、补偿金等)收入、信用卡透支利息收入、买入返售金融商品利息收入、融资融券收取的利息收入，以及融资性售后回租、押汇、罚息、票据贴现、转贷等业务取得的利息及利息性质的收入。(特别注意：包括融资性售后回租)
【提示 2】以货币资金投资收取的固定利润或者保底利润按贷款服务缴纳增值税</td></tr>
<tr><td>直接收费金融服务</td><td>包括提供货币兑换、账户管理、电子银行、信用卡、信用证、财务担保、资产管理、信托管理、基金管理、金融交易场所(平台)管理、资金结算、资金清算、金融支付等服务</td></tr>
<tr><td>保险服务</td><td>包括人身保险服务和财产保险服务</td></tr>
<tr><td>金融商品转让</td><td>包括转让外汇、有价证券、非货物期货和其他金融商品所有权业务活动
【提示】其他金融商品转让包括基金、信托、理财产品等各类资产管理产品和各种金融衍生品的转让</td></tr>
<tr><td>现代服务</td><td colspan="2">现代服务是指围绕制造业、文化产业、现代物流产业等提供技术性、知识性服务的业务活动。包括研发和技术服务、信息技术服务、文化创意服务、物流辅助服务、租赁服务、鉴证咨询服务、广播影视服务、商务辅助服务和其他现代服务
【提示 1】文化创意服务包括设计服务、知识产权服务、广告服务(包括广告代理和广告的发布、播映、宣传、展示等)和会议展览服务
【提示 2】物流辅助服务包括航空服务、港口码头服务、货运客运场站服务、打捞救助服务、装卸搬运服务、仓储服务和收派服务。(注意和交通运输服务的区别，交通运输强调“点到点”的空间位置转移时提供服务，其中的服务属于现代服务)
【提示 3】租赁服务包括融资租赁和经营租赁(注意：融资性售后回租按照金融服务缴纳增值税)
①将建筑物、构筑物等不动产或者飞机、车辆等有形动产的广告位出租给其他单位或者个人用于发布广告，按照经营租赁服务缴纳增值税
②车辆停放服务、道路通行服务(包括过路费、过桥费、过闸费等)等按照不动产经营租赁服务缴纳增值税
【提示 4】鉴证咨询服务包括认证服务、鉴证服务和咨询服务，含翻译服务和市场调查服务
【提示 5】商务辅助服务包括企业管理服务(含物业管理)、经纪代理服务、人力资源服务、安全保护服务(注意：物业管理不属于生活服务)</td></tr>
<tr><td>生活服务</td><td colspan="2">生活服务指为满足城乡居民日常生活需求提供的各类服务活动，包括文化体育服务、教育医疗服务、旅游娱乐服务、餐饮住宿服务、居民日常服务(包括市容市政管理、家政、婚庆、养老、殡葬、照料和护理、救助救济、美容美发、按摩、桑拿、氧吧、足疗、沐浴、洗染、摄影扩印等服务)、其他生活服务</td></tr>
</table>

四、增值税销售行为

(一)境内销售

境内销售包括境内销售服务、无形资产或不动产。

境内销售货物是指货物的起运地或者所在地在境内。

境内销售服务、无形资产或不动产，是指服务(租赁不动产除外)或者无形资产(自然资源使用权除外)的销售方或者购买方在境内；所销售或者租赁的不动产在境内；所销售自然资源使用权的自然资源在境内；财政部和国家税务总局规定的其他情形。

(二)视同销售货物

视同销售货物包括：

(1)将货物交付其他单位或者个人代销。

(2)销售代销货物。代销双方货物都视同销售。受托方收取的代销手续费，按现代服务6%征收增值税。

(3)设有两个以上机构并实行统一核算的纳税人，将货物从一个机构移送其他机构用于销售(①向购货方开具发票；②向购货方收取货款)，但相关机构设在同一县(市)的除外。

(4)将自产或者委托加工的货物用于非增值税应税项目。

(5)将自产、委托加工的货物用于集体福利或个人消费。

(6)将自产、委托加工或购进的货物作为投资，提供给其他单位或个体工商户。

(7)将自产、委托加工或购进的货物分配给股东或投资者。

(8)将自产、委托加工或购进的货物无偿赠送给其他单位或者个人。

(三)视同销售服务、无形资产或者不动产

视同销售服务、无形资产或者不动产范围有：

(1)单位或者个体工商户向其他单位或者个人无偿提供服务，但用于公益事业或者以社会公众为对象的除外。

(2)单位或者个人向其他单位或者个人无偿转让无形资产或者不动产，但用于公益事业或者以社会公众为对象的除外。

(3)财政部和国家税务总局规定的其他情形。

(四)混合销售和兼营

一项销售行为如果既涉及货物又涉及非增值税应税劳务服务，为混合销售行为。销售货款及劳务价款是同时从一个购买方取得的。从事货物的生产、批发或者零售的企业、企业性单位和个体工商户的混合销售行为，按照销售货物缴纳增值税；其他单位和个人的混合销售行为，视为销售非增值税应税劳动不缴纳增值税。

纳税人的经营范围既包括销售货物和加工修理修配劳务，又包括销售服务、无形资产或者不动产，为兼营行为。应当分别核算适用不同税率或者征收率的销售额，未分别

核算销售额的，从高适用税率或征收率。

案例：自2017年5月1日起，纳税人销售活动板房、机器设备、钢结构件等自产货物的同时提供建筑、安装服务，不属于混合销售，应分别核算货物（13%）和建筑服务（9%或按甲供工程选择简易计税征收率3%）的销售额，分别适用不同的税率或者征收率。自2018年7月25日起，一般纳税人销售自产机器设备的同时提供安装服务，应分别核算机器设备和安装服务的销售额，安装服务可以按照甲供工程选择适用简易计税方法计税。

第二节　增值税应纳税额

一、税率和征收率

（一）基本税率：13%

适用销售或进口货物（列举的较低税率货物除外）；加工、修理、修配劳务；提供有形动产租赁服务。

（2018年4月30日前税率为17%，2018年5月1日至2019年3月31日税率为16%，自2019年4月1日起税率为13%）

（二）较低税率：9%

适用：

（1）销售低税率货物：粮食等农产品、食用植物油、食用盐；自来水、暖气、冷气、热水、煤气、石油液化气、天然气、二甲醚、沼气、居民用煤炭制品；图书、报纸、杂志、音像制品、电子出版物；饲料、化肥、农药、农机、农膜；国务院规定的其他货物。

（2）提供交通运输服务、邮政服务、基础电信服务；转让土地使用权、建筑服务、销售不动产，不动产租赁服务。

（低税率货物：2017年6月30日前税率为13%，2017年7月1日至2018年4月30日税率为11%，2018年5月1日至2019年3月30日税率为10%，2019年4月1日至今税率为9%）

（营改增服务：2016年5月1日至2018年4月30日税率为11%，2018年5月1日至2019年3月30日税率为10%，2019年4月1日至今税率为9%）

（三）低税率：6%

适用提供现代服务（租赁除外）增值电信服务、金融服务、生活服务、销售无形资产（转让土地使用权除外）。

（四）征收率：3%

小规模纳税人在中华人民共和国境内销售货物、销售服务、无形资产或不动产，适用简易计税方法。

小规模纳税人(除其他个人外,下同)销售自己使用过的固定资产,按照3%征收率减按2%征税。

小规模纳税人销售自己使用过的除固定资产以外的物品,按照3%的征收率征税。

纳税人销售旧货,按照简易办法依照3%征收率减按2%征税。

(五)征收率:5%

小规模纳税人销售、出租其取得的不动产。

一般纳税人销售、出租"营改增"前取得的不动产、房企销售的老项目。

个人出租住房,5%的征收率减按1.5%计算税额。

纳税人提供劳务派遣服务,选择差额纳税;纳税人提供安全保护服务,选择差额纳税。

一般纳税人提供人力资源外包服务,选择简易计税方法。

二、增值税一般计税方法

一般纳税人销售货物、提供加工修理修配劳务、销售服务、无形资产或者不动产适用一般计税方法计税。

当期应纳增值税税额=当期销项税额-当期进项税额

当期销项税额小于当期进项税额不足抵扣时,其不足部分可以结转下期继续抵扣或留抵退税。

(一)销项税额

纳税人销售货物、劳务、服务、无形资产或者不动产,按照销售额和税法规定的税率计算收取的增值税税额,为销项税额。

销项税额=销售额×税率

销项税额=组成计税价格×税率

1.销售额的一般规定

销售额为纳税人发生应税销售行为收取的全部价款和价外费用,但是不包括收取的销项税额。

(1)销售货物或提供应税劳务取自于购买方的全部价款。

(2)向购买方收取的各种价外费用。具体包括手续费、补贴、基金、集资费、返还利润、奖励费、违约金、延期付款利息、滞纳金、赔偿金、包装费、包装物租金、储备费、优质费、运输装卸费、代收款项、代垫款项及其他各种性质的价外收费。

(3)消费税税金。

价外费用不包括以下费用:受托加工应征消费税的货物,而由受托方向委托方代收代缴的消费税。同时符合以下两个条件的代垫运费:承运部门的运费发票开具给购买方,并且由纳税人将该项发票转交给购买方的。销售货物的同时代办保险等而向购买方收取的保险费,以及向购买方收取的代购买方缴纳的车辆购置税、车辆牌照费。

2.特殊销售方式的销售额

(1)以折扣方式销售货物:纳税人采取折扣方式销售货物,销售额和折扣额在同一张发票上分别注明(在"金额"栏注明,而不是在发票的"备注"栏注明折扣额),按折扣后的销售额征收增值税。如果将折扣额另开发票,不论其在财务上如何处理,均不得从销售额中减除折扣额。

(2)销售折扣(会计称为"现金折扣"):销售折扣不得从销售额中减除。

(3)销售折让:一般纳税人因销货退回和折让而退还给购买方的增值税税额,应从发生销货退回或折让当期的销项税额中扣减。未按规定开具红字增值税专用发票的,不得扣减销项税额或销售额。

(4)以旧换新纳税人采取以旧换新方式销售货物的(金银首饰除外),按新货物的同期销售价格确定销售额。金银首饰可按销售方实际收取的不含税价款确定销售额。

(5)还本销售:按新货物的同期销售价格确定销售额,不得从销售额中减除还本支出。

(6)以物易物:双方都应做购销处理,以各自发出的货物核算销售额并计算销项税额,以各自收到的货物核算购货额及进项税额。

(7)包装物押金:纳税人为销售货物而出租出借包装物收取的押金,单独记账的、时间在1年内又未过期的,不并入销售额征税;逾期未收回不再退还的包装物押金,应按所包装货物的适用税率计算纳税。

对销售除啤酒、黄酒以外的其他酒类产品收取的包装物押金,无论是否返还以及会计上如何核算,均应并入当期销售额征税。

3.视同销售行为销售额的确定

主管税务机关有权按照下列顺序核定其计税销售额:

(1)按纳税人最近时期同类货物、服务、无形资产或者不动产的平均销售价格确定。

(2)按其他纳税人最近时期同类货物、服务、无形资产或者不动产的平均销售价格确定。

(3)用以上两种方法均不能确定其销售额的情况下,可按组成计税价格确定销售额。

组成计税价格=成本×(1+成本利润率)

属于应征消费税的货物,其组成计税价格应加计消费税税额。计算公式为

组成计税价格=成本×(1+成本利润率)+消费税税额

或:组成计税价格=成本×(1+成本利润率)÷(1-消费税税率)

4.按差额确定销售额

(1)金融商品转让的销售额。

按照卖出价扣除买入价后的余额为销售额。转让金融商品出现的正负差按盈亏相抵后的余额为销售额。若相抵后出现负差,可结转下一纳税期与下期转让金融商品销售额相抵,但年末时仍出现负差的不得转入下一个会计年度。金融商品的买入价,可以

选择按照加权平均法或者移动加权平均法进行核算，选择后 36 个月内不得变更。金融商品转让，不得开具增值税专用发票。

(2)经纪代理服务的销售额。

以取得的全部价款和价外费用，扣除向委托方收取并代为支付的政府性基金或者行政事业性收费后的余额为销售额。向委托方收取的政府性基金或者行政事业性收费，不得开具增值税专用发票。

(3)一般纳税人提供客运场站服务，以其取得的全部价款和价外费用，扣除支付给承运方运费后的余额为销售额。

(4)提供旅游服务，可以选择以取得的全部价款和价外费用，扣除向旅游服务购买方收取并支付给其他单位或者个人的住宿费、餐饮费、交通费、签证费、门票费和支付给其他接团旅游企业的旅游费用后的余额为销售额。向旅游服务购买方收取并支付的上述费用，不得开具增值税专用发票，可以开具普通发票。

(5)试点纳税人提供建筑服务适用简易计税方法的，以取得的全部价款和价外费用扣除支付的分包款后的余额为销售额。分包款，是指支付给分包方的全部价款和价外费用。

(6)房地产开发企业中的一般纳税人销售其开发的房地产项目(选择简易计税方法的老项目除外)，以取得的全部价款和价外费用，扣除受让土地时向政府部门支付的土地价款后的余额为销售额，扣除项目包括土地受让人向政府部门支付的征地和拆迁补偿费用、土地前期开发费用和土地出让收益等。

在取得土地时向其他单位或个人支付的拆迁补偿费用也允许在计算销售额时扣除。纳税人按上述规定扣除拆迁补偿费用时，应提供拆迁协议、拆迁双方支付和取得拆迁补偿费用凭证等能够证明拆迁补偿费用真实性的材料。

房地产开发企业(包括多个房地产开发企业组成的联合体)受让土地向政府部门支付土地价款后，设立项目公司对该受让土地进行开发，同时符合下列条件的，可由项目公司按规定扣除房地产开发企业向政府部门支付的土地价款。

房地产开发企业、项目公司、政府部门三方签订变更协议或补充合同，将土地受让人变更为项目公司；政府部门出让土地的用途、规划等条件不变的情况下，签署变更协议或补充合同时，土地价款总额不变；项目公司全部股权由受让土地的房地产开发企业持有。

(7)纳税人转让不动产，按照有关规定差额缴纳增值税的，如因丢失等原因无法提供取得不动产时的发票，可向税务机关提供其他能证明契税计税金额的完税凭证等资料，进行差额扣除。

纳税人同时保留取得不动产时的发票和其他能证明契税计税金额的完税凭证等资料的，应当凭发票进行差额扣除。

2016 年 4 月 30 日及以前缴纳契税的：

增值税应纳税额=[全部交易价格(含增值税)−契税计税金额(含营业税)]÷(1+5%)×5%

2016年5月1日及以后缴纳契税的：

增值税应纳税额=[全部交易价格(含增值税)÷(1+5%)－契税计税金额(不含增值税)]×5%

(8)试点纳税人按照上述规定从全部价款和价外费用中扣除的价款，应当取得符合法律、行政法规和国家税务总局规定的有效凭证。否则，不得扣除。上述凭证是指：支付给境内单位或个人的款项，以发票为合法有效凭证。支付给境外单位或者个人的款项，以该单位或者个人的签收单据为合法有效凭证，税务机关对签收单据有疑义的，可以要求其提供境外公证机构的确认证明。缴纳的税款，以完税凭证为合法有效凭证。扣除的政府性基金、行政事业性收费或者向政府支付的土地价款，以省级以上(含省级)财政部门监(印)制的财政票据为合法有效凭证。国家税务总局规定的其他凭证。

(二)进项税额

进项税额，是指纳税人购进货物、加工修理修配劳务、服务、无形资产或者不动产，支付或者负担的增值税税额。

1.准予从销项税额中抵扣的进项税额

(1)从销售方取得的增值税专用发票上注明的增值税税额。

(2)从海关取得的海关进口增值税专用缴款书上注明的增值税税额。

(3)购进农产品进项税额的扣除。

①取得一般纳税人开具的增值税专用发票或海关进口增值税专用缴款书的，以增值税专用发票或海关进口增值税专用缴款书上注明的增值税税额为进项税额。

②从按照简易计税方法依照3%征收率计算缴纳增值税的小规模纳税人取得增值税专用发票的，以增值税专用发票上注明的金额和9%的扣除率计算进项税额。

③取得(开具)农产品销售发票或收购发票的，以农产品销售发票或收购发票上注明的农产品买价和9%的扣除率计算进项税额。

④纳税人购进用于生产或者委托加工13%税率货物的农产品，按照10%的扣除率计算进项税额。

⑤从批发、零售环节购进适用免征增值税政策的蔬菜、部分鲜活肉蛋而取得的普通发票，不得作为计算抵扣进项税额的凭证。

(4)购进国内旅客运输服务，其进项税允许从销项税额中抵扣。未取得增值税专用发票的，暂按照以下规定确定进项税额。

①取得增值税电子普通发票的，为发票上注明的税额。

②取得注明旅客身份信息的航空运输电子客票行程单的，为按照下列公式计算进项税额：

(票价+燃油附加费)÷(1+9%)×9%

③取得注明旅客身份信息的铁路车票的，为按照下列公式计算的进项税额：

票面金额÷(1+9%)×9%

④取得注明旅客身份信息的公路、水路等其他客票的，按照下列公式计算进项税额：

票面金额÷(1+3%)×3%

⑤2020年客运企业享受提供公共交通运输服务免征增值税,因此,向客户开具增值税电子普通发票时,应当在税率或征收率栏次填写“免税”字样,下一环节不能据此抵扣进项。

(5)纳税人支付的道路、桥、闸通行费抵扣进项税额。

纳税人支付的道路通行费,按照收费公路通行费增值税电子普通发票上注明的增值税税额抵扣进项税额。

2018年1月1日至6月30日,纳税人支付的高速公路通行费,如暂未能取得收费公路通行费增值税电子普通发票,可凭取得的通行费发票(不含财政票据,下同)上注明的收费金额按照下列公式计算可抵扣的进项税额:

高速公路通行费可抵扣进项税额=高速公路通行费发票上注明的金额÷(1+3%)×3%

2018年1月1日至12月31日,纳税人支付的一级、二级公路通行费,如暂未能取得收费公路通行费增值税电子普通发票,可凭取得的通行费发票上注明的收费金额按照下列公式计算:

一级、二级公路通行费可抵扣进项税额=一级、二级公路通行费发票上注明的金额÷(1+5%)×5%

纳税人支付的桥、闸通行费,暂凭取得的通行费发票上注明的收费金额按照下列公式计算可抵扣的进项税额:

桥、闸通行费可抵扣进项税额=桥、闸通行费发票上注明的金额÷(1+5%)×5%

(6)建筑业进项税额抵扣。

建筑企业与发包方签订建筑合同后,以内部授权或者三方协议等方式,授权集团内其他纳税人(以下称第三方)为发包方提供建筑服务,并由第三方直接与发包方结算工程款的,由第三方向发包方开具增值税发票,发包方可凭实际提供建筑服务的纳税人开具的增值税专用发票抵扣进项税额。

(7)自2018年1月1日起,纳税人租入固定资产、不动产,既用于一般计税方法计税项目,又用于简易计税方法计税项目、免征增值税项目、集体福利或个人消费的,其进项税额准予从销项税额中全额抵扣。

(8)保险服务进项税额的抵扣。

提供保险服务的纳税人以实物赔付方式承担机动车辆保险责任的,自行向车辆修理劳务提供方购进的车辆修理劳务,其进项税额可以按规定从保险公司销项税额中抵扣。

提供保险服务的纳税人以现金赔付方式承担机动车辆保险责任的,将应付给被保险人的赔偿金直接支付给车辆修理劳务提供方,不属于保险公司购进车辆修理劳务,其进项税额不得从保险公司销项税额中抵扣。

纳税人提供的其他财产保险服务,比照上述规定执行。

(9)不动产进项税额的抵扣。

自 2019 年 4 月 1 日起,纳税人取得不动产或者不动产在建工程的进项税额不再分 2 年抵扣。此前按照规定尚未抵扣完毕的待抵扣进项税额,可自 2019 年 4 月税款所属期起从销项税额中抵扣。

(10)自境外单位或者个人购进劳务、服务、无形资产或者境内的不动产,从税务机关或者代扣代缴义务人取得的代扣代缴税款的完税凭证上注明的增值税税额,准予从销项税额中抵扣。

(11)进口环节进项税额的抵扣。以从海关取得的海关进口增值税专用缴款书上注明的增值税税额。对海关代征进口环节增值税开据的增值税专用缴款书上标明有两个单位名称,即既有代理进口单位名称,又有委托进口单位名称的,只准予其中取得专用缴款书原件的一个单位抵扣税款。申报抵扣税款的委托进口单位,必须提供相应的海关代征增值税专用缴款书原件、委托代理合同及付款凭证,否则,不予抵扣进项税款。

(12)纳税人自办理税务登记至认定或登记为一般纳税人期间,未取得生产经营收入,未按照销售额和征收率简易计算应纳税额申报缴纳增值税的,其在此期间取得的增值税扣税凭证,可以在认定或登记为一般纳税人后抵扣进项税额。

2. 不得从销项税额中抵扣的进项税额

企业已经抵扣的,需要做进项税额转出处理,具体情形包括:

(1)用于简易计税方法计税项目、免征增值税项目、集体福利或者个人消费的购进货物、加工修理修配劳务、服务、无形资产和不动产。其中涉及的固定资产、无形资产、不动产,仅指专用于上述项目的固定资产、无形资产(不包括其他权益性无形资产)、不动产。

(2)非正常损失所对应的进项税额,具体包括:

①非正常损失的购进货物,以及相关的加工修理修配劳务和交通运输服务。

②非正常损失的在产品、产成品所耗用的购进货物(不包括固定资产)、加工修理修配劳务和交通运输服务。

③非正常损失的不动产,以及该不动产所耗用的购进货物、设计服务和建筑服务。

④非正常损失的不动产在建工程所耗用的购进货物、设计服务和建筑服务。纳税人新建、改建、扩建、修缮、装饰不动产,均属于不动产在建工程。

⑤非正常损失,是指因管理不善造成货物被盗、丢失、霉烂、变质,以及因违反法律法规造成货物或者不动产被依法没收、销毁、拆除的情形。

(3)特殊政策规定不得抵扣的进项税额。

购进的贷款服务、餐饮服务、居民日常服务和娱乐服务。

纳税人接受贷款服务向贷款方支付的与该笔贷款直接相关的投融资顾问费、手续费、咨询费等费用,其进项税额不得从销项税额中抵扣。

(4)适用一般计税方法的纳税人,兼营简易计税方法计税项目、免征增值税项目而无法划分不得抵扣的进项税额,按照下列公式计算不得抵扣的进项税额:

不得抵扣的进项税额＝当期无法划分的全部进项税额×（当期简易计税方法计税项目销售额＋当期免征增值税计税项目销售额）÷当期全部销售额

房地产开发企业的一般纳税人销售自行开发的房地产项目，兼有一般计税方法计税、简易计税方法计税、免征增值税的房地产项目而无法划分不得抵扣的进项税额的，应以《建筑工程施工许可证》注明的“建设规模”为依据进行划分。

3. 加计抵减政策应纳税额政策规定

（1）生产性服务业纳税人加计抵减政策。

生产性服务业纳税人，是指提供邮政服务、电信服务、现代服务、生活服务取得的销售额占全部销售额的比重超过50％的纳税人。服务的具体范围按照《销售服务、无形资产、不动产注释》（财税〔2016〕36号印发）执行。

自2019年4月1日至2022年12月31日，允许生产性服务业纳税人按照当期可抵扣进项税额加计10％，抵减应纳税额。

自2023年1月1日至2023年12月31日，允许生产性服务业纳税人按照当期可抵扣进项税额加计5％抵减应纳税额。

（2）生活性服务业纳税人加计抵减政策。

生活性服务业纳税人，是指提供生活服务取得的销售额占全部销售额的比重超过50％的纳税人。服务的具体范围按照《销售服务、无形资产、不动产注释》（财税〔2016〕36号印发）执行。

自2019年4月1日至2019年9月30日，允许生活性服务业纳税人按照当期可抵扣进项税额加计10％，抵减应纳税额。

自2019年10月1日至2022年12月31日，允许生活性服务业纳税人按照当期可抵扣进项税额加计15％，抵减应纳税额。

自2023年1月1日至2023年12月31日，允许生活性服务业纳税人按照当期可抵扣进项税额加计10％抵减应纳税额。

（3）行业销售额比重的计算。

①2019年4月1日开始适用的加计抵减比例政策。

2019年3月31日前设立的纳税人，自2018年4月至2019年3月的销售额（经营期不满12个月的，按照实际经营期的销售额）符合上述规定条件的，自2019年4月1日起适用加计抵减政策。

2019年4月1日后设立的纳税人，自设立之日起3个月的销售额符合上述规定条件的，自登记为一般纳税人之日起适用加计抵减政策。

②2019年10月1日开始适用的加计抵减比例政策。

2019年9月30日前设立的纳税人，自2018年10月至2019年9月的销售额（经营期不满12个月的，按照实际经营期的销售额）符合上述规定条件的，自2019年10月1日起适用加计抵减15％政策。

2019年10月1日后设立的纳税人，自设立之日起3个月的销售额符合上述规定条件的，自登记为一般纳税人之日起适用加计抵减15%政策。

③纳税人确定适用加计抵减政策后，当年内不再调整，以后年度是否适用，根据上年度销售额计算确定。纳税人可计提但未计提的加计抵减额，可在确定适用加计抵减政策当期一并计提。

(4)纳税人应按照当期可抵扣进项税额的加计抵减比例计提当期加计抵减额。按照现行规定不得从销项税额中抵扣的进项税额，不得计提加计抵减额；已计提加计抵减额的进项税额，按规定作进项税额转出的，应在进项税额转出当期，相应调减加计抵减额。计算公式如下：

当期计提加计抵减额＝当期可抵扣进项税额×加计抵减比例

当期可抵减加计抵减额＝上期末加计抵减额余额＋当期计提加计抵减额－当期调减加计抵减额

(5)纳税人应按照现行规定计算一般计税方法下的应纳税额(以下称抵减前的应纳税额)后，区分以下情形加计抵减：

①抵减前的应纳税额等于零的，当期可抵减加计抵减额全部结转下期抵减；

②抵减前的应纳税额大于零，且大于当期可抵减加计抵减额的，当期可抵减加计抵减额全额从抵减前的应纳税额中抵减；

③抵减前的应纳税额大于零，且小于或等于当期可抵减加计抵减额的，以当期可抵减加计抵减额抵减应纳税额至零。未抵减完的当期可抵减加计抵减额，结转下期继续抵减。

(6)纳税人出口货物劳务、发生跨境应税行为不适用加计抵减政策，其对应的进项税额不得计提加计抵减额。

纳税人兼营出口货物劳务、发生跨境应税行为且无法划分不得计提加计抵减额的进项税额，按照以下公式计算：

不得计提加计抵减额的进项税额＝当期无法划分的全部进项税额×当期出口货物劳务和发生跨境应税行为的销售额÷当期全部销售额

(7)纳税人应单独核算加计抵减额的计提、抵减、调减、结余等变动情况。骗取适用加计抵减政策或虚增加计抵减额的，按照《中华人民共和国税收征收管理法》等有关规定处理。

(8)加计抵减政策执行到期后，纳税人不再计提加计抵减额，结余的加计抵减额停止抵减。

(9)符合规定的生产性服务业纳税人，生活性服务业纳税人，应按照不同时间段不同的加计抵减政策规定，在年度首次确认适用本年度加计抵减政策时，通过电子税务局或办税服务厅提交《适用5%加计抵减政策的声明》、《适用10%加计抵减政策的声明》或《适用15%加计抵减政策的声明》。

【案例5-1】某公司为增值一般纳税人，主要从事物业管理服务，同时兼营部分商品的销售，符合增值税加计抵减政策。2019年12月发生以下业务：

(1)取得物业管理费不含增值税收入共计 6 000 万元，销售商品取得含增值税收入 22.6 万元，车辆停放费不含税收入 100 万元。

(2)转让使用过的设备一台取得含税收入 5.15 万元，该设备取得时含税金额 11.6 万元，当年未抵扣进项税额。

(3)购进综合楼一栋，取得增值税专用发票注明的增值税税额 200 万元，其中 30% 用于员工宿舍，70% 办公使用。

(4)取得员工报销的出差飞机票及出租车发票若干张，其中，航空运输客票行程单上显示总经理的身份信息的票面金额为 124 800 元，燃油附加费 6 000 元；出租车票的票面金额 2 400 元。

(5)上月抵扣并加计抵减的低值易耗品发生非正常损失，进项税额 5 万元。

要求：根据上述资料，按照下列序号回答问题，如有计算需计算出合计数。

a. 计算业务(1)销项税额。

b. 计算业务(2)应纳增值税税额。

c. 回答该公司增值税加计扣减的比例，并说明理由。

d. 计算当月可抵扣进项税额。

e. 计算当月加计抵减的实际金额。

f. 计算该公司当月应纳的增值税税额。

【正确答案】

a. 销项税额＝6 000×6%＋22.6÷(1＋13%)×13%＋100×9%＝371.6(万元)

b. 应纳增值税税额＝5.15÷(1＋3%)×2%＝0.1(万元)

c. 该公司增值税加计扣减的比例为 10%，该公司主要从事的物业管理服务属于现代服务，根据加计扣减政策的规定，其属于生产性服务业，所以加计抵扣比例 10%。

d. 可抵扣进项税额＝200＋(124 800＋6 000)÷(1＋9%)×9%÷10 000＝201.08(万元)

e. 当月计提加计算抵减税额＝当期可抵扣进项税额×10%＝201.08×10%＝20.11(万元)

当期可抵减加计扣减额＝0＋20.11－5×10%＝19.61(万元)

抵减前应纳税额＝371.6－(201.08－5)＝175.52(万元)

抵减前应纳税额大于零，且大于当期可抵减加计抵减额，则当月加计抵减的实际金额＝19.61(万元)

f. 该公司当月应纳的增值税税额＝371.6－(201.08－5)－19.61＋0.1＝156.01(万元)

4. 增值税留抵税额退还政策

(1)2018 年退还部分行业增值税留抵税额政策。

①退还期末留抵税额的行业企业范围。

退还增值税期末留抵税额的行业包括装备制造等先进制造业、研发等现代服务业和电网企业，具体范围如下：

a. 装备制造等先进制造业和研发等现代服务业。按照国民经济行业分类，装备制造等先进制造业和研发等现代服务业包括专用设备制造业、研究和试验发展等 18 个大类行业。纳税人所属行业根据税务登记的国民经济行业确定，并优先选择以下范围内的纳税人：一是《中国制造 2025》明确的新一代信息技术、高档数控机床和机器人、航空航天装备、海洋工程装备及高技术船舶、先进轨道交通装备、节能与新能源汽车、电力装备、农业机械装备、新材料、生物医药及高性能医疗器械等 10 个重点领域。二是高新技术企业、技术先进型服务企业和科技型中小企业。

b. 电网企业。取得电力业务许可证（输电类、供电类）的全部电网企业。

②退还期末留抵税额的纳税人条件。

退还期末留抵税额纳税人的纳税信用等级为 A 级或 B 级。

③退还期末留抵税额的计算。

纳税人向主管税务机关申请退还期末留抵税额，当期退还的期末留抵税额，以纳税人申请退税上期的期末留抵税额和退还比例计算，并以纳税人 2017 年年底期末留抵税额为上限。具体如下：

a. 可退还的期末留抵税额＝纳税人申请退税上期的期末留抵税额×退还比例

退还比例按下列方法计算：

2014 年 12 月 31 日前（含）办理税务登记的纳税人，退还比例为 2015 年、2016 年和 2017 年三个年度已抵扣的增值税专用发票、海关进口增值税专用缴款书、解缴税款完税凭证注明的增值税税额占同期全部已抵扣进项税额的比重。

2015 年 1 月 1 日后（含）办理税务登记的纳税人，退还比例为实际经营期间已抵扣的增值税专用发票、海关进口增值税专用缴款书、解缴税款完税凭证注明的增值税税额占同期全部已抵扣进项税额的比重。

b. 当可退还的期末留抵税额不超过 2017 年年底期末留抵税额时，当期退还的期末留抵税额为可退还的期末留抵税额。当可退还的期末留抵税额超过 2017 年年底期末留抵税额时，当期退还的期末留抵税额为 2017 年年底期末留抵税额。

2018 年退还增值税期末留抵税额行业目录

序号行业名称

（按国民经济行业分类统计）

1. 化学原料和化学制品制造业
2. 医药制造业
3. 化学纤维制造业
4. 非金属矿物制品业
5. 金属制品业
6. 通用设备制造业
7. 专用设备制造业

8. 汽车制造业

9. 铁路、船舶、航空航天和其他运输设备制造业

10. 电气机械和器材制造业

11. 计算机、通信和其他电子设备制造业

12. 仪器仪表制造业

13. 互联网和相关服务

14. 软件和信息技术服务业

15. 研究和试验发展

16. 专业技术服务业

17. 科技推广和应用服务业

18. 生态保护和环境治理业

(2)自 2019 年 4 月 1 日起施行的增值税留抵退税政策。

《财政部 税务总局 海关总署关于深化增值税改革有关政策的公告》(财政部 税务总局 海关总署公告 2019 年第 39 号)(以下称 39 号公告)规定,自 2019 年 4 月 1 日起,试行增值税期末留抵税额退税制度。

①同时符合以下条件的纳税人,可以向主管税务机关申请退还增量留抵税额:自 2019 年 4 月税款所属期起,连续六个月(按季纳税的,连续两个季度)增量留抵税额均大于零,且第六个月增量留抵税额不低于 50 万元;纳税信用等级为 A 级或者 B 级;申请退税前 36 个月未发生骗取留抵退税、出口退税或虚开增值税专用发票情形的;申请退税前 36 个月未因偷税被税务机关处罚两次及以上的;自 2019 年 4 月 1 日起未享受即征即退、先征后返(退)政策的。

②39 号公告所称增量留抵税额,是指与 2019 年 3 月底相比新增加的期末留抵税额。

③纳税人当期允许退还的增量留抵税额,按照以下公式计算:

允许退还的增量留抵税额=增量留抵税额×进项构成比例×60%

进项构成比例,为 2019 年 4 月至申请退税前一税款所属期内已抵扣的增值税专用发票(含税控机动车销售统一发票)、海关进口增值税专用缴款书、解缴税款完税凭证注明的增值税税额占同期全部已抵扣进项税额的比重。

④纳税人应在增值税纳税申报期内,向主管税务机关申请退还留抵税额。

⑤纳税人出口货物劳务、发生跨境应税行为,适用免抵退税办法的,办理免抵退税后,仍符合 39 号公告规定条件的,可以申请退还留抵税额;适用免退税办法的,相关进项税额不得用于退还留抵税额。

⑥纳税人取得退还的留抵税额后,应相应调减当期留抵税额。按照规定再次满足退税条件的,可以继续向主管税务机关申请退还留抵税额,但前述规定的连续期间,不得重复计算。

⑦以虚增进项、虚假申报或其他欺骗手段,骗取留抵退税款的,由税务机关追缴其

骗取的退税款，并按照《中华人民共和国税收征收管理法》等有关规定处理。

(3)自 2019 年 5 月 1 日起施行的增值税留抵退税政策。

《国家税务总局关于办理增值税期末留抵税额退税有关事项的公告》(国家税务总局公告 2019 年第 20 号)规定，自 2019 年 5 月 1 日起，纳税人申请办理留抵退税，应于符合留抵退税条件的次月起，在增值税纳税申报期(以下称申报期)内，完成本期增值税纳税申报后，通过电子税务局或办税服务厅提交《退(抵)税申请表》。纳税人出口货物劳务、发生跨境应税行为，适用免抵退税办法的，可以在同一申报期内，既申报免抵退税又申请办理留抵退税。申请办理留抵退税的纳税人，出口货物劳务、跨境应税行为适用免抵退税办法的，应当按期申报免抵退税。当期可申报免抵退税的出口销售额为零的，应办理免抵退税零申报。纳税人既申报免抵退税又申请办理留抵退税的，税务机关应先办理免抵退税。办理免抵退税后，纳税人仍符合留抵退税条件的，再办理留抵退税。

纳税人在办理留抵退税期间发生下列情形的，按照以下规定确定允许退还的增量留抵税额：一是因纳税申报、稽查查补和评估调整等原因，造成期末留抵税额发生变化的，按最近一期《增值税纳税申报表(一般纳税人适用)》期末留抵税额确定允许退还的增量留抵税额。二是纳税人在同一申报期既申报免抵退税又申请办理留抵退税的，或者在纳税人申请办理留抵退税时存在尚未经税务机关核准的免抵退税应退税额的，应待税务机关核准免抵退税应退税额后，按最近一期《增值税纳税申报表(一般纳税人适用)》期末留抵税额，扣减税务机关核准的免抵退税应退税额后的余额确定允许退还的增量留抵税额。税务机关核准的免抵退税应退税额，是指税务机关当期已核准，但纳税人尚未在《增值税纳税申报表(一般纳税人适用)》第 15 栏“免、抵、退应退税额”中填报的免抵退税应退税额。三是纳税人既有增值税欠税，又有期末留抵税额的，按最近一期《增值税纳税申报表(一般纳税人适用)》期末留抵税额，抵减增值税欠税后的余额确定允许退还的增量留抵税额。

在纳税人办理增值税纳税申报和免抵退税申报后、税务机关核准其免抵退税应退税额前，核准其前期留抵退税的，以最近一期《增值税纳税申报表(一般纳税人适用)》期末留抵税额，扣减税务机关核准的留抵退税额后的余额，计算当期免抵退税应退税额和免抵税额。

税务机关核准的留抵退税额，是指税务机关当期已核准，但纳税人尚未在《增值税纳税申报表附列资料(二)(本期进项税额明细)》第 22 栏“上期留抵税额退税”填报的留抵退税额。

纳税人不符合留抵退税条件的，不予留抵退税。税务机关应自受理留抵退税申请之日起 10 个工作日内完成审核，并向纳税人出具不予留抵退税的《税务事项通知书》。

税务机关在办理留抵退税期间，发现符合留抵退税条件的纳税人存在以下情形，暂停为其办理留抵退税：①存在增值税涉税风险疑点的；②被税务稽查立案且未结案的；③增值税申报比对异常未处理的；④取得增值税异常扣税凭证未处理的；⑤国家税务总局规定的其他情形。前述列举的增值税涉税风险疑点等情形已排除，且相关事项处理完毕后，按以下规定办理：纳税人仍符合留抵退税条件的，税务机关继续为其办理留抵退税，并自增值税涉税风险疑点等情形排除且相关事项处理完毕之日起5个工作日内完成审核，向纳税人出具准予留抵退税的《税务事项通知书》。纳税人不再符合留抵退税条件的，不予留抵退税。税务机关应自增值税涉税风险疑点等情形排除且相关事项处理完毕之日起5个工作日内完成审核，向纳税人出具不予留抵退税的《税务事项通知书》。税务机关对发现的增值税涉税风险疑点进行排查的具体处理时间，由各省（自治区、直辖市和计划单列市）税务局确定。

纳税人以虚增进项、虚假申报或其他欺骗手段骗取留抵退税的，由税务机关追缴其骗取的退税款，并按照《中华人民共和国税收征收管理法》等有关规定处理。

（4）自2019年6月1日起施行的部分先进制造业纳税人增值税留抵退税政策。

《财政部 税务总局关于明确部分先进制造业增值税期末留抵退税政策的公告》（财政部 税务总局公告2019年第84号）规定，自2019年6月1日起，同时符合以下条件的部分先进制造业纳税人，可以自2019年7月及以后纳税申报期向主管税务机关申请退还增量留抵税额：①增量留抵税额大于零；②纳税信用等级为A级或者B级；③申请退税前36个月未发生骗取留抵退税、出口退税或虚开增值税专用发票情形；④申请退税前36个月未因偷税被税务机关处罚两次及以上；⑤自2019年4月1日起未享受即征即退、先征后返（退）政策。

前述所称部分先进制造业纳税人，是指按照《国民经济行业分类》，生产并销售非金属矿物制品、通用设备、专用设备及计算机、通信和其他电子设备销售额占全部销售额的比重超过50%的纳税人。

上述销售额比重根据纳税人申请退税前连续12个月的销售额计算确定；申请退税前经营期不满12个月但满3个月的，按照实际经营期的销售额计算确定。

所称增量留抵税额，是指与2019年3月31日相比新增加的期末留抵税额。

部分先进制造业纳税人当期允许退还的增量留抵税额，按照以下公式计算：

允许退还的增量留抵税额＝增量留抵税额×进项构成比例

进项构成比例，为2019年4月至申请退税前一税款所属期内已抵扣的增值税专用发票（含税控机动车销售统一发票）、海关进口增值税专用缴款书、解缴税款完税凭证注明的增值税税额占同期全部已抵扣进项税额的比重。

部分先进制造业纳税人申请退还增量留抵税额的其他规定，按照39号公告执行。

除部分先进制造业纳税人以外的其他纳税人申请退还增量留抵税额的规定，继续按照39号公告执行。

（5）自2020年1月20日起施行的增值税留抵退税政策。

《财政部 税务总局关于明确国有农用地出租等增值税政策的公告》（财政部 税务总局公告2020年第2号）第六条规定，自2020年1月20日起，纳税人按照《财政部 税务总局海关总署关于深化增值税改革有关政策的公告》（财政部 税务总局海关总署公告2019年第39号）、《财政部 税务总局关于明确部分先进制造业增值税期末留抵退税政策的公告》(财政部 税务总局公告 2019 年第 84 号)规定取得增值税留抵退税款的,不得再申请享受增值税即征即退、先征后返(退)政策。

(6)自 2022 年 4 月 1 日起施行的增值税留抵退税政策。

《财政部 税务总局关于进一步加大增值税期末留抵退税政策实施力度的公告》(财政部 税务总局公告 2022 年第 14 号)规定:

①加大小微企业增值税期末留抵退税政策力度,将先进制造业按月全额退还增值税增量留抵税额政策范围扩大至符合条件的小微企业(含个体工商户,下同),并一次性退还小微企业存量留抵税额。符合条件的小微企业,可以自 2022 年 4 月纳税申报期起向主管税务机关申请退还增量留抵税额。符合条件的微型企业,可以自 2022 年 4 月纳税申报期起向主管税务机关申请一次性退还存量留抵税额;符合条件的小型企业,可以自 2022 年 5 月纳税申报期起向主管税务机关申请一次性退还存量留抵税额。

②加大"制造业"、"科学研究和技术服务业"、"电力、热力、燃气及水生产和供应业"、"软件和信息技术服务业"、"生态保护和环境治理业"和"交通运输、仓储和邮政业"(以下称制造业等行业)增值税期末留抵退税政策力度,将先进制造业按月全额退还增值税增量留抵税额政策范围扩大至符合条件的制造业等行业企业(含个体工商户,下同),并一次性退还制造业等行业企业存量留抵税额。符合条件的制造业等行业企业,可以自 2022 年 4 月纳税申报期起向主管税务机关申请退还增量留抵税额。符合条件的制造业等行业中型企业,可以自 2022 年 7 月纳税申报期起向主管税务机关申请一次性退还存量留抵税额;符合条件的制造业等行业大型企业,可以自 2022 年 10 月纳税申报期起向主管税务机关申请一次性退还存量留抵税额。

③适用本公告政策的纳税人需同时符合以下条件:一是纳税信用等级为 A 级或者 B 级;二是申请退税前 36 个月未发生骗取留抵退税、骗取出口退税或虚开增值税专用发票情形;三是申请退税前 36 个月未因偷税被税务机关处罚两次及以上;四是 2019 年 4 月 1 日起未享受即征即退、先征后返(退)政策。

④本公告所称增量留抵税额,区分以下情形确定:纳税人获得一次性存量留抵退税前,增量留抵税额为当期期末留抵税额与 2019 年 3 月 31 日相比新增加的留抵税额。纳税人获得一次性存量留抵退税后,增量留抵税额为当期期末留抵税额。

⑤本公告所称存量留抵税额,区分以下情形确定:纳税人获得一次性存量留抵退税前,当期期末留抵税额大于或等于 2019 年 3 月 31 日期末留抵税额的,存量留抵税额为 2019 年 3 月 31 日期末留抵税额;当期期末留抵税额小于 2019 年 3 月 31 日期末留抵税额的,存量留抵税额为当期期末留抵税额。纳税人获得一次性存量留抵退税后,存量留抵税额为零。

⑥本公告所称中型企业、小型企业和微型企业,按照《中小企业划型标准规定》(工信部联企业〔2011〕300 号)和《金融业企业划型标准规定》(银发〔2015〕309 号)中的营业收入指标、资产总额指标确定。其中,资产总额指标按照纳税人上一会计年度年末值确

定。营业收入指标按照纳税人上一会计年度增值税销售额确定；不满一个会计年度的，按照以下公式计算：

增值税销售额（年）＝上一会计年度企业实际存续期间增值税销售额/企业实际存续月数×12

对于工信部联企业〔2011〕300 号和银发〔2015〕309 号文件所列行业以外的纳税人，以及工信部联企业〔2011〕300 号文件所列行业但未采用营业收入指标或资产总额指标划型确定的纳税人，微型企业标准为增值税销售额（年）100 万元以下（不含 100 万元）；小型企业标准为增值税销售额（年）2 000 万元以下（不含 2 000 万元）；中型企业标准为增值税销售额（年）1 亿元以下（不含 1 亿元）。本公告所称大型企业，是指除上述中型企业、小型企业和微型企业外的其他企业。

⑦本公告所称增值税销售额，包括纳税申报销售额、稽查查补销售额、纳税评估调整销售额。适用增值税差额征税政策的，以差额后的销售额确定。

⑧本公告所称制造业等行业企业，是指从事《国民经济行业分类》中“制造业”、“科学研究和技术服务业”、“电力、热力、燃气及水生产和供应业”、“软件和信息技术服务业”、“生态保护和环境治理业”和“交通运输、仓储和邮政业”业务相应发生的增值税销售额占全部增值税销售额的比重超过 50%的纳税人。

上述销售额比重根据纳税人申请退税前连续 12 个月的销售额计算确定；申请退税前经营期不满 12 个月但满 3 个月的，按照实际经营期的销售额计算确定。

⑨适用本公告政策的纳税人，按照以下公式计算允许退还的留抵税额：

允许退还的增量留抵税额＝增量留抵税额×进项构成比例×100%

允许退还的存量留抵税额＝存量留抵税额×进项构成比例×100%

进项构成比例，为 2019 年 4 月至申请退税前一税款所属期已抵扣的增值税专用发票（含带有“增值税专用发票”字样全面数字化的电子发票、税控机动车销售统一发票）、收费公路通行费增值税电子普通发票、海关进口增值税专用缴款书、解缴税款完税凭证注明的增值税税额占同期全部已抵扣进项税额的比重。

⑩纳税人出口货物劳务、发生跨境应税行为，适用免抵退税办法的，应先办理免抵退税。免抵退税办理完毕后，仍符合本公告规定条件的，可以申请退还留抵税额；适用免退税办法的，相关进项税额不得用于退还留抵税额。

纳税人自 2019 年 4 月 1 日起已取得留抵退税款的，不得再申请享受增值税即征即退、先征后返（退）政策。纳税人可以在 2022 年 10 月 31 日前一次性将已取得的留抵退税款全部缴回后，按规定申请享受增值税即征即退、先征后返（退）政策。纳税人自 2019 年 4 月 1 日起已享受增值税即征即退、先征后返（退）政策的，可以在 2022 年 10 月 31 日前一次性将已退还的增值税即征即退、先征后返（退）税款全部缴回后，按规定申请退还留抵税额。

纳税人可以选择向主管税务机关申请留抵退税，也可以选择结转下期继续抵扣。纳税人应在纳税申报期内，完成当期增值税纳税申报后申请留抵退税。纳税人可以在规定期限内同时申请增量留抵退税和存量留抵退税。同时符合多条相关留抵退税政策的纳税人,可任意选择申请适用上述留抵退税政策。

纳税人取得退还的留抵税额后,应相应调减当期留抵税额。如果发现纳税人存在留抵退税政策适用有误的情形,纳税人应在下个纳税申报期结束前缴回相关留抵退税款。

以虚增进项、虚假申报或其他欺骗手段,骗取留抵退税款的,由税务机关追缴其骗取的退税款,并按照《中华人民共和国税收征收管理法》等有关规定处理。

除上述纳税人以外的其他纳税人申请退还增量留抵税额的规定,39 号公告执行,其中,第八条第三款关于"进项构成比例"的相关规定,按照前述第⑨条规定执行。

该公告自 2022 年 4 月 1 日起施行同时,《财政部 税务总局关于明确部分先进制造业增值税期末留抵退税政策的公告》(财政部 税务总局公告 2019 年第 84 号)、《财政部 税务总局关于明确国有农用地出租等增值税政策的公告》(财政部 税务总局公告 2020 年第 2 号)第六条、《财政部 税务总局关于明确先进制造业增值税期末留抵退税政策的公告》(财政部 税务总局公告 2021 年第 15 号)同时废止。

(7)自 2022 年 7 月 1 日起施行的增值税留抵税额政策。

《财政部 税务总局关于扩大全额退还增值税留抵税额政策行业范围的公告》(财政部 税务总局公告 2022 年第 21 号)规定,自 2022 年 7 月 1 日起,扩大全额退还增值税留抵税额政策行业范围,将《财政部 税务总局关于进一步加大增值税期末留抵退税政策实施力度的公告》(财政部 税务总局公告 2022 年第 14 号,以下称 2022 年第 14 号公告)第二条规定的制造业等行业按月全额退还增值税增量留抵税额、一次性退还存量留抵税额的政策范围,扩大至"批发和零售业"、"农、林、牧、渔业"、"住宿和餐饮业"、"居民服务、修理和其他服务业"、"教育"、"卫生和社会工作"和"文化、体育和娱乐业"(以下称批发零售业等行业)企业(含个体工商户,下同)。

所称制造业、批发零售业等行业企业,是指从事《国民经济行业分类》中"批发和零售业"、"农、林、牧、渔业"、"住宿和餐饮业"、"居民服务、修理和其他服务业"、"教育"、"卫生和社会工作"、"文化、体育和娱乐业"、"制造业"、"科学研究和技术服务业"、"电力、热力、燃气及水生产和供应业"、"软件和信息技术服务业"、"生态保护和环境治理业"和"交通运输、仓储和邮政业"业务相应发生的增值税销售额占全部增值税销售额的比重超过 50%的纳税人。

上述销售额比重根据纳税人申请退税前连续 12 个月的销售额计算确定;申请退税前经营期不满 12 个月但满 3 个月的,按照实际经营期的销售额计算确定。

自 2022 年 6 月 7 日起,按照 2022 年第 14 号公告第六条规定适用《中小企业划型标准规定》(工信部联企业〔2011〕300 号)和《金融业企业划型标准规定》(银发〔2015〕309 号)时,纳税人的行业归属,根据《国民经济行业分类》关于以主要经济活动确定行业归属的原则,以上一会计年度从事《国民经济行业分类》对应业务增值税销售额占全部增值税销售额比重最高的行业确定。

制造业、批发零售业等行业企业申请留抵退税的其他规定，继续按照 2022 年第 14 号公告等有关规定执行。

【案例 5-2】甲公司为增值税一般纳税人，纳税信用等级为 A 级。

2019 年 3 月，期末留抵税额为 280 万元。2019 年 4 月销项税额为 80 万元，当期认证抵扣的进项税额为 100 万元，不动产分两次抵扣政策结余尚未抵扣的待抵扣进项税额 200 万元全部转入 4 月进项税额。2019 年 5 月至 9 月，各月销项税额均为 100 万元，进项税额均为 80 万元。

假设甲公司没有发生过偷税、骗税及虚开增值税专用发票等违法行为，自 2019 年 4 月 1 日起未享受即征即退、先征后返(退)政策，各月取得的增值税扣税凭证全部为增值税专用发票。甲公司是否可以办理留抵退税呢？

【解析】

计算过程：

单位：万元

项目	2019年3月	2019年4月	2019年5月	2019年6月	2019年7月	2019年8月	2019年9月
销项税额		80	100	100	100	100	100
进项税额		300	80	80	80	80	80
期初留抵税额		280	500	480	460	440	420
期末留抵税额	280	500	480	460	440	420	400
增量留抵税额		220	200	180	160	140	120

图 5-1　增量留抵税额计算过程

经过计算发现，甲公司 4 月至 9 月各月的增量留抵税额均大于零，且第 6 个月(9 月)增量留抵税额大于 50 万元，满足留抵退税的五个条件，可以于 2019 年 10 月征收期内申请留抵退税。

允许退还的增量留抵税额＝增量留抵税额×进项构成比例×60%＝120×100%×60%＝72(万元)。

【案例 5-3】先进制造业留抵退税计算案例

乙公司为增值税一般纳税人，纳税信用等级为 A 级。

乙公司 2019 年 3 月所属期的期末留抵税额为 80 万元，2019 年 8 月所属期的期末留抵税额为 100 万元，该公司 2018 年 9 月至 2019 年 8 月生产并销售非金属矿物制品、通用设备、专用设备及计算机、通信和其他电子设备销售额占全部销售额的比重超过 50%。

假设乙公司没有发生过偷税、骗税及虚开增值税专用发票等违法行为，自 2019 年 4 月 1 日起未享受即征即退、先征后返(退)政策，各月取得的增值税扣税凭证全部为增值税专用发票。乙公司是否可以办理留抵退税呢？

【解析】

乙公司 2018 年 9 月至 2019 年 8 月生产并销售非金属矿物制品、通用设备、专用设备及计算机、通信和其他电子设备销售额占全部销售额的比重超过 50%，属于 84 号公告的先进制造业，其 2019 年 8 月所属期的增量留抵税额为 100－80＝20 万元，大于零，满足先进制造业留抵退税的 5 个条件，可以于 2019 年 9 月征收期内申请留抵退税。

允许退还的增量留抵税额＝增量留抵税额×进项构成比例＝20×100％＝20(万元)。

(三)简易计税方法

1. 小规模纳税人简易计税方法

(1)应纳税额的计算公式：

应纳税额＝不含税销售额×征收率

＝含税销售额÷(1＋征收率)×征收率

(2)小规模纳税人的征收率：

征收率一共有两档：3％和 5％，通常情形下是 3％。

其中

新冠疫情阶段性减免政策：湖北以外，适用 3％征收率的应税销售收入，减按 1％征收率征收增值税。(不含税价＝含税价/1.01×1％)。

与不动产相关：销售不动产、开展不动产租赁、转让土地使用权选择简易计税的，征收率为 5％。个人出租住房，按照 5％的征收率减按 1.5％计算应纳税额。(含税价/1.05×1.5％)。

提供劳务派遣服务、安全保护服务选择简易计税的，征收率为 5％。

销售自己使用过的固定资产、旧货，按照 3％的征收率减按 2％征收增值税。(含税价/1.03×2％)

(3)含税销售额的换算：

不含税销售额＝含税销售额÷(1＋征收率)

纳税人适用简易计税方法计税的，因销售折让、中止或者退回而退还给购买方的销售额，应当从当期销售额中扣减。

扣减当期销售额后仍有余额造成多缴的税款，可以从以后的应纳税额中扣减。

(4)小规模纳税人销售自己使用过的固定资产：

小规模纳税人(除其他个人外)销售自己使用过的固定资产，只能开具普通发票，不得由税务机关代开增值税专用发票。

应纳税额＝含税销售额÷(1＋3％)×2％

2. 一般纳税人简易计税方法应纳税额计算

一般纳税人发生下列应税行为可以选择适用简易计税方法计税，应纳税额计算公式如下：

应纳税额＝销售额×征收率

一般纳税人选择简易办法计算缴纳增值税后，36 个月内不得变更。需要分开核算，且不得抵扣相对应的增值税进项税额。

(1)建筑服务。

一般纳税人提供建筑服务，选择适用简易计税方法的，应以取得的全部价款和价外费用扣除支出的分包款后的余额为销售额，按照3%的征收率计算应纳税额。一般来说，一般纳税人可以选择简易计税方法计税的建筑服务有三种：清包工方式。施工方不采购建筑工程所需的材料或只采购辅助材料，并收取人工费、管理费或者其他费用的建筑服务。甲供工程。全部或部分设备、材料、动力由工程发包方自行采购的建筑工程。建筑工程老项目。《建筑工程施工许可证》注明的合同开工日期在2016年4月30日前的建筑工程项目。未取得《建筑工程许可证》的，建筑工程承包合同注明的开工日期在2016年4月30日前的建筑工程项目。

建筑总承包单位为房屋建筑的地基与基础、主体结构提供工程服务，建设单位自行采购全部或部分钢材、混凝土、砌体材料、预制构件的，适用简易计税方法。

(2)销售不动产。

一般纳税人销售2016年4月30日前取得(不含自建)的不动产，可以选择使用简易计税方法，以取得全部价款和价外费用减去该项不动产购置原价或者取得不动产时的作价后的余额为销售额，按照5%的征收率计算应纳税额。

一般纳税人销售其2016年4月30日前自建的不动产，可以选择适用简易计税方法，以取得的全部价款和价外费用为销售额，按照5%的征收率计算应纳税额。

房地产开发企业中的一般纳税人，销售自行开发的房地产老项目，可以选择适用简易计税方法按照5%的征收率计税。

(3)金融服务。

农村信用社、村镇银行、农村资金互助社、由银行行业机构全资发起设立的贷款公司、法人机构在县(县级市、区、旗)及县以下地区的农村合作银行和农村商业银行提供金融服务收入，可以选择适用简易计税方法按照3%的征收率计算缴纳增值税。县(县级市、区、旗)，不包括直辖市和地级市所辖城区。

对中国农业银行纳入"三农金融事业部"改革试点的各省、自治区、直辖市、计划单列市分行下辖的县域支行和新疆生产建设兵团分型下辖的县域支行(也称"县事业部")，提供农户贷款、农村企业和农村各类组织贷款取得的利息收入，可以选择使用简易计税方法按照3%的征收率计算缴纳增值税。

(4)营改增应税服务。

①公共交通运输服务。

公共交通运输服务，包括轮客渡、公交客运、轨道交通(含地铁、城市轻轨)、出租车、长途客车、班车。其中，班车是指按固定路线、固定时间运营并在固定站点停靠的运送旅客的陆路运输服务。

②经认定的动漫企业为开发动漫产品提供的动漫脚本编撰、形象设计、背景设计、动画设计、分镜、动画制作，描线、上色、画面合成、配音、配乐、音效合成，剪辑、字幕制作、压缩转码(面向网络动漫，手机动漫格式适配)服务，以及在境内转让动漫版权(包括动漫品牌、形象或者内容的授权及再授权)。

③电影放映服务、仓储服务、装卸搬运服务、收派服务、教育辅助服务和文化体育服务。

④以纳入营改增试点之日前取得的有形动产为标的物提供的经营租赁服务。

⑤在纳入营改增试点之日前签订的尚未执行完毕的有形动产租赁合同。

⑥一般纳税人2016年4月30日前签订的不动产融资租赁合同，或以2016年4月30日前取得的不动产提供的融资租赁服务，可以选择适用简易计税方法，按照5%的征收率计算缴纳增值税。

⑦提供物业管理服务的纳税人，向服务接受方收取的自来水水费，以扣除其对外支付的自来水水费后的余额为销售额，按照简易计税方法依3%的征收率计算缴纳增值税。(不可选择)

⑧非企业性单位中的一般纳税人提供的研发和技术服务、信息技术服务、鉴证咨询服务、销售技术、著作权等无形资产、技术转让、技术开发和与之相关的技术咨询、技术服务、可以选择简易计税方法按照3%征收率计算缴纳增值税。

(5)不动产经营租赁服务。

①一般纳税人出租其2016年4月30日之前取得的不动产，可以选择适用简易计税方法，按照5%的征收率计算应纳税额。

②一般纳税人收取试点前(相关施工许可证注明的合同开工日期在2016年4月30日前)开工的一级公路、二级公路、桥、闸通行费，可以选择适用简易计税方法，按照5%的征收率计算缴纳增值税。

(6)传统增值税业务。

①一般纳税人销售自产的下列货物，可选择按照简易计税办法依照3%的征收率计算缴纳增值税：县级及县级以下小型水力发电单位生产的电力；建筑用和生产建筑材料所用的砂土、石料；以自己采掘的砂、土、石料或其他矿物连续生产的砖瓦、石灰(不含黏土实心砖、瓦)。

②用微生物、微生物代谢产物、动物毒素、人或动物的血液或组织制成的生物制品。

③自来水。

④商品混凝土(仅限于以水泥为原料生产的水泥混凝土)。

(7)一般纳税人销售货物属于下列情形之一的，暂按简易办法依照3%征收率计算缴纳增值税：寄售商店代销寄售物品(包括居民个人寄售的物品在内)、典当业销售死当物品。

(8)计税方式的特殊规定。

①一般纳税人销售自己使用过的属于按规定不得抵扣且未抵扣进项税额的固定资产，按照简易办法依照3%征收率减按2%征收增值税。纳税人也可以放弃减税，按照简易办法依照3%征收率缴纳增值税，并可以开具增值税专用发票。

②纳税人销售旧货，按照简易办法依照3%征收率减按2%征收增值税，旧货是指进入二次流通的具有部分使用价值的货物，但不包括自己使用过的物品。

③自2020年5月1日至2023年12月31日，从事二手车经销的纳税人销售其收购的二手车，由原按照简易办法依3%征收率减按2%征收增值税，改为减按0.5%征收增值税。

第三节　税收优惠和征收管理

一、增值税免税项目

(一)《增值税暂行条例》规定的免税项目

(1)农业生产者销售的自产农产品。

农业包括种植业、养殖业、林业、牧业、水产业。

对农业生产者销售的外购农产品,以及单位和个人外购农产品生产、加工后销售的仍然属于规定范围的农业产品,不属于免税的范围,应按规定的税率征收增值税。

(2)避孕药品和用具。

(3)古旧图书。

向社会收购的古书和旧书。

(4)直接用于科学研究、科学试验和教学的进口仪器、设备。

(5)外国政府、国际组织无偿援助的进口物资和设备。

(6)由残疾人的组织直接进口供残疾人专用的物品。

(7)销售的自己使用过的物品。

自己使用过的物品,是指其他个人自己使用过的物品。

(二)"营改增"规定的税收优惠政策

(1)托儿所、幼儿园提供的保育和教育服务。

(2)养老机构提供的养老服务。

(3)残疾人福利机构提供的育养服务。

(4)婚姻介绍服务。

(5)殡葬服务。

(6)残疾人员本人为社会提供的服务。

(7)医疗机构提供的医疗服务。

(8)从事学历教育的学校提供的教育服务。

境外教育机构与境内从事学历教育的学校开展中外合作办学,提供学历教育服务取得的收入。

(9)学生勤工俭学提供的服务。

(10)农业机耕、排灌、病虫害防治、植物保护、农牧保险以及相关技术培训业务,家禽、牲畜、水生动物的配种和疾病防治。

(11)纪念馆、博物馆、文化馆、文物保护单位管理机构、美术馆、展览馆、书画院、图书馆在自己的场所提供文化体育服务取得的第一道门票收入。

(12)寺院、宫观、清真寺和教堂举办文化、宗教活动的门票收入。

(13)行政单位之外的其他单位收取的符合条件的政府性基金和行政事业性收费。

(14)个人转让著作权。

(15)个人销售自建自用住房。

(16)个人从事金融商品转让业务。

(17)纳税人提供技术转让、技术开发和与之相关的技术咨询、技术服务。

(18)军队空余房产租赁收入。

(19)将土地使用权转让给农业生产者用于农业生产。

(20)涉及家庭财产分割的个人无偿转让不动产、土地使用权。

(21)土地所有者出让土地使用权和土地使用者将土地使用权归还给土地所有者。

(22)县级以上地方人民政府或自然资源行政主管部门出让、转让或收回自然资源使用权(不含土地使用权)。

(23)自 2018 年 1 月 1 日起至 2020 年 12 月 31 日,免征图书批发、零售环节增值税。

(24)自 2019 年 1 月 1 日至 2021 年 12 月 31 日,对国家级、省级科技企业孵化器、大学科技园和国家备案众创空间向在孵对象提供孵化服务取得收入,免征增值税。

孵化服务是指为在孵对象提供的经纪代理、经营租赁、研发和技术、信息技术、鉴证咨询服务。

(25)小规模纳税人和其他个人免税规定。

①自 2021 年 4 月 1 日至 2022 年 12 月 31 日,小规模纳税人发生增值税应税销售行为,合计月销售额未超过 15 万元(以一个季度为一个纳税期的,季度销售额未超过 45 万元,下同)的,免征增值税。小规模纳税人发生增值税应税销售行为,合计月销售额超过 15 万元,但扣除本期发生的销售不动产的销售额后未超过 15 万元的,其销售货物、劳务、服务、无形资产取得的销售额免征增值税。其他个人,采取一次性收取租金形式出租不动产取得的租金收入,可在对应的租赁期内平均分摊,分摊后的月租金收入未超过 15 万元的,免征增值税。

②自 2023 年 1 月 1 日至 2023 年 12 月 31 日,小规模纳税人发生增值税应税销售行为,合计月销售额未超过 10 万元(以一个季度为一个纳税期的,季度销售额未超过 30 万元,下同)的,免征增值税。小规模纳税人发生增值税应税销售行为,合计月销售额超过 10 万元,但扣除本期发生的销售不动产的销售额后未超过 10 万元的,其销售货物、劳务、服务、无形资产取得的销售额免征增值税。其他个人,采取一次性收取租金形式出租不动产取得的租金收入,可在对应的租赁期内平均分摊,分摊后的月租金收入未超过 10 万元的,免征增值税。

③适用增值税差额征税政策的小规模纳税人,以差额后的销售额确定是否可以享受上述规定的免征增值税政策。

④小规模纳税人取得应税销售收入,适用上述规定的免征增值税政策的,纳税人可就该笔销售收入选择放弃免税并开具增值税专用发票。

⑤小规模纳税人取得应税销售收入,纳税义务发生时间在不同的优惠时间段,或在

优惠政策施行之前并已开具增值税发票，如发生销售折让、中止或者退回等情形需要开具红字发票，应开具对应征收率红字发票或免税红字发票；开票有误需要重新开具的，应开具对应征收率红字发票或免税红字发票，再重新开具正确的蓝字发票。

(三)财政部、国家税务总局规定的其他部分征免税项目

1. 免征蔬菜和部分鲜活肉蛋产品流通环节增值税

(1)自 2012 年 1 月 1 日起，对从事蔬菜批发、零售的纳税人销售的蔬菜免征增值税；各种蔬菜罐头不属于免税范围。

(2)自 2012 年 10 月 1 日起，对从事农产品批发、零售的纳税人销售的部分鲜活肉蛋产品免征增值税。

2. 小微企业

自 2021 年 4 月 1 日至 2022 年 12 月 31 日，以下情况免征增值税。

(1)小规模纳税人发生增值税应税销售行为，合计月销售额未超过 15 万元(以一个季度为一个纳税期的，季度销售额未超过 45 万元)的，免征增值税。

(2)小规模纳税人月销售额超过 15 万元，但扣除本期发生的销售不动产的销售额后未超过 15 万元的，其销售货物、劳务、服务、无形资产取得的销售额免征增值税。

(3)适用增值税差额征税政策的小规模纳税人，以差额后的销售额确定是否可以享受上述规定的免征增值税政策。

(4)其他个人，采取一次性收取租金形式出租不动产取得的租金收入，可在对应的租赁期内平均分摊，分摊后的月租金收入未超过 15 万元的，免征增值税。

(5)小规模纳税人月销售额未超过 15 万元的，当期因开具增值税专用发票已经缴纳的税款，在增值税专用发票全部联次追回或者按规定开具红字专用发票后，可以向主管税务机关申请退还。

3. 扶贫货物捐赠免征增值税

自 2019 年 1 月 1 日至 2022 年 12 月 31 日，对单位或者个体工商户将自产、委托加工或购买的货物通过公益性社会组织、县级及以上人民政府及其组成部门和直属机构，或直接无偿捐赠给目标脱贫地区的单位和个人，免征增值税。在政策执行期限内，目标脱贫地区实现脱贫的，可继续适用上述政策。

“目标脱贫地区”包括 832 个国家扶贫开发工作重点县、集中连片特困地区县(新疆阿克苏地区 6 县 1 市享受片区政策)和建档立卡贫困村。

二、增值税起征点的规定

仅适用于按照小规模纳税人纳税的个体工商户和其他个人。按期纳税：月销售额 5 000～20 000 元(2019 年 1 月 1 日起调整为 10 万元)，按次纳税，每次(日)销售额 300～500 元，上述销售额为不含增值税的销售额。

三、纳税义务发生时间

(一)《中华人民共和国增值税暂行条例》第十九条规定

(1)发生应税销售行为,为收讫销售款项或者取得索取销售款项凭据的当天;先开具发票的,为开具发票的当天。

(2)进口货物,为报关进口的当天。

增值税扣缴义务发生时间为纳税人增值税纳税义务发生的当天。

(二)《中华人民共和国增值税暂行条例实施细则》第三十八条规定

《中华人民共和国增值税暂行条例》第十九条第一款第(一)项规定的收讫销售款项或者取得索取销售款项凭据的当天,按销售结算方式的不同,具体为:

(1)采取直接收款方式销售货物,不论货物是否发出,均为收到销售款或者取得索取销售款凭据的当天。

(2)采取托收承付和委托银行收款方式销售货物,为发出货物并办妥托收手续的当天。

(3)采取赊销和分期收款方式销售货物,为书面合同约定的收款日期的当天,无书面合同的或者书面合同没有约定收款日期的,为货物发出的当天。

(4)采取预收货款方式销售货物,为货物发出的当天,但生产销售生产工期超过12个月的大型机械设备、船舶、飞机等货物,为收到预收款或者书面合同约定的收款日期的当天。

(5)委托其他纳税人代销货物,为收到代销单位的代销清单或者收到全部或者部分货款的当天。未收到代销清单及货款的,为发出代销货物满180天的当天。

(6)销售应税劳务,为提供劳务同时收讫销售款或者取得索取销售款的凭据的当天。

(7)纳税人发生本细则第四条第(三)项至第(八)项所列视同销售货物行为,为货物移送的当天。

(三)《国家税务总局关于增值税纳税义务发生时间有关问题的公告》(国家税务总局公告2011年第40号)规定

纳税人生产经营活动中采取直接收款方式销售货物,已将货物移送对方并暂估销售收入入账,但既未取得销售款或取得索取销售款凭据也未开具销售发票的,其增值税纳税义务发生时间为取得销售款或取得索取销售款凭据的当天;先开具发票的,为开具发票的当天。该公告自2011年8月1日起施行。纳税人此前对发生上述情况进行增值税纳税申报的,可向主管税务机关申请,按该公告规定做纳税调整。

(四)《财政部 国家税务总局关于全面推开营业税改征增值税试点的通知》(财税〔2016〕36号)中附件1规定

《营业税改征增值税试点实施办法》第四十五条规定增值税纳税义务、扣缴义务发生时间为:

(1)纳税人发生应税行为并收讫销售款项或者取得索取销售款项凭据的当天;先开具发票的,为开具发票的当天。

收讫销售款项,是指纳税人销售服务、无形资产、不动产过程中或者完成后收到款项。

取得索取销售款项凭据的当天,是指书面合同确定的付款日期;未签订书面合同或者书面合同未确定付款日期的,为服务、无形资产转让完成的当天或者不动产权属变更的当天。

(2)纳税人提供建筑服务、租赁服务采取预收款方式的,其纳税义务发生时间为收到预收款的当天。

(3)纳税人从事金融商品转让的,为金融商品所有权转移的当天。

(4)纳税人发生本办法第十四条规定情形的,其纳税义务发生时间为服务、无形资产转让完成的当天或者不动产权属变更的当天。

(5)增值税扣缴义务发生时间为纳税人增值税纳税义务发生的当天。

四、纳税期限和纳税地点

(一)纳税期限

纳税期限分别为1日、3日、5日、10日、15日、1个月或1个季度。

以1个季度为纳税期限的规定适用于小规模纳税人、银行、财务公司、信托投资公司、信用社以及财政部和国家税务总局规定的其他纳税人。

按固定期限纳税的小规模纳税人可以选择以1个月或1个季度为纳税期限,一经选择,一个会计年度内不得变更。

纳税人以1个月或者1个季度为一期纳税的,期满之日起15日内申报纳税;纳税人进口货物,应当自海关填发海关进口增值税专用缴款书之日起15日内缴纳税款。

(二)纳税地点

纳税地点如表5-2所示:

表5-2　增值税纳税地点

固定业户	在机构所在地或居住地主管税务机关纳税。总机构和分支机构不在同一县(市)的,应当分别向各自所在地主管税务机关申报纳税;经批准,可由总机构汇总向总机构所在地申报纳税
非固定业户	在销售地、劳务发生地主管税务机关申报纳税,未申报纳税的,由其机构所在地或居住地的主管税务机关补征税款
进口货物	向报关地海关申报纳税
扣缴义务人	向机构所在地或居住地主管税务机关申报缴纳其扣缴的税款

第四节　增值税涉税疑点及检查方法

一、对纳税人和扣缴义务人稽查

(一)常见涉税疑点

(1)被查对象(小规模纳税人)是否已达到一般纳税人认定标准但未申请办理一般纳税人手续,仍按简易计税方法申报缴纳增值税。

(2)被查对象有承包、承租、挂靠经营行为,增值税纳税义务人确定错误。

(3)扣缴义务人未按规定履行代扣代缴义务或未按实际税额代扣代缴税款。

(二)常用检查方法

1.一般纳税登记认定的稽查

审查会计报表、销售明细账、会计凭证、销售单据等,核实企业的销售额,检查企业是否存在符合一般纳税人条件但未申请办理一般纳税人手续的情况。

2.承包、承租、挂靠经营的稽查

(1)稽查人员在对企业进行稽查时,首先应检查出租人与承租企业、单位和个人签订的承租合同或协议,发包人与承包企业、单位和个人签订的承包合同或协议,被挂靠人与挂靠企业、单位和个人签订的挂靠合同或协议;同时要核实实际经营人,审查承租承包或挂靠的企业、单位和个人,是否有独立的生产、经营权,在财务上是否独立核算,并定期向出租者或发包者上缴租金或承包费,确认其是否存在逃避履行纳税义务的行为。

(2)检查出租人、发包人、被挂靠人会计账簿中"其他应收款""其他应付款""其他业务收入""营业外收入""营业费用""管理费用""财务费用"等账户,审核是否有承包费租金收入和挂靠管理费,是否将"承租、承包或挂靠"部分的收入纳入出租人、发包人、被挂靠人财务核算,进而确定承租、承包或挂靠的企业、单位和个人是否应履行纳税义务。

3.扣缴义务人的稽查

检查成本费用类科目,了解纳税人是否有对境外支付劳务费问题;如有则应进一步审阅企业所签订的劳务合同,审查境外的单位或个人在境内提供应税劳务的情况,在境内是否设有经营机构;未设有经营机构的,是否有代理人;没有代理人的则核实企业作为扣缴义务人是否正确履行了扣缴义务;扣缴税款的处理是否正确。

检查成本费用类科目,了解纳税人是否有对境外支付销售服务、无形资产或者不动产款项问题;如有则应进一步审阅企业所签订的应税行为合同,审查境外的单位或个人在境内提供应税行为的情况,在境内是否设有经营机构;未设有经营机构的,则核实企业作为扣缴义务人是否正确履行了扣缴义务;扣缴税款的处理是否正确。

二、特殊销售行为稽查

(一)常见涉税疑点

(1)纳税人是否有视同销售或视同提供应税服务的行为而未申报纳税。

(2)纳税人销售货物、提供加工修理修配劳务、销售服务、无形资产或者不动产适用不同税率或者征收率的，未分别核算或不能准确核算销售货物、应税劳务、服务、无形资产或者不动产的销售额，未按规定申报缴纳增值税。

(3)纳税人发生混合销售行为，是否按低税率申报缴纳增值税。

(二)常用检查方法

1. 视同销售货物的稽查

(1)委托代销业务的稽查。

查阅委托方与受托方签订的业务合同或协议，重点检查是否构成代销关系，核实纳税人是否将直销业务作为委托代销业务进行核算。审查委托代销合同或协议中是否明确了代销清单的提供时间，核实企业是否及时确认了销售；审查纳税人未收到代销清单的发出代销商品时间是否已超过 180 天，核实有无延迟确认纳税义务发生和不计销售的问题。核实是否存在有代销商品收入而未予以确认收入问题；检查“销售费用”等账户是否列支了代销手续费支出，进而核实委托代销合同或协议中是如何规定手续费的支付时间、支付金额的对受托代销业务的稽查。审查发出商品账户、往来明细账和销售资料，查阅相关合同、协议，了解企业是否存在代销业务，必要时对受托代销商品采用发函协查或实地盘存的方法进行检查，核实是否存在代销收入不入账，隐匿销售收入或延缓实现销售收入时间的问题。

(2)在不同县(市)间移送货物用于销售的稽查。

审查工商登记情况，了解纳税人是否存在跨县(市)的分支机构；检查机构间的往来明细账和银行资金往来凭据和销售部门的销售台账、仓库部门的实物账等，核实分支机构发票开具和货款收取方式，必要时到分支机构实地协查，核实有无未按规定计税的问题。

(3)将自产或委托加工的货物用于非应税项目、集体福利和个人消费的稽查。

审阅“库存商品”“自制半成品”明细账户的贷方发生额，检查其是否使用了自产或委托加工的货物用于非应税项目或集体福利、个人消费。实地观察或询问自产或委托加工货物的用途，分析有无用于非应税项目、集体福利和个人消费。在检查的过程中还要注意自用商品领用时间，是否存在滞后确认视同销售收入纳税问题。另外，如果纳税人已经视同销售处理，还要审核计税价格，核实有无以成本价作为计税依据的情况。

【案例 5-4】2019 年 5 月，甲饮料厂将一批自产的饮料发放给职工，该批饮料成本价 10 万元，对外销售价 12 万元。

企业会计处理为：

借：应付职工薪酬　　100 000

　贷：库存商品　　100 000

企业账务处理错误，导致少交增值税1.56万元，发放给职工的饮料应按销售价确认销售收入，同时计提销项税额。

正确的账务处理为：

借：应付职工薪酬　　115 600

　贷：主营业务收入　　100 000

　贷：应交税费——应交增值税（销项税额）　　15 600

(4)将自产、委托加工或购买的货物用于对外投资、分配给股东或投资者的稽查。

重点审阅"长期股权投资""应付股利""营业外支出"等账户借方的对应账户是不是"原材料""库存商品"等存货类账户，核实企业有无将自产、委托加工或购买的货物用于对外投资和分配给股东以及无偿赠送他人等事项的发生；审核企业的账务处理是否正确，是否按照含税价借记长期股权投资，贷记主营业务收入应交增值税（销项税额）。

将自产、委托加工或购买的货物无偿赠送的稽查。重点审阅"库存商品""自制半成品"账户的贷方发生额，检查有无对外进行无偿赠送。在检查的过程中还要注意捐赠商品的发出时间，是否存在滞后确认视同销售收入延时纳税问题。通过检查仓库出库单，审核是否存在对外无偿赠送自产、委托加工或外购货物的情况。另外，如果纳税人已经做了视同销售处理，还要审核计税价格，对于自产、委托加工的货物核实有无以成本价作为计税依据的情况。

2. 视同提供应税服务的稽查

在稽查时审核纳税人是否存在视同提供应税服务的行为。常见如营改增后企业向他人无偿提供资金，通过审阅"其他应收款"等往来明细账借方发生额和贷方发生额，确定无偿提供资金的起止时间，应视同提供贷款服务计征增值税；视同贷款的利息收入按照出借方同类贷款利率确定，无同类贷款的，按金融企业同期同类贷款利率确定；未签订书面合同或者书面合同未确定付款日期的，按照主管税务机关核定的纳税期限申报缴纳增值税。同时注意根据《财政部 税务总局关于明确养老机构免征增值税等政策的通知》（财税2019〕20号）《财政部 税务总局关于延长部分税收优惠政策执行期限的公告》（财政部、税务总局公告2021年第6号）规定，自2019年2月1日至2023年12月31日，对企业集团内单位（含企业集团）之间的资金无偿借贷行为，免征增值税。

3. 兼营业务的稽查

查阅工商营业执照，采取询问、实地观察等方法，核实其是否有兼营销售货物、加工修理修配劳务、服务、无形资产或者不动产的情况；检查"其他业务收入""营业外收入""其他业务支出""营业外支出"以及费用类账户，审核兼营业务是否分别核算，不分别核算或者不能准确核算的，是否分别缴纳了增值税。

4.混合销售行为的检查

(1)查阅工商营业执照，了解企业的经营范围，检查纳税人的生产经营场所，了解有无混合销售业务。检查“主营业务收入”“其他业务收入”账户，核实有无将一项混合销售业务分割成销售货物和应税服务分别核算的情况。

(2)审查经营主体的性质，从事货物的生产、批发或者零售的单位和个体工商户的混合销售行为有无错误按照销售服务缴纳增值税。

(3)审查有关成本、费用账户，核实是否存在将收取的混合销售收入直接冲减成本、费用。

三、适用税率(征收率)的稽查

(一)常见涉税疑点

纳税人兼营不同税率(征收率)的货物或应税劳务、服务，是否未分别核算不同税率(征收率)的货物或应税劳务、服务的销售额；是否不能准确核算不同税率(征收率)的货物或应税劳务、服务的销售额，或将高税率(征收率)的销售额混入低税率(征收率)的销售额进行核算。

纳税人是否将按适用税率计税的经营项目采用按简易办法计算缴纳增值税。

(二)常用检查方法

1.兼营的稽查

(1)核实纳税人兼营不同税率(征收率)的货物、应税劳务、服务的财务核算情况，审核是否将高税率(征收率)的货物并入低税率(征收率)的货物中核算。同时审核被检查企业是否存在将高税率(征收率)的应税服务并入低税率(征收率)的应税服务中核算的问题。

(2)核实纳税人“主营业务收入”“其他业务收入”明细账设置情况，核实是否按规定分别核算和准确核算不同税率、不同征收率的货物、应税劳务、服务的销售额。

(3)核实企业是否按规定计提、申报不同税率的货物、应税劳务、服务的销项税额或不同征收率的货物、应税劳务、服务的销售额。

2.简易办法计税的稽查

(1)核实是否按规定分别核算和准确核算简易计税的货物、应税服务的销售额，账上记载金额与《增值税纳税申报表》主表“按简易办法计税销售额”是否一致。

(2)注意审核一般纳税人特定经营项目按照简易征收增值税的范围，有无将不符合简易征收条件的经营项目混入简易办法计税销售额，少缴增值税。

四、销项税额稽查

(一)常见涉税疑点

(1)被检查企业是否人为推迟确认销售以及提供应税服务收入、延迟申报时间、延迟缴纳税款。

(2)被检查企业是否账面已确认销售但未计提销项税额，未申报纳税；是否账面已确认销售、已计提销项税额，但未申报或少申报纳税。是否在账内隐匿了销售货物销售额以及提供应税服务营业额：是否虚构了销售退回以及中止提供应税服务的业务；是否未将价外费用计提销项税额。

(3)是否存在不给客户开具发票，相应的收入不按规定入账的情况；是否存在以货易货、以货抵债收入未计收入的情况；是否存在销售产品不开发票，取得的收入不按规定入账的情况；是否存在销售收入长期挂账不转收入的情况；

(4)是否存在现金收入不按规定入账的情况；是否收取外单位或个人水、电、汽等费用，不计、少计收入或冲减费用；

(5)被检查企业接受委托加工业务，是否以委托方提供的材料、余料抵顶加工费，未计收入未申报纳税。

(6)被检查企业是否采用了以旧换新方式销售货物，按实际收取的销售款项计税(金银首饰除外)；是否采取了还本销售方式销售货物却按减除还本支出后的销售额计税。

(7)被检查企业是否随同产品出售单独计价包装物不计或少计收入。是否有逾期包装物押金收入而未及时计税。是否存在除啤酒、黄酒之外的酒类包装物押金收取时未计税行为。

(8)被检查企业是否销售了残次品、废品、材料、边角废料等却隐匿账外；或直接冲减原材料、成本、费用等账户；或确认为营业外收入，未计提销项税额。

(9)被检查企业是否将全额纳税的应税服务项目列入差额纳税项目来计税，扣除的差额部分是否准确。

(10)被检查企业是否存在账外经营行为而未申报纳税的问题。

(二)常用检查方法

1.纳税义务发生时间的稽查

(1)查阅“主营业务收入”明细账，根据每笔业务摘要内容和凭证字号，调阅有关记账凭证和原始凭证，将“销货发票”“出库单”等单据上记载的发出商品时间、数量等内容，与“主营业务收入”明细账、《增值税纳税申报表》购销合同中的价款结算方式等相关内容进行比较分析。

(2)根据所附的发货证明、购货方收货证明等资料，确认货物的出库和发运时间，判断是否存在滞后入账的情况；根据所附的托收回单、收款单等确定被检查企业办妥托收手续的时间及准确的收款时间，判断入账时间是否正确，有无存在不及时结转销售的问题。

(3)核实纳税人销售货物和提供应税服务的发票开具情况，与该企业的购销合同、应税服务提供合同的约定进行核对，从而发现纳税人是否存在先开具发票问题。

2.销售收入申报情况的稽查

(1)账上记载销售额与增值税销售额申报不符的稽查。

采用对比分析法,对账表进行比对,将《增值税纳税申报表》中填报的销项税额与“应交税费——应交增值税(销项税额)”进行逐月比对,如果账上记载的销项税额大于申报表上的销项税额,则纳税人可能存在未申报、少申报纳税的问题。

对汇总申报缴纳增值税的企业,还要注意将各成员单位的增值税明细账进行汇总,并与应交增值税汇总账户进行比对,核实是否存在不一致的问题。

(2)账内隐匿销售额的检查。

检查费用类科目中是否有红字冲减提供应税服务收入的情况。

检查“生产成本”“库存商品”明细账的贷方发生额,如果存在与资金账户直接对应的异常情况,则结合原始凭证,核查销售货物是否直接冲减生产成本、库存商品。

检查“库存商品”“原材料”等存货类账户明细账的贷方发生额,若对应账户是“原材料”或“工程物资”或其他货物等账户的,应进一步检查记账凭证和原始凭证,查明是否存在以物易物、不按规定确认收入少缴税款的问题。

查阅相关合同和负债类账户的明细账,审核各种债务的清偿方式,核实是否存在与“库存商品”等资产类账户的贷方发生额对转的情况,确认是否存在以货抵债的事项。

检查偿还债务的原始凭证和应交税费明细账,核实以货抵债业务是否按规定计提销项税额。

(3)虚构销货退回或虚构应税服务中止业务的稽查。

①票据的合法性检查。检查纳税人在开具增值税专用发票后,发生销货退回、开票有误、应税服务中止等情形但不符合发票作废条件,或者因销货部分退回及发生销售折让,需要开具红字增值税专用发票的情况下,是否取得了税务机关系统校验通过的《开具红字增值税专用发票信息表》,并据以开具红字发票。

②业务的真实性检查。核实退回的货物是否冲减了本期的销售成本并办理了入库手续。如果纳税人无合法依据冲减主营业务收入,且无货物退货入库记录的,就可能存在虚构销货退回的业务。

③资金流的检查。核实被检查企业货物流向和资金流向是否符合正常经营流程,并且在财务上是否构成完整的核算过程,如果不存在,则可能存在虚构销货退回的业务。

(4)价外费用的稽查。

审核购销或应税服务合同,查阅是否有收取价外费用的约定或协议。检查“其他应付款”明细账户,关注是否存在长期挂账款项,如果有,则进一步审阅有关原始单据,核实其是否属于价外费用。

检查“营业外收入”明细账,核实纳税人是否将从购货方或应税服务接受方收取的价外费用记入“营业外收入”明细账,有无申报纳税。

检查“管理费用”“制造费用”“销售费用”等成本、费用类明细账,如发现费用类账户有贷方发生额或借方红字冲减情况，应对照记账凭证，逐笔核查，核实是否属于将收取的价外费用直接冲减成本费用，少缴税款的情况。

(5)受托加工业务的稽查。

审阅被查企业与委托方签订的委托加工合同，了解双方在合同中约定的加工费价格、对加工费支付的方式和剩余材料的归属等内容。

检查“受托加工材料备查簿”中委托方提供的原材料发出、结存情况，采用投入产出分析法，复核纳税人代制、代修品耗用材料的数量，核查是否存在剩余边角料和原材料情况及这些剩余边角料和原材料的去向。

检查企业开出的加工费发票或收据的金额，结合加工后退还委托方的材料数量，核实是否存在委托方以剩余边角料和原材料抵顶加工费未计税的问题。必要时到委托方实施调查取证，以确认受托加工企业取得的“实物收入”是否存在不申报纳税的问题。

(6)以旧换新、还本销售的稽查。

了解被查企业所属行业内是否有以旧换新、还本销售商品的惯例，采用调查、询问和比较分析法，核实被查企业实际是否存在以旧换新销售业务。

检查纳税人的收入类明细账和销售原始凭据，核实有无某种货物销售价格明显低于同期正常的销售价格的情况，若有异常且无正当理由的，是否采取了以旧换新方式(金银首饰除外)而按实际收取的款项计算销售额的问题。

检查“销售费用”“主营业务成本”等损益类科目，核实有无还本支出的核算；对照销售收入进行审核是否存在还本支出冲减销售收入的问题。

(7)残次品、废品、材料、边角废料的稽查。

结合投入产出率、消耗定额、废品率等指标分析纳税人残次品、废品、材料、边角废料等数量，与账面记载情况相核对；对差额较大的，进一步检查车间、仓库等部门，看有无隐匿边角废料的收入。

采用审阅法和核对法，检查“其他业务收入”“营业外收入”等账户中是否核算了残次品、废品、材料、边角废料等销售额，是否提取了销项税额。

核查费用类、成本类等科目，看是否有红字冲减记录，并查阅相关原始凭证，看是否存在销售残次品、废品、材料、边角废料等取得的收入直接冲减费用类、成本类等科目，而未计提销项税额的问题。

(8)差额征税计税销售的稽查。

核实纳税人的经营项目是否符合现行税收政策规定差额征税的征税范围，检查有无将全额征税经营项目按差额征税少计销售额。

检查差额征税经营项目的扣除额的内容，核实有无扩大扣除额少计计税销售额的问题。检查从全部价款和价外费用中扣除的价款，是否取得符合法律、行政法规和国家税务总局规定的有效凭证。

(9)账外经营的稽查。

账外经营从其偷税手段上看，具有很大的隐蔽性。有的偷税者通过现金交易，将大部分业务从购进、生产到销售整个生产经营过程都置于账外，查处难度较大，可单独或同时采取以下方法进行检查。

①投入产出分析法。被检查企业原材料耗用数量实际单位耗用量与同行业其他企业同期的单位耗用量进行对可以判断其是否存在异常情况。检查中还要重点分析能决定产品生产数量的关键原材料和辅助材料、包装物与产品产量之间的匹配关系。

②逻辑分析法。既可以选用收入增长率、销售毛利率、销售利润率、应收账款周转率、资产周转率等财务指标进行协调性分析，也可以根据检查时所获取的销售税金负担率、成本毛利率、加成率、投入产出率等指标进行匹配性分析；稽查人员应从货物流向的角度进行研究、发现材料间的异常关系和某些数据的意外波动，未检查账外经营提供分析依据。

③异常情况分析法。对异常数字进行分析，结合被检查企业经济业务的内容，重点关注其资金流动是否正常，找出异常的数字进行分析；对异常账户进行分析，检查中应重点加强对被检查企业应收、应付等往来账户的分析，再结合其原始凭证的检查，以发现对应关系异常的经济业务。对异常行为进行分析。被检查企业所有行为都是围绕生产经营会计核算发生的，分析行为之间的合理性是账外经营检查的主要途径。

④突击检查法。稽查人员必须做好查前相关信息的收集和分析。按照效率原则对稽查人员进行科学分工，确定检查目标。实物盘点：稽查人员应将“库存商品”明细账与仓库保管员的实物账进行比对。

⑤重点检查法。现金盘点：稽查人员可突击盘点出纳库存现金，核实出纳库存现金与现金日记账的余额是否一致。核实生产用配件购进、耗用和结存情况。调查核实纳税人在银行设立账户（包括以主要负责人名义开的个人银行卡）情况。利用“金税工程”和海关比对进项税额信息。关注企业往来账中借入资金的来源。

⑥外围查证法。在采用其他方法分析、排查出涉税疑点的基础上，通过外围取证、固定证据，是检查账外经营最直接和有效的方法。包括对资金流向进行检查和对货物流向的检查。

五、进项税额稽查

（一）常见涉税疑点

（1）申报抵扣凭证不合法，小规模纳税人转为一般纳税人后，抵扣其小规模纳税人期间发生的进项税额。

（2）用于集体福利、个人消费的生产性货物、应税服务相关的进项未做转出处理。

（3）发生退货、应税服务中止或取得销售折让而未按规定做进项税额转出。

（4）将购进货物、应税服务用于简易征收项目、免税项目、发生非正常损失而未按规定做进项税额转出处理。

(5)从供货方取得的与商品销售量、销售额挂钩的各种返还收入,是否冲减当期的进项税额是否存在将返利挂入往来科目或冲减营业费用,而不做进项税额转出。

(二)常用检查方法

1.申报抵扣的进项税的稽查

(1)审核一般纳税人的认定时间、经济业务事项的发生时间,查阅购销合同、协议、货物入库单、仓库保管记录等,核实增值税纳税申报表上列明抵扣的进项税额与企业账务处理是否一致。

(2)检查购进环节的会计核算处理是否正确,根据材料、服务的属性判断,采购的原材料、应税服务是否为生产、经营所需。

(3)审核是否存在购进货物、应税服务用于职工福利抵扣进项税额问题,是否存在第三方付款抵扣进项税额问题,是否存在取得虚开进项抵扣凭证问题等。

(4)审查申报抵扣的进项税额是否取得合法的抵扣凭证,是否在规定时间申报抵扣。尤其要关注取得走逃(失联)企业开具的增值税专用发票,尚未申报抵扣的,是否暂不抵扣;已经申报抵扣的,是否先做进项税额转出。

(5)检查纳税人是否从境外单位或者个人购进服务、无形资产或者不动产凭完税凭证抵扣进项税额的,应当具备书面合同、付款证明和境外单位的对账单或者发票。资料不全的,其进项税额不得从销项税额中抵扣。

(6)审查农产品购进相关账簿及原始凭证,核查交易的真实性及抵扣方法是否正确。采用审阅法、核对法、观察法等多种方法,审查"原材料""库存商品"等科目的账务处理,查看原始凭证所列示的内容,结合产地和其他企业购进价格,核实买价是否合理,必要时可进行外调,同时关注业务的真实性,抽查被收购个人身份、产品、产量等信息与收购发票列明的相关资料是否相符。要检查液体乳及乳制品、酒及酒精、植物油行业等采取农产品进项税核定扣除的纳税人收购的农产品是否按规定计算抵扣。

(7)检查纳税人购进的贷款服务、餐饮服务、居民日常服务和娱乐服务,是否申报抵扣进项税额。检查纳税人取得不得抵扣且未抵扣进项税额的固定资产、无形资产、不动产,是否发生用途改变,用于允许抵扣进项税额的应税项目,是否在用途改变的次月按照规定计算可以抵扣的进项税额。

(8)已抵扣进项税额的固定资产、无形资产或者不动产,用于简易计税方法计税项目、免征增值税项目、集体福利或者个人消费的,是否转出不得抵扣的进项税额。

2.进项税额转出的稽查

(1)检查免税项目用的进项税额是否转出。转出时间是否正确,有无人为调节进项税额转出的时间,从而人为调节当期应交税费的情况。核实是否存在无法划分的不得抵扣的进项税额,如果有,则检查纳税人计算方法是否正确。尤其应关注其是否存在人为调节进项税转出的所属期问题,如果有此种情况发生则税务人员有权对其进项转出数进行全年统算。

(2)检查集体福利、个人消费进项税额的转出情况。检查“原材料”“包装物”“低值易耗品”“库存商品”等会计科目,检查“材料分配单”“领料单”,查看去向,审查被检查企业是否存在集体福利、个人消费用购进货物直接计入成本、费用的情况。核实应由集体福利、个人消费承担的材料物资成本金额,按规定的税率计算进项税额转出是否正确,是否存在故意降低用于集体福利的材料的成本,少计进项税额转出的情况。

(3)非正常损失进项税额是否转出。采用审阅法、核对法、分析法、盘存法等多种方法,核实纳税人材料采购过程中是否发生过非正常损失,重点审查“物资采购”“原材料”“待处理财产损溢”“应交税费——应交增值税”明细账户,结合收料单,查明进项税额核算是否正确,是否存在由购进货物损耗、短缺,却按购入货物全额计列进项税额的问题。核实纳税人是否存在将因管理不善造成丢失、被盗、霉烂变质的非正常损失的存货直接计入生产成本,未做进项税额转出处理的问题。检查是否存在将存货的盘亏在计算进项税额转出时,与盘盈相抵,造成盘亏材料相应的进项税额未转出的问题,或存在盈亏相抵后做进项税额转出的问题。检查中应注意计算进项税额转出的依据是否正确,有无少计损耗商品成本少转进项税额等。

3. 简易计税方法征税项目用进项税额的稽查

(1)检查纳税人经营范围中是否存在简易办法计税的项目,如果有则关注简易办法计税销售额与增值税申报表填报数字是否相符,审查无法准确划分的进项税额是否按照规定进行了正确的计算,并做了进项转出处理。

(2)免抵退税办法不得抵扣的进项税额的稽查。了解纳税人是否存在出口的货物,分析出口货物所适用的征税率和退税率之间是否存在差异,核实是否如实转出,有无进项税额少转出的问题。

(3)纳税检查调减进项税额的稽查。核查纳税人是否有税务、财政、审计部门检查后而需要调减的进项税额,查阅纳税人以往年度的稽查报告,核实是否存在纳税检查调减的进项税额,同时关注被检查企业“应交税费——增值税检查调整”科目贷方反映的数额与申报表上填报数字是否一致。

六、加计抵减应纳税额的稽查

(一)审查是否具备享受加计抵减条件

是否属于可以加计抵减的行业范围,提供服务取得的销售额占总销售额的比例是否大于50%,是否由于经营范围发生变化,导致不符合政策适用条件而继续享受。

(二)审查加计抵减比例适用是否正确

是否将现代服务业按照生活服务业15%的比例加计抵减。

(三)审查进项转出是否调减加计抵减额

按规定做进项税额转出处理的,是否在进项税额转出当期,相应调减加计抵减额。

七、增值税减免税的稽查

（一）常见涉税疑点

（1）擅自扩大免税范围，将应税项目混入免税项目，少申报增值税。

（2）编造虚假资料骗取税收优惠，少申报增值税。

（3）虚增应纳税额减征额，少申报增值税。

（二）常用检查方法

1.征免税范围的稽查

检查纳税人享受的免税项目是否符合税收政策规定，有无将应税项目混入免税项目，并将应税项目的销售或提供应税服务收入计入免税项目的问题。核查免税项目和应税项目的会计核算和财务管理情况，核实是否严格按照规定进行了分类明细核算。如未实行分别核算，应区别情况进行检查。检查纳税人是否存在将免税项目的进项税额计入应税项目予以抵扣问题；有无将免税项目领用的应税项目材料，未做进项税额转出处理。

2.编造虚假资料骗取税收优惠的稽查

核实纳税人享受的税收优惠政策是否存在编造虚假资料，以骗取增值税即征即退税收优惠的情况；是否存在编造虚假的产品生产工艺（流程）、配方比例和产品用途，骗取增值税免征、减征、先征后退和即征即退的税收优惠的情况。对于超税负返还的即征即退项目，在稽查过程中应关注纳税人增值税实际税负计算是否准确，即纳税人当期提供应税服务实际缴纳的增值税税额与纳税人当期提供应税服务取得的全部价款和价外费用核算是否正确。

3.应纳税额减征额的稽查

检查纳税人是否存在将非初次购买的增值税税控系统专用设备支付的费用，在增值税应纳税额中抵减（应由其自行负担）的问题。另外，检查企业是否将初次购买的增值税税控系统专用设备支付的费用和支付技术维护费，取得的增值税专用发票作为增值税抵扣凭证，进项税额从销项税额中予以抵扣。

八、预缴税款的稽查

（一）常见涉税疑点

（1）未按照规定预缴税款。

（2）跨项目抵减、提前抵减预缴税款。

（二）常用检查方法

（1）核实分支机构预缴税款的范围，审查分支机构有无少预缴税款的情形。

（2）检查预缴税款的时间和金额，是否存在延后或少预缴税款的情形。审查纳税人采取预收款方式销售自行开发的房地产项目，是否在收到预收款时按照规定预缴增值税；审查纳税人不在同一地级行政区范围内提供建筑服务取得预收款，是否在收到预收款时，以取得的预收款扣除支付的分包款后的余额，按照规定预缴增值税；审查纳税人提供建筑服务取得预收款，是否在收到预收款时，以取得的预收款扣除支付的分包款后的余额，按照规定的预征率预缴增值税；审查纳税人转让其取得（不审查含自建）的不动产的，是否以取得的全部价款和价外费用扣除不动产购置原价或者取得不动产时的作价后的余额为销售额，按照规定向不动产所在地主管地税机关预缴税款预缴增值税；审查纳税人转让其自建的不动产，是否以取得的全部价款和价外费用按照规定向不动产所在地主管地税机关预缴税款预缴增值税。

（3）审查预缴税款的预征率是否正确。

（4）审查增值税申报表及附表、预缴税款凭证、合同、会计核算资料，检查预缴税款抵减应纳税额是否符合规定。

【本章节政策依据】

1.《中华人民共和国增值税暂行条例》（国务院令第691号）

2.《中华人民共和国增值税暂行条例实施细则》（2011年10月28日，中华人民共和国财政部国家税务总局令第65号）

3.《财政部 国家税务总局关于全面推开营业税改征增值税试点的通知》（财税〔2016〕36号）

4.《财政部 税务总局 海关总署关于深化增值税改革有关政策的公告》（财政部 税务总局 海关总署公告2019年第39号）

5.《财政部 税务总局关于租入固定资产进项税额抵扣等增值税政策的通知》（财税〔2017〕90号）

6.《增值税一般纳税人登记管理办法》（国家税务总局令第43号）

7.《国家税务总局关于国内旅客运输服务进项税抵扣等增值税征管问题的公告》（国家税务总局公告2019年第31号）

8.《财政部 税务总局关于明确生活性服务业增值税加计抵减政策的公告》（财政部 税务总局公告2019年第87号）

9.《财政部 国家税务总局关于明确金融 房地产开发 教育辅助服务等增值税政策的通知》（财税〔2016〕140号）

10.《房地产开发企业销售自行开发的房地产项目增值税征收管理暂行办法》（国家税务总局公告2016年第18号）

11.《纳税人提供不动产经营租赁服务增值税征收管理暂行办法》（国家税务总局公

告 2016 年第 16 号）

12.《纳税人转让不动产增值税征收管理暂行办法》（国家税务总局公告 2016 年第 14 号）

13.《房地产开发企业销售自行开发的房地产项目增值税征收管理暂行办法》（国家税务总局公告 2016 年第 18 号）

14.《跨县（市、区）提供建筑服务增值税征收管理暂行办法》（国家税务总局公告 2016 年第 17 号）

第六章　企业所得税检查实务

【引言】

企业所得税相对其他税种来说，具有政策性强、综合程度高、计算过程复杂等特点，它贯穿了企业生产经营的全过程，企业发生的每一项经济业务，几乎都与企业所得税密切相关。加强企业所得税检查，对税务机关加强税源监控，提高税收征管质量，至关重要。

随着所得税征管力度的加大，纳税人采取的偷逃税手段越来越隐蔽，对稽查人员的业务水平要求越来越高，税务稽查干部必须努力提高综合素质，才能更好地适应当前企业所得税检查的需要。

第一节　纳税主体和应纳税所得额

一、纳税人、征税对象和税率

（一）纳税人

企业所得税的纳税人是我国境内的企业和其他取得收入的组织。包括居民企业和非居民企业。

居民企业是指登记注册地或实际管理机构在中国境内；依法在中国境内成立，或依照外国（地区）法律成立但实际管理机构在中国境内的企业。

非居民企业是指依照外国（地区）法律成立且实际管理机构不在中国境内，但在中国境内设立机构、场所的，或者在中国境内未设立机构、场所，但有来源于中国境内所得的企业。机构、场所，是指在中国境内从事生产经营活动的机构、场所，包括：

①管理机构、营业机构、办事机构；

②工厂、农场、开采自然资源的场所；

③提供劳务的场所；

④从事建筑、安装、装配、修理、勘探等工程作业的场所；

⑤其他从事生产经营活动的机构、场所。

非居民企业委托营业代理人在中国境内从事生产经营活动的，包括委托单位或者个人经常代其签订合同，或者储存、交付货物等，该营业代理人视为非居民企业在中国境内设立的机构、场所。

(二)征税对象

1. 征税对象的范围

包括企业的生产经营所得、其他所得和清算所得。居民企业的征税对象包括来源于中国境内、境外的所得；非居民企业的征税对象包括来源于中国境内的所得以及发生在中国境外但与其在中国境内所设机构、场所有实际联系的所得。

2. 所得来源的确定

(1)销售货物所得：按照交易活动发生地确定。

(2)提供劳务所得：按照劳务发生地确定。

(3)转让财产所得：不动产，按照不动产所在地确定；动产，按照转让动产的企业或者机构、场所所在地确定；权益性投资资产，按照被投资企业所在地确定。

(4)股息、红利等权益性投资所得：按照分配所得的企业所在地确定。

(5)利息、租金、特许权使用费所得：按照负担、支付所得的企业或者机构、场所所在地，个人的住所地确定。

(6)其他所得：由国务院财政、税务主管部门确定。

(三)税率

1. 法定税率(25%)

适用于居民企业和在中国境内设有机构、场所且取得的所得与机构、场所有联系的非居民企业。

2. 优惠税率

(1)20%。适用于符合条件的小型微利企业。

(2)15%。适用于国家重点扶持的高新技术企业、技术先进型服务企业、西部地区鼓励类产业企业(2011.1.1—2020.12.31)。

(3)预提所得税税率20%(实际：10%)。适用于在中国境内未设立机构、场所的，或者虽设立机构、场所但取得的所得与其所设机构、场所没有实际联系的非居民企业。

二、应纳税所得额

应纳税所得额是企业所得税的计税依据。它是纳税人每一纳税年度的收入总额减去准予扣除项目后的余额，即

应纳税所得额=收入总额-准予扣除项目金额。

(一)收入总额

企业的收入总额包括以货币形式和非货币形式从各种来源取得的收入；纳税人以非货币形式取得的收入，应当按照公允价值确定收入额。

1.销售商品收入的确认

结算方式或销售方式的不同，企业所得税中收入的确认时间不同。

(1)分期收款：按合同约定的收款日期确认收入。

(2)采取产品分成方式：按企业分得产品日期确认收入实现，收入额按公允价值确定。

(3)托收承付方式：在办妥托收手续时确认收入。

(4)预收款方式：在发出商品时确认收入。

(5)销售商品需要安装和检验的：在购买方接受商品以及安装和检验完毕时确认收入，如果安装程序比较简单，可在发出商品时确认收入。

(6)用支付手续费方式委托代销的：在收到代销清单时确认收入。

(7)售后回购：一般情况下，销售的商品按售价确认收入，回购的商品作为购进商品处理；

以销售商品方式进行融资，收到的款项应确认为负债，回购价格大于原售价的，差额应在回购期间确认为利息费用。

(8)以旧换新：应当按照销售商品收入确认条件确认收入，回收的商品作为购进商品处理。

(9)折扣、折让、销货退回：商业折扣按扣除商业折扣后的金额确定收入金额；现金折扣，按扣除现金折扣前的金额确定收入金额，现金折扣在实际发生时作为财务费用扣除；销售折让和退回企业已确认销售收入的售出商品发生销售折让和销售退回，应在发生当期冲减当期销售商品收入。

(10)买赠方式：不属于捐赠，应将总的销售金额按各项商品的公允价值的比例来分摊确认各项的销售收入。例如：买油烟机(不含税价 4 000 元)送燃气灶(不含税价 1 000 元)：则油烟机 3 200 元、燃气灶 800 元。

企业发生非货币性资产交换，以及将货物、财产、劳务用于捐赠、偿债、赞助、集资、广告、样品、职工福利或者利润分配等用途的，应当视同销售货物、转让财产或者提供劳务，但国务院财政、税务主管部门另有规定的除外。

2.提供劳务收入的确认

企业在各个纳税期末，提供劳务交易的结果能够可靠估计的，应采用完工进度(完工百分比)法确认提供劳务收入。

企业受托加工制造大型机械设备、船舶、飞机，以及从事建筑、安装、装配工程业务或者提供其他劳务等，持续时间超过 12 个月的，按照纳税年度内完工进度或完成的工作量确认收入的实现。

3.其他收入的确认

(1)转让财产收入。

企业转让股权收入，应于转让协议生效且完成股权变更手续时，确认收入的实现。转让股权收入扣除为取得该股权所发生的成本后，为股权转让所得。企业在计算股权转让所得时，不得扣除被投资企业未分配利润等股东留存收益中按该项股权所可能分配的金额。

(2)股息、红利等权益性投资收益。

收入确认时间，除另有规定外，按被投资方做出利润分配决定的日期。被投资企业将股权(票)溢价所形成的资本公积转为股本的，不作为投资方企业的股息、红利收入，投资方企业也不得增加该项长期投资的计税基础。

(3)利息收入。

按合同约定的债务人应付利息的日期确认收入的实现。在应付当天，无论是否收到，都需要确认收入。

(4)租金收入。

按照合同约定的承租人应付租金的日期确认收入的实现；一次收取多年租金的，可在租赁期内分期均匀计入相关年度收入。

(5)特许权使用费收入。

按照合同约定的特许权使用人应付特许权使用费的日期确认收入的实现。

(6)接受捐赠收入。

按照实际收到捐赠资产的日期确认收入的实现。

(7)其他收入。

包括企业资产溢余收入、逾期未退包装物押金收入、确实无法偿付的应付款项、已作坏账损失处理后又收回的应收款项、债务重组收入、补贴收入、违约金收入、汇兑收益等。

企业取得财产转让收入、债务重组收入、接受捐赠收入、无法偿付的应付款收入等，不论是以货币形式、还是非货币形式体现，除另有规定外，均应一次性计入确认收入的年度计算缴纳企业所得税。

4. 非货币性资产投资企业所得税处理

(1)企业以非货币性资产对外投资确认的非货币性资产转让所得，可在不超过5年期限内，分期均匀计入相应年度的应纳税所得额，按规定计算缴纳企业所得税。

(2)企业以非货币性资产对外投资，应对非货币性资产进行评估并按评估后的公允价值扣除计税基础后的余额，计算确认非货币性资产转让所得。

企业以非货币性资产对外投资，应于投资协议生效并办理股权登记手续时，确认非货币性资产转让收入的实现。

(3)投资方以非货币性资产对外投资而取得被投资企业的股权，应以非货币性资产的原计税成本为计税基础，加上每年确认的非货币性资产转让所得，逐年进行调整。被投资企业取得非货币性资产的计税基础，应按非货币性资产的公允价值确定。

(4)企业在对外投资5年内转让上述股权或投资收回的，应停止执行递延纳税政策，并就递延期内尚未确认的非货币性资产转让所得，在转让股权或投资收回当年的企业所得税年度汇算清缴时，一次性计算缴纳企业所得税；企业在计算股权转让所得时，可按规定将股权的计税基础一次调整到位。

(二)不征税收入和免税收入

应税收入＝收入总额－不征税收入－免税收入

1.不征税收入。

不征税收入包括：

(1)财政拨款。

各级政府对纳入预算管理的事业单位、社会团体等组织拨付的财政资金。

(2)依法收取并纳入财政管理的行政事业性收费、政府性基金。

企业收取的各种基金、收费，应计入企业当年收入总额；对企业依法收取并上缴财政的政府性基金和行政事业性收费，准予作为不征税收入，于上缴财政的当年在计算应纳税所得额时从收入总额中减除；未上缴财政的部分，不得从收入总额中减除。

(3)国务院规定的其他不征税收入。

企业取得的，由国务院财政、税务主管部门规定专项用途并经国务院批准的财政性资金。财政性资金的范围，不包括企业按规定取得的出口退税款。

国家投资和资金使用后需要归还本金的，不计入企业当年收入总额。如属于专项用途财政性资金，则为不征税收入；如属于其他财政性资金，则计入收入总额，应该征税。

从县级以上各级人民政府财政部门及其他部门取得的应计入收入总额的财政性资金，凡符合以下条件的，可以作为不征税收入，在计算应纳税所得额时从收入总额中减除。其条件为：企业能够提供资金拨付文件，且文件中规定该资金的专项用途；财政部门或其他拨付资金的政府部门对该资金有专门的资金管理办法或具体管理要求；企业对该资金以及以该资金发生的支出单独进行核算。

不征税收入用于支出所形成的费用，不得在计算应纳税所得额时扣除；用于支出所形成的资产，其计算的折旧、摊销不得在计算应纳税所得额时扣除。

2.免税收入

(1)国债利息收入。

①利息收入确认时间：企业从国务院财政部门取得的国债利息收入，应以国债发行时约定应付利息的日期，确认利息收入的实现；企业转让国债，应在国债转让收入确认时确认利息收入的实现。

②国债利息收入计算：企业从发行者直接投资购买的国债持有至到期：从发行者取得的国债利息收入，全额免征企业所得税。企业到期前转让国债，或者从非发行者投资购买的国债：其持有期间尚未兑付的国债利息收入，免企业所得税，企业转让国债取得的收益(损失)应计算纳税。

(2)符合条件的居民企业之间的股息、红利等权益性投资收益。

(3)在中国境内设立机构、场所的非居民企业，从居民企业取得与该机构、场所有实际联系的股息、红利等权益性投资收益。

上述免税投资收益不包括连续持有居民企业公开发行并上市流通的股票不足12个月取得的投资收益。

(三)税前扣除原则和范围

1.税前扣除项目的原则

税前扣除项目和金额必须真实、合法,必须遵守权责发生制原则、配比原则、相关性原则、确定性原则、合理性原则。

2.扣除项目的范围

包括成本、费用、税金、损失和其他支出。

(1)成本——销售商品、提供劳务、转让固定资产、无形资产的成本。

(2)费用:销售费用、管理费用、财务费用。

(3)税金。消费税、城市维护建设税、教育费附加、资源税、土地增值税、房产税、车船税、土地使用税、印花税、出口关税,允许扣除;契税、车辆购置税、进口关税、耕地占用税,计入相关资产成本;增值税(价外税)、企业所得税、企业为职工负担的个人所得税。

(4)损失。

①包括企业在生产经营活动中发生的固定资产和存货的盘亏、毁损、报废损失,转让财产损失,呆账损失,坏账损失,自然灾害等不可抗力因素造成的损失以及其他损失;

②税前可以扣除的损失为净损失:企业发生的损失减除责任人赔偿和保险赔款后的余额;

③企业已经作为损失处理的资产,在以后纳税年度又全部收回或者部分收回时,应当计入当期收入。

3.扣除项目及其标准

(1)工资、薪金支出。

①企业发生的合理的工资、薪金支出准予据实扣除。

合理工资薪金:企业按照股东大会、董事会、薪酬委员会或相关管理机构制定的工资薪金制度规定实际发放给员工的工资薪金。税务机关进行合理性确认时,按照税前扣除项目的5条原则进行把握。

②接受外部劳务派遣用工。

按照协议(合同)约定直接支付给劳务派遣公司的费用,作为劳务费支出。直接支付给员工个人的费用,应作为工资薪金支出和职工福利费支出。其中属于工资薪金支出的费用,准予计入企业工资薪金总额的基数,作为计算其他各项相关费用扣除的依据。

③企业因雇用季节工、临时工、实习生、返聘离退休人员所实际发生的费用。

应区分为工资薪金支出和职工福利费支出,并按规定在企业所得税前扣除。其中属于工资薪金支出的,准予计入企业工资薪金总额的基数,作为计算其他各项相关费用扣除的依据。

④福利性补贴。

列入企业员工工资薪金制度、固定与工资薪金一起发放的福利性补贴,符合《国家税务总局关于企业工资薪金及职工福利费扣除问题的通知》(国税函〔2009〕3号)第一条规定的,作为工资薪金,否则,作为福利费。

⑤企业在年度汇算清缴结束前向员工实际支付的已预提汇缴年度工资薪金,准予在汇缴年度按规定扣除。

(2)职工福利费、职工工会经费和职工教育经费。

①企业发生的职工福利费支出,不超过工资薪金总额14%的部分,准予扣除;《国家税务总局关于企业工资薪金及职工福利费扣除问题的通知》(国税函〔2009〕3号)对职工福利费的范围作出了规定。

②企业拨缴的职工工会经费支出,不超过工资、薪金总额2%的部分,准予扣除。税前扣除的原始凭证为《工会经费收入专用收据》或税务机关出具的合法有效的工会经费代收凭据。

③除另有规定外,企业发生的职工教育经费支出,自2018年1月1日起,不超过工资薪金总额8%的部分准予扣除,超过部分准予结转以后纳税年度扣除。软件生产企业发生的职工教育经费中的职工培训费用,全额扣除。

(3)保险费。

①准予扣除的保险费包括:依照国家规定范围和标准为职工缴纳的"五险一金",为特殊工种职工支付的人身安全保险费和符合规定的商业保险费,企业参加雇主责任险、公众责任险等责任保险,按照规定缴纳的财产保险费。

②限额扣除的保险费:支付的补充养老保险、补充医疗保险费,分别在不超过职工工资总额的5%标准以内的,准予扣除,超过部分,不得扣除。

③不得扣除的保险费:为投资者或者职工支付的商业保险费。

(4)利息费用。

①非金融企业向金融企业借款的利息支出、金融企业的各项存款利息支出和同业拆借利息支出、企业经批准发行债券的利息支出,可据实扣除。

②非金融企业向非金融企业借款的利息支出,不超过按照金融企业同期同类贷款利率计算的数额的部分可据实扣除,超过部分不允许扣除。企业在按照合同要求首次支付利息并进行税前扣除时,应提供金融企业的同期同类贷款利率情况说明。

③关联企业利息费用的扣除。

a.接受关联方债权性投资与其权益性投资比例为:金融企业为5∶1;其他企业为2∶1。超过的部分不得在发生当期和以后年度扣除;

b.相关交易活动符合独立交易原则的;或者该企业的实际税负不高于境内关联方的——两个条件符合一个即可;

c.企业自关联方取得的不符合规定的利息收入应按照有关规定缴纳企业所得税。

④企业向自然人借款的利息支出。

a.企业向股东或其他与企业有关联关系的自然人借款的利息支出,符合规定条件的,准予扣除;

b. 企业向除上述规定以外的内部职工或其他人员借款的利息支出，其借款情况同时符合以下条件的，其利息支出在不超过按照金融企业同期同类贷款利率计算的数额的部分，准予扣除：企业与个人之间的借贷是真实、合法、有效的，并且不具有非法集资目的或其他违反法律、法规的行为；企业与个人之间签订了借款合同。

(5)借款费用。

①资本化：企业为购置、建造固定资产、无形资产和经过 12 个月以上的建造才能达到预定可销售状态的存货发生借款的，在有关资产购置、建造期间发生的合理的借款费用，应予以资本化，作为资本性支出计入有关资产的成本。

②费用化：有关资产交付使用后发生的借款利息，可在发生当期扣除。企业在生产经营活动中发生的合理的不需要资本化的借款费用，准予扣除。

(6)汇兑损失。

除已经计入有关资产成本以及与向所有者进行利润分配有关的部分外，准予扣除。

(7)业务招待费。

①按孰小原则扣除：实际发生额的 60%与当年销售(营业)收入的 5‰中较小的一方扣除；

②销售(营业)收入的范围：包括主营业务收入、其他业务收入和视同销售收入，但不包括营业外收入；

③对从事股权投资业务的企业(包括集团公司总部、创业投资企业等)，其从被投资企业所分配的股息、红利以及股权转让收入，可以按规定的比例计算业务招待费扣除限额；

④企业在筹建期间，发生的与筹办活动有关的业务招待费支出，可按实际发生额的 60%计入企业筹办费，并按有关规定在税前扣除。

(8)广告费和业务宣传费。

①除另有规定外，不超过当年销售(营业)收入 15%的部分，准予扣除；超过部分，准予在以后纳税年度结转扣除；

②自 2016 年 1 月 1 日起至 2025 年 12 月 31 日止，对化妆品制造或销售、医药制造和饮料制造(不含酒类制造)：30%；

③计算扣除限额的基数：销售(营业)收入，与业务招待费计算税前扣除限额的依据是相同的；

④企业在筹建期间，发生的广告费和业务宣传费，可按实际发生额计入企业筹办费，并按有关规定在税前扣除；

⑤烟草企业的烟草广告费和业务宣传费支出，一律不得在计算应纳税所得额时扣除；

⑥企业申报扣除的广告费支出应与赞助支出严格区分；

⑦属于会计与税法的暂时性差异，可能出现纳税调增，也可能出现纳税调减。与职工教育经费相同。

(9)手续费及佣金支出。

①企业发生与生产经营有关的手续费及佣金支出，不超过以下规定计算限额以内的部分，准予扣除：

a. 保险企业：自 2019 年 1 月 1 日起，不超过当年全部保费收入扣除退保金等后余额的 18%(含本数)的部分，超过部分，允许结转以后年度扣除；

b. 其他企业：按与具有合法经营资格中介服务机构或个人(不含交易双方及其雇员、代理人和代表人等)所签订服务协议或合同确认的收入金额的 5%计算限额；超过部分，不得扣除。

②支付方式的要求：向具有合法经营资格中介服务机构支付的，必须转账支付，否则调增；向个人支付的，可以以现金方式，但需要有合法的凭证。

③企业为发行权益性证券支付给有关证券承销机构的手续费及佣金不得在税前扣除；

④企业不得将手续费及佣金支出计入回扣、业务提成、返利、进场费等费用；

⑤企业已计入固定资产、无形资产等相关资产的手续费及佣金支出，应通过折旧、摊销等方式分期扣除，不得在发生当期直接扣除；

⑥企业支付的手续费及佣金不得直接冲减服务协议或合同金额，并如实入账。

(10)公益性捐赠支出。

①公益性捐赠的界定：企业通过公益性社会团体或县级(含县级)以上人民政府及其部门，用于《中华人民共和国公益事业捐赠法》规定的公益事业的捐赠。

②税前扣除标准：不超过年度利润总额 12%的部分，准予扣除，年度利润总额是指企业依国家统一会计制度的规定计算的年度会计利润。超标准的公益性捐赠，准予以后三年内在计算应纳税所得额时结转扣除；企业在对公益性捐赠支出计算扣除时，应先扣除以前年度结转的捐赠支出，再扣除当年发生的捐赠支出。

③扶贫捐赠：自 2019 年 1 月 1 日至 2022 年 12 月 31 日，用于目标脱贫地区的扶贫捐赠支出，准予在计算企业所得税应纳税所得额时据实扣除。在政策执行期限内，目标脱贫地区实现脱贫的，可继续适用上述政策；

“目标脱贫地区”包括 832 个国家扶贫开发工作重点县、集中连片特困地区县(新疆阿克苏地区 6 县 1 市享受片区政策)和建档立卡贫困村。

④疫情防控捐赠：企业和通过公益性社会组织或者县级以上人民政府及其部门等国家机关，捐赠用于应对新型冠状病毒感染的肺炎疫情的现金和物品，允许在计算应纳税所得额时全额扣除。企业和直接向承担疫情防治任务的医院捐赠用于应对新型冠状病毒感染的肺炎疫情的物品，允许在计算应纳税所得额时全额扣除；

⑤纳税人向受赠人的直接捐赠，一般不得扣除，应做纳税调整，政策另有规定的除外；

⑥公益性捐赠包括货币捐赠和非货币捐赠；非货币性捐赠应当以公允价值计算；

⑦与流转税关系：企业将自产货物用于捐赠，应分解为按公允价值视同销售和捐赠

两项业务进行所得税处理。

(11)环境保护专项资金。

企业依法提取的用于环境保护、生态恢复等方面的专项资金准予扣除;上述专项资金提取后改变用途的,不得扣除。

(12)劳动保护费。

①企业发生的合理的劳动保护支出,准予扣除;

②自2011年7月1日起,企业根据其工作性质和特点,由企业统一制作并要求员工工作时统一着装所发生的工作服饰费用,可以作为企业合理的支出给予税前扣除。

(13)租赁费。

经营租赁:出租方提折旧,承租方扣租赁费支出。

融资租赁:承租方提折旧,不得扣除租赁费支出。

(14)有关资产的费用。

①企业转让各类固定资产发生的费用,允许扣除;

②企业按规定计算的固定资产的折旧费、无形资产和递延资产的摊销费,准予扣除。

(15)资产损失。

①企业当期发生的固定资产和流动资产盘亏、毁损净损失,准予扣除,资产损失资料由企业留存备查,无须报送税务机关;

②企业发生非正常损失时,不得从销项税额中抵扣的进项税额,应视同企业财产损失,申报后在所得税前按规定扣除。

(16)总机构分摊的费用。

非居民企业在中国境内设立的机构、场所,就其中国境外总机构发生的与该机构、场所生产经营有关的费用,能够提供总机构出具的费用汇集范围、定额、分配依据和方法等证明文件,并合理分摊的,准予扣除。

(17)其他规定。

①会员费、合理的会议费、差旅费、违约金、诉讼费用等,准予扣除;

②对企业依据财务会计制度规定,并实际在财务会计处理上已确认的支出,凡没有超过税法规定税前扣除范围和标准的,可按企业实际会计处理确认的支出,在企业所得税税前扣除,计算其应纳税所得额;

③企业当年度实际发生的相关成本、费用,由于各种原因未能及时取得该成本、费用的有效凭证,企业在预缴季度所得税时,可暂按账面发生金额进行核算;但在汇算清缴时,应补充提供该成本、费用的有效凭证。

(四)不得扣除的项目

①向投资者支付的股息、红利等权益性投资收益款项;

②企业所得税税款;

③税收滞纳金;

④罚金、罚款和被没收财物的损失；

罚息、违约金、赔偿金等允许扣除。

⑤超过规定标准的捐赠支出；

⑥赞助支出，与生产经营活动无关的各种非广告性质支出；

⑦未经核定的准备金支出；

⑧企业之间支付的管理费、企业内营业机构之间支付的租金和特许权使用费，以及非银行企业内营业机构之间支付的利息，不得扣除；

⑨与取得收入无关的其他支出。

(五)亏损弥补

(1)亏损弥补期：最长不得超过5年。无论盈亏，均计算；自2018年1月1日起，当年具备高新技术企业或科技型中小企业资格的企业，其具备资格年度之前5个年度发生的尚未弥补完的亏损：弥补期10年。

(2)企业筹办期间不计算为亏损年度，企业自开始生产经营的年度，为开始计算企业损益的年度。企业从事生产经营之前进行筹办活动期间发生筹办费用支出，不得计算为当期的亏损，企业可以在开始经营之日的当年一次性扣除，也可以按照长期待摊费用的处理规定处理，但一经选定，不得改变。

(3)税务机关对企业以前年度纳税情况进行检查时调增的应纳税所得额，凡企业以前年度发生亏损，且该亏损属于企业所得税法规定允许弥补的，应允许调增的应纳税所得额弥补该亏损。弥补该亏损后仍有余额的，按规定计算缴纳企业所得税。对检查调增的应纳税所得额应依有关规定进行处理或处罚。

(4)对企业发现以前年度实际发生的、按规定应在税前扣除而未扣除或少扣除的支出，企业做出专项申报及说明后，准予追补至该项目发生年度计算扣除，但追补确认期限不得超过5年。

企业由于上述原因多缴的企业所得税税款，可以在追补确认年度企业所得税应纳税款中抵扣，不足抵扣的，可以向以后年度递延抵扣或申请退税。

第二节　资产的税务处理

一、非流动资产的税务处理

(一)固定资产的税务处理

1. 固定资产计税基础

以“历史成本”或“公允价值＋相关税费”为计税基础。

(1)融资租入的固定资产，以租赁合同约定的付款总额和承租人在签订租赁合同过程中发生的相关费用作为计税基础；租赁合同未约定付款总额的，以该资产的公允价值和承租人在签订租赁合同过程中发生的相关费用为计税基础。

(2)盘盈的固定资产,以同类固定资产的重置完全价值为计税基础。

(3)改建的固定资产,除已足额提取折旧的固定资产和租入的固定资产以外的其他固定资产,以改建过程中发生的改建支出增加计税基础。

2. 固定资产折旧的范围

企业按规定计算的固定资产折旧,准予税前扣除。

下列固定资产不得计算折旧扣除:

①房屋、建筑物以外未投入使用的固定资产;

②以经营租赁方式租入的固定资产——出租方提折旧;

③以融资租赁方式租出的固定资产——承租方提折旧;

④已足额提取折旧仍继续使用的固定资产;

⑤与经营活动无关的固定资产;

⑥单独估价作为固定资产入账的土地;

⑦其他不得计算折旧扣除的固定资产。

3. 固定资产折旧的计提方法

(1)企业应当自固定资产投入使用月份的次月起计算折旧;停止使用的固定资产,应当自停止使用月份的次月起停止计算折旧。

(2)企业应当根据固定资产的性质和使用情况,合理确定固定资产的预计净残值。固定资产的预计净残值一经确定,不得变更。

(3)固定资产按照直线法计算的折旧,准予扣除。

4. 固定资产折旧的计提年限

除国务院财政、税务主管部门另有规定外,固定资产计算折旧的最低年限如下:房屋、建筑物为20年;飞机、火车、轮船、机器、机械和其他生产设备为10年;与生产经营活动有关的器具、工具、家具等为5年;飞机、火车、轮船以外的运输工具为4年;

5. 固定资产折旧的处理

(1)会计折旧年限与税法最低折旧年限不同的处理。

①会计折旧年限小于税法最低折旧年限,会计折旧大于税收折旧,调增当期应纳税所得额;

②会计折旧年限已满且折旧已提足,但税收上尚未提足折旧,未足额扣除部分准予在剩余税收折旧年限继续按规定扣除——调减。

(2)会计折旧年限大于税法规定最低折旧年限,除另有规定外,按会计折旧年限计算扣除。

(3)会计上提取减值准备,不得税前扣除,折旧按税法确定的计税基础计算扣除。

(4)税法加速折旧的,可全额在税前扣除。

6. 固定资产改扩建的税务处理——针对房屋、建筑物而言

(1)产权不属于企业所有:作为长期待摊费用,在剩余租赁期内分期摊销。

(2)产权属于企业所有,已经提足折旧,作为长期待摊费用,按预计尚可使用年限分期摊销。

未提足折旧,推倒重置的,原值减除提取折旧后的净值,并入重置后的固定资产计税成本,在该固定资产投入使用后的次月起,按税法规定的折旧年限,一并计提折旧。

(3)提升功能、增加面积的,改扩建支出并入该固定资产计税基础,从改扩建完工投入使用后的次月起,重新按税法规定的该固定资产折旧年限计提折旧,如该改扩建后的固定资产尚可使用的年限低于税法规定的最低年限的,可按尚可使用的年限计提折旧。

(二)生物资产的税务处理

生物资产的分类——消耗性生物资产、生产性生物资产、公益性生物资产。

生产性生物资产:为产出农产品、提供劳务或出租等目的而持有的生物资产,包括经济林、薪炭林、产畜和役畜等。

林木类生产性生物资产,最短折旧年限10年;畜类生产性生物,资产最短折旧年限3年。

(三)无形资产的税务处理

1. 无形资产摊销的范围

下列无形资产不得计算摊销费用扣除:

①自行开发的支出已在计算应纳税所得额时扣除的无形资产;

②自创商誉;

③与经营活动无关的无形资产;

④其他不得计算摊销费用扣除的无形资产。

2. 无形资产的摊销方法及年限

①无形资产的摊销采取直线法计算——当月摊销;

②无形资产的摊销不得低于10年。作为投资或者受让的无形资产,在有关法律或协议、合同中规定使用年限的,可依其规定使用年限分期计算摊销;

③外购商誉,在企业整体转让或者清算时准予扣除。

(四)长期待摊费用的税务处理

1. 房屋、建筑物改建支出

已提足折旧的固定资产,长期待摊费用,按照固定资产预计尚可使用年限分期摊销;租入的固定资产,长期待摊费用,按照合同约定的剩余租赁期限分期摊销;其他,增加固定资产计税基础,适当延长折旧年限。

2. 其他固定资产大修理支出

长期待摊费用,按照固定资产尚可使用年限分期摊销。其他固定资产大修理支出,是指同时符合下列条件的支出:

①修理支出达到取得固定资产时的计税基础50%以上;

②修理后固定资产的使用年限延长2年以上。

其他应当作为长期待摊费用的支出自支出发生月份的次月起，分期摊销，摊销年限不得低于 3 年。

3. 其他应当作为长期待摊费用的支出

自支出发生月份的次月起，分期摊销，摊销年限不得低于 3 年。

4. 固定资产日常修理支出

列入当期费用。

(五)投资资产的税务处理

1. 投资资产成本的扣除方法

企业对外投资期间，投资资产的成本在计算应纳税所得额时不得扣除，企业在转让或者处置投资资产时，投资资产的成本准予扣除。

2. 投资企业撤回或减少投资的税务处理

①相当于初始出资的部分：投资收回，不征企业所得税；

②相当于被投资企业累计未分配利润和累计盈余公积按减少实收资本比例计算的部分：股息所得，符合条件的居民企业的股息、红利等权益性投资收益，免税；

③其余部分：投资资产转让所得，征企业所得税。

被投资企业发生的经营亏损，由被投资企业按规定结转弥补；投资企业不得调整减低其投资成本，也不得将其确认为投资损失——如会计上确认投资损失，税收调增。

二、资产损失的所得税处理

(一)资产损失的定义

资产：企业拥有或者控制的、用于经营管理活动相关的资产，包括现金、银行存款、应收及预付款项等货币性资产，存货、固定资产、无形资产、在建工程、生产性生物资产等非货币性资产，以及债权性投资和股权(权益)性投资。

资产损失：企业在生产经营活动中实际发生的、与取得应税收入有关的资产损失。

(二)资产损失扣除政策

允许扣除的资产损失为净损失——企业发生的损失减除责任人赔偿和保险赔款后的余额，损失中转出的进项税额作为资产损失的一部分。

(三)资产损失税前扣除管理

企业实际资产损失，应当在其实际发生且会计上已做损失处理的年度申报扣除；企业向税务机关申报扣除资产损失，仅需填报企业所得税年度纳税申报《资产损失税前扣除及纳税调整明细表》，不再报送资产损失相关资料，相关资料由企业留存备查。

第三节　税收优惠和应纳税额

一、免征与减征优惠

(一)从事农、林、牧、渔业项目的所得

大部分免征,但下列项目取得的所得,减半征收:花卉、茶及其他饮料作物和香料作物的种植;海水养殖、内陆养殖。

(二)从事国家重点扶持的公共基础设施项目投资经营的所得

企业从事国家重点扶持的公共基础设施项目(包括港口码头、机场、铁路、公路、电力、水利等项目)的投资经营的所得,自项目取得第一笔生产经营收入所属纳税年度起,3免3减半。

(三)从事符合条件的环境保护、节能节水项目的所得

环境保护、节能节水项目(包括公共污水处理、公共垃圾处理、沼气综合开发利用、节能减排技术改造、海水淡化等)的所得,自项目取得第一笔生产经营收入所属纳税年度起,3免3减半。

在减免税期限内转让的,受让方自受让之日起,可在剩余期限内享受规定的减免税优惠;减免税期限届满后转让的,受让方不得就该项目重复享受减免税待遇。

(四)符合条件的技术转让所得

1.基本政策

一个纳税年度内,居民企业转让技术所有权所得不超过500万元的部分,免征企业所得税;超过500万元的部分,减半征收企业所得税。

2.技术转让的范围

包括居民企业转让专利技术、计算机软件著作权、集成电路布图设计权、植物新品种、生物医药新品种、5年(含)以上非独占许可使用权,以及财政部和国家税务总局确定的其他技术。

3.技术转让所得的计算

注意:根据技术转让所得,而非收入,确定企业所得税的优惠政策。

技术转让所得=技术转让收入-技术转让成本-相关税费

技术转让收入:当事人履行技术转让合同后获得的价款,不包括销售或转让设备、仪器、零部件、原材料等非技术性收入。

4.居民企业转让所得的计算

居民企业从直接或间接持有股权之和达到100%的关联方取得的技术转让所得,不享受技术转让减免企业所得税优惠政策。

5.单独计算技术转让所得的计算

单独计算技术转让所得，并合理分摊企业的期间费用；没有单独计算的，不得享受技术转让所得企业所得税优惠。

二、其他优惠政策

(一)高新技术企业优惠

国家需要重点扶持的高新技术企业减按15%的所得税税率征收企业所得税。熟悉高新技术企业认定标准。

(二)小型微利企业优惠

(1)小型微利企业减按20%的所得税税率征收企业所得税。

(2)2019年1月1日至2021年小型微利企业优惠政策。

①标准一335标准(从事非限制非禁止性行业):

年应纳税所得额	从业人数	资产总额
≤300万元	≤300人	≤5 000万元

②应纳税额计算:

a.年应纳税所得额≤100万元，减按25%计入应纳税所得额，20%的税率；实际税率:5%。

应纳税额=应纳纳税所得额×5%

b.100万元<年应纳税所得额≤300万元，减按50%计入应纳税所得额，20%的税率；实际税率:10%。

c.应纳税额=应纳纳税所得额×10%-5万元。

(3)根据《国家税务总局关于落实支持小型微利企业和个体工商户发展所得税优惠政策有关事项的公告》(国家税务总局公告2021年第8号)，自2021年1月1日至2022年12月31日，对小型微利企业年应纳税所得额不超过100万元的部分，减按12.5%计入应纳税所得额，按20%的税率缴纳企业所得税。

(4)其他规定。

①年度应纳税所得额:以弥补亏损后的数字为准；

②从业人数包括与企业建立劳动关系的职工人数和企业接受的劳务派遣用工人数；

③年度中间开业或终止经营活动的，以其实际经营期作为一个纳税年度确定上述相关指标；

④无论是查账征收企业，还是核定征收企业，符合条件的，均可享受小型微利企业的税收优惠；

⑤仅就来源于从我国所得、负有我国纳税义务的非居民企业，不适用小型微利企业的规定。

(三)加计扣除优惠

1. 研究开发费

企业开展研发活动实际发生的研究开发费，未形成无形资产计入当期损益的，在按照规定据实扣除的基础上，按照研究开发费用的75%加计扣除；形成无形资产的，按照无形资产成本的175%摊销。

制造业企业开展研发活动中实际发生的研发费用，未形成无形资产计入当期损益的，在按规定据实扣除的基础上，自2021年1月1日起，再按照实际发生额的100%在税前加计扣除；形成无形资产的，自2021年1月1日起，按照无形资产成本的200%在税前摊销。

可加计扣除的费用范围。

①人工费用。

直接从事研发活动人员的工资薪金、基本养老保险费、基本医疗保险费、失业保险费、工伤保险费、生育保险费和住房公积金，以及外聘研发人员的劳务费用。

人员是指直接从事研发活动的研究人员、技术人员、辅助人员(参与研发活动的技工)，包括本企业和外聘的。既从事研发也从事非研发，对人员活动情况做必要记录，按实际工时占比等合理方法在研发费用和生产经营费用间分配，未分配的不得加计扣除。

②直接投入费用。

以经营租赁方式租入的用于研发活动的仪器、设备，同时用于非研发活动的，企业应对其仪器设备使用情况做必要记录，并将其实际发生的租赁费按实际工时占比等合理方法在研发费用和生产经营费用间分配，未分配的不得加计扣除。

企业研发活动直接形成产品或作为组成部分形成的产品对外销售的，研发费用中对应的材料费用不得加计扣除。

产品销售与对应的材料费用发生在不同纳税年度且材料费用已计入研发费用的，可在销售当年以对应的材料费用发生额直接冲减当年的研发费用，不足冲减的，结转以后年度继续冲减。

③折旧费用。

指用于研发活动的仪器、设备的折旧费。企业用于研发活动的仪器、设备，符合税法规定且选择加速折旧优惠政策的，在享受研发费用税前加计扣除政策时，就税前扣除的折旧部分计算加计扣除。

④无形资产摊销费用。

用于研发活动的无形资产，符合税法规定且选择缩短摊销年限的，在享受研发费用税前加计扣除政策时，就税前扣除的摊销部分计算加计扣除。

⑤新产品设计费、新工艺规程制定费、新药研制的临床试验费、勘探开发技术的现场试验费。

⑥其他相关费用。

指与研发活动直接相关的其他费用，如技术图书资料费、资料翻译费、专家咨询费、高新科技研发保险费,研发成果的检索、分析、评议、论证、鉴定、评审、评估、验收费用,知识产权的申请费、注册费、代理费,差旅费、会议费,职工福利费、补充养老保险费、补充医疗保险费。此类费用总额不得超过可加计扣除研发费用总额的10%。

⑦其他事项。

a.企业取得的政府补助,会计处理时采用直接冲减研发费用方法且税务处理时未将其确认为应税收入的,应按冲减后的余额计算加计扣除金额。

b.企业取得研发过程中形成的下脚料、残次品、中间试制品等特殊收入,在计算确认收入当年的加计扣除研发费用时,应从已归集研发费用中扣减该特殊收入,不足扣减的,加计扣除研发费用按零计算。

c.企业开展研发活动中实际发生的研发费用形成无形资产的,其资本化的时点与会计处理保持一致。

d.失败的研发活动所发生的研发费用可享受税前加计扣除政策。

e.无论委托方是否享受研发费用税前加计扣除政策,受托方均不得加计扣除——委托方可以享受加计扣除,受托方不得享受加计扣除。

f.委托境外进行研发活动所发生的费用,按照费用实际发生额的80%计入委托方的委托境外研发费用。委托境外研发费用不超过境内符合条件的研发费用2/3的部分,可以按规定在企业所得税前加计扣除。

2.企业安置残疾人员所支付的工资

(1)企业安置残疾人员所支付的工资,在按照支付给残疾职工工资据实扣除的基础上,按照支付给残疾职工工资的100%加计扣除。

(2)企业安置国家鼓励安置的其他就业人员所支付的工资的加计扣除办法,由国务院另行规定。

(四)创投企业优惠

创业投资企业采取股权投资方式直接投资于初创科技型企业满2年的,可以按照其投资额的70%在股权持有满2年的当年抵扣该创业投资企业的应纳税所得额;当年不足抵扣的,可以在以后纳税年度结转抵扣。

(五)加速折旧优惠

1.可采取加速折旧的一般规定

(1)由于技术进步,产品更新换代较快的固定资产。

(2)常年处于强震动、高腐蚀状态的固定资产。

2.速折旧的方法

(1)缩短折旧年限最低折旧年限不得低于规定折旧年限的60%。

(2)加速折旧方法双倍余额递减法或年数总和法。

3.特殊行业加速折旧规定

行业范围——六大行业、四大领域、全部制造业。

①六大行业:生物药品制造业,专用设备制造业,铁路、船舶、航空航天和其他运输

设备制造业，计算机、通信和其他电子设备制造业，仪器仪表制造业，信息传输、软件和信息技术服务业等行业企业，2014 年 1 月 1 日后新购进的固定资产（包括自行建造）。

②四大领域：轻工、纺织、机械、汽车四个领域重点行业企业，2015 年 1 月 1 日后新购进的固定资产（包括自行建造）。

③全部制造业：2019 年 1 月 1 日后新购进的固定资产（包括自行建造）。

4. 研发活动方面加速折旧的优惠

对所有行业企业在 2014 年 1 月 1 日后新购进并专门用于研发活动的仪器、设备，以及六大行业（2014 年）、四大领域（2015 年）、全部制造业（2019 年）小型微利企业新购进的研发和生产经营共用的仪器设备：

单位价值≤100 万元的一次性扣除。

单位价值＞100 万元的允许按不低于最低折旧年限的 60%缩短折旧年限，或选择采取双倍余额递减法或年数总和法进行加速折旧。

5. 设备、器具等固定资产一次性税前扣除和加计扣除规定

企业在 2018 年 1 月 1 日至 2023 年 12 月 31 日新购进的设备、器具，单位价值不超过 500 万元的，允许一次性计入当期成本费用在计算应纳税所得额时扣除，不再分年度计算折旧；单位价值超过 500 万元的，仍按企业所得税法实施条例、《财政部 国家税务总局关于完善固定资产加速折旧企业所得税政策的通知》（财税〔2014〕75 号）、《财政部 国家税务总局关于进一步完善固定资产加速折旧企业所得税政策的通知》（财税〔2015〕106 号）等相关规定执行。

高新技术企业在 2022 年 10 月 1 日至 2022 年 12 月 31 日新购置的设备、器具，允许当年一次性全额在计算应纳税所得额时扣除，并允许在税前实行 100%加计扣除。凡在 2022 年第四季度内具有高新技术企业资格的企业，均可适用该项政策。企业选择适用该项政策当年不足扣除的，可结转以后年度按现行有关规定执行。

上述所称设备、器具是指除房屋、建筑物以外的固定资产。所称购置包括以货币形式购进或自行建造，其中以货币形式购进的固定资产包括购进的使用过的固定资产。

固定资产购置时点按以下原则确认：以货币形式购进的固定资产，除采取分期付款或赊销方式购进外，按发票开具时间确认；以分期付款或赊销方式购进的固定资产，按固定资产到货时间确认；自行建造的固定资产，按竣工结算时间确认。

6. 企业持有的单价不超过 5 000 元的固定资产

可以一次性计入成本费用在税前扣除。

（六）减计收入优惠

企业综合利用资源，生产国家非限制和禁止并符合国家和行业相关标准的产品取得的收入，减按 90%计入收入总额。

（七）税额抵免优惠

企业购置并实际使用符合规定的环境保护、节能节水、安全生产等专用设备的，该专用设备投资额的 10%可以从企业当年的应纳税额中抵免；当年不足抵免的，可以在以

后5个纳税年度结转抵免。

企业购置上述设备在5年内转让、出租的，应停止享受企业所得税优惠，并补缴已经抵免的企业所得税税款。

三、应纳税额的计算

(一)居民企业应纳税额的计算

居民企业应纳税额＝应纳税所得额×适用税率－减免税额－抵免税额

直接法：

应纳税所得额＝收入总额－不征税收入－免税收入－各项扣除－允许弥补的以前年度亏损

间接法：

应纳税所得额＝会计利润＋纳税调整增加额－纳税调整减少额

(二)居民企业核定征收应纳税额的计算

1. 核定征收企业所得税的范围

①依法可以不设置账簿的；

②依法应当设置但未设置账簿的；

③擅自销毁账簿或者拒不提供纳税资料的；

④虽设置账簿，但账目混乱或者成本资料、收入凭证、费用凭证残缺不全，难以查账的；

⑤发生纳税义务，未按照规定的期限办理纳税申报，经税务机关责令限期申报，逾期仍不申报的；

⑥申报的计税依据明显偏低，又无正当理由的。

2. 核定征收的办法

(1)核定税额。

(2)核定应税所得率。

①按应税收入(而非收入总额)核定。

应税收入＝收入总额－不征税收入－免税收入

应纳税所得额＝应税收入×应税所得率

②按成本费用支出额核定。

应纳税所得额＝成本费用支出额÷(1－应税所得率)×应税所得率

应纳所得税税额＝应纳税所得额×适用税率(核定征收企业，符合相应条件的，享受小型微利企业优惠)

(三)房地产开发企业所得税预缴税款的处理

房地产开发企业：在未完工前采取预售方式销售取得的预售收入，按照规定的预计利润率分季(或月)计算出预计利润额，计入利润总额预缴，开发产品完工、结算计税成本后按照实际利润再行调整。

预计利润额＝预售收入×预计利润率

房地产开发企业特定业务如表 6－1 所示：

表 6－1　房地产开发企业特定业务

	预售阶段	完工交付业主
会计	预收账款	确认收入，结转成本
增值税	预缴 3％增值税	纳税义务发生
城市维护建设税及附加	纳税义务发生；但并不记入“税金及附加”，纳税调减	记入“税金及附加”，纳税调增
土地增值税	预缴。但并不记入“税金及附加”，纳税调减	达到清算条件。记入“税金及附加”，纳税调增
预计利润	预计毛利额，纳税调增	预计毛利额纳税调减

四、企业所得税征收管理

（一）纳税地点

除另有规定外，居民企业以企业登记注册地为纳税地点；但登记注册地在境外的，以实际管理机构所在地为纳税地点。

居民企业在中国境内设立不具有法人资格的营业机构的，应当汇总计算并缴纳企业所得税。

除国务院另有规定外，企业之间不得合并缴纳企业所得税。

（二）纳税期限

企业所得税按年计征，分月或者分季预缴，年终汇算清缴，多退少补；自年度终了之日起 5 个月内，汇算清缴；企业在年度中间终止经营活动的，应当自实际经营中止之日起 60 日内，向税务机关办理当期企业所得税汇算清缴。

（三）纳税申报

按月或按季预缴的，应当自月份或季度终了之日起 15 日内，报送预缴企业所得税纳税申报表，预缴税款。

企业应当在办理注销登记前，就其清算所得向税务机关申报并依法缴纳所得税。

企业在纳税年度无论盈利或亏损，都需按期申报。

（四）源泉扣缴

1. 扣缴义务人

对非居民企业在中国境内未设立机构、场所的，或者虽设立机构、场所但取得的所得与其所设机构、场所没有实际联系的，其应缴纳的所得税，实行源泉扣缴，以支付人为扣缴义务人。税款由扣缴义务人在每次支付或者到期应支付时，从支付或者到期应支付的款项中扣缴；对非居民企业在中国境内取得工程作业和劳务所得应缴纳的所得税，税务机关可以指定工程价款或者劳务费的支付人为扣缴义务人。

2. 扣缴方法

扣缴义务人每次代扣的税款，应当自代扣之日起 7 日内缴入国库。

第四节　企业所得税涉税疑点及检查方法

企业所得税检查主要是对纳税人应纳税收入总额、准予扣除项目、适用税率及优惠政策的合理性、合法性和真实性进行的审核和检查。

一、收入总额稽查

(一)常见涉税疑点

1. 销售货物收入常见涉税疑点

(1)销售货物收入确认时间是否正确，是否推迟或未确认收入。

(2)销售货物收入金额是否公允，是否少计收入。

(3)申报缴纳企业所得税时未按照税法的规定将相关项目调整为所得税收入。如不对逾期未退包装物押金收入等进行调整。

2. 提供劳务(服务)收入常见涉税疑点

(1)持续时间超过 12 个月的，是否按照纳税年度内完工进度或者完成的工作量确认收入的实现。

(2)价格是否明显低于同行业同规模企业同期的销售价格或者本企业同期该货物或劳务的平均销售价格。

(3)是否存在利用往来账户延迟实现应税收入或调整企业利润。

(4)发生抵销交易的，是否按公允价格确认收入实现。

3. 转让财产收入常见涉税疑点

(1)企业取得转让股权收入，是否于转让协议生效且完成股权变更手续时，确认收入的实现。

(2)企业计算股权转让所得时是否扣除了被投资企业未分配利润等股东留存收益中按该项股权所可能分配的金额。

(3)企业有无签订平价或低于实际转让额的虚假股权转让合同，少计收入。

(4)企业取得不动产等其他财产转让收入，是否依法及时确认收入实现。

4. 股息、红利等投资收益常见涉税疑点

(1)企业取得股息、红利等权益性投资收益，除国务院财政、税务主管部门另有规定外，是否按照被投资方作出利润分配决定的日期确认收入的实现。

(2)对会计采用权益法核算长期股权投资的投资收益与按税法规定确认的投资收

益的差异未按税法规定进行纳税调整，或者只调减应纳税所得额而未进行相应调增。

(3)是否存在国债转让收入混作国债利息收入，少缴企业所得税。

5. 利息收入常见涉税疑点

(1)企业是否按照合同约定的债务人应付利息的日期确认收入的实现。

(2)有无其他单位和个人欠款而形成的利息收入未及时计入收入总额，特别注意集团成员企业之间的借款和应收货款。

6. 租金收入常见涉税疑点

(1)企业提供固定资产、包装物或者其他有形资产的使用权取得的租金收入，是否按照合同约定的承租人应付租金的日期及金额全额确认收入。

(2)关联方之间无租或低租出租资产，是否按独立交易原则依法调整并确认租金收入实现。

7. 特许权使用费收入常见涉税疑点

(1)企业提供专利权、非专利技术、商标权、著作权以及其他特许权的使用权取得的特许权使用费收入，是否按照合同约定的日期及金额全额确认收入。

(2)关联方之间有无通过特许权使用费条款来人为调节利润，是否按独立交易原则依法调整并确认特许权使用费收入实现。

8. 接受捐赠收入常见涉税疑点

(1)企业接受捐赠收入，是否按照实际收到捐赠资产的日期确认收入的实现。

(2)接受捐赠非货币性资产，是否按照非货币性资产的公允价值确认收入实现。

9. 视同销售收入常见涉税疑点

(1)发生非货币性资产交换，以及将货物、财产、劳务用于捐赠、偿债、赞助、集资、广告、样品、职工福利或者利润分配、销售等其他改变资产所有权属用途的，未按税法规定视同销售货物、转让财产或者提供劳务确认收入。

(2)关联企业之间发生的非货币性资产投资行为，投资协议生效后，12 个月内尚未完成股权变更登记手续的，是否于投资协议生效时，确认非货币性资产转让收入的实现。

10. 其他收入常见涉税疑点

(1)企业是否存在取得其他收入，如取得违约金、税费返还等，未及时、准确申报收入的实现。

(2)债务重组时，企业以股权的公允价值抵偿债务，是否在入账时仅以股权的面值扣减，公允价值与面值间增值的部分未计入债务重组收益。

(3)企业是否存在确实无法支付的应付款项，应并入而未并入当期应纳税所得额。

11. 以前年度损益调整常见涉税疑点

以前年度损益调整事项只进行了会计调整，未进行纳税调整。

(二)常用检查方法

对企业各年收入进行检查时，稽查人员应先了解各项拟检查的收入的会计处理，然后通过观察、询问、盘存、分析、复核等具体检查方法实施检查，关注疑点收入所涉及的资金流、发票流、货物流、合同流、单证流、人员流等具体信息，查实企业收入是否存在涉税违法问题。

1.收入确认不完整的检查

(1)审查购销、劳务、投资等合同类资料以及资金往来的相关记录，结合原始凭证资料分析，查证收入项目、内容、单价、数量、金额等是否准确，包括是否存在抵销交易而少计销售收入情况。

(2)结合货物及劳务(服务)价外费用账务处理，从以下三个方面检查企业所得税收入是否全额入账。

①向销售部门了解销售情况和结算形式，通过产品销售市场分析确认有无加收价外费用分解收入的问题。

②重点检查“其他应收款”和“其他应付款”账户，查看是否存在收取款项通过“其他应付款”账户或“其他应收款”账户挂账，如存在则需通过审阅发票、收据等原始单据进一步查明是否属于销售收入。

③检查成本类账户的会计核算，注意红字记录，分析“生产成本”“制造费用”“管理费用”“财务费用”等账户借方发生额的红字冲销记录，是否存在收入直接冲抵成本、费用的问题。

2.隐匿收入不入账的检查

(1)将“库存商品”“开发产品”“原材料”等明细账和仓库保管账核对，核对各种存货的仓库出库凭证、开票时间、数量、金额、去向等，结合“主营业务收入”“其他业务收入”明细账，查实企业自制半成品、副产品、下脚料、残次品等是否有隐匿收入的情况。

(2)了解企业经营或生产流程，核实各种费用的消耗定额、单位成本各项目之间的配比系数，确认某一时期、某一项目的比例关系，运用控制计算法等方法，查明是否存在成本、收入均不入账，体外循环的问题。

(3)采取突击检查方式，查实是否存在账外经营、私设账簿等隐匿收入的问题。

(4)对往来账户中长期挂账和长期投资中无收益的大额资金等进行追踪检查，履行必要的手续后，可以检查相关企业和企业法定代表人、主要经营管理人员的个人存款账户，查清资金的真实去向，落实资金的实际用途，核实有无账外经营问题。

(5)审查“主营业务收入”“其他业务收入”明细账的借方发生额或贷方发生额的红字冲销数额，如果是销货退回和销售折让、折扣等，应进一步查阅原始凭证，核实其销货退回或折让手续是否齐全，是否存在假退货、假折让，或者是用销货回扣冲减了销售额的情况。

(6)检查“库存商品”明细账。如果贷方对应科目不是“主营业务成本”“发出商品”科目，而是“原材料”“应付股利”及往来账或货币资金账等账户，应进一步审查原始凭证，如属于视同销售行为等应调增应税收入额。

(7)检查“发出商品”明细账。审查会计凭证及销货合同或协议，核实结算方式和收款时间。核实是否满足收入确认条件，未及时、足额地确认销售收入。

(8)检查"原材料"明细账。审查"原材料"明细账贷方对应账户，如不是"生产成本""制造费用""管理费用""销售费用"，而是货币资金或往来账户，一般属于销售材料未计销售收入，核实后应予调整。

(9)对从事建筑、安装、装配工程业务或者提供劳务等，持续时间超过12个月的，审查纳税年度结束时当期劳务收入总额、完工进度，确认计入劳务收入金额的准确性。

(10)对照企业的房产、土地、机器设备等所有权属证明，通过实地察看，核查企业各种财产的实际使用情况，核实财产是否存在出租、出借现象。有财产租赁行为的，通过对企业合同协议的检查，掌握企业业务的真实情况，检查企业会计处理是否真实、完整。

(11)对出租包装物的检查，结合销售合同和账面记载出租包装物的流向，通过实地盘存法，核对出租包装物进、销、存情况，确认出租包装物核算是否正确。

(12)对接受捐赠收入的检查。审查企业是否存在将接受的捐赠收入长期挂往来账户未结转损益的问题，结合资产的增减变动，重点审查企业是否存在取得捐赠不入账的情况。检查"营业外收入""资本公积"明细账，查验有无接受非货币性捐赠的情况，落实取得的非货币性收入的计价依据，与同类物品的市场价格或公允价格进行对比，对其差价进行纳税调整。

(13)检查"其他应付款"明细账，对长期未支付的大额款项进行调查，确实无法偿付的有无计收入。检查企业"其他应付款——包装物押金"明细账中包装物押金的收取情况，对照企业合同协议有关包装物押金处理的约定，核实是否存在逾期未退押金未做收入处理的情况。

(14)检查"资产减值准备"和债权投资及往来类账户，与企业各类资产损失年度专项申报资料相对照，核实企业已申报扣除的资产损失是否又收回的，有无及时申报收入。

3. 对收入确认不及时的检查

(1)对企业延迟收入确认时限的检查。

①检查企业往来类、资本类等账户，对长期挂账不做处理的账项进行重点核实，检查是否存在收入计入往来账，不及时确认收入的情况。

②对季末、年末收入发生骤减的企业，采取盘存法核实企业存货进销存的实际情况，结合货币资金增减的时间，确认有无延迟收入入账时间的问题。

③结合成本类账户，通过收入与成本配比性的检查，对长期挂往来科目预收性质的收入逐项核实，并通过审阅合同或协议，按照结算方式查实有无未及时确认收入的问题。

(2)对劳务(服务)收入的检查。

①结合"工程施工""劳务(服务)成本"等账户通过收入与成本配比性的检查，对长

期挂往来科目预收性质的劳务(服务)收入逐项核实,并通过审阅合同或协议,按照结算方式审查是否存在应确认未确认的劳务(服务)收入。

②对餐饮、娱乐、建筑等现金收支比较大的企业,在检查时,组织稽查人员同时控制住各个收银台,财务室、仓库等经营处、管理场所。查找销售日报表、营业额记录簿、"水单""账单"、签单簿、押金结算簿、已使用票据、各类合同等,核实企业入账不及时的问题。

(3)对股息、利息收入的检查。

①检查"交易性金融资产""债券投资""其他债权投资""其他权益工具""长期股权投资"等借方发生额及上年借方余额,如未体现投资收益的,应重点检查"其他应付款""应付账款"等往来账户,核实企业是否将投资收益挂往来账,必要时到对方单位调查取证。

②通过"长期股权投资"账户和案头分析资料查实企业投资情况,结合"投资收益"等账户核实企业参股企业利润分配情况。

③检查"其他应收款"等大额往来账户,如核实企业存在对关联方无偿提供资金的行为,应比照同期同类金融企业贷款利率确认当期利息收入。

4.视同销售行为的检查

(1)检查企业"库存商品""开发产品"的发出,如对应"应付职工薪酬"账户,核实有无将企业的产品、商品用于职工福利、辞退福利、职工奖励等未做视同销售处理。

(2)检查"库存商品""生产成本""开发成本"等账户,如对应"销售费用""其他应付款"等账户,核实企业有无将产品、劳务用于集资、广告、赞助、样品等未做视同销售处理。

(3)检查"库存商品""开发产品""原材料""固定资产""无形资产""生产成本"等账户金额的减少,如对应"短期投资""长期股权投资""应付账款""其他应付款""营业外支出"等账户,核实企业有无用非货币性资产对外投资、偿债或对外捐赠等未做视同销售处理。

(4)企业如发生不具有商业交换实质的非货币性资产交换行为,是否按规定依法纳税调整。

5.不征税收入转为征税收入未及时确认的检查

对企业将取得符合条件的财政性资金作为不征税收入的,检查企业取得财政补助当年及后续支出对应的政府部门资金拨付文件、专项资金管理办法和会计核算明细账簿、具体会计处理及其纳税调整,关注企业是否仅有不征税收入调减而无对应成本费用的调增,同时关注对取得专项资金,5年(60个月)内未发生支出且未缴回财政部门或其他拨付资金的政府部门的部分,核实企业是否及时计入取得该资金第六年的应税收入总额,有无延迟确认问题。

二、扣除项目稽查

(一)常见涉税疑点

1.成本、费用常见涉税疑点

(1)企业各年度核算的成本、费用、损失等是否符合真实性、相关性、合理性、划分资本性支出与收益性支出、不得重复扣除等原则,并按照税法规定予以税前扣除。

(2)税前扣除项目是否遵循权责发生制确认原则。

(3)企业当年度实际发生的相关成本、费用,由于各种原因未能及时取得该成本、费用的有效凭证,是否在汇算清缴时及时补充提供了该成本、费用的有效凭证;是否使用了不符合税法规定的凭证列支成本费用。

(4)企业成本、费用、税金、损失及其他支出的财务处理与税收法律法规不一致的,是否按照税收法律法规依法进行了纳税调整。

(5)企业损失扣除是否符合规定;是否扣除了追补确认期限已超过 5 年的企业以前年度实际发生的、按照税收规定应在企业所得税前扣除而未扣除或者少扣除的支出和损失。

(6)企业不征税收入用于支出所形成的费用,是否在计算应纳税所得额时扣除。

2.成本费用常用偷逃税手段

(1)营业成本常用偷逃税手段。

①利用虚开发票或人工费、劳务费等虚增成本;

②混淆资本性支出和收益性支出的核算;

③为调节利润擅自改变成本计价及计算方法、存货摊销方法等;

④收入和成本、费用不配比;

⑤虚增销售数量,多转销售成本;

⑥销货退回只冲减销售收入,不冲减销售成本。

(2)期间费用常用偷逃税手段。

①混淆资本性支出与收益性支出的核算;

②一项支出在成本和费用中重复列支;

③将有扣除标准的费用混入无扣除标准的费用中扣除;

④禁止扣除、超限制扣除的费用未按税法规定进行纳税调增;

⑤擅自扩大加计扣除项目列支范围,享受税收优惠;

⑥使用不符合税法规定的扣除凭证列支费用;

⑦不符合独立交易原则的关联交易费用未按税法规定纳税调整;

⑧只提不缴纳、多提少缴虚列费用。

(3)税金、损失及其他支出常用偷逃税手段。

①虚列损失及其他支出;

②已做损失处理的资产，又部分或全部收回的，或损失实现补偿的部分，未做纳税调整；

③补提、补扣以前年度损失和补缴以前年度税金等，直接当期税前扣除。

(二)常用检查方法

对企业各年扣除项目进行检查时，稽查人员应先了解各项扣除项目的会计处理，然后通过观察、询问、盘存、分析、复核等具体检查方法实施检查，关注疑点扣除项目所涉及的资金流、发票流、货物流、合同流、单证流、人员流等具体信息，查实企业扣除是否存在涉税违法问题。

1.利用虚开发票或人工费、劳务费等虚增成本的检查

(1)检查“原材料”“库存商品”“包装物”“制造费用”“开发成本”等账户借方发生额，核对计入存货成本的运输费、装卸费、途中合理损耗、直接人工费、建安工程费等相关费用发票，利用发票各项内容之间的逻辑关系进行对比分析，确认发票的有效性、真实性、合法性。

(2)检查“应付职工薪酬”明细账户及其对应账户，审核记账凭证和原始凭证，结合企业生产经营情况及生产规模核实从业职工人数和薪酬标准；核实企业实际发生的在“应付职工薪酬”中列支的职工福利费、职工教育经费、工会经费的归集、列支范围、税前扣除数额是否符合规定，有无虚增人工成本的问题。

(3)结合企业生产经营实际情况，调查核实劳务公司开具的劳务发票是否存在真实劳务派遣行为，有无虚开发票问题等。审阅劳务合同条款及资金支付凭据等，核实企业接受外部劳务派遣用工所实际发生的费用是按合同协议直接支付给劳务派遣公司，还是直接支付给员工个人，企业的税务处理是否正确。

2.资本性支出一次计入成本的检查

检查“原材料”“低值易耗品”等资产类明细账，结合发票记载的品名、数量、金额，确定有无将购入的固定资产采用分次付款、分次开票的形式计入存货类资产账，或以零部件名义把固定资产化整为零，作为低值易耗品、外购半成品、修理用备件入账，于领用时一次或分次计入生产成本、费用，造成提前税前扣除。

3.为调节利润擅自改变成本计价及计算方法、存货摊销方法等的检查

检查“原材料”“生产成本”“产成品”“库存商品”“开发产品”等明细账和有关凭证、成本计算单，对照确认各期相关的成本计算方法是否一致。核实有无随意改变成本计价和存货摊销方法，通过成本调节利润的问题。

4.收入和成本、费用不配比的检查

收集企业近年来企业财务决算等资料，分析比较财务报表中的收入、成本费用等相关数据，通过“主营业务成本率”“主营业务成本变化率”“同业成本率对比差”三个指标，将企业主营业务成本增减变化情况，与同行业企业同一指标的平均值进行对比分析，从中查找异常。检查销售(营业)成本与销售(营业)收入是否相匹配。

5.虚计销售数量，多转销售成本的检查

核对企业“主营业务成本”明细账销售数量(面积)明细和“库存商品”“开发产品”明

细账结转销售成本的数量(面积),进一步与销售合同、仓库保管账等收、发、存数量(面积)核对,结合实地盘存检查是否虚计销售数量(面积),多转主营业务成本,必要时,可到对方单位外调取证。同时,核实有无计价不正确或有意改变计价方法,造成多转销售成本的问题。

6.销货退回是否冲减销售成本的检查

检查企业“主营业务收入”“库存商品”“开发产品”等明细账,对用红字冲减销售收入的销货退回业务,应核实退回实物数量,并与“主营业务成本”明细账核对,结合相关的原始凭证,核实企业销货退回时是否只冲减收入未冲减销售成本。

7.一项支出在成本和费用中重复列支的检查

重点审阅企业相关的会计凭证、账簿,成本、费用账户中有无相同和相近金额的支出;检查记账和原始凭证,重点是总、分支机构的费用扣除问题,分析原始凭证有无将发票复印件入账等,确认是否存在重复列支费用的问题。

8.有扣除标准费用混入无扣除标准费用列支或虚列费用的检查

结合运用抽查法、全查法,检查大额费用的原始凭证,对不符合营业常规的费用支出,可调阅合同和资金结算等资料,询问管理、销售、财务等部门人员,必要时到相关单位调查取证,确定业务发生的真实性,核实是否存在虚列费用,或有扣除标准和无扣除标准费用混淆列支的问题。尤其是运输费用、业务招待费、广告费、业务宣传费、手续费、佣金和其他大额异常费用等业务真实性的检查。

9.多列技术开发费用的检查

审查企业研发项目的研发方式(自行、委托、合作、集团研发)是否与实际情况一致;审核相关技术开发项目开发计划(立项书)和开发费预算,核实技术研发专门机构编制批文和专业人员名单;到生产部门和工艺部门核定是否存在开发新产品、新工艺行为;着重检查研发费用财务是否单独核算及账证是否健全,研究开发费用支出范围是否符合有关政策规定,有无虚计或多计加计扣除金额的问题。

10.对关联方之间不符合独立交易原则费用支出的检查

(1)审查企业成立章程等,核实企业资金来源、购销渠道、技术支持、高管构成等,确定双方是否构成关联关系。

(2)检查签订的咨询、服务、技术及借款合同等,明确关联方之间的真实业务性质,多途径核实交易是否真实发生。

(3)针对利息支出要检查企业从其关联方接受的债权性投资与权益性投资的比例是否超过规定标准,超标准部分利息是否结转以后年度扣除,不超过标准的借款利率是否超过金融机构同类、同期贷款利率。

11.对税金的检查

主要检查“税金及附加”“管理费用”“其他业务成本”“以前年度损益调整”所涉及的税金核算,有无将应资本化的税金、企业所得税或应由个人负担的个人所得税进行了税前直接扣除;结合税务机关的税务处理决定书,分析相关的完税凭证,核实企业有无将补提补缴的以前年度税款在本年度进行税前扣除。检查企业是否对仅账面计提并未实际缴纳的税金进行了税前扣除。

12.对损失和其他支出的检查

通过对“待处理财产损溢”“营业外支出”等明细账、记账凭证和原始单证的检查，核实企业申报的资产损失和其他支出是否真实发生，税前扣除是否符合税收政策规定，有无存在虚报资产损失的情况；已申报扣除又收回的资产损失是否正确进行了纳税调整；企业财务处理中列支的按《企业所得税法》第十条规定不允许税前扣除的支出是否进行了纳税调整。

三、资产税务处理稽查

(一)常见涉税疑点

1.常见涉税疑点及偷逃税手段

(1)企业是否将其实际经营使用的其他单位或个人的资产成本进行了税前扣除。

(2)企业持有各项资产期间资产增值或者减值，无论有无国务院财政、税务主管部门允许确认损益的规定，是否均调整了该资产的计税基础。

(3)企业资产增加时是否按规定确定其历史成本，有无利用接受虚开发票等虚增资产计税基础。

(4)企业取得资产时因税会差异导致的资产会计成本与计税基础的差异是否依法纳税调整。

(5)企业的非现金资产溢余，是否按税法规定确认收入，是否按税法规定以同类资产的重置完全价值确认收入。

(6)资产计提折旧、摊销的范围、年限、计算方法及分配是否准确，税会差异是否依法予以纳税调整。

(7)以固定资产、无形资产等对外投资、非货币性资产交换、债务重组、赞助或捐赠等，是否以资产公允价值确认收入并按规定缴纳税款。

(8)资产处置过程取得的收入是否依法纳税，处置净损益是否并入所得计算纳税。

(9)涉及税收优惠的资产，是否存在擅自扩大优惠范围、扩大加计扣除资产成本等问题。

(10)资产损失是否经清单申报或专项申报方在税前予以扣除，是否补充申报扣除了已超过了5年追溯调整期限的以前年度应申报未申报扣除的资产损失。

(11)以前年度稽查结论中发现的企业资产税务处理的违法问题是否仍继续存在。

(12)是否存在租入固定资产的后续支出，未按规定期限摊销费用，未做纳税调整；是否将以融资租赁方式租入的固定资产，视同经营性租赁进行了税务处理。

(13)按照国家规定提取用于环境保护、生态恢复的专项资金，改变用途后是否进行了纳税调整。

2. 常用偷逃税手段

(1)虚增资产计税价值。

(2)属于资产计税价值组成范围的支出未予资本化。

(3)计提折旧、摊销范围不准确。

(4)折旧、摊销计算方法及分配不准确。

(5)资产处置所得未并入应纳税所得额。

(6)不允许税前扣除的资产成本擅自进行了扣除。

(二)常用检查方法

对企业各年资产进行检查时,稽查人员应先了解各项拟检查的资产的会计处理,然后通过观察、询问、盘存、分析、复核等具体检查方法实施检查,关注疑点资产所涉及的资金流、发票流、货物流、合同流、单证流、人员流等具体信息,查实企业资产税务处理是否存在涉税违法问题。

1. 虚增资产计税价值的检查

(1)对固定资产、生产性生物资产计税基础的检查。应结合资产登记簿,对有资产增加的应进行详细全面的检查,重点分析资产增加的权属证明、项目组成、合同决算、入账发票、评估或审计报告、资金结算情况等相关原始资料,必要时到设计、施工建造、监理部门、农业部门、国土部门等进行调查,相互印证,确认资产尤其是大额资产入账金额的真实性。

(2)对外购无形资产价值的检查。应仔细核对有关无形资产的证明文件和受让合同、契约。如专利项目众多,应向企业索取专利权明细表,逐一查对分析,以确定其无形资产是否真实,落实无形资产的计价是否准确,有无将其他费用挤入专利权价值中,或虚增无形资产价值。通过关联税种信息甄别比对,为土地使用权转让而发生的印花税、契税的入库信息可帮助稽查人员查找并发现真实的资产成交价格或提供合理的参照依据。

(3)对投资资产的检查。应核对有关投资资产的证明文件和合同、协议、评估报告、公司章程等资料,比对获取的工商、国土等部门企业股权、产权转移信息,必要时到被投资企业进行调查,核实投资资产计税价值的真实性。

2. 属于资产计税价值组成范围的支出未予资本化的检查

(1)结合企业"生产成本"、"制造费用"、期间费用等账户,对企业一次性列支金额较大的支出应核对发票内容、日期、开票单位与相关合同,落实企业是否将购入、接受捐赠、融资租赁资产的包装费、保险费、运输费、安装费、修理费等计入长期资产计税基础项目;对企业"生产成本""制造费用"及期间费用等账户的借方明细进行检查,查看大额支出形成的标的物是否达到相关资产标准而未列入长期资产核算,在当期扣除;核对企业长期资产盘点表,查看盘盈资产是否已通过费用科目列支。

(2)对企业自行建造、自行研发的长期资产,结合建造合同、工程决算、工程监理报告和工程审计报告书、研发项目的部门批文、可行性报告及财务、技术计量标准等有关资料，检查“原材料”“在建工程”“研发支出”“营业外支出”“固定资产”“无形资产”等明细账户和原始凭证，落实企业有无将建造过程中直接发生的材料、人工费等计入生产成本，落实有无将在建工程发生报废或损毁的净损失，直接计入“营业外支出”，核实研发支出的归集是否符合规定，对属于资产计税价值范围内的支出未予以资本化的，应进行合理的调整。核实是否存在用符合不征税收入条件的财政性资金形成的资本化金额部分，其对应的资产折旧、摊销额是否依法纳税调整。

(3)对企业拥有的长期股权投资、持有至到期投资、可供出售金融资产等，严格分析“投资收益”“营业外收入”“营业外支出”“长期股权投资”“可供出售金融资产”“持有至到期金融资产”等明细账和原始凭证，落实有无将应予资本化的取得投资过程中发生的相关手续费和投资损溢、折价等直接计入当期损益的问题。

3.资产折旧、摊销范围不准确的检查

(1)运用核对法和实地查看法，结合“固定资产”“无形资产”“生产性生物资产”等明细账的记录与“折旧、摊销计算表”，对长期资产进行全面分析，核实是否存在将税法不允许计提折旧、摊销的长期资产计算折旧或摊销而未做纳税调整，对自行开发已在计算应纳税所得额时扣除的无形资产、自创商誉、与经营活动无关的资产等，是否计入无形资产摊销范围。

(2)对年度中间增加或减少的长期资产，对照相关合同发票，结合长期资产入账的时间和“资产折旧、摊销计算表”，核对当月增加的资产有无列入计提折旧、摊销的基数，当月减少的资产有无从当月计提折旧、摊销基数中扣除的问题。

(3)检查“固定资产清理”“营业外支出”“累计折旧”“累计摊销”和固定资产、生产性生物资产卡片等资料，查看有无将提前报废或死亡的资产、已提足折旧仍继续使用的资产、破产关停的资产等列入折旧、摊销的计提基数。

4.折旧、摊销计算方法及分配不准确的检查

(1)检查“累计折旧”“累计摊销”账户贷方，审查“折旧、摊销计算表”中的折旧计算方法是否符合规定，有无在一个年度内随意变更折旧计算方法和折旧年限，造成多提或少提折旧、摊销的情况。同时，结合“固定资产”“无形资产”“生产性生物资产”等账户的检查，核实折旧率、摊销率计算有无问题，特别注意核实折旧率、摊销率明显偏高的资产项目。

(2)对照企业“折旧、摊销计算表”，检查折旧、摊销额的计算有无问题。检查“固定资产”“无形资产”“生产性生物资产”等明细账，结合对相关资产实物的检查，无形资产主要是分析法律和合同或企业申请书、协议书上有无规定使用年限，核实资产的用途或使用部门，检查“累计折旧”“累计摊销”等账户贷方对应账户，核实有无将应予资本化的折旧、摊销费用计入期间费用而推迟实现利润的问题。

(3)对采用加速折旧法或缩短折旧年限的，是否符合税收优惠政策要求。复算计提基数是否正确，加速折旧的方法是否在双倍余额递减法或年数总和法中选择并符合计算要求；对缩短折旧年限的，计提折旧的年限是否低于税法规定最低折旧年限的60%。

2014年及以后年度六大行业及四大领域新增固定资产加速折旧和允许一次性扣除的固定资产范围等是否符合税收优惠政策要求，企业有无自行扩大固定资产优惠政策适用范围。

5.对资产处置的检查

稽查关键在于资产转让信息的获取。除应重点检查企业"固定资产清理""累计折旧""固定资产减值准备""无形资产减值准备""营业外支出""营业外收入""其他应付款"等账户，核实企业资产处置的原因和相关原始凭证；还应充分利用工商登记信息交换获取股权转让信息，通过外部互联网络获取异地和境外资产转让信息，通过大宗交易平台和互联网络获取大宗金融商品减持或买卖信息，通过关联税种申报信息甄别比对资产真实转让价格，通过交易双方入账金额分析测算转让价格等；检查核实企业资产处置收入及残值是否按规定结转损益，是否冲抵了相应的累计折旧或累计摊销，是否按税法规定进行纳税调整。检查企业有资产处置事项的，内部处置的资产是否转移出境，转移出境时是否视同销售处理；对外处置资产的，是否及时足额视同销售处理。自2014年度开始，企业以非货币性资产对外投资业务确认的非货币性资产转让所得选择5年分期均匀纳税的，检查企业在对外投资5年内转让上述股权或投资收回的，是否及时停止执行递延纳税政策，并就递延期内尚未确认的非货币性资产转让所得，在转让股权或投资收回当年的企业所得税年度汇算清缴时，一次性计算缴纳企业所得税；企业在对外投资5年内注销的，是否及时停止执行递延纳税政策，并就递延期内尚未确认的非货币性资产转让所得，在注销当年的企业所得税年度汇算清缴时，一次性计算缴纳企业所得税。

6.对不允许税前扣除的资产成本擅自进行扣除的检查

重点关注"商誉""研发支出"等明细账簿资料，检查是否将企业自创商誉、自行研发并已列入费用扣除的支出等进行了扣除；外购商誉的支出，在企业未整体转让或者清算时是否已经扣除；不征税收入形成的资产，其计算的折旧、摊销额是否已经扣除等。

四、企业所得税其他事项稽查

（一）企业所得税税收优惠稽查

1.常见涉税疑点问题

（1）不符合税收优惠条件享受税收优惠。

（2）不符合税收法定范围享受税收优惠。

（3）超期限享受税收优惠。

（4）减免金额计算不准确。

（5）自行扩大加计扣除范围和无形资产成本。

2.常用检查方法

（1）企业享受税收优惠条件的检查。应对照企业所得税优惠政策规定的条件进行检查，检查时可采用审阅法对照分析。如对于汇总纳税企业是否符合西部优惠条件时，以该企业设在优惠地区的总机构和分支机构的主营业务是否符合《西部地区鼓励类产业目录》及其主营业务收入占其收入总额的比重加以确定，有无将该企业设在优惠地区以外分支机构因素也考虑在内。

(2)企业享受税收优惠范围的检查。对照税收优惠的各项规定，核实企业享受优惠的项目是否在法定范围之内。如国债利息收入中是否混入国债转让收益，有无将不符合优惠条件的股息红利等权益性投资收益混入免税收入，享受税额抵免的专用设备是否在设备所得税优惠目录里等。

(3)企业享受优惠期限的检查。检查企业工商登记证照、企业成立章程等有关资料，逐项分析享受税收优惠企业的资格是否符合税法规定。

(4)企业享受优惠金额的检查。如企业同时从事减免项目与非减免项目的，应分别核算，独立计算减免项目的计税依据以及减免税额度，不能分别核算的，不能享受减免税。同一项目，定额享受减税、免税的，超额部分要准确计算所得税税额。

对于同时符合多个优惠条件，同时不允许叠加享受优惠的，要重点检查是否存在叠加享受优惠的问题。

(5)对研发支出的检查。

①自行扩大加计扣除无形资产成本的检查。一是检查自主、委托、合作研发项目立项书、计划书等，分析研发项目是否符合"新产品、新技术、新工艺"的规定，查看是否符合加计扣除的范围；二是检查"无形资产""研发支出""管理费用——研发费"等账户，查看有无对已计入"管理费用——研发费"账户的支出重复计入无形资产并加计扣除；三是检查形成无形资成本项目的原始凭证，分析企业是否将无关的支出计入可加计扣除的无形资产成本中；四是检查是否将企业产品(服务)的常规性升级，对现存产品、服务、技术、材料或工艺流程进行的重复或简单改变等不适用加计扣除政策活动的支出计入加计扣除范围。

②研发支出范围和金额的检查。审查自主、委托、合作技术开发项目开发计划(立项书)和开发费预算，核实技术研发专门机构编制批文和专业人员名单；到生产部门和工艺部门核定是否存在开发新产品、新工艺行为；着重检查研发费用财务核算的账证是否健全，是否专账核算，费用支出范围是否符合有关政策规定，有无虚计或多计加计扣除金额的问题。企业集团采取合理分摊研究开发费的，企业集团能否提供集中研究开发项目的协议或合同，受托开发的单位能否提供研究开发明细资料等，有无不得加计扣除的问题。

(二)企业所得税应纳税额稽查

1.常见涉税疑点问题

(1)应纳税所得额。

①不征税收入用于支出所形成费用、折旧或财产的摊销额在税前扣除，未做纳税调整；

②企业财务、会计处理办法与税收法律、行政法规的规定不一致的，未做纳税调整；

③“以前年度损益调整”事项，未按规定进行纳税处理。

(2)弥补亏损问题。

①未按税法规定的弥补亏损年限弥补亏损；

②企业自行扩大弥补亏损数额；

③用境内所得弥补境外营业机构的亏损；

④用免税项目所得弥补了以前年度亏损；

⑤企业合并分立转入亏损未按税法规定弥补，或扩大合并分立转出亏损额。

(3)应纳税额。

①应纳税额未按适用税率计算；

②申报的减免所得税税额不符合政策要求；

③抵免税额的范围及抵免方法不符合税法规定；

④投资收益尤其是境外投资收益未按税法规定进行税务处理；

⑤税额计算不准确。

2.常用检查方法

(1)对企业不征税收入的检查。首先，检查“递延收益”“营业外收入”等明细账和相关原始凭证，确定不征税收入的来源、金额；其次，审查和收入有关的审批文件和手续，确定收入是否符合税法规定不征税的条件；最后，结合企业所得税其他项目的检查，查实企业的不征税收入用于支出所形成的费用或者财产，落实费用的摊销和财产的折旧是否税前扣除，未做纳税调整。

(2)纳税调整是否正确。着重检查《纳税调整项目明细表(A105000)》及其二级、三级明细表，结合企业经营特点、内控制度健全程度和会计核算资料等，核实企业是否对所有税会差异依法进行纳税调整。

(3)以前年度事项税务处理是否正确。结合企业所得税申报表，检查“以前年度损益调整”账户，核实以前年度的损益事项是否依法进行了纳税调整，是否依法进行了以前年度企业所得税补充申报。

(4)弥补亏损的检查。

首先，审查企业申报金额是否正确；其次，审查弥补亏损年限是否正确，查看其是否连续计算5年，有无上报的年限超过5年或间断计算的问题(政策性搬迁亏损年度计算除外)；最后，审查用境外营业机构的亏损抵减境内营业机构盈利是否合规。

(5)检查时除核实应纳税所得额外，还应核对应纳税额计算所适用的税率、减免税、税收抵免和所得税款的缴纳情况。首先，根据“应交税费——应交所得税”账户贷方记录，剔除虚列或错计的税款、滞纳金或罚款等因素，确定应缴纳所得税税额后，再审查该账户借方实际缴库税款，核实原账面欠缴或多缴的税款；其次，根据检查确定的应缴纳所得税税额与账面和申报的应纳税额核对，核实应补缴或申请退还的税款是否正确。

第五节　房地产开发行业税收检查实务

一、检查总体思路

对房地产开发行业的检查，不能简单地就账查账，要有针对性地开展检查，应以已完工或阶段性完工的开发项目为重点，从立项、开发、竣工、销售四个环节入手，全面调取售楼部门销售明细、销(预)售合同、行政审批文书和证书、招投标合同、施工预决算书、监理记录等资料，运用建安成本分析控制、利润率分析控制、实际投资额和投资概算差额控制、大额资金支付控制的等方法找准疑点。检查主要采用从实地调查和静态查账两个方面开展检查，全面审核开发项目的收入和成本费用支出的真实性、合法性和准确性。

二、检查方式

(一)实地调查

1. 查看项目

到企业的开发项目地进行实地查看和了解，重点关注四个方面：(1)开发项目的完工程度：在建还是已竣工；在建的工程量；竣工后是否办理结算手续，是否交付使用，属滚动开发的项目共有几期，各期进展状况。(2)开发产品的类型和用途：商品房还是商铺门面；销售还是用于经营、抵债、自用、出租等。⑶核实开发建设用地的情况，分清是自用还是转让及土地来源情况。⑷核实商品房及商铺的户数和建筑面积。

2. 查售楼部

通过查售楼部掌握第一手销售资料，了解实际销售情况。售楼部是销售楼盘的主要场所，汇总各种销售信息，然后再传递到财务部。售楼部资料主要有商品房的平面图、模型、建筑面积、可售面积、预收房款、销售合同、已售面积等，重点核实预收房款、销售合同、可售总面积、已售面积。

(二)静态查账

1. 检查收入、成本、费用

运用合理的查账方法和技巧，对收入、成本、费用各方面进行逐项深入细致的检查。特别是对“开发成本”科目的借方发生额应结合票款审核、调取合同、实地调查、外调协查等方式逐项审查其真实性和合法性；对“开发产品”科目的贷方结转数核实其正确性和及时性；对“预收账款”科目审核其借方结转主营业务收入的及时性，是否按照贷方发生额如实及时的按照预计计税毛利率调增了当期应纳税所得额等。

2. 收集相关资料

检查时要求企业提供相关行政部门审批资料。如：(1)建委审批立项证明复印件；

(2)建委开工许可证复印件;(3)土地规划局证明复印件;(4)国有土地使用权出让合同及支付凭证复印件;(5)土地拆迁补偿费协议及支付凭证复印件;(6)前期工程费、建筑安装合同、基础设施、公共配套等金额的相关合同及支付凭证复印件;(7)土地拆迁补偿费协议及支付凭证复印件;(8)房屋预售许可证;(9)房产测绘报告;(10)建安合同;(11)工程结算书、工程验收备案证;(12)《房地产企业销售情况明细表》等。

3.查银行资金往来

对房地产检查时除掌握企业的基本账户、一般账户外,还应掌握其银行信用卡账户,掌握资金的总量和流向,从中发现问题和寻找线索。

三、检查内容、常见涉税问题及检查方法

(一)收入的检查

1.检查内容

一是确定收入的完整性,重点是各种主营业务收入、其他业务收入、营业外收入、投资收益等是否全部按规定入账;二是确定收入确认的合法性,检查其开发产品(包括完工产品、未完工产品)的销售收入、预售收入、视同销售收入、预租收入、代建工程和提供劳务的收入确认以及成本和费用的扣除,是否符合《房地产开发经营业务企业所得税处理办法》(国税发〔2009〕31号)有关规定;三是确定应税收入与非应税收入的划分,检查其有无将应税收入作为非应税收入申报等情况。

检查方法:要核对企业的销售明细账、明细表、销售价格,抽查销售合同、发票;检查应税收入的真实性、完整性。通过网上或实地查询销售进度,防止企业瞒报、滞后申报其销售收入。

2.常见涉税问题及其检查方法

(1)预售房款未按规定预缴税款方面的问题。

主要表现为:①预售房款记入“应付账款”等往来科目归集,不通过“预收账款”科目核算;②将预收房款作为购房定金或其他垫付款项;③以收抵支,巧立名目,通过“其他应收或应付款”科目直接拨付工程款等;④分开开票,一部分开预收款发票交财务,将另一部分开具收据货款入销售部,不入企业财务账。

检查方法如下:①了解企业预售房款从收取到记账的程序及相关记录,将记录内容和发票、明细账、总账报表相核对,看金额是否一致;②核对企业开具预收房款的发票存根联金额与申报的预售房款是否一致;③查看建设部门批准的预售房许可证,看企业可预售的房屋的位置、地点、面积售价、数量等;④查看预售房合同,核对与客户进行商品房交接记录,确认已交接商品房收取货款是否与开票数额一致。

(2)故意隐匿商品房销售收入、视同销售不作收入方面的问题。

主要表现为:①销售收入确认不及时,长期挂在“预收账款”科目,以未清算、未决算为由拖延缴纳企业所得税;②只计商品房收入,车库销售不计收入;③整体转让“楼花”

不作收入，即开发商将部分楼的开发权整体转让给其他具有开发资质的企业，按照约定收取转让费，却不按规定作收入，而是挂往来账，甚至私设账外账；④先租后售收取的租金不计收入；⑤以开发产品向建筑商抵账等债务重组业务中，不进行收入的确认；⑥以房屋抵顶地价款赔偿给原住户的房屋不做收入处理；⑦合作建造开发产品以房屋抵顶投资额、换取土地使用权等换出的开发产品不做收入处理；⑧视同销售的开发产品不计收入；⑨视同销售商品价格偏低；⑩价外费用不计收入；⑪与关联方之间的出售、出租业务，或挂往来，或随意作价；⑫代建工程、提供劳务过程中节省的材料、下脚料、报废工程或产品的残料、按合同留归开发企业所有的，不做收入处理；⑬其他收入如施工方延误工期的罚款收入、政府给予的安全奖、优质奖等不入"营业外收入"核算。

检查方法：①收集企业资料，查看企业在开发过程中取得的立项审批表、房屋开发规划书、预售许可证、土地转让合同、项目建筑平面图、竣工验收单等资料，了解企业开发项目及进度情况；②从房地产主管部门或相关部门收集各项目建筑面积，与账面记载面积、实地开发面积核对，以确定可销售面积；③审查企业各项会议记录、董事会决议，看有无特殊事项发生（如抵债、赠送等）；④到销售部门实地查看销售合同、统计数据、售房发票、收款收据等资料，并将结果与账载记录核对，以确认收入准确性、及时性；⑤根据未售房屋明细表，并到实地核对，确认未售房数量、面积；⑥根据发票开具情况，抽查部分用户进行核对，看开票金额与收取货款金额是否一致。⑦检查：a."固定资产""营业外支出""营业费用""应付福利费""开发产品"等科目，看有无将开发产品用于本企业自用、捐赠、广告、样品、福利、奖励等视同销售行为；b."长期投资""应付股利""利润分配""开发产品"等科目，看有无用开发产品作对外投资及分配给股东或投资者视同销售行为；c."应付账款""长期借款""短期借款""开发产品"等科目，看有无以房抵债视同销售行为；d."生产成本""固定资产""开发产品"科目，看有无以开发产品偿还拆迁还建面积，以开发产品换取其他单位或个人的非货币性资产（内资）。

3. 收入检查注意事项

（1）到售楼部核实已售面积及销售方式。

（2）客户放弃的购房定金是否转作营业外收入。房地产开发商往往将此部分款项计入"其他应付款"中不结转收入。

（3）收取配套费是否转作其他业务收入。房地产开发商往往将此部分款项计入"其他应付款"中以后续还有相关费用发生为由不列或少列收入。

（4）是否以开发产品抵工程款不计收入，房地产开发企业属资金密集型企业，而建筑安装工程在承接建安工程时，为了顺利拿到所招投标项目，经常出现与房地产开发企业协议首先带资入场的现象。产品建成后就以相应等值的商品房或门面抵建安工程款，建安票据全额开具，但款项未完全支付，不申报收入以偷逃国家税款。

（5）是否构造虚假合同，低价转移收入，房地产开发商往往以虚假合同限制销售价格，再二次转让达到少报收入的目的。

(二)成本的检查

1.检查的内容

企业成本内容主要包括开发产品成本和期间费用两大类。检查重点:一是成本支出及相关科目的核算是否真实、合法;二是成本分配和结转是否准确、及时、合法;三是企业在进行成本、费用的核算与扣除时,是否按规定区分期间费用和开发产品计税成本、已销开发产品计税成本与未销开发产品计税成本。

2.常见涉税问题类型及其检查方法

(1)成本对象划分不清方面的问题。

主要表现为:①不按规定计算期间费用和开发产品成本,擅自扩大期间费用;②将未竣工验收产品成本并入产品销售成本;③扩大拆迁安置补偿面积,减少可售面积,多转经营成本;④在未取得建筑商合法凭证的前提下,将预计建筑成本转为销售成本;⑤返还给建筑商的货款未冲减销售成本;⑥立项作为经营资产的项目不及时结转,或并入可售面积计算销售成本;⑦企业自用房产仅分摊前期工程费、基础设施费等费用,而土地成本、借款利息、建筑安装等费用由出售房分摊;⑧建筑成本重复入账,在取得建筑发票结转完工成本入账的同时,又签订虚假单项合同,或者将建材发票重复计入开发成本。

检查方法:成本的检查先要确定企业的总可售面积,房地产建筑面积的种类,如规划面积、施工面积、竣工面积、测绘面积、可销售面积、不可销售面积、合同面积等。可售面积单位工程成本取决于核算对象开发总成本及可售面积。

具体计算公式为

可售面积单位工程成本=成本对象总成本÷总可售面积

销售成本=已实现销售的可售面积×可售面积单位工程成本

具体检查方式为:①项目已完工应以房管局测绘中心测量报告上的面积确认;②划分企业的直接成本及共有成本,直接成本对此部分的相关票据须逐笔审核,无相关票据或属虚假票的一律不予列支,共有成本应采取合理的方法在已售和未售商品房直接进行分配;③检查企业“主营业务收入”和“主营业务成本”明细账,将销售成本与销售收入对比分析,复核计入销售成本的户数、面积和销售收入的统计口径是否一致;④根据当期销售面积以及可售单位工程成本费用,计算当期成本费用,审查申报数据是否准确;⑤检查企业“开发成本”明细账,看所列成本是否真实、是否有合法凭证入账;⑥查看企业立项报告书和竣工验收单,了解公用设施、配套设施和经营资产的处理情况;⑦看往来款项科目,看是否有返还建筑商或其他供应商资金而未冲减成本情况。

(2)房地产开发资本性支出直接列支当期成本的问题。

主要表现为:①企业将用于办公的电子设备及汽车、用于宣传音像设备等记入销售费用或低值易耗品,在税前扣除;②企业将开发产品作为售楼部,或提供给职工使用且已办理产权证明(产权所有人为本企业),未将此部分成本从可售总成本中结转至“固定资产”。

检查方法:①检查企业的固定资产账目,核实相关情况;②检查企业办理产权情况,凡将开发产品产权为本企业的应当作相应税务处理。

(3)混淆车库和人防工程概念多转成本的问题。

人防工程是根据规划许可证设计来施工建造的,在产品完工后,要经过政府人防办组织人员验收,并缴纳一定的费用,由人防部门核发征用批复,在成本核算时,建安成本可计入开发成本。

在房地产开发过程中,部分开发商将完工产品人防工程部分不通过人防部门验收,私自改造成车库,用于出租或出售,这种情况在成本核算时,就应该考虑将该部分面积界定为可售面积,重新计算单位成本,并相应结转销售成本。

3.成本检查还应注意以下几个方面

(1)是否准确区分期间费用和开发成本,有无虚列、重列有关的成本费用。

(2)开发企业发生的应计入开发成本中的费用,是否按成本对象进行收集,是否将成本对象完工后实际发生的费用全部计入当期销售成本,重点审查地价的分摊是否合理,建安成本是否合理。

(3)开发产品销售成本结转是否正确,有无多个项目滚动开发,其发生的成本、费用能否划分清楚,有无汇杂其他未结转收入项目的成本费用。

(4)是否利用建安公司等关联企业虚增成本。

(5)是否将应列入固定资产的建筑成本计入销售成本中。

(三)费用的检查

1.检查内容

期间费用的检查主要审核"销售费用"科目、"管理费用"科目、"财务费用"科目发生额的真实性和合法性以及对有关纳税调整项目的核实。

2.常见涉税问题类型及其检查方法

(1)开发间接费用直接列入期间费用方面的问题。

主要表现为:企业将为开发建设工程而发生的管理费用等费用一次性在税前扣除。

检查方法:①了解开发项目的基本情况,掌握开发项目的成本核算内容和成本费用的支出,审核"开发成本——开发间接费"科目中有关的支出是否在本科目列支;②检查企业"管理费用""财务费用""销售费用"科目中有无应计入开发间接费的有关支出。

(2)借款费用企业所得税前列支不规范方面的问题。

主要表现为:①将利息支出全额在"财务费用"科目中直接列支;②向关联企业借款全额在税前列支;③借款给关联企业长期挂"应收账款""其他应收款"等往来账务,不按照独立企业往来结算应收利息;④通过其他企业或个人拆借资金在"财务费用"科目中列支。

检查方法:①检查企业"长期借款""短期借款"科目,了解企业资金来源情况;②检查企业"财务费用"等科目,看企业列支的金额是否超过规定标准,是否将应计入"开发成本"科目的利息支出计入本科目;③检查企业资金往来科目,看是否有长期挂账情况,分清是借入资金还是借出资金，是否属关联企业。

(四)其他方面的检查

1. 其他常见违法问题

房地产企业代收、代付、其他应收、应付等科目违法问题内容相对比较零乱，会计核算内容涉及科目多，问题发生概率较高，常见违法问题有：

(1)将代收代缴的维修基金或预提的维修基金作为费用在税前扣除。

(2)采取银行按揭方式销售开发产品的，将开发企业为购买方的按揭贷款提供担保的保证金作为费用在当期税前扣除。

(3)将应有用户承担的各项支出作为费用在税前扣除。

(4)将应有个人消费支出的费用作为企业费用在税前列支。

2. 检查方法

(1)检查企业“管理费用”“营业费用”等科目，看是否有预提费用、是否有非法凭证入账，或者不按照税法规定记账。

(2)检查应收或应付款科目，看是否有与费用对应的项目。

(3)重点检查以基数作为计提标准的项目，如工资、广告费、招待费等，是否超过税法规定的标准。

四、检查调阅第三方信息

房地产检查重点要协调政府相关部门，要获取大量的外部信息，尤其是第三方信息。主要获取以下资料：

(一)从银行了解该房地产企业新办账户名称、账号

因为不管企业的“账外账”放在什么地方，它所收取的销售款都不会放在家里，必须存到银行，以便于使用。(也有部分业户把销售款直接存进自己的存折，这还有待于跟银行进一步的协调、联系)只要银行方面及时的通报了房地产业户的账户存款情况，我们就可以及时了解、掌握业户的销售情况，从而确定其应申报收入。

(二)产权管理部门

任何单位、个人只要购买了房屋，都会办理房产证和土地使用证。税务机关只要及时与房产、土地部门沟通，掌握住第一手资料，就可以掌握住房地产企业的实际销售情况，从而确定其应纳税所得额。

(三)浏览当地政府行政审批相关部门对外网站

如计委(发改委)、建委、规划、土地、房管等部门，可了解开发项目的立项审批和行政许可情况，通过以上查阅的资料，可以查清所检查对象的开发项目名称、项目所在地、土地使用面积、土地用途、土地有效期、土地出让金的金额(含建筑物拆迁、土地出让金、征地、建设规费)、总建筑面积，所批准的建筑规模、容积率、绿化率、分期开发情况及现已开发情况相关数据。通过在以上相关部门的取证，结合实地调查情况，检查人员可以

对房地产项目开发有更加直观、真实的认识和了解。

(四)通过浏览当地房地产网站,查找该房地产企业的基本情况

了解该开发项目名称、项目所在地、土地使用面积及用途、建筑规模及总建筑面积、可售面积等房地产企业开发项目的基本情况。

(五)对大额建筑安装发票发起协查

通过对大额建筑安装发票发起协查,对照其近年来签订的分包合同和收款单位,就其取得的发票和对应的款项逐笔进行交叉稽核,对票款来源不一致或未按规定取得发票的情况开展重点检查。要对建筑业发票的发票号码、发票代码、发票联次、开票时间、购票单位、开票单位、受票单位、票面金额等进行比对。看有无接受虚开发票、假发票,有无虚构业务买卖发票、偷逃税款等行为;有无套购发票、倒买倒卖发票、虚构业务买卖发票、偷逃税款等行为。通过发票协查比对,确定该发票的真实性、合法性。

【本章节主要政策依据】

1.《中华人民共和国企业所得税法》(2018 年 12 月 29 日第二次修正)

2.《中华人民共和国企业所得税法实施条例》(中华人民共和国国务院令第 714 号修订)

3.《国家税务总局关于贯彻落实企业所得税法若干税收问题的通知》(国税函〔2010〕79 号)

4.《财政部 税务总局关于设备器具扣除有关企业所得税政策的通知》(财税〔2018〕54 号)

5.《国家税务总局关于实施小型微利企业普惠性所得税减免政策有关问题的公告》(国家税务总局公告 2019 年第 2 号)

6.《财政部 税务总局关于企业职工教育经费税前扣除政策的通知》(财税〔2018〕51 号)

7.《财政部 国家税务总局关于非货币性资产投资企业所得税政策问题的通知》(财税〔2014〕116 号)

8.《国家税务总局关于企业所得税应纳税所得额若干税务处理问题的公告》(国家税务总局公告 2012 年第 15 号)

9.《财政部 国家税务总局关于专项用途财政性资金企业所得税处理问题的通知》(财税〔2011〕70 号)

10.《国家税务总局关于企业所得税若干问题的公告》(国家税务总局公告 2011 年第 34 号)

11.《国家税务总局关于贯彻落实企业所得税法若干税收问题的通知》(国税函〔2010〕79 号)

12.《财政部 国家税务总局关于补充养老保险费 补充医疗保险费有关企业所得税政策问题的通知》(财税〔2009〕27 号)

13.《国家税务总局关于印发〈房地产开发经营业务企业所得税处理办法〉的通知》(国税发〔2009〕31 号)

14.《国家税务总局关于确认企业所得税收入若干问题的通知》(国税函〔2008〕875 号)

15.《财政部 国家税务总局关于企业关联方利息支出税前扣除标准有关税收政策问题的通知》(财税〔2008〕121 号)

第七章　其他税种检查实务

【引言】

增值税、所得税是税务检查中的重点税种，在抓好大税种检查的同时，不可小视其他税种的检查。其他税种不仅数量较多，而且相互之间还存在关联关系，有的税种计税基础的确定较为复杂，需要正确理解相关政策内容，部分办税人员在理解相关规定时有偏差，导致税款申报错误的情况时有发生。个别小税种涉及的金额通常较小，纳税人容易出现遗漏申报的情况。

税务检查是全税种检查，在工作中必须树立全税种观念，坚持一次进户，各税统查，发现问题，统一处理，提升稽查效率，降低执法风险。本章仅讲述了日常工作中常见的税种政策及检查实务，部分税种未包括在内。

第一节　消费税检查实务

一、征税范围和纳税环节

(一)纳税人和征税范围

在我国境内"生产、委托加工和进口"《消费税暂行条例》规定的"消费品"的单位和个人，以及国务院确定的"销售"《消费税暂行条例》规定的"消费品"的其他单位和个人，为消费税的纳税人。

消费税征税范围：烟、酒、高档化妆品、贵重首饰及珠宝玉石、鞭炮和焰火、成品油、小汽车、摩托车、高尔夫球及球具、高档手表、游艇、木制一次性筷子、实木地板、涂料、电池。

(二)消费税纳税环节

1. 生产企业直接对外销售

于"销售时"纳税，金银首饰、铂金首饰、钻石及钻石饰品在零售环节纳税除外。

2. 生产企业移送使用

(1)用于连续生产"应税消费品"，移送使用时不纳税，待生产的最终应税消费品"销售时”纳税。

(2)用于连续生产“非应税消费品”“移送使用时”纳税，生产的最终非应税消费品销售时不再纳税。

(3)用于其他方面(在建工程、管理部门、非生产机构、提供劳务、馈赠、赞助、集资、广告、样品、职工福利、奖励)，视同销售，于“移送使用时”纳税。

3.委托加工应税消费品的规定

(1)委托加工行为判定。

委托加工是指委托方提供原料和主要材料，受托方只收取加工费和代垫部分辅助材料。

如果存在下列情形之一，则不属于委托加工，视为“受托方”销售自产应税消费品。

①由受托方提供原材料生产的应税消费品；

②受托方先将原材料卖给委托方，然后再接受加工的应税消费品；

③由受托方以委托方名义购进原材料生产的应税消费品。

(2)委托加工业务的税务处理。

受托方为单位，由“受托方”在向委托方交货时代收代缴消费税；受托方为个人，由“委托方”收回后自行缴纳消费税。

(3)委托方收回后的税务处理。

①用于连续生产应税消费品，所缴纳的消费税税款准予“按规定”抵扣；

②直接出售，不再缴纳消费税。以“不高于”受托方的计税价格出售的，为直接出售；

③以高于受托方的计税价格出售，按规定申报缴纳消费税，在计税时准予扣除受托方已代收代缴的消费税。

4.进口应税消费品

单位和个人进口应税消费品，于报关进口时缴纳消费税。

5.销售应税消费品

(1)零售环节征收消费税——金银首饰、铂金首饰、钻石及钻石饰品。

①金银首饰仅限于金、银以及金基、银基合金首饰和金基、银基合金的镶嵌首饰，不包括镀金首饰和包金首饰。

②金银首饰在零售环节缴纳消费税，生产环节不再缴纳。

③对既销售金银首饰，又销售非金银首饰的生产、经营单位，应将两类商品划分清楚，分别核算销售额。凡划分不清楚或不能分别核算的，在生产环节销售的，一律从高适用税率征收消费税；在零售环节销售的，一律按金银首饰征收消费税。

(2)零售环节“加征”消费税——超豪华小汽车。

①界定：单价在130万元以上；

②纳税人：将超豪华小汽车销售给消费者的单位和个人；

③税务处理：对超豪华小汽车，在生产(进口)环节按现行税率征收消费税的基础

上，在零售环节加征消费税，税率为10%。

(3)批发环节“加征”消费税——卷烟。

①烟草批发企业将卷烟销售给“零售单位”的，要再征一道消费税；

②加征税率——复合计征　比例税率：11%；　定额税率：0.005元/支。

二、税率和应纳税额

(一)税率基本规定

(1)定额税率：黄酒、啤酒、成品油。

(2)复合税率：卷烟(包括“批发”环节)、白酒。

(3)比例税率：其他应税消费品。

纳税人兼营不同税率的应税消费品，应当分别核算不同税率应税消费品的销售额、销售数量。“未分别核算”销售额、销售数量，“从高”适用税率。

纳税人将不同税率的应税消费品“组成成套消费品销售”的，“从高”适用税率。

(二)消费税应纳税额的计算

1. 基本计算

(1)从价定率。

①计算公式。

应纳税额＝销售额×税率

②销售额的确定。

销售额是纳税人销售应税消费品向购买方收取的全部价款和价外费用。

(2)从量定额。

①计算公式。

应纳税额＝应税消费品的销售数量×单位税额

②销售数量的确定。

“销售”应税消费品的，为应税消费品的“销售”数量；“自产自用”应税消费品的，为应税消费品的“移送使用”数量；“委托加工”应税消费品的，为纳税人“收回”的应税消费品数量；“进口”应税消费品的，为海关核定的应税消费品“进口”征税数量。

(3)复合计征。

应纳税额＝销售额×比例税率＋销售数量×定额税率

【案例7-1】甲酒厂为增值税一般纳税人，2019年5月销售白酒50吨，取得含增值税销售额3 390 000元，已知增值税税率为13%，白酒消费税比例税率为20%，定额税率为0.5元/500克。甲酒厂当月应当缴纳消费税税额为：

3 390 000÷(1＋13%)×20%＋50×2 000×0.5＝650 000(元)

2. 特殊情况下销售额的确定

(1)纳税人通过自设“非独立核算”门市部销售的自产应税消费品，应当按照“门市部”对外销售额或者销售数量征收消费税。

(2)纳税人用于“换取生产资料和消费资料、投资入股和抵偿债务”等方面的应税消费品，应当以纳税人同类应税消费品的“最高销售价格”作为计税依据计算消费税。

3. 包装物押金

(1)酒类(除啤酒、黄酒外)收取押金时，缴纳增值税和消费税。

(2)啤酒、黄酒、成品油收取押金时，不缴纳增值税和消费税；没收押金时，缴纳增值税，不缴纳消费税。

(3)酒、成品油以外的应税消费品收取押金时，不缴纳增值税和消费税；逾期或收取1年以上时，缴纳增值税和消费税。

4. 以旧换新

(1)非金银首饰，以“新货物的销售额”作为消费税的计税基础，不扣减旧货物的回收价格。

(2)金银首饰，按“实际收取”的不含增值税的全部价款征收消费税。

5. 组成计税价格

(1)自产自用。

①按照纳税人生产的“同类”消费品的销售价格计算纳税。

【注意】“一般”情况按“平均”销售价格；“换、抵、投”按“最高”销售价格。

②没有同类消费品销售价格的，按照组成计税价格计算纳税。

a. 从价计征应税消费品的组成计税价格公式。

组成计税价格＝成本×(1＋成本利润率)÷(1－消费税比例税率)

应纳消费税＝组成计税价格×消费税比例税率

b. 复合计征应税消费品组成计税价格公式。

组成计税价格＝[成本×(1＋成本利润率)＋自产自用数量×消费税定额税率]÷(1－消费税比例税率)

应纳消费税＝组成计税价格×消费税比例税率＋自产自用数量×消费税定额税率

(2)委托加工。

①按照“受托方”的同类消费品的销售价格计算纳税；

②没有同类消费品销售价格的，按照组成计税价格计算纳税。

a. 一般应税消费品组成计税价格公式。

组成计税价格＝(材料成本＋加工费)÷(1－消费税比例税率)

应纳消费税＝组成计税价格×消费税比例税率

b. 复合计征应税消费品组成计税价格公式。

组成计税价格＝(材料成本＋加工费＋委托加工数量×消费税定额税率)÷(1－消费税比例税率)

应纳消费税＝组成计税价格×消费税比例税率＋委托加工数量×消费税定额税率

(3)进口。

按照组成计税价格计算纳税:

①一般应税消费品组成计税价格公式。

组成计税价格=(关税完税价格+关税)÷(1-消费税比例税率)

应纳消费税=组成计税价格×消费税比例税率

②复合计征应税消费品组成计税价格公式。

组成计税价格=(关税完税价格+关税+进口数量×消费税定额税率)÷(1-消费税比例税率)

应纳消费税=组成计税价格×消费税比例税率+进口数量×消费税定额税率

6.已纳消费税的扣除

用"外购"和"委托加工收回"应税消费品,"连续生产应税消费品",在计征消费税时,可以按"当期生产领用数量"计算准予扣除外购和委托加工的应税消费品已纳消费税税款。

(1)扣除范围——9项。

①以外购或委托加工收回的已税烟丝为原料生产的卷烟;

②以外购或委托加工收回的已税高档化妆品原料生产的高档化妆品;

③以外购或委托加工收回的已税珠宝、玉石原料生产的贵重首饰及珠宝、玉石;

④以外购或委托加工收回的已税鞭炮、焰火原料生产的鞭炮、焰火;

⑤以外购或委托加工收回的已税杆头、杆身和握把为原料生产的高尔夫球杆;

⑥以外购或委托加工收回的已税木制一次性筷子原料生产的木制一次性筷子;

⑦以外购或委托加工收回的已税实木地板原料生产的实木地板;

⑧以外购或委托加工收回的已税石脑油、润滑油、燃料油为原料生产的成品油;

⑨以外购或委托加工收回的已税汽油、柴油为原料生产的汽油、柴油。

【提示】掌握下列不得扣除的项目,采用排除法应对此知识点更加容易。

不得扣除的消费税项目如表7-1所示:

表7-1 不得扣除的消费税项目

"不得扣除"的原因	具体内容
"特殊"应税消费品	酒类产品(不包括葡萄酒)、手表、烧油的(小汽车、摩托车、游艇)、电池、涂料
纳税环节"不同"	如用已税"珠宝玉石"加工"金银镶嵌首饰"
用于生产"非应税消费品"	如用已税"高档化妆品"连续生产"普通化妆品"

(2)计算公式。

当期准予扣除的应税消费品已纳税款=当期生产领用数量×单价×应税消费品的适用税率

三、消费税的征收管理

(一)纳税义务发生时间

(1)纳税人销售应税消费品的，其纳税义务发生时间为“同增值税销售货物”。

(2)纳税人自产自用应税消费品的，为“移送使用”的当天。

(3)纳税人委托加工应税消费品的，为纳税人“提货”的当天。

(4)纳税人进口应税消费品的，为“报关进口”的当天。

(二)纳税地点

(1)纳税人销售的应税消费品，以及自产自用的应税消费品，除国务院财政、税务主管部门另有规定外，应当向纳税人机构所在地或者居住地的主管税务机关申报纳税。

(2)委托个人加工的应税消费品，由委托方向其机构所在地或者居住地主管税务机关申报纳税。

委托加工的应税消费品，除受托方为个人外，由受托方向机构所在地或者居住地的主管税务机关解缴消费税税款。

(3)进口的应税消费品，由进口人或者其代理人向报关地海关申报纳税。

(4)纳税人到外县(市)销售或者委托外县(市)代销自产应税消费品的，于应税消费品销售后，向机构所在地或者居住地主管税务机关申报纳税。

四、消费税检查实务

(一)常见涉税疑点

(1)受托加工应税消费品(受托方为个人除外)未按规定代收代缴消费税。

(2)不同税率应税消费品，或者应税消费品与非应税消费品组成成套应税消费品对外销售的，从低适用税率。

(3)将自产应税消费品(不包括金银首饰)用于连续生产应税消费品以外用途的，未在移送使用时申报纳税。

(4)生产、批发、零售单位用于馈赠、赞助、集资、广告、样品、职工福利、奖励等方面的金银首饰，未按视同销售在移送使用时申报纳税。

(5)委托加工应税消费品(不包括金银首饰)的应纳消费税，受托方未按规定代收代缴，委托方也未主动申报纳税。

(6)委托个体经营者加工应税消费品(不包括金银首饰)的纳税人，未按规定申报纳税。

(7)委托方以委托加工的部分应税消费品抵偿加工费，少申报缴纳消费税。

(8)包装物及其押金收入未足额缴纳消费税。

(9)未按视同销售处理或未按最高价计税。

(10)外购或委托加工应税消费品的已纳税额已申报抵扣,但该应税消费品未用于连续生产应税消费品的,没有转出已纳税额。

(二)常用检查方法

(1)查阅委托加工合同,结合受托加工账目,核实在中国境内受托加工应税消费品(不包括金银首饰)的单位和个人(委托个体经营者加工应税消费品的除外)在交货时是否按照规定代扣代缴了消费税。

(2)重点检查其有无可供销售的成套应税消费品情况。如有,进一步查阅主营业务收入等账户,核实其有无将组成成套消费品销售的不同税率的货物分别核算、分别适用税率或者从低适用税率的情形。

(3)检查"库存商品""生产成本""委托加工物资"等账户,看其是否有属于应税消费品的货物。审查购销合同,检查存货明细账、仓库实物账、货币资金类账户明细账、往来款项明细账、银行对账单以及相关发运货物单据,并与销售发票、收入明细账、"应交税费——应交消费税"明细账进行比对,核查是否已发生纳税义务而未及时申报缴纳消费税。

(4)检查"自制半成品""库存商品"等账户的对应账户,看其有无将其用于连续生产应税消费品以外的其他方面的情形。检查中,可结合仓库实物账以及发货、发料凭据,购销发票的品种、数量,根据其生产工艺,判断应税消费品的发出去向、用途和领用部门。

(5)检查"库存商品""生产成本""委托加工物资"等账户,看其中是否有属于委托加工的应税消费品。审查委托加工合同、存货明细账、材料出(入)库凭据,备查簿、收(付)款凭据等,核查委托加工业务是否真实。审查(或外调)其往来单位,看其有无委托加工应税消费品的业务;核实委托加工数量与其收回数量是否匹配;若收回委托加工应税消费品直接用于销售的,核实其销售数量与委托加工的收回数量是否匹配。审查委托方存货明细账、受托方收入明细账以及双方的往来明细账、"应交税费——应交消费税"账户,核查是否在交货时代收代缴消费税,是否及时解缴税款。

(6)结合企业生产特点,实地察看其所产应税消费品是否需要包装物;审查在购进时有无不通过包装物账户而通过往来账户核算、随货销售后不计收入的情形;重点审查其取得发票的品名真正属于包装物;检查随同应税消费品出售单独计价的包装物,审查其包装物销售额是否记入"其他业务收入"账户、是否一并申报缴纳消费税;检查须包装的应税消费品与包装物的消耗量的对应关系有无异常。如有异常则应税消费品可能存在问题,包装物可能存在问题。应根据检查情况,分别进行调查取证。

(7)包装物押金的检查。检查其他应付款明细账,核实包装物押金的收取、退还、逾期、超过一年的情况,是否应纳未纳消费税。

(8)对纳税人抵扣范围的检查。了解被查对象所涉及的消费税税目,进而确定其允许扣除已纳消费税税款的税目,然后与被查对象的申报数据进行一一比对,看其对消费税抵扣政策的执行范围的界定是否准确,有无擅自超范围抵扣的问题。

(9)转出已抵扣税款的检查。检查“库存材料”“生产成本”“自制半成品”“库存商品”“委托加工物资”等账户，到生产车间查询生产记录等有关资料，追查生产领用应税消费品的去向，审查其有无将生产领用的应税消费品改变用途，而又未转出已抵扣的已纳税额。

第二节　个人所得税检查实务

个人所得税是对个人取得的应税所得所征收的税。应税所得包括工资、薪金所得，劳务报酬所得，稿酬所得，特许权使用费所得，经营所得，财产租赁所得，财产转让所得，利息、股息、红利所得，偶然所得。

个人所得税的纳税人包括中国公民，外籍个人以及中国香港、中国澳门、中国台湾同胞等，又包括“自然人性质的特殊主体”，如个体工商户、个人独资企业的投资人、合伙企业的合伙人。

一、居民个人综合所得

(一)综合所得项目

包括工资、薪金所得，劳务报酬所得，稿酬所得，特许权使用费所得。

居民个人按纳税年度“合并计算”个人所得税，非居民个人按月或者按次分项计算个人所得税。

(二)综合所得税目

1.“工资、薪金所得”税目

(1)基本规定。

工资、薪金所得是指个人因“任职或者受雇”而取得的所得，属于“非独立”个人劳动所得。

(2)特殊规定。

①不属于工资、薪金性质的补贴、津贴，不征收个人所得税。包括：独生子女补贴；托儿补助费；差旅费津贴、误餐补助；执行公务员工资制度未纳入基本工资总额的补贴、津贴差额和家属成员的副食补贴。

②解除劳动关系一次性补偿收入按“工资、薪金所得”交纳个人所得税。

在当地上年职工平均工资 3 倍数额以内的部分，免征个人所得税；超过 3 倍数额的部分，不并入当年综合所得，单独适用综合所得税率表，计算纳税。

③正式退休。

离退休人员按规定领取离退休工资或养老金外，“另从原任职单位取得的各类补贴、奖金、实物”，不属于免税项目，应按“工资、薪金所得”缴纳个人所得税。

离退休人员“再任职”取得的收入，按“工资、薪金所得”交纳个人所得税。

④内部退养。

内部退养的个人在其办理内部退养手续后至法定离退休年龄之间从原任职单位取得的工资、薪金，不属于离退休工资，应按“工资、薪金所得”项目计征个人所得税。

内部退养人员“重新就业”取得的工资、薪金所得、与从原任职单位取得的同一月份的工资、薪金所得合并，按“工资、薪金所得”交纳个人所得税。

⑤提前退休。

“提前退休”取得一次性补贴收入，按“工资、薪金所得”交纳个人所得税。

⑥个人取得“公务交通、通信补贴收入”扣除一定标准的公务费用后，按照“工资、薪金所得”项目计征个人所得税。

⑦个人因任职、受雇上市公司取得的“股票期权、股票增值权、限制性股票、股权奖励”所得，按“工资、薪金所得”交纳个人所得税。

⑧保险金。

“三险一金”：缴费超过规定比例部分，按“工资、薪金所得”项目计征个人所得税。

“三险一金以外的非免税保险”：按“工资、薪金所得”项目计征个人所得税。

⑨特殊职业。

“兼职”（同时在两个以上所“任职、受雇”）律师：从律师事务所取得工资、薪金性质的所得以收入全额为应纳税所得额，不扣减生计费。兼职律师应自行申报两处或两处以上取得的“工资、薪金所得”，合并计算交纳个人所得税。

⑩非营利性科研机构及高校奖励。

依法批准设立的非营利性研究开发机构和高校根据规定，从职务科技成果转化收入中给予科技人员的现金奖励，可减按50%计入科技人员当月“工资、薪金所得”，依法交纳个人所得税。

2.“劳务报酬所得”税目

劳务报酬所得是指个人独立从事“非雇佣”的各种劳务所得。

3.“稿酬所得”税目

(1)基本规定。

稿酬所得是指个人因其作品以图书、报刊形式“出版、发表”而取得的所得。

(2)遗作稿酬。

作者去世后，财产继承人取得的遗作稿酬，也应收个人所得税。

4.“特许权使用费所得”税目

(1)基本规定。

特许权使用费所得是指个人提供“专利权、商标权、著作权、非专利技术”以及其他特许权的“使用权”所得。

(2)特别规定。

①作者将自己的文字作品“手稿原件或复印件”公开拍卖取得的所得，按“特许权使

用费所得”计税。

②个人取得特许权的“经济赔偿收入”，按“特许权使用费所得”计税。

③编剧从影视制作单位取得的“剧本使用费”，按“特许权使用费所得”计税，无论剧本使用方是否为其任职的单位。

(三)居民个人“综合所得”计税方法的一般规定

居民纳税人的综合所得按“年”计征，分月或分次预缴，年终汇算清缴。

(四)居民个人“综合所得”年终汇算清缴应纳税额计算

1.适用税率

综合所得执行3%～45%七级超额累进税率，如表7-2所示：

表7-2　“综合所得”个人所得税税率表(一)(按年)

级数	全“年”应纳税所得额	税率(%)	速算扣除数
	含税级距		
1	不超过36 000元的	3	0
2	超过36 000元至144 000元的部分	10	2 520
3	超过144 000元至300 000元的部分	20	16 920
4	超过300 000元至420 000元的部分	25	31 920
5	超过420 000元至660 000元的部分	30	52 920
6	超过660 000元至960 000元的部分	35	85 920
7	超过960 000元的部分	45	181 920

2.应纳税所得额——采用“定额扣除”与“附加扣除”相结合的方式

应纳税所得额＝每年收入额－减除费用－专项扣除－专项附加扣除－其他扣除

(1)减除费用。

减除费用60 000元。

(2)专项扣除。

个人按照国家或省级政府规定的缴费比例或办法实际缴付的“三险一金”，允许在个人应纳税所得额中扣除，超过规定比例和标准缴付的，超过部分并入个人当期的工资、薪金收入，计征个人所得税。

(3)专项附加扣除。

①子女教育。

子女教育扣除内容如表7-3所示：

表7-3　子女教育扣除内容

要点	具体内容		
准予扣除的子女教育类型	学前教育	年满“3岁”至小学入学前教育	
	全日制学历教育	义务教育	小学和初中教育
		高中阶段教育	普通高中、中等职业教育、技工教育
		高等教育	大学专科、本科；硕士、博士研究生

续表

要点	具体内容
扣除标准	“每个”子女每月 1 000 元
扣除方式	(1)父母“分别”按扣除标准的“50%”扣除 (2)经父母“约定”，也可以由“其中一方”按扣除标准的“100%”扣除 【注意】具体扣除方式在“一个纳税年度内”不得变更

②继续教育。

继续教育扣除内容如表 7－4 所示：

表 7－4　继续教育扣除内容

要点	具体内容	
扣除标准	学历教育	每月 400 元 【注意】同一学力(学历)继续教育的扣除期限不能超过 48 个月
	职业教育	“取得”相关证书的年度，一次性扣除 3 600 元
扣除方式	①本科及以下学历(学位)教育，可以由其“父母”按照“子女教育”支出扣除 ②可以由“本人”按照“继续教育”支出扣除 【注意】不得同时扣除	

③大病医疗。

大病医疗扣除内容如表 7－5 所示：

表 7－5　大病医疗扣除内容

要点	具体内容		
准予扣除的大病医疗支出	纳税人发生的与基本医保相关的医药费用支出，扣除医保报销后个人负担(指医保目录范围内的“自付部分”)累计“超过 15 000 元”的部分		
扣除标准	按照每年 8 万元标准限额“据实扣除”		
扣除方式	①纳税人发生的医药费用支出可以选择由本人或者其配偶扣除 ②未成年子女发生的医药费用支出可以选择由其父母一方扣除		
总结	医保目录范围内的自付费部分不超过 15 000 元		不得扣除
	医保目录范围内的自付费部分超过 15 000 元	“超过部分”在 8 万元以内	据实扣除
		“超过部分”超过 8 万元	扣除 8 万元

④住房贷款利息。

住房贷款利息扣除内容如表 7－6 所示：

表 7-6　住房贷款利息扣除内容

要点	具体内容
准予扣除的住房贷款利息	纳税人本人或配偶单独或共同使用商业银行或住房公积金个人住房贷款为本人或其配偶购买中国境内住房，发生的“首套住房”贷款利息支出 【注意】“非首套”住房贷款利息支出，不得扣除
扣除标准	偿还贷款期间，每月 1 000 元 【注意 1】定额扣除，即使每年贷款利息低于 1.2 万元，也按照上述标准扣除 【注意 2】扣除期限最长不超过 240 个月 【注意 3】纳税人只能享受一次首套住房贷款的利息扣除
扣除方式	经夫妻双方约定，可以选择由“其中一方”扣除 【注意】具体扣除方式在一个纳税年度内不得变更
特殊规定	夫妻双方婚前分别购买住房发生的首套住房贷款，其贷款利息支出，婚后可以“选择其中一套”购买的住房，由购买方按扣除标准的 100%扣除，也可以由夫妻双方对各自购买的住房分别按扣除标准的 50%扣除

⑤住房租金

住房租金扣除内容如表 7-7 所示：

表 7-7　住房租金扣除内容

<table>
<tr><th>要点</th><th colspan="2">具体内容</th></tr>
<tr><td>准予扣除的住房租金</td><td colspan="2">“主要工作城市”没有住房，而在主要工作城市租赁住房发生的租金支出
【注意 1】纳税人的配偶在纳税人的主要工作城市有自有住房的，视同纳税人在主要工作城市有自有住房
【注意 2】夫妻双方主要工作城市“相同”的，只能由“一方”（签订租赁住房合同的承租人）扣除住房租金支出
【注意 3】纳税人及其配偶“不得同时分别享受”住房贷款利息和住房租金专项附加扣除。（异地购房，工作城市租房的，可“选择”享受相应扣除）</td></tr>
<tr><td>扣除人</td><td colspan="2">由签订租赁住房合同的承租人扣除</td></tr>
<tr><td rowspan="3">扣除标准</td><td>直辖市、省会城市、计划单列市以及国务院确定的其他城市</td><td>每月 1 500 元</td></tr>
<tr><td>市辖区户籍人口超过 100 万的其他城市</td><td>每月 1 100 元</td></tr>
<tr><td>市辖区户籍人口不超过 100 万（含）的其他城市</td><td>每月 800 元</td></tr>
</table>

⑥赡养老人。

赡养老人扣除内容如表 7-8 所示：

表 7-8 赡养老人扣除内容

<table>
<tr><td>要点</td><td colspan="3">具体内容</td></tr>
<tr><td>赡养老人</td><td colspan="3">赡养“60 岁”以上父母，以及子女均已去世的年满 60 岁的祖父母、外祖父母
【注意】不看老人自身是否有生活来源，如领取退休金等</td></tr>
<tr><td rowspan="5">扣除标准</td><td>独生子女</td><td colspan="2">每月 2 000 元
【注意 1】赡养 2 个及以上老人的，“不按老人人数加倍”扣除；
【注意 2】夫妻双方可以分别扣除双方赡养老人的支出</td></tr>
<tr><td rowspan="4">非独生子女</td><td>分摊方式</td><td>平均分摊、赡养人约定分摊、被赡养人指定分摊</td></tr>
<tr><td>分摊金额</td><td>每一纳税人分摊的扣除额最高不得超过每月 1 000 元</td></tr>
<tr><td>优先级</td><td>指定分摊优先于约定分摊，两者不一致，以指定分摊为准</td></tr>
<tr><td colspan="2">【注意】具体分摊方式在一个纳税年度内不得变更</td></tr>
</table>

⑦3 岁以下婴幼儿照护。

3 岁以下婴幼儿照护扣除内容如表 7-9 所示：

表 7-9 3 岁以下婴幼儿照护扣除内容

要点	具体内容
准予扣除的婴幼儿	婴幼儿出生的当月至年满 3 周岁的前一个月
扣除标准	每个婴幼儿每月 1 000 元
扣除方式	(1)父母可以选择由双方分别按扣除标准的 50%扣除 (2)经父母约定，也可以由其中一方按扣除标准的 100%扣除 【注意】具体扣除方式在一个纳税年度内不得变更

(4)其他扣除。

其他扣除包括个人缴付符合国家规定的企业年金、职业年金，个人购买符合国家规定的商业健康保险、税收递延型商业养老保险的支出，以及国务院规定可以扣除的其他项目。购买符合规定的商业健康保险产品的支出在当年(月)计算应纳税所得额时予以税前扣除，扣除限额为 2 400 元/年(200 元/月)。

自 2022 年 1 月 1 日起，对个人养老金实施递延纳税优惠政策。在缴费环节，个人向个人养老金资金账户的缴费，按照 12 000 元/年的限额标准，在综合所得或经营所得中据实扣除；在投资环节，计入个人养老金资金账户的投资收益暂不征收个人所得税；在领取环节，个人领取的个人养老金，不并入综合所得，单独按照 3%的税率计算交纳个人所得税，其缴纳的税款计入“工资、薪金所得”项目。

(5)劳务报酬所得、稿酬所得、特许权使用费所得以收入减除 20%的费用后的余额为收入额，稿酬所得的收入额减按 70%计算。

3. 应纳税额

应纳税额＝应纳税所得额×适用税率－速算扣除数

【案例 7－2】张某是我国公民，独生子，单身，在甲公司工作。2019 年，张某取得工资收入 80 000 元，在某大学授课取得收入 40 000 元，出版著作一部，取得稿酬 60 000 元，转让商标使用权，取得特许权使用费收入 20 000 元。已知：张某个人缴纳“三险一金”20 000 元，赡养老人支出税法规定的扣除金额为 24 000 元，假设无其他扣除项目，计算张某本年应交纳的个人所得税。

【计算过程】

(1)工资薪金、劳务报酬、稿酬、特许权使用费为综合所得。

(2)劳务报酬所得、稿酬所得、特许权使用费所得以收入减除 20%的费用后的余额为收入额。稿酬所得的收入额减按 70%计算。

(3)应纳税所得额＝80 000＋40 000×(1－20%)＋60 000×(1－20%)×70%＋20 000×(1－20%)－60 000－20 000－24 000＝57 600(元)。可以用两种方法计算应纳所得税税额。

应纳税额＝57 600×10%－2 520(速算扣除数)＝3 240(元)。

应纳税额＝36 000×3%＋(57 600－36 000)×10%＝1 080＋2 160＝3240(元)。

(五)居民个人“综合所得”分月或分次预扣预缴个人所得税计税规定

1. 工资、薪金所得

(1)“按月”取得工资、薪金所得。

①适用税率。

执行“累计预扣预缴制”，适用“七级超额累进预扣率”，如表 7－10 所示：

表 7－10　“综合所得”个人所得税预扣率表(一)

级数	累计应纳税所得额 含税级距	预扣率(%)	速算扣除数
1	不超过 36 000 元的	3	0
2	超过 36 000 元至 144 000 元的部分	10	2 520
3	超过 144 000 元至 300 000 元的部分	20	16 920
4	超过 300 000 元至 420 000 元的部分	25	31 920
5	超过 420 000 元至 660 000 元的部分	30	52 920
6	超过 660 000 元至 960 000 元的部分	35	85 920
7	超过 960 000 元的部分	45	181 920

②累计预扣预缴应纳税所得额。

累计预扣预缴应纳税所得额＝累计收入－累计免税收入－累计减除费用－累计专项扣除－累计专项附加扣除－累计依法确定的其他扣除

③本期应预扣预缴税额。

本期应预扣预缴税额＝(累计预扣预缴应纳税所得额×预扣率－速算扣除数)－累计减免税额－累计已预扣预缴税额

2021 年 1 月 1 日起，对上一完整纳税年度内每月均在同一单位预扣预缴工资、薪金所得个人所得税且全年工资、薪金收入不超过 6 万元的居民个人，扣缴义务人在预扣预缴本年度工资、薪金所得个人所得税时，累计减除费用自 1 月份起直接按照全年 6 万元计算扣除。即，在纳税人累计收入不超过 6 万元的月份，暂不预扣预缴个人所得税；在其累计收入超过 6 万元的当月及年内后续月份，再预扣预缴个人所得税。扣缴义务人应当按规定办理全员全额扣缴申报，并在《个人所得税扣缴申报表》相应纳税人的备注栏注明“上年各月均有申报且全年收入不超过 6 万元”字样。

【案例 7－3】某公司职员张某，2020 年每月取得工资、薪金收入 20 000 元，个人缴纳的“三险一金”合计为 4 500 元，张某为独生子，父母现年 65 岁，育有一子现年 5 岁接受学前教育，名下无房，现租房居住。计算张某 1 月、7 月应被预扣预缴的个人所得税税额，假定所有的专项附加扣除均由张某享受。

张某 1 月应被预扣预缴的个人所得税税额计算过程。

①减除费用每月 5 000 元。

②专项扣除(三险一金)4 500 元。

③专项附加扣除 1 000(子女教育)＋1 500(住房租金)＋2 000(赡养老人)＝4 500(元)。

④扣除项合计 5 000＋4 500＋4 500＝14 000(元)。

⑤应纳税所得额 20 000－14 000＝6 000(元)。

⑥应纳税所得额不超过 36 000 元，适用税率为 3%，速算扣除数 0。

⑦应被预扣预缴个人所得税＝6 000×3%＝180(元)。

张某 7 月应被预扣预缴的个人所得税税额计算过程。

①减除费用 5 000×7＝35 000(元)。

②专项扣除(三险一金)4 500×7＝31 500(元)。

③专项附加扣除[1000(子女教育)＋1 500(住房租金)＋2 000(赡养老人)]×7＝31 500(元)。

④扣除项合计 35 000＋31 500＋31 500＝98 000(元)。

⑤应纳税所得额 20 000×7－98 000＝42 000(元)。

⑥应纳税所得额超过 36 000 元至 144 000 元的，适用税率为 10%，速算扣除数 2 520。

⑦应被预扣预缴个人所得税 42 000×10%－2 520－180×6＝600(元)。

【案例 7－4】某公司职员张某，2021 年每月取得工资、薪金收入 20 000 元，个人缴纳的“三险一金”合计为 4 500 元，张某为独生子，父母现年 65 岁，育有一子现年 5 岁接受学前教育，名下无房，现租房居住。计算张某 1 月、7 月应被预扣预缴的个人所得税税额，假定所有的专项附加扣除均由张某享受。

张某1月应被预扣预缴的个人所得税税额计算过程。

①减除费用60 000元

②专项扣除(三险一金)4 500元。

③专项附加扣除1 000(子女教育)＋1 500(住房租金)＋2 000(赡养老人)＝4 500(元)。

④扣除项合计60 000＋4 500＋4 500＝69 000(元)。

⑤应纳税所得额20 000－69 000＝－49 000(元)。

⑥应纳税所得额＜0。

⑦应被预扣预缴个人所得税＝0(元)。

张某7月应被预扣预缴的个人所得税税额计算过程。

①减除费用60 000元。

②专项扣除(三险一金)4 500×7＝31 500(元)。

③专项附加扣除[1 000(子女教育)＋1500(住房租金)＋2 000(赡养老人)]×7＝31 500(元)。

④扣除项合计60 000＋31 500＋31 500＝123 000(元)。

⑤应纳税所得额20 000×7－123 000＝17 000(元)。

⑥应纳税所得额不超过36 000元，适用税率为3%，速算扣除数0。

⑦应被预扣预缴个人所得税＝17 000×3%－0＝510(元)。

(2)全年一次性奖金。

全年一次性奖金是指行政机关、企事业单位等扣缴义务人，根据其全年经济效益和对雇员全年工作业绩的综合考核情况，向雇员发放的一次性奖金。前述一次性奖金也包括年终加薪、实行年薪制和绩效工资办法的单位根据考核情况兑现的年薪和绩效工资。

居民个人取得全年一次性奖金，符合《国家税务总局关于调整个人取得全年一次性奖金等计算征收个人所得税方法问题的通知》(国税发〔2005〕9号)规定的，根据《财政部 税务总局关于延续实施全年一次性奖金等个人所得税优惠政策的公告》(财政部 税务总局公告2021年第42号)规定，在2023年12月31日前，可以选择不并入当年综合所得，单独计算纳税，或者选择并入当年综合所得计算纳税。

【方法一】不并入当年综合所得，单独计算纳税

①用税率：按照综合所得个人所得税税率表(按月)(见表7-10)，确定适用税率和速算扣除数，

②计算步骤。

找税率：全年一次性奖金÷12→查表

算税额：全年一次性奖金×税率－速算扣除数

③注意事项：在一个纳税年度内，对每一个纳税人，该计税办法只允许采用一次。

表 7-10　综合所得个人所得税税率表(按月)

级数	全月应纳税所得额 含税级距	税率(%)	速算扣除数
1	不超过 3 000 元的	3	0
2	超过 3 000 元至 12 000 元的部分	10	210
3	超过 12 000 元至 25 000 元的部分	20	1 410
4	超过 25 000 元至 35 000 元的部分	25	2 660
5	超过 35 000 元至 55 000 元的部分	30	4 410
6	超过 55 000 元至 80 000 元的部分	35	7 160
7	超过 80 000 元的部分	45	15 160

【方法二】并入当年综合所得,平时执行工资、薪金所得累计预扣预缴制,年终合并汇算清缴。

【案例 7-5】张某任职受雇于甲公司,2019 年每月平均发放工资 6 000 元,允许扣除的社保等专项扣除费用 500 元、每月专项附加扣除 3 000 元;2019 年 12 月取得全年一次性奖金 36 000 元,计算张某全年一次性奖金应交纳的个人所得税。

【计算过程】

方法一:

①找税率:36 000÷12=3 000 元,查"综合所得"个人所得税税率表(二)(按月)可知,适用税率为 3%

②算税额:36 000×3%=1 018(元)

方法二:

应纳税所得=(6 000×12+36 000)-5 000×12-500×12-3 000×12=6 000(元)

全年应纳税额=6 000×3%=180(元)

(3)其他奖金。

除全年一次性奖金以外的其他奖金,如"月奖、季度奖、半年奖"等,一律并入取得当月的工资,执行"累计预扣预缴制"。

(4)单位低价向职工售房。

单位按低于购置或建造成本价格出售住房给职工,职工因此而少支出的差价部分,不并入当年综合所得,单独计算纳税。

①适用税率。

适用"综合所得"个人所得税税率表(二)

②计算步骤。

找税率:房款差价÷12→查表

算税额:房款差价×税率－速算扣除数。

(5)居民个人取得股票期权、股票增值权、限制性股票、股权奖励等股权激励的计税规定。

在2021年12月31日前,不并入当年综合所得,全额单独适用综合所得税率表(一)(按年),计算纳税。

应纳税额=股权激励收入×适用税率－速算扣除数

【注意】居民个人一个纳税年度内取得两次以上(含两次)股权激励的,应合并计算纳税。

(6)企业年金、职业年金。

个人达到国家规定的退休年龄,领取的“企业年金、职业年金”,不并入综合所得,全额单独计算应纳税款。企业年金、职业年金计算个税方式如表7-11所示:

表7-11　企业年金、职业年金计算个税方式

领取方式		适用税率
分期领取	按月领取	综合所得税率表(按月)
	按季领取并平均分摊计入各月	综合所得税率表(按月)
	按年领取	综合所得税率表(按年)
一次性领取	因出境定居	综合所得税率表(按年)
	因个人死亡	综合所得税率表(按年)
	除上述特殊原因外	综合所得税率表(按月)

2.劳务报酬所得、稿酬所得、特许权使用费所得

(1)适用税率。

①劳务报酬所得适用20%～40%的3级超额累进预扣率。

超额累进预扣率如表7-12所示:

表7-12　“综合所得”个人所得税预扣率表(二)

级数	全“月”(或次)应纳税所得额	预扣率(%)	速算扣除数
1	不超过20 000元的	20	0
2	超过20 000元至50 000元的部分	30	2 000
3	超过50 000元的部分	40	7 000

②稿酬所得、特许权使用费所得适用20%的比例税率。

(2)应纳税所得额——采用定额和定率相结合的扣除方式。

①每次收入额≤4 000元的。

应纳税所得额=每次收入额－800

②每次收入额>4 000元的。

应纳税所得额=每次收入额×(1－20%)

注意:稿酬所得应纳税所得额按照70%计算。

(3)应纳税额。

应纳税额=应纳税所得额×适用税率-速算扣除数

【案例7-6】我国居民张某2019年内共取得4次劳务报酬,分别为3 000元、22 000元、30 000元、100 000元;要求计算各次应交纳个人所得税税额。

【计算过程】

第一次:3 000<4 000,费用扣除:800,应纳税所得额:2 200。

应纳税额=2 200×20%=440元

第二次:22 000>4 000,费用扣除:20%,应纳税所得额:17 600。

应纳税额=17 600×20%=3 520元

第三次:30 000>4 000,费用扣除:20%,应纳税所得额:24 000。

应纳税额=24 000×30%-2 000=5 200元

第四次:100 000>4 000,费用扣除:20%,应纳税所得额:80 000。

应纳税额=80 000×40%-7 000=25 000元

【案例7-7】2019年3月我国居民李某出版一部小说,取得稿酬10 000元。计算李某当月稿酬所得应交纳个人所得税税额。

【计算过程】

①应纳税所得额=10 000×(1-20%)×70%=5 600(元)。

②应纳税额=5 600×20%=1 120(元)。

(六)非居民个人"综合所得"应纳税额

1.计税方法

(1)"工资、薪金"所得:按"月"计征。

(2)"劳务报酬"所得、"稿酬"所得、"特许权使用费"所得:按"次"计征。关于"次"的规定如表7-13所示:

表7-13 关于"次"的规定

收入类型	计次规定
属于"一次性"收入	以取得该项收入为一次
属于同一项目"连续性"收入	以"1个月内"取得的收入为一次

2.适用税率

执行3%~45%七级超额累进税率

适用税率表:"综合所得"个人所得税税率表(二)(按月)

3.应纳税所得额

(1)工资、薪金所得。

以每月收入额减除"5 000元"后的余额为应纳税所得额

应纳税所得额=每月收入额-5 000

(2)劳务报酬所得、稿酬所得、特许权使用费所得。

①以收入减除“20%”的费用后的余额为收入额；

②以每次“收入额”为应纳税所得额；

③“稿酬所得”的收入额减按“70%”计算。

劳务报酬所得、特许权使用费所得应纳税所得额＝每次收入×(1－20%)

稿酬所得应纳税所得额＝每次收入×(1－20%)×70%

4. 应纳税额

应纳税额＝应纳税所得额×适用税率－速算扣除数

二、经营所得等五项所得

(一)经营所得

1. 基本规定

(1)“个体工商户”从事生产、经营活动取得的所得，“个人独资企业投资人”“合伙企业的个人合伙人”来源于境内注册的个人独资企业、合伙企业生产、经营的所得。

(2)个人依法取得执照，从事办学、医疗、咨询以及其他有偿服务活动取得的所得。

(3)个人对企业、事业单位“承包”经营、“承租”经营以及“转包、转租”取得的所得。

2. 应纳税额计算

(1)计税方法：按“年”计征。

(2)税率：五级超额累进税率。

经营所得适用税率表如表 7 - 14 所示：

表 7 - 14 【个人所得税税率表(经营所得适用)】

级数	全年应纳税所得额	税率(%)	速算扣除数
1	不超过 30 000 元的	5	0
2	超过 30 000 元至 90 000 元的部分	10	1 500
3	超过 90 000 元至 300 000 元的部分	20	10 500
4	超过 300 000 元至 500 000 元的部分	30	40 500
5	超过 500 000 元的部分	35	65 500

(3)应纳税所得额。

以每一纳税年度的收入总额，减除成本、费用以及损失后的余额，为应纳税所得额。

(二)财产租赁所得

1. 基本规定

个人“出租”不动产、土地使用权、机器设备、车船以及其他财产而取得的所得。

2. 特别规定

房地产开发企业与商店购买者个人签订协议规定，以优惠价格出售其商店给购买者个人，购买者个人在一定期限内必须将购买的商店无偿提供给房地产开发企业对外出租使用。对购买者个人少支出的购房价款，应视同个人财产租赁所得，按照“财产租赁所得”项目征收个人所得税。

3. 应纳税额计算

(1)计税方法：按次计征，以“1 个月”内取得的收入为一次。

(2)税率：20％。

【注意】个人出租“住房”取得的所得暂减按“10％”的税率征收个人所得税。

(3)应纳税所得额——采用“定额和定率相结合”的扣除方式。

①每次收入额≤4 000 元的。

应纳税所得额＝每次收入额－800

②每次收入额＞4 000 元的。

应纳税所得额＝每次收入额×(1－20％)

【注意】计算时还须扣除准予扣除的项目(包括出租房屋时缴纳的城市维护建设税、教育费附加以及房产税、印花税等相关税费；不包括增值税)，若房屋租赁期间发生“修缮费用”同样准予在税前扣除但以“每月 800 元”为限，多出部分在“以后月份”扣除。

(4)应纳税额。

①每次(月)收入不超过 4 000 元的。

应纳税额＝[每次(月)收入额－财产租赁过程中缴纳的税费－修缮费用(800 元为限)－800]×20％

②每次(月)收入 4 000 元以上的。

应纳税额＝[每次(月)收入额－财产租赁过程中缴纳的税费－修缮费用(800 元为限)]×(1－20％)×20％

(三)财产转让所得

1. 基本规定

财产转让所得是指个人“转让”有价证券、股权、合伙企业中的财产份额、不动产、机器设备、车船以及其他财产取得的所得。

2. 特别规定

(1)个人通过招标、竞拍或其他方式购置债权以后，通过相关司法或行政程序主张债权而取得的所得，按“财产转让所得”征税。

(2)个人通过网络收购玩家的虚拟货币，加价后向他人出售取得的收入，按“财产转让所得”征税。

(3)企业改制职工个人取得的量化资产税务处理。

3. 视同转让

个人以“非货币性资产投资”，属于转让和投资同时发生，对转让所得应按“财产转让所得”征税。

4. 应纳税额计算

(1)计税方法:按“次”计征。

(2)税率:20%。

(3)应纳税所得额。

应纳税所得额=转让财产收入－原值－合理费用

(4)应纳税额。

应纳税额=应纳税所得额×20%

【注意1】个人转让房屋的个人所得税应税收入不含增值税,其取得房屋时所支付价款中包含的增值税计入财产原值,计算转让所得时可扣除的税费不包括本次转让缴纳的增值税。

【注意2】对个人转让自用“5年以上”并且是家庭“唯一”“生活用房”取得的所得,继续免征个人所得税。

(四)利息、股息、红利所得

1. 基本规定

个人拥有债权、股权等而取得的利息、股息、红利性质的所得,按次计征,以每次收入额为应纳税所得额,不扣减任何费用,税率为20%。其公式为

应纳税额=应纳税所得额×20%

2. 特殊规定

房屋买受人在未办理房屋产权证的情况下,按照与房地产公司约定条件(如对房屋的占有、使用、收益和处分权进行限制)在一定时期后无条件退房而取得的补偿款,应按照“利息、股息、红利所得”交纳个人所得税。

(五)偶然所得

1. 基本规定

个人得奖、中奖、中彩以及其他偶然性质的所得,按次计征,以每次收入额为应纳税所得额,不扣减任何费用,税率为20%。其公式为

应纳税额=应纳税所得额×20%

2. 特别规定

(1)企业促销所得。

①企业对累计消费达到一定额度的顾客,给予额外“抽奖机会”,个人的获奖所得,按照“偶然所得”项目,交纳个人所得税;

②企业通过价格折扣、折让方式向个人销售商品和提供服务,不征收个人所得税;

③企业向个人销售商品和提供服务的同时给予“赠品”,不征收个人所得税;

④企业对累计消费达到一定额度的个人按消费积分反馈的“礼品”,不征收个人所得税。

(2)担保所得。

个人提供“担保”获得收入,按照“偶然所得”项目,交纳个人所得税。

(3)受赠所得。

①受赠人因无偿“受赠房屋”取得的受赠收入,按照“偶然所得”项目,交纳个人所得税;

②企业在业务宣传、广告等活动中,随机向本单位以外的个人赠送礼品(包括网络红包,下同),以及企业在年会、座谈会、庆典以及其他活动中向本单位以外的个人赠送礼品,个人取得的“礼品”收入,按照“偶然所得”项目,交纳个人所得税。

(4)发票和彩票中奖所得的“起征点”。

①彩票,一次中奖收入“在1万元以下”的暂免征收个人所得税;超过1万元的,全额征收个人所得税;

②个人取得单张有奖发票奖金所得“不超过800元”的,暂免征收个人所得税;超过800元的,全额征收个人所得税。

三、捐赠扣除、税收优惠和征收管理

(一)公益性捐赠

1. 限额扣除

个人将其所得对“教育、扶贫、济困”等公益慈善事业进行捐赠,捐赠额未超过纳税人申报的“应纳税所得额”30%的部分,可以从其“应纳税所得额”中扣除。

2. 全额扣除

(1)向“红十字事业”的捐赠。

(2)向“教育事业”的捐赠。

(3)向“农村义务教育”的捐赠。

(4)向“公益性青少年活动场所”的捐赠。

(5)向“福利性、非营利性老年服务机构”的捐赠。

(6)“通过特定基金会,用于公益救济”的捐赠。

(7)符合财政部、税务总局公告2020年第9号规定的用于应对新型冠状病毒感染的肺炎疫情的捐赠。

(二)非公益性捐赠

个人的直接捐赠,不得在计算应纳税额时扣除,政策另有规定的除外。

(三)税收优惠

(1)国债和国家发行的金融债券利息。

(2)保险赔款。

(3)退休工资。

(4)个人转让自用“5年以上”并且是家庭“唯一”“生活用房”取得的所得。

(5)储蓄存款利息。

(6)持有上市公司股票的股息所得。

①持股期限>1 年:免征;

②1 个月<持股期限≤1 年:减半征收;

③期限≤1 个月:全额征收;

④限售股解禁前取得的股息:减半征收。

(7)上市公司股票转让所得。

(8)彩票一次中奖收入"在 1 万元以下"。

(9)发票奖金所得"不超过 800 元"。

(10)"省级"人民政府、"国务院部委"和中国人民解放军"军以上"单位,以及"外国组织、国际组织"颁发的科学、教育、技术、文化、卫生、体育、环境保护等方面的奖金。

(11)按照国家统一规定发给的补贴、津贴。

(12)福利费、抚恤金、救济金。

(13)军人的转业费、复员费、退役金。

(14)拆迁补偿款。

(15)企业职工从破产企业取得的一次性安置费收入。

(16)以下情形的房屋产权无偿赠与的,对当事双方不征收个人所得税。

①房屋产权所有权人将房屋产权无偿赠与"近亲属";

②房屋产权所有人将房屋产权无偿赠与对其承担直接"抚养或赡养义务"的人;

③房屋产权所有人死亡,依法取得房屋产权的"继承人"。

(17)个人举报、协查各种违法、犯罪行为而获得的奖金。

(18)个人办理代扣代缴手续,按规定取得的扣缴手续费。

(19)原个税"其他所得"未划入"偶然所得",不再征收个人所得税的"其他所得"项目。

①银行部门以超过国家规定利率和保值贴补率支付给储户的揽储奖金;

②中国科学院院士荣誉奖金;

③保险公司按投保金额,以银行同期储蓄存款利率支付给在保期内未出险的人寿保险保户的利息(或以其他名义支付的类似收入);

④个人因任职单位缴纳有关保险费用而取得的无赔款优待收入;

⑤股民个人从证券公司取得的此类回扣收入或交易手续费返还收入;

⑥购房个人因房地产公司未协调好与按揭银行的合作关系,造成购房人不能按合同约定办妥按揭贷款手续,从而无法缴纳后续房屋价款,致使房屋买卖合同难以继续履行,房地产公司因双方协商解除商品房买卖合同而向购房人支付违约金,购房个人取得的违约金收入;

(四)纳税申报

1. 代扣代缴

(1)以支付所得的"单位"或"个人"为扣缴义务人。

(2)扣缴义务人在代扣税款的次月 15 日内,向主管税务机关报送其支付所得的所有个人的相关涉税信息资料。

2. 自行申报

(1)取得“综合所得”需要办理汇算清缴。

①在“两处或者两处以上”取得综合所得，且综合所得年收入额“减去专项扣除”的余额“超过6万元”；

②取得劳务报酬所得、稿酬所得、特许权使用费所得中一项或者多项所得，且综合所得年收入额“减去专项扣除”的余额“超过6万元”；

③纳税年度内预缴税额“低于”应纳税额的；

④纳税人“申请退税”。

(2)取得应税所得没有扣缴义务人。

(3)取得应税所得，扣缴义务人未扣缴税款。

(4)取得境外所得。

(5)因移居境外注销中国户籍。

(6)“非居民个人”在中国境内从“两处以上”取得“工资、薪金”所得。

(五)纳税期限

1. 综合所得

(1)居民个人取得综合所得，按年计算个人所得税；有扣缴义务人的，由扣缴义务人按月或者按次预扣预缴税款；需要办理汇算清缴的，应当在取得所得的次年“3月1日至6月30日”内办理汇算清缴。

(2)非居民个人取得工资、薪金所得，劳务报酬所得，稿酬所得和特许权使用费所得，有扣缴义务人的，由扣缴义务人“按月或者按次”代扣代缴税款，不办理汇算清缴。

2. 经营所得

纳税人取得经营所得，按年计算个人所得税，由纳税人在月度或者季度终了后“15日内”向税务机关报送纳税申报表，并预缴税款；在取得所得的次年“3月31日”前办理汇算清缴。

3. 利息、股息、红利所得，财产租赁所得，财产转让所得和偶然所得

纳税人取得上述所得，按月或者按次计算个人所得税，有扣缴义务人的，由扣缴义务人按月或者按次代扣代缴税款。

4. 纳税人取得应税所得没有扣缴义务人

应当在取得所得的次月15日内向税务机关报送纳税申报表，并缴纳税款。

5. 扣缴义务人未扣缴税款

(1)纳税人应当在取得所得的次年6月30日前，缴纳税款。

(2)税务机关通知限期缴纳的，纳税人应当按照期限缴纳税款。

6. 居民个人从中国境外取得所得

应当在取得所得的次年3月1日至6月30日内申报纳税。

7. 非居民个人在中国境内从两处以上取得工资、薪金所得

应当在取得所得的次月15日内申报纳税。

8. 扣缴义务人每月或者每次预扣、代扣税款的缴库

应当在次月 15 日内缴入国库，并向税务机关报送扣缴个人所得税申报表。

四、2022 年度个人所得税综合所得汇算清缴的特殊规定

(1)汇算的主要内容。

2022 年度终了后，居民个人(以下称纳税人)需要汇总 2022 年 1 月 1 日至 12 月 31 日取得的工资薪金、劳务报酬、稿酬、特许权使用费等四项综合所得的收入额，减除费用 6 万元以及专项扣除、专项附加扣除、依法确定的其他扣除和符合条件的公益慈善事业捐赠后，适用综合所得个人所得税税率并减去速算扣除数(税率表见附件 1)，计算最终应纳税额，再减去 2022 年已预缴税额，得出应退或应补税额，向税务机关申报并办理退税或补税。具体计算公式如下：

应退或应补税额＝[(综合所得收入额－60 000 元－“三险一金”等专项扣除－子女教育等专项附加扣除－依法确定的其他扣除－符合条件的公益慈善事业捐赠)×适用税率－速算扣除数]－已预缴税额

汇算不涉及纳税人的财产租赁等分类所得，以及按规定不并入综合所得计算纳税的所得。

(2)无须办理汇算的情形。

纳税人在 2022 年已依法预缴个人所得税且符合下列情形之一的，无须办理汇算：

①汇算需补税但综合所得收入全年不超过 12 万元的；

②汇算需补税金额不超过 400 元的；

③已预缴税额与汇算应纳税额一致的；

④符合汇算退税条件但不申请退税的。

(3)需要办理汇算的情形。

符合下列情形之一的，纳税人需办理汇算：

①已预缴税额大于汇算应纳税额且申请退税的；

②2022 年取得的综合所得收入超过 12 万元且汇算需要补税金额超过 400 元的。

因适用所得项目错误或者扣缴义务人未依法履行扣缴义务，造成 2022 年少申报或者未申报综合所得的，纳税人应当依法据实办理汇算。

(4)可享受的税前扣除。

下列在 2022 年发生的税前扣除，纳税人可在汇算期间填报或补充扣除：

①纳税人及其配偶、未成年子女符合条件的大病医疗支出；

②符合条件的 3 岁以下婴幼儿照护、子女教育、继续教育、住房贷款利息或住房租金、赡养老人等专项附加扣除，以及减除费用、专项扣除、依法确定的其他扣除；

③符合条件的公益慈善事业捐赠；

④符合条件的个人养老金扣除。

同时取得综合所得和经营所得的纳税人，可在综合所得或经营所得中申报减除费用6万元、专项扣除、专项附加扣除以及依法确定的其他扣除，但不得重复申报减除。

五、个人所得税检查实务

实践中一般是对被查单位开展税务检查时，对个人所得税扣缴义务同时进行检查。

(一)常见涉税疑点

(1)企业存在向员工发放的实物福利未并入当期工资申报个税的情况

(2)企业存在让员工拿费用发票报销的方式，变相发放补贴，未并入当期工资申报个税的情况。

(3)为员工缴纳的商业保险，未并入当期工资申报个税的情况。

(4)企业存在组织员工旅游名义，但是未并入当期工资申报个税的情况。

(5)企业存在退休返聘人员，以及签订合同的临时工未依法申报个税的现象。

(6)年终奖计税不正确。

(7)发放给非本企业人员的各类礼品、礼金、礼券等，未代扣代缴税款。

(8)扣缴单位在支付应税利息、股息、红利所得或偶然所得时，少扣缴或未扣缴税款。

(9)单位或个人为纳税人负担税款，在计算扣缴个人所得税时，不进行还原计算，而是直接按不含税收入计算代扣个人所得税，少扣缴税款。

(10)企业存在支付自然人劳务报酬，未履行预扣预缴劳务报酬个税的情况。

(11)扣缴个税与企业所得税申报表中工资费用支出总额偏离。

(12)以未分配利润、盈余公积和资产评估增值转增注册资本和股本，未代扣代缴税款。

(13)企业存在股东向公司长期借款不还，而且逾期1年以上，变相领取股息红利，未并入申报股息红利所得个税的情况。

(14)投资者本人及其家庭成员从法人企业列支消费支出。

(15)企业存在自然人股东转让股权价格明显偏低，未申报股权转让20%个税的情况。

(16)存在人为随意变更个税申报的税目如将“工资薪金所得”变更为“股息、红利所得”或者将“股息、红利所得”变更为“工资薪金所得”等现象达到少缴个人所得税现象。

(17)虚增专项附加扣除信息，填写不实的或不符合条件的子女教育，继续教育，住房贷款利息等附加扣除信息。

(二)常用检查方法

(1)检查扣缴单位“应付职工薪酬——职工福利”“应付职工薪酬——工会经费”等账户和期间费用(福利费)明细账及相关凭证，检查企业有无发放人人有份的补贴、补助，有无对员工采取实物方式发放福利的行为；对企业以“生活补助”名义发放的项目，逐项审查原始资料，核对受助人员是否符合条件，有无名为补助、实为变相福利的情况，混同免税所得未扣缴个人所得税。

(2)检查成本费用类明细账，关注员工普遍报销同一支出项目情况，是否是变相发放补贴，未扣缴个税。

(3)检查商业保险费列支情况，审查是否存在为员工缴纳商业保险未扣缴个税。

(4)检查福利费、差旅费等支出情况，审查是否组织职工外出旅游未并入工资扣缴个税。

(5)检查“生产成本”“管理费用”“营业费用”等明细账，通过明细账和原始单据，核查企业是否有支付给临时外聘人员的劳务报酬所得，是否按规定履行代扣税款义务。

(6)检查“利润分配——应付股利”“财务费用”等账户核实对支付给个人的股息、红利、利息是否全额计算扣缴税款，重点了解是否存在非货币性质支付股息、红利和利息的情况，有无依法扣缴税款。

(7)对支付劳务报酬所得负担税款的检查，检查单位或个人与纳税人是否签订了代付税款合同或协议，区分纳税人申报的所得额是含税收入额还是不含税收入额，并据此确定相应的计税方法，防止扣缴义务人混淆这两种不同内涵的所得，少代扣代缴税款。

(8)检查企业在业务宣传、广告等活动中，随机向本单位以外的个人赠送礼品(包括网络红包)，以及企业在年会、座谈会、庆典以及其他活动中向本单位以外的个人赠送礼品，是否按照“偶然所得”项目依法代扣税款。

(9)核实单位的用工人数、用工类别、人员构成结构及分布，要特别注意检查高管人员高收入者的有关信息；然后审查财务部门“工资结算单”中发放工资人数、姓名与企业的实际人数、姓名是否相符；企业有无人为降低高收入者的工资、薪金收入，故意虚增职工人数、分解降低薪酬，或者编造假的工资结算表，人为调节薪酬发放月份，以达到少扣缴税款或不扣缴税款的目的。

(10)检查企业“利润分配”“盈余公积”及其对应明细科目，确定分配个人股利和转增个人股本等情况，核实扣缴单位是否按规定代扣代缴个人所得税税款。

(11)检查其他应收款明细账，审查是否存在股东借款、年末未归还且未用于企业生产经营情形，是否变相分红逃避交纳个人所得税。

(12)检查成本费用支出情况，审查投资者本人及其家庭成员是否从企业列支消费支出，以逃避缴纳企业所得税和个人所得税。

(13)通过网上查询企业工商登记信息，查明股东是否变更，是否涉及个人股权转让，必要时，去工商部门调查股权转让协议，核对企业实收资本明细科目，检查股权转让价格是否公允，股东是否依法缴纳股权转让个人所得税。

(14)对比个税申报系统申报的工资薪金跟企业所得税年报中申报的工资薪金，如果差距较大，则存在部分员工虽然发放工资但是没有进行全员全额个税申报。

(15)抽查部分员工的综合所得汇算清缴情况，核实申报的收入、专项扣除、专项附加扣除、其他扣除等数据，审查是否存在以下情况：申报预缴税额大于试算预缴税额、专项附加扣除的住房贷款利息和住房租金同时填报、虚构住房贷款或住房租赁情况、不如实填报赡养老人扣除等。

第三节　土地增值税检查实务

一、纳税主体和征税范围

土地增值税是对有偿转让国有土地使用权及地上建筑物和其他附着物产权，取得增值收入的单位和个人征收的一种税。

(一)纳税义务人

转让国有土地使用权、地上建筑物和其他附着物并取得收入的单位和个人为纳税人。

(二)征税范围

土地增值税是对转让国有土地使用权及其地上建筑物和附着物的行为征税，不包括国有土地使用权出让所取得的收入。征税范围包括：

(1)转让国有土地使用权，不包括国有土地使用权出让所取得的收入。

(2)地上建筑物及其附着物连同国有土地使用权一并转让。

(3)存量房地产的买卖。

房地产的继承、赠与、出租、抵押不属于征税范围。

二、土地增值税应纳税额的计算

土地增值税＝增值额×适用税率－扣除项目金额×速算扣除系数

增值额＝转让房地产取得的收入－扣除项目金额

(一)适用税率

土地增值税适用税率如表 7 - 15 所示：

表 7 - 15　土地增值税适用四级“超率累进税率”

级数	增值额与扣除项目金额的比率	税率(%)	速算扣除系数(%)
1	不超过 50%的部分	30	0
2	超过 50%至 100%的部分	40	5
3	超过 100%至 200%的部分	50	15
4	超过 200%的部分	60	35

(二)应税收入

转让房地产的全部价款及有关的经济利益。从收入形式看,包括货币收入、实物收入和其他收入;营改增后,为不含增值税收入。

(三)扣除项目

1.销售新房及建筑物

(1)取得土地使用权所支付的金额:包括地价款,有关费用和税金(如契税)。

(2)房地产开发成本。

包括土地的征用及拆迁补偿费、前期工程费、建筑安装工程费、基础设施费、公共配套设施费、开发间接费用等。

(3)房地产开发费用。

不是按照纳税人实际发生额进行扣除,而是按税法的标准计算扣除。

①第一种扣除方式:利息支出能够按转让房地产项目计算分摊并提供金融机构证明的。

允许扣除的房地产开发费用＝利息＋(取得土地使用权所支付的金额＋房地产开发成本)×5%以内

利息的规定:利息最高不能超过按商业银行同类同期贷款利率计算的金额;利息的上浮幅度按国家的有关规定执行,超过上浮幅度的部分不允许扣除;对于超过贷款期限的利息部分和加罚的利息不允许扣除。

②第二种扣除方式:不能按转让房地产项目计算分摊利息支出或不能提供金融机构证明的。

允许扣除的房地产开发费用＝(取得土地使用权所支付的金额＋房地产开发成本)×10%以内

全部使用自有资金,没有利息支出的,按照以上方法扣除。

(4)与转让房地产有关的税金。

①房地产开发企业:城市维护建设税、教育费附加;不包括增值税;

②非房地产开发企业:城市维护建设税、教育费附加、印花税;不包括增值税。

(5)财政部确定的其他扣除项目。

从事房地产开发的纳税人适用,加计扣除＝(取得土地使用权所支付的金额＋房地产开发成本)×20%

2.销售旧房及建筑物

(1)取得土地使用权所支付的地价款或出让金(应提供凭据)、按国家统一规定缴纳的有关费用。

(2)旧房及建筑物的评估价格＝重置成本价×成新度折扣率。

(3)在转让环节缴纳的税金:城市维护建设税、教育费附加、印花税。

销售旧房及建筑物不能取得评估价格,但能提供购房发票的,经当地税务部门确认,可按发票所载金额并从购买年度起至转让年度止每年加计5%计算扣除。“每年”按购房发票所载日期起至售房发票开具之日止，每满12个月计一年；超过一年，未满12个月但超过6个月的，可以视同为一年；对纳税人购房时缴纳的契税，凡能提供契税完税凭证的，准予作为“与转让房地产有关的税金”予以扣除，但不作为加计5%的基数。

既没有评估价格，又不能提供购房发票的，税务机关可以核定征收。

销售旧房及建筑物可扣除的税金：城市维护建设税、教育费附加、印花税。按发票金额扣除时，另外扣除购入时的契税。

(四)增值额的确定

土地增值额=转让收入-扣除项目金额

纳税人有下列情形之一的，按照房地产评估价格计算征收土地增值税：

(1)隐瞒、虚报房地产成交价格的。

(2)提供扣除项目金额不实的。

(3)转让房地产的成交价格低于房地产评估价格又无正当理由的。

(五)应纳税额计算步骤

(1)确定收入总额。

(2)确定扣除项目。

(3)计算增值额。

(4)计算增值率=增值额/扣除项目金额。

(5)按照增值率确定适用税率和速算扣除系数。

建造普通标准住宅出售，其增值额未超过扣除项目金额之和20%的，免税。

(6)计算应纳税额。

应纳税额=增值额×适用税率-扣除项目金额×速算扣除系数

三、税收优惠和征收管理

(一)税收优惠

(1)纳税人建造普通标准住宅出售，增值额未超过扣除项目金额20%的，免征土地增值税。如果超过20%的，应就其全部增值额按规定计税。

(2)对于纳税人既建造普通标准住宅又进行其他房地产开发的，应分别核算增值额。

(3)因国家建设需要依法征用、收回的房地产，免征土地增值税

(4)因城市实施规划、国家建设需要而搬迁，由纳税人自行转让原房地产的，免征土地增值税。

(5)对企事业单位、社会团体以及其他组织转让旧房作为公共租赁住房房源，且增值额未超过扣除项目金额20%的，免征土地增值税。

(二)纳税地点和纳税申报

土地增值税在房地产所在地申报纳税。纳税人是自然人的。当转让的房地产坐落

地与其居住所在地一致时，则在住所所在地税务机关申报纳税；当转让的房地产坐落地与其居住所在地不一致时，在办理过户手续所在地的税务机关申报纳税。

纳税人应在转让房地产合同签订后 7 日内，到房地产所在地主管税务机关申报纳税。

四、房地产开发企业土地增值税清算

(一)土地增值税的清算受理

1. 符合下列情形之一的，纳税人应当进行土地增值税的清算

(1)房地产开发项目全部竣工、完成销售的。

(2)整体转让未竣工决算房地产开发项目的。

(3)直接转让土地使用权的。

2. 符合下列情形之一的，主管税务机关可要求纳税人进行土地增值税清算

(1)已竣工验收的房地产开发项目，已转让的房地产建筑面积占整个项目可售建筑面积的比例在 85%以上，或未超 85%，但剩余可售建筑面积已经出租或自用。

(2)取得销售(预售)许可证满三年仍未销售完毕的。

(3)纳税人申请注销税务登记但未办理土地增值税清算手续的。

(二)清算时相关问题的处理

1. 土地增值税清算收入的确认

(1)土地增值税清算时，已全额开具商品房销售发票的，按照发票所载金额确认收入。

(2)未开具发票或未全额开具发票的，以交易双方签订的销售合同所载的售房金额及其他收益确认收入。

(3)营改增后进行房地产开发项目土地增值税清算。

①土地增值税应税收入＝营改增前转让房地产取得的收入＋营改增后转让房地产取得的不含增值税收入；

②与转让房地产有关的税金＝营改增前实际缴纳的营业税、城市维护建设税、教育费附加＋营改增后允许扣除的城市维护建设税、教育费附加。

2. 房地产开发企业未支付的质量保证金

扣留建筑安装施工企业的工程款(质保金)，建筑安装施工企业开具发票的，按发票所载金额予以扣除；未开具发票的，扣留的质保金不得计算扣除。

3. 房地产开发费用的扣除

(1)根据财务费用中的利息支出，两种处理。

(2)全部使用自有资金，没有利息支出的：按“取得土地使用权所支付的金额”与“房地产开发成本”金额之和的 10%以内扣除。

(3)已计入房地产开发成本的利息支出，应调整至财务费用中计算扣除。

4.取得土地使用权时支付的税费

(1)逾期开发缴纳的土地闲置费,不得扣除。

(2)缴纳的契税:计入“地价款”中扣除。

5.拆迁安置土地增值税的计算

符合规定的计入拆迁补偿费(属于开发成本)。

6.清算补缴的土地增值税

在主管税务机关规定的期限内补缴的,不加收滞纳金。

(三)清算审核方法

1.非直接销售和自用房地产的收入确定

(1)房地产开发企业将开发产品用于职工福利、奖励、对外投资、分配给股东或投资人、抵偿债务、换取其他单位和个人的非货币性资产等,发生所有权转移时应视同销售房地产。

其收入按下列方法和顺序确认:

①按本企业均价;

②市场价格或评估价值确定。

(2)房地产开发企业将开发的部分房地产转为企业自用或用于出租等商业用途时,如果产权未发生转移,不征收土地增值税,在税款清算时不列收入,不扣除相应的成本和费用。

2.房地产开发企业开发建造的与清算项目配套的居委会和派出所用房、会所、停车场(库)、物业管理场所、变电站、热力站、水厂、文体场馆、学校、幼儿园、托儿所、医院、邮电通信等公共设施,按以下原则处理。

(1)建成后产权属于全体业主所有的,其成本、费用可以扣除。

(2)建成后无偿移交给政府、公用事业单位用于非营利性社会公共事业的,其成本、费用可以扣除。

(3)建成后有偿转让的,应计算收入,并准予扣除成本、费用。

(4)房地产开发企业销售已装修的房屋,其装修费用可以计入房地产开发成本;预提费用,除另有规定外,不得扣除。

(四)土地增值税清算后销售或有偿转让

纳税人应按规定进行土地增值税的纳税申报,扣除项目金额按清算时的单位建筑面积成本费用乘销售或转让面积计算。

单位建筑面积成本费用=清算时的扣除项目总金额÷清算的总建筑面积

五、土地增值税检查实务

(一)常见涉税疑点

(1)纳税人未按规定申报预缴土地增值税。是否推迟销售收入核算时间,未申报预缴土地增值税；是否存在将预售房款滞留非财务核算部门、外单位或者股东个人账户，未按规定及时入账，未申报预缴土地增值税。

(2)是否将非普通住宅混淆为普通住宅以低预征率申报预缴土地增值税。

(3)是否存在计算土地增值税预征税款时多扣除增值税，导致少申报预缴土地值税。

(4)符合应清算条件的项目，是否在达到应清算之日起 90 日内向主管税务机关进行清算申报，是否错误确认土地增值税清算单位。

(5)清算时收入的确认是否按照“已全额开具商品房销售发票的，按照发票所载金额确认；未开具或未全额开具发票的，以交易合同所载售房金额或其他收益确认”的规定执行。

(6)纳税人是否利用关联关系进行交易，以低价转让商品房。

(7)纳税人将开发产品用于职工福利、奖励、对外投资、分配给股东或投资人、抵偿债务、换取其他单位和个人的非货币性资产等是否确认收入。

(8)纳税人是否存在补收面积差房款未确认销售收入。

(9)如果同一土地有多个开发项目的，分摊方法是否合理、取得土地使用权支付金额的分配比例和具体金额的计算是否正确。

(10)土地征用及拆迁补偿费是否根据拆迁方案、拆迁合同及签收花名册予以认定，相关账目是否一致。

(11)前期工程费、基础设施费是否真实发生，是否存在虚列情形。例如，虚增绿化成本。

(12)发生的费用是否与决算报告、审计报告、工程结算报告和工程施工合同记载的内容相符。

(13)工程结算书的相关内容、报价是否与实际相符。增加工程量的，是否有经监理认定的工程量变更清单；变更设计的，是否有报经主管政府部门备案的变更设计书；甲供材是否存在重复列支。

(14)纳税人是否虚增各项设计成本，包括项目整体设计、单项设计和装修设计等；是否存在虚增装修成本。

(15)“营改增”前，建筑业统一发票是否在项目所在地税务机关开具；“营改增”后，不能自行开具发票的小规模纳税人是否在项目所在地代开发票。“营改增”后，土地增值税纳税人接受建筑安装服务取得的增值税发票，是否未在发票的备注栏注明建筑服务发生地县(市、区)名称及项目名称。

(16)售房合同是否明确约定列入公共配套设施费涉及的设施归全体业主共有，公共配套设施项目结算书、付款凭证及发票三者金额是否一致等；公共配套设施的界定是否准确，是否真实发生，金额的计算是否准确，有无预提的公共配套设施费情况。

(17)是否存在将企业行政管理部门(总部)为组织和管理生产经营活动而发生的管理费用计入开发间接费用的情形，如会议费、业务招待费、差旅费、公务用车、通信费等。

(18)凡能够按转让房地产项目计算分摊并提供金融机构证明允许据实扣除的费用中的利息支出,贷款利息是否超过商业银行同类同期贷款利率。

(19)清算项目的可售面积是否计算准确;分摊方法是否合理;分摊比例计算是否准确。

(20)单独建设售楼部的,其成本支出是否列入销售费用扣除。

(21)各项扣除费用所依据的票据是否真实合法,是否实际发生。

(22)清算后销售的房产是否未按规定申报土地增值税,是否未按单位建筑面积成本费用计算后续销售房产的土地增值税。

(二)常用检查方法

1.检查商品房预售收入

登录房地产交易网查询合同备案情况,检查商品房预售收入是否及时入账。

2.检查商品房销售合同

与客户付款记录核对,确认已收取款项是否与开票金额一致。

3.检查预收房款发票和收据金额

检查纳税人开具的预收房款发票和收据金额与申报的预售收入是否一致。

4.对房款的检查

检查纳税人收取的房款是否全部记入"预收账款"科目,"其他应付款"的二级明细科目,是否有与售房款相关的项目。

5.检查纳税人是否支付相关手续费

检查纳税人是否向销售经纪公司等房地产行业代理机构支付手续费和佣金等费用,调取销售代理合同、佣金结算单等资料,根据手续费和佣金的支付比例和金额,反向推算纳税人通过中介机构实现的销售收入。

6.实地察看各期楼盘开发销售进展情况

根据商品房预(销)售许可证中注明的销售范围和销售面积,对照销售进度表等资料,与"主营业务收入"和"预收账款"明细账进行比对,核实预缴土地增值税的计税依据是否完整。

7.对清算单位确认是否准确的检查

可通过检查企业提供的开发项目立项和建设工程规划等资料,必要时与国家有关部门存档的纳税人开发项目审批、备案等资料进行比对,核实纳税人清算单位确定的合理性,查实企业是否存在人为合并、分拆开发项目的情形。

8.对清算面积的检查

重点检查核实房地产开发项目在土地增值税清算中所依据的建筑面积是否以规划部门的批复文件(详细规划总平面图等)为准,对于项目最终测绘面积与规划部门批复文件不相符的,是否经规划等政府部门确认后,最终以实际测绘面积为准。检查房地产开发项目的可售面积是否以销(预)售许可证确认的面积为准,对于实际可售面积与销(预)售许可证面积不一致的,房地产开发企业是否已提供政府相关部门的证明,并按实际可售面积确认。

9.对于清算后再转让开发项目应纳税额准确性的检查

重点围绕产品类型划分、扣除项目金额分摊计算、有无将清算时因未取得合法、有效凭证而未扣除对项目金额有意“追补”调整到清算后转让项目中进行了扣除等方面进行调查核实，依法实施税款的查补。

10.对销售开发产品收取的价款和价外费用未按规定入账隐匿收入的检查

(1)实地察看、了解楼盘开发、销售情况，核对房源销售平面图，调查询问阁楼、地下室是否单独作价出售，掌握住宅、阁楼、地下室的销售状况。

(2)调取售楼处资料，收集销控台账、销售合同、销售发票、收款收据等纸质资料以及销售合同统计数据、预售房款统计数据、售房发票记录等电子文档，统计已售面积及销售金额。查看物业公司入住通知单及钥匙发放保管登记簿，核对销售数据的真实性。将确认的已售面积及销售金额与“预收账款”“主营业务收入”账户及纳税申报表进行核对，检查企业收取的销售款是否全部入账并申报纳税。

(3)调取开发企业与中介服务机构签订的代理销售合同、协议，根据计提的销售佣金金额和比例反向计算销售额，与申报的预售收入和销售收入比对，寻找差异，并对照检查中介服务机构的销售明细表，检查有无分解开票，隐瞒销售收入问题。

(4)调取开发项目的动迁房屋产权调换协议书或回迁安置协议等，抽取部分拆迁户进行调查，核实调换房屋的面积和超出补偿面积差价款的情况，检查收取的超面积安置收入是否并入当期应税收入。

(5)调查部分买受人，核实开具发票的金额与收取的价款是否一致。有无将销售的一体化阁楼、地下室和精装房装修部分取得的价款单独开具收款收据问题。

(6)到金融机构调取企业开户信息和企业主要负责人、销售负责人、财务负责人等相关人员的个人银行储蓄账户、信用卡账户信息，核实有无隐匿账外资金的情况。

11.对以银行按揭方式销售开发产品收取的价款，未按规定计税的检查

(1)到贷款银行检查银行按揭的保证金账户存款余额(银行按贷款额的5%～7%收取保证金)，推算按揭贷款数额，与结转的收入比较，查找涉税问题。

(2)到开发企业开户银行查询按揭贷款的发放情况，核对计税收入。

(3)核对银行存款日记账与银行对账单，检查从银行按揭贷款账户转入的款项是否记入“预收账款”账户或“主营业务收入”账户。

12.对发生视同销售行为，未按规定申报纳税的检查

(1)对比商品房购销合同统计明细表登记的开发产品销售数量与财务账簿登记的售房款金额相对应的开发产品销售数量，查找两者之间的差异，进行实地调查，核实房产销售的真实状况。

(2)审核股权投资协议、资产置换协议、拆迁补偿协议等，检查以房屋所有权换取土地使用权、股权等是否按规定确认收入。

(3)调查、询问部分债权人，核实长期挂账的大额未付款项的真实性，检查是否存在

隐匿售房款的行为。

13.对混淆成本核算对象,未按配比原则计算分摊扣除项目金额的检查

(1)检查"建设工程规划许可证"及规划总图,确定成本核算对象,检查房地产开发企业是否按确定的成本核算对象归集与分配开发成本。

(2)检查土地转让协议是否有附加条件,检查土地成本在账面如何列支、分摊,是否全部计入清算项目。

(3)检查是否根据项目规划及测绘报告,确定清算项目总可售面积;检查是否将产权归全体业主所有的公共配套设施、开发企业自用的配套设施及周转房等不可销售或出租的房屋面积计入总可售面积。

(4)结合企业开发产品成本明细账,检查是否将有偿转让或自用的配套设施开发成本计入可售房屋开发成本。成本分配计算表核算内容是否缺项,分摊比率是否正确。

(5)根据当期销售面积以及可售单位工程成本,计算当期扣除的房地产开发成本。检查企业销售成本明细账,将销售成本与销售收入对比分析,检查计入扣除项目金额的户数、面积和销售收入的统计口径是否一致。

14.对签订虚假合同、协议,虚列、多列或重复列支成本费用的检查

(1)采取工程成本总量控制法,调查了解当地同类开发产品的平均开发成本,对价格过高的开发成本项目展开重点检查。

(2)聘请专业的工程造价师,对照图纸,进行工程量和工程造价评估,与企业列支数额进行核对。

(3)检查工程施工合同和预(决)算书,核对工程内容,参照工程造价事务所出具的审核报告,对决算超出预算价格过高的项目,重点检查单项合同和补充协议的真实性。

(4)调取工程监理部门的监理记录及"材料物资进场试验报告",核实有关材料采购的真实性。

(5)调查开发企业的关联关系,通过市场价格分析、营业常规比较等方法检查确认纳税人是否存在利用关联关系转移增值额。

(6)了解与开发相关合同、协议的款项支付条件,检查房地产开发企业的付款情况,对长期挂账的大额应付款项,调查款项未付的原因,以核实开发成本的真实性。

15.对取得不符合规定的发票入账,多列成本费用的检查

采集大额成本费用发票的开具时间、发票代码、发票号码、开票单位、开具项目及金额等信息,发现问题,区别处理。

(1)通过系统查询发票流向,对问题发票进行外调取证。对照合同、协议、预决算和付款情况等,检查发票开具内容的真实性。

(2)要求纳税人对取得假票的成本费用进行业务真实性举证,检查其提供的用来证明业务实际发生的证据是否合法、有效。如果纳税人不能提供充分的证据,则不允许其税前扣除相关支出。如纳税人经过举证,证明其业务发生真实,允许纳税人进行换票处理,按照重新取得合法、有效支付凭证的项目和金额扣除。

16. 对税收优惠的检查

(1)检查优惠政策适用条件是否正确，如检查核实其所有者是否确实因城市实施规划、国家建设的需要而被政府批准征用或自行转让，能否提供被政府征用的公告、通知等文件，是否已就上述免税事项向房地产所在地税务机关提出免税申请，并已经税务机关审核后予以核准。

(2)检查普通标准住宅适用条件是否正确，核实企业在不同时段是否错误地适用了优惠政策。

(3)检查混合开发项目中免税项目划分是否准确，结合开发项目立项及规划资料，确认房地产开发企业是否分类型清算，检查企业有无人为降低非普通标准住宅和非住宅的增值率，故意混淆不同类型开发产品的应税收入和扣除项目金额，甚至为达到降低清算项目整体增值率的目的，不惜放弃享受普通标准住宅的免税政策。

为统一清算口径，防止纳税人人为、恶意地降低土地增值税税负，针对清算中未合理划分应税项目和免税项目的纳税人，对其清算结果应进行检查调整。

第四节　房产税检查实务

一、纳税主体和征税范围

房产税以房屋为征税对象，按房屋的计税余值或租金收入为计税依据，向房屋产权所有人征收的一种财产税。房产是指有屋面和围护结构，能够遮风避雨，可供人们在其中生产、工作、学习、娱乐、居住或储藏物资的场所，但不包括独立于房屋之外的建筑物：烟囱、水塔、室外游泳池、菜窖等。房地产开发企业建造的商品房，在出售前，不征收房产税；但对出售前房地产开发企业已使用或出租、出借的商品房应按规定征收房产税。

征税范围区域：城市、县城、建制镇和工矿区，不包括农村。

房产税以在征税范围内的房屋产权所有人为纳税人。产权属于国家所有的，其经营管理单位为纳税人；产权属于集体和个人的，集体单位和个人为纳税人；产权出典的，由承典人缴纳；产权所有人、承典人不在房屋所在地的，以及产权未确定及租典纠纷未解决的，房产代管人或使用人为纳税人。

二、房产税应纳税额的计算

房产税计税依据有从价计征和从租计征两种方式

(一)从价计征

1. 计税依据：房产余值

房产余值＝房产原值×(1－扣除比例)扣除比例：10%至30%

2. 计税依据的确定

(1)房产原值是指纳税人按照会计制度规定,在账簿“固定资产”科目中记载的房屋原价。

(2)房产原值应包括与房屋不可分割的各种附属设备或一般不单独计算价值的配套设施。凡以房屋为载体,不可随意移动的附属设备和配套设施,如给排水、采暖、消防、中央空调、电气及智能化楼宇设备等,无论在会计核算中是否单独记账与核算,都应计入房产原值,计征房产税。

(3)纳税人对原有房屋进行改建、扩建的,要相应增加房屋的原值。

(4)更换房屋附属设备和配套设施的,在将其价值计入房产原值时,可扣减原来相应设备和设施的价值;对附属设备和配套设施中易损坏,需要经常更换的零配件,更新后不再计入房产原值,原零配件的原值也不扣除。

(5)凡在房产税征收范围内的具备房屋功能的地下建筑,包括与地上房屋相连的地下建筑及完全建在地面以下的建筑、地下人防设施等,均征收房产税。对于与地上房屋相连的地下建筑,如房屋的地下室、地下停车场、商场的地下部分等,应将地下部分与地上房屋视为一个整体按照地上房屋建筑的有关规定计算征收房产税。

(6)对出租房产,租赁双方签订的租赁合同约定有免收租金期限的,免收租金期间由产权所有人按照房产原值缴纳房产税。

(7)对按照房产原值计税的房产,无论会计上如何核算,房产原值均应包含地价,包括为取得土地使用权支付的价款、开发土地发生的成本费用等。容积率低于0.5的,按房产建筑面积的2倍计算土地面积并据此确定计入房产原值的地价。

(8)产权出典的房产,由承典人按余值缴纳房产税。

(9)纳税人未按会计制度规定记载原值,在计征房产税时,应按规定调整房产原值。

3. 从价计征的税率:1.2%

4. 应纳税额的计算

从价计征方式下应纳税额=房产原值×(1-原值减除比例)×1.2%

独立地下建筑物房产税应纳税额计算:工业用途房产,以房屋原价的50%~60%作为应税房产原值;商业和其他用途房产,以房屋原价的70%~80%作为应税房产原值。

(二)从租计征

1. 计税依据:房产租金

(1)对投资联营的房产,在计征房产税时应予区别对待。

①对于以房产投资联营,投资者参与投资利润分红,共担风险的,按房产的余值作为计税依据计征房产税。

②对以房产投资,收取固定收入,不承担联营风险的,实际是以联营名义取得房产租金,应由出租方按租金收入计算房产税。

(2)融资租赁的房产,由承租人自融资合同约定开始日的次月起依据房产余值缴纳;未约定开始日的,由承租人自合同签订的次月起计算缴纳。

(3)居民住宅区内业主共有的经营性房产的计税依据。

对居民住宅区内业主共有的经营性房产，由实际经营(包括自营和出租)的代管人或使用人缴纳房产税。其中自营的，依照房产余值计征；出租的，依照租金收入计征。

2. 从租计征的税率：12%。

个人出租房屋，按4%征收房产税。

3. 应纳税额的计算

从租计征方式下应纳税额＝租金收入×12%(或4%)

三、税收优惠和征收管理

(一)税收优惠

(1)国家机关、人民团体、军队自用的房产免征房产税。但上述免税单位的出租房产以及非自身业务使用的生产、营业用房，不属于免税范围。

(2)由国家财政部门拨付事业经费(全额或差额)的单位所有的，本身业务范围内使用的房产免征房产税。

(3)宗教寺庙、公园、名胜古迹自用的房产免征房产税。

(4)个人所有非营业用的房产免征房产税；对个人拥有的营业用房或者出租的房产，应照章纳税。

(5)企业办的各类学校、医院、托儿所、幼儿园自用的房产免税。

(6)毁损不堪居住的房屋和危险房屋，经有关部门鉴定，在停止使用后，可免征房产税。

(7)纳税人因房屋大修导致连续停用半年以上的，在房屋大修期间免征房产税。

(8)纳税单位与免税单位共同使用的房屋，按各自使用的部分划分，分别征收或免征房产税。

(9)自2019年1月1日至2021年12月31日，由省、自治区、直辖市人民政府根据本地区实际情况，对增值税小规模纳税人可以在50%的税额幅度内减征房产税。

(10)自2019年1月1日至2021年12月31日，对农产品批发市场、农贸市场专门用于经营农产品的房产，暂免征收房产税。

(二)房产税的征收管理

1. 纳税义务发生时间

(1)纳税人将原有房产用于生产经营，从生产经营之月起，缴纳房产税。

(2)纳税人自行新建房屋用于生产经营，从建成之次月起，缴纳房产税。

(3)纳税人委托施工企业建设的房屋，从办理验收手续之次月起，缴纳房产税。

(4)纳税人购置新建商品房，自房屋交付使用之次月起，缴纳房产税。

(5)纳税人购置存量房，自办理房屋权属转移、变更登记手续，房地产权属登记机关签发房屋权属证书之次月起,缴纳房产税。

(6)纳税人出租、出借房产,自交付出租、出借本企业房产之次月起,缴纳房产税。

(7)房地产开发企业自用、出租、出借本企业建造的商品房,自房屋使用或交付之次月起,缴纳房产税。

(8)融资租赁的房产,由承租人自融资租赁合同约定开始日的次月起缴纳房产税;合同未约定开始日的,由承租人自合同签订的次月起缴纳房产税。

(9)纳税人因房产的实物或权利状态发生变化而依法终止房产税纳税义务的,其应纳税款的计算应截止到房产的实物或权利状态发生变化的当月月末。

2.纳税期限

按年计算、分期缴纳。

3.纳税地点

(1)房产税在房产所在地缴纳。

(2)房产不在同一地方的纳税人,应按房产的坐落地点分别向房产所在地的税务机关申报纳税。

四、房产税检查实务

(一)常见涉税疑点

(1)缴纳房产税的房产范围是否遗漏。

(2)缴纳房产税的缴纳时间点是否准确。

(3)房产租金收入是否及时入账,入账金额是否正确。

(4)无租使用和免租期缴纳房产税是否准确。

(5)土地是否按照规定计入原值。

(6)地下建筑物是否按照规定纳税。

(7)附属设备和配套设施是否按照规定纳税。

(二)常用检查方法

(1)查询税收征管系统,查看企业房产基本信息,如无房产信息,检查固定资产明细账、在建工程明细账,是否未申报房产税;检查是否租入或无租使用房屋,若为租入,则检查支付租金的票据,若为无租使用,检查是否代缴纳房产税。

(2)对征税范围的检查,首先,查看有无房产在房产税征税区域而未申报房产税;其次,审查纳税人“固定资产”“在建工程”等账户,或通过实地勘察是否有已建成投入使用但未入账的房产。

(3)在核实房产用途的基础上,检查“其他业务收入”账户的贷方发生额,核实有无房产租金收入。有租金收入的,应查阅房屋租赁合同或协议,核实租金收入是否及时入账;核对纳税申报表和综合纳税申报表,核实是否如实申报房产税,是否应按照房租计征错按房产计税余值计征。同时,结合检查“其他业务支出”等费用账户或往来账户,核实有无以收抵支或转移租金收入的情况。

(4)检查“固定资产——房屋”明细账的借方发生额或固定资产卡片,将其与房产税纳税申报表进行核对,核实申报的计税依据是否账表相符,应税房产价值是否申报准确。

(5)检查无形资产明细账,核实土地位置及地价,结合房屋容积率,复核地价是否正确计入房产原值计征房产税。

第五节　城镇土地使用税检查实务

一、纳税主体和征税范围

城镇土地使用税是以国有土地或集体土地为征税对象,对拥有土地使用权的单位和个人征收的一种税。

城镇土地使用税的征税范围是城市、县城、建制镇和工矿区。征税范围不包括农村。

城镇土地使用税由拥有土地使用权的单位或个人缴纳。拥有土地使用权的单位和个人不在土地所在地的,其土地的实际使用人和代管人为纳税人;土地使用权未确定或权属纠纷未解决的,由实际使用人纳税;土地使用权共有的,由共有各按所占面积比例方分别纳税;在城镇土地使用税征税范围内,承租集体所有建设用地的,由直接从集体经济组织承租土地的单位和个人,缴纳城镇土地使用税。

二、城镇土地使用税应纳税额的计算

城镇土地使用税采用定额税率,按每平方米土地的年税额计征。城镇土地使用税以纳税人实际占用的土地面积为计税依据。省、自治区、直辖市人民政府确定的单位组织测定土地面积的,以测定面积为计税依据。尚未组织测量土地面积,但纳税人持有政府部门核发的土地使用证书,以证书确认的土地面积为计税依据。尚未核发土地使用证书的,以申报的土地面积为计税依据。待核发土地使用证以后再做调整。对在城镇土地使用税征税范围内单独建造的地下建筑用地,暂按应征税款的50%征收土地使用税。

三、税收优惠和征收管理

(一)税收优惠

(1)国家机关、人民团体、军队自用的土地。

(2)由国家财政部门拨付事业经费的单位自用的土地。

(3)宗教寺庙、公园、名胜古迹自用的土地。

(4)市政街道、广场、绿化地带等公共用地。

(5)直接用于农、林、牧、渔业的生产用地。

(6)对非营利性医疗机构、疾病控制机构和妇幼保健机构等卫生机构自用的土地,免征城镇土地使用税。

(7)企业办的学校、医院、托儿所、幼儿园,其用地能与企业其他用地明确区分的,免征城镇土地使用税。

(8)免税单位无偿使用纳税单位的土地,免征城镇土地使用税。纳税单位无偿使用免税单位的土地,纳税单位应照章缴纳城镇土地使用税。纳税单位与免税单位共同使用、共有使用权土地上的多层建筑,对纳税单位可按其占用的建筑面积占建筑总面积的比例计征城镇土地使用税。

(9)对行使国家行政管理职能的中国人民银行总行(含国家外汇管理局)所属分支机构自用的土地,免征城镇土地使用税。

(10)对企业厂区以外的公共绿化用地和向社会开放的公园用地,暂免征收城镇土地使用税。

(11)自 2019 年 1 月 1 日至 2021 年 12 月 31 日,对农产品批发市场、农贸市场(包括自有和承租,下同)专门用于经营农产品的房产、土地,暂免征收城镇土地使用税。对同时经营其他产品的农产品批发市场和农贸市场使用的房产、土地,按其他产品与农产品交易场地面积的比例确定征免城镇土地使用税。

(12)至 2022 年 12 月 31 日止,对物流企业自有(包括自用和出租)或承租的大宗商品仓储设施用地,减按所属土地等级适用税额标准的 50%计征城镇土地使用税。

(13)自 2019 年 1 月 1 日至 2021 年 12 月 31 日对城市公交站场、道路客运站场、城市轨道交通系统运营用地,免征城镇土地使用税。

(14)个人所有的居住房屋及院落用地;免税单位职工家属的宿舍用地。

(15)自 2019 年 1 月 1 日至 2021 年 12 月 31 日,由省、自治区、直辖市人民政府根据本地区实际情况,对增值税小规模纳税人可以在 50%的税额幅度内减征土地使用税。

(二)城镇土地使用税的征收管理

1. 纳税义务发生时间

(1)购置新建商品房,自房屋交付使用之次月起纳税。

(2)购置存量房,自办理房屋权属转移、变更登记手续,房地产权属登记机关签发房屋权属证书之次月起纳税。

(3)纳税人出租、出借房产,自交付出租、出借房产之次月起纳税。

(4)以出让或转让方式有偿取得土地使用权的,应由受让方从合同约定交付土地时间的次月起纳税;合同未约定交付土地时间的,由受让方从合同签订的次月起纳税。

(5)纳税人新征用的耕地,自批准征用之日起满 1 年时开始纳税。

(6)纳税人新征用的非耕地,自批准征用次月起纳税。

2.纳税期限

按年计算,分期缴纳。

3.纳税地点

城镇土地使用税的纳税地点是土地所在地,由土地所在地的税务机关负责征收。

四、城镇土地使用税检查实务

(一)常见涉税疑点

1.无偿使用土地是否未缴税

对免税单位无偿使用纳税单位的土地(如公安、海关等单位使用铁路、民航等单位的土地),免征土地使用税;对纳税单位无偿使用免税单位的土地,纳税单位应照章缴纳土地使用税。

2.产权不明的土地是否未缴纳土地使用税

土地使用税由拥有土地使用权的单位或个人缴纳。拥有土地使用权的纳税人不在土地所在地的,由代管人或实际使用人纳税;土地使用权未确定或权属纠纷未解决的,由实际使用人纳税;土地使用权共有的,由共有各方分别纳税。在城镇土地使用税征税范围内实际使用应税集体所有建设用地,但未办理土地使用权流转手续的,由实际使用集体土地的单位和个人按规定缴纳城镇土地使用税。

3.缴纳土地使用税时间点及截至缴纳时间是否准确

4.地下建筑物是否缴纳土地使用税

(二)常用检查方法

1.纳税人的检查

通过实地检查土地的具体使用情况及用途,根据纳税人确认的规定,审核确定纳税人。检查拥有土地使用权的单位和个人不在土地所在地的,或者土地使用权未确定的以及权属纠纷未解决的纳税人,实际使用人或代管人是否按规定申报纳税。同时注意检查纳税人有无使用免税单位的土地,是否按照规定履行纳税义务。

2.征税范围的检查

检查时,要查看纳税人的实际经营场所用地是否属于确定的城镇土地使用税征税区域。如在征税区域之内则征收城镇土地使用税,否则不征收城镇土地使用税。

3.应税土地面积的检查

可将纳税人纳税申报表中的土地面积与土地使用证所记载面积相对照,调阅原征地凭证、土地管理机关的批文等文件进行核对,必要时也可实地丈量,核实纳税人申报的土地面积是否真实,有无少报、漏报现象。

4.适用单位税额的检查

根据纳税人所处的地理位置,对照政府对本地区土地的等级划分界线及规定的单位税额,核实纳税人适用单位税额是否正确。

5. 土地使用税截至缴纳时间的检查

纳税人因房产、土地的实物或权利状态发生变化而依法终止房产税、城镇土地使用税纳税义务的，其应纳税款的计算应截止到房产、土地的实物或权利状态发生变化的当月月末。

第六节　印花税检查实务

一、纳税主体和征税范围

(一)纳税义务人

在中国境内书立应税凭证、进行证券交易的单位和个人，为印花税的纳税人。具体包括：①立合同人。立合同人是指签订合同的当事人。当事人是指对凭证有直接权利义务关系的单位和个人，不包括担保人、证人、鉴定人。②立账簿人。立账簿人是指设立并使用营业账簿的单位和个人。③立据人。立据人是指书立产权转移书据的单位和个人。④证券交易人。证券交易人是出让证券的当事人，包括境内从事证券交易的单位和个人。⑤使用人。使用人是指在境外书立在境内使用应税凭证的单位和个人。

(二)征税范围

包括合同类、产权转移书据类、营业账簿类和证券交易类共四大类，在 4 个税目下又包括若干个子目。

1. 合同

合同是指根据我国有关法规订立的书面合同，包括具有合同性质的凭证，具体是指具有合同效力的协议、契约、合约、单据、确认书及其他各种名称的凭证。《印花税法》合同类税目中共列明了 11 类子目，具体包括：(1)借款合同。指银行业金融机构、经国务院银行业监督管理机构批准设立的其他金融机构与借款人的借款合同。【提示】不包括同业拆借的借款合同。(2)融资租赁合同。(3)买卖合同。指动产买卖合同，不包括个人书立的动产买卖合同。(4)承揽合同。(5)建设工程合同。(6)运输合同。指货运合同和多式联运合同。【提示】不包括管道运输合同。(7)技术合同。【提示】不包括专利权、专用技术使用权转让书据。(8)租赁合同。(9)保管合同。(10)仓储合同。(11)财产保险合同。【提示】不包括再保险合同。

2. 产权转移书据

《印花税法》产权转移书据类税目中共列明了 4 类子目，具体包括：(1)土地使用权出让书据；(2)土地使用权、房屋等建筑物和构筑物所有权转让书据；(3)股权转让书据；(4)商标专用权、著作权、专利权、专有技术使用权转让书据【提示 1】转让包括买卖(出售)、继承、赠与、互换、分割。【提示 2】不包括土地承包经营权和土地经营权转移书据。【提示 3】不包括应缴纳证券交易印花税的书据。

3. 营业账簿

营业账簿，是单位或个人记载资金的财务会计核算账簿。

4. 证券交易

证券交易，是指转让在依法设立的证券交易所、国务院批准的其他全国性证券交易场所交易的股票和以股票为基础的存托凭证。【提示】证券交易印花税对证券交易的出让方征收，不对受让方征收。

二、印花税应纳税额的计算

(一)印花税计税方法

印花税以应纳税凭证所记载的金额、费用、收入额和凭证的件数为计税依据，按照适用税率或者税额标准计算应纳税额。

应纳税额计算公式：

1. 应纳数额＝应纳税凭证记载的金额(费用、收入额)×适用税率

2. 应纳税额＝应纳税凭证的件数×适用税额标准

(二)印花税税率

1. 比例税率

(1)借款合同，适用税率为 0.05‰。

(2)购销合同、建筑安装工程承包合同、技术合同等，适用税率为 0.3‰。

(3)加工承揽合同、建设工程勘察设计合同、货物运输合同、产权转移书据合同、记载资金数额的营业账簿等，适用税率为 0.5‰。

(4)财产租赁合同、仓储保管合同、财产保险合同等，适用税率为 1‰。

(5)因股票买卖、继承、赠与而书立“股权转让书据”(包括 A 股和 B 股)，适用税率为 1‰。

2. 定额税率

对无法计算金额的凭证，或虽载有金额，但作为计税依据不合理的凭证，采用定额税率，以件为单位缴纳一定数额的税款。权利、许可证照、营业账簿中的其他账簿，均为按件贴花，单位税额为每件 5 元。

(三)印花税计税依据

1. 合同或具有合同性质的凭证，以凭证所载金额作为计税依据。

2. 营业账簿中记载资金的账簿，以“实收资本”与“资本公积”两项的合计金额为其计税依据。

3. 不记载金额的营业账簿、政府部门发给的房屋产权证、工商营业执照、专利证等权利许可证照，以及日记账簿和各种明细分类账簿等辅助性账簿，以凭证或账簿的件数作为计税依据。

（四）印花税几个注意事项

1. 印花税只对税目税率表中列举的凭证和经财政部确定征税的其他凭证征税。

2. 纳税人根据应纳税凭证的性质，分别按比例税率或按件定额计算应纳税额。应纳税额不足一元的，免纳印花税。

3. 凡修改合同增加金额的，应就增加部分补贴印花税。

4. 同一凭证，因载有两个或者两个以上经济事项而适用不同税目税率，如分别记载金额的，应分别计算应纳税额，相加后按合计税额贴花；如未分别记载金额的，按税率高的计税贴花。

5. 应纳税凭证所载金额为外国货币的，纳税人应按照凭证书立当日国家外汇管理局公布的外汇牌价折合人民币，计算应纳税额。

6. 印花税是针对具有合同性质的凭证征税，即便双方没有签订正式的合同，但只要有合同性质的凭证即应征税。按现行印花税政策规定，对符合一定条件的纳税人可采取按主营业务收入一定比例征收印花税的方式。

7. 印花税计税依据问题：依据合同所载金额确定计税依据。合同中所载金额和增值税分开注明的，按不含增值税的合同金额确定计税依据，未分开注明的，以合同所载金额为计税依据。

8. 企业应在记载资金账簿的次月，按照“实收资本”与“资本公积”两项的合计金额申报缴纳印花税，不是按照营业执照上的注册资本金额申报缴纳印花税。以后年度资金总额比已贴花资金总额增加的，增加部分应按规定贴花。

三、税收优惠和征收管理

（一）税收优惠

1. 对已缴纳印花税凭证的副本或者抄本免税，以副本或者抄本视同正本使用的，则应另贴印花；

2. 对无息、贴息贷款合同免税；

3. 对房地产管理部门与个人签订的用于生活居住的租赁合同免税；

4. 对农牧业保险合同免税；

5. 在商品住房等开发项目中配套建造安置住房的，依据政府部门出具的相关材料、房屋征收（拆迁）补偿协议或棚户区改造合同（协议），按改造安置住房建筑面积占总建筑面积的比例免征印花税；

6. 棚户区改造：对改造安置住房经营管理单位、开发商与改造安置住房相关的印花税以及购买安置住房的个人涉及的印花税自 2013 年 7 月 4 日起予以免征。

（二）征收管理

1. 纳税义务发生时间

一般情况：纳税人订立、领受应税凭证或者完成证券交易的当日。在国外签订的合同：在将合同带入境时。

2. 纳税地点：

一般实行就地纳税。

四、印花税检查实务

（一）常见涉税疑点

1. 纳税人未履行纳税义务和征税范围错误。

2. 错误适用税目税率。

3. 错误确认计税依据。

（二）常用检查方法

1. 审核企业已贴花的凭证，修改后所载金额增加的，是否对其增加部分金额补贴印花税票。

2. 审核企业的同一应税凭证，因载有两个或者两个以上经济事项而适用不同税目税率，如分别记载金额的，是否分别计算应纳税额，相加后按合计税额贴花；如未分别记载金额的，是否按税率高的计税贴花。

3. 审查未注明金额或暂时无法确定金额的应税合同，是否先按 5 元贴花，在最终结算实际金额后，按规定补贴了印花税。

4. 审核企业是否有已签订合同或具有合同性的凭证因未兑现或不按期兑现未按税法规定贴花。税法规定不论合同是否兑现或能否按期兑现，都一律在签订时按照规定贴花。

5. 审核企业以电子形式签订的各类应税凭证是否按税法规定的相关税目征收印花税。

6. 对记载资金的营业账簿计税依据检查时，审查“实收资本”和“资本公积”账户，资金总额增加的，审核企业是否按规定缴纳了印花税。

7. 检查纳税人书立的各种凭证，是否具有合同性质，再对凭证的内容和性质进行审核，参照《印花税税目税率表》确定合同是否属于应税凭证，重点审核有无将货物运输、仓储保管、银行借款、财产保险等单据不作为合同而漏贴印花税和将应税合同错当免税合同未贴印花税。

第七节　契税检查实务

一、纳税主体和征税范围

契税是以所有权发生转移的不动产为征税对象，向产权承受人征收的一种财产税。征税范围包括国有土地使用权出让、土地使用权转让、房屋买卖、房屋赠与、房屋交换。

二、契税应纳税额的计算

应纳税额＝计税依据×税率

（一）计税依据

契税的计税依据为土地、房屋的价格。

（1）土地使用权出售、房屋买卖，以成交价格为计税依据。

（2）土地使用权赠与、房屋赠与，由征收机关参照土地使用权出售、房屋买卖的市场价格核定。

（3）土地使用权交换、房屋交换，为所交换的土地使用权、房屋的价格差额。交换价格相等时，免征契税；交换价格不等时，由支付差额的一方缴纳契税。

（4）国有土地使用权出让，其计税依据为承受人为取得该土地使用权而支付的全部经济利益。

①以协议方式出让的，其契税计税价格为成交价格。

成交价格包括土地出让金、各种补偿费和市政建设配套费等承受者应支付的货币、实物、无形资产及其他经济利益。

②以竞价方式出让的，其契税计税价格为竞价的成交价格，土地出让金、市政建设配套费以及各种补偿费用应包括在内。

③先以划拨方式取得土地使用权，后改为出让方式取得该土地使用权的，其契税计税依据为应补缴的土地出让金和其他出让费用。

④已购公有住房经补缴土地出让金和其他出让费成为完全产权住房的，免征土地权属转移的契税。

⑤房屋买卖的契税计税价格为房屋买卖合同的总价款，买卖装修的房屋，装修费用应包括在内。

（二）税率

契税实行3％～5％的幅度税率。

三、税收优惠和征收管理

（一）税收优惠

（1）国家机关、事业单位、社会团体、军事单位承受土地、房屋权属用于办公、教学、医疗、科研、军事设施。

（2）非营利性的学校、医疗机构、社会福利机构承受土地、房屋权属用于办公、教学、医疗、科研、养老、救助。

（3）承受荒山、荒地、荒滩土地使用权用于农、林、牧、渔业生产。

（4）婚姻关系存续期间夫妻之间变更土地、房屋权属。

(5)法定继承人通过继承承受土地、房屋权属。

(6)土地、房屋被县级以上人民政府征用、占用后，重新承受土地、房屋权属的，由省级人民政府确定是否减免。

(7)国有控股公司以部分资产投资组建新公司，且该国有控股公司占新公司股份超过85%的，对新公司承受该国有控股公司土地、房屋权属免征契税。

(8)市、县级政府征收居民房屋，居民因个人房屋被征收而选择货币补偿用以重新购置房屋，并且购房成交价格不超过货币补偿的，对新购房屋免征契税；购房成交价格超过货币补偿的，对差价部分按规定征收契税。

(9)个体工商户的经营者将其个人名下的房屋、土地权属转移至个体工商户名下，或个体工商户将其名下的房屋、土地权属转回原经营者个人名下，免征契税。合伙企业的合伙人将其名下的房屋、土地权属转移至合伙企业名下，或合伙企业将其名下的房屋、土地权属转回原合伙人名下，免征契税。

(10)在股权(股份)转让中，单位、个人承受公司股权(股份)，公司土地、房屋权属不发生转移，不征收契税。

(11)两个或两个以上的公司，依照法律规定、合同约定，合并为一个公司，且原投资主体存续的，对合并后公司承受原合并各方土地、房屋权属，免征契税。

(12)公司依照法律规定、合同约定分立为两个或两个以上与原公司投资主体相同的公司，对分立后公司承受原公司土地、房屋权属，免征契税。

(二)征收管理

契税的纳税义务发生时间，为纳税人签订土地、房屋权属转移合同的当日，或者纳税人取得其他具有土地、房屋权属转移合同性质凭证的当日。纳税人应当在依法办理土地、房屋权属登记手续前申报缴纳契税。

契税在土地、房屋所在地缴纳。

四、契税检查实务

(一)常见涉税疑点

(1)纳税人发生应税行为未申报纳税。

(2)错误确认计税依据。

(3)税收优惠适用错误。

(二)常用检查方法

(1)检查市政建设配套费等是否并入计税依据缴纳契税。根据财税〔2004〕134号文规定，以协议方式出让的，其契税计税价格为成交价格。成交价格包括土地出让金、土地补偿费、安置补助费、地上附着物和青苗补偿费、拆迁补偿费、市政建设配套费等承受者应支付的货币、实物、无形资产及其他经济利益；以竞价方式出让的，其契税计税价格，一般应确定为竞价的成交价格，土地出让金、市政建设配套费以及各种补偿费用应包括在内。

(2)检查纳税人是否存在已在土地管理部门和房产管理部门办理有关土地、房屋的权属变更登记手续,但无法出具契税征收机关开具的契税完税凭证或免税证明的情形。

(3)核实纳税人是否存在接受土地、房屋权属作价投资、入股的行为、有无其他视同土地使用权转让、房屋买卖或者房屋赠与的行为,检查金融租赁公司开展售后回租业务,承受承租人房屋、土地权属的,是否照章纳税。

(4)检查纳税人发生地、房交换业务时,交换双方申报的价格是否真实,交换价格是否相等;交换价格不相等的,是否由多交付货币、实物、无形资产或者其他经济利益的一方缴纳税款。

(5)检查纳税人是否有意将承受与房屋相关的附属设施单独计价,承受装修后房屋有无将装修费从申报的交易价格中扣除,按照清水房价格申报纳税的情形。

(6)检查采取分期付款方式购买土地使用权、房屋所有权及其房屋附属设施的纳税人,是否按照合同规定的总价款一次性缴纳契税。

(7)企业重组契税减免的检查,检查企业发生公司改制、事业单位改制、企业合并、企业分立、企业破产、资产划转、债转股、同一投资主题内部所属企业之间土地、房屋权属的划转等特殊情形时,纳税人享受减免契税的条件是否同时符合,优惠享受程序是否完备,如检查发现错误适用了税收优惠,则应依法对纳税人进行税务处理。

第八节　城市维护建设税检查实务

一、纳税主体和征税范围

在中华人民共和国境内缴纳增值税、消费税的单位和个人,为城市维护建设税的纳税人。

征税范围包括城市、县城、建制镇,以及税法规定征收“两税”的其他地区。

二、城市维护建设税应纳税额的计算

(一)税率

纳税人所在地为市区的,税率为7%;纳税人所在地为县城、镇的,税率为5%;纳税人所在地不在市区、县城或镇的,税率为1%。

由受托方代扣代缴、代收代缴“两税”的单位和个人,其代扣代缴、代收代缴的城市维护建设税按受托方所在地适用税率执行。

流动经营等无固定纳税地点的单位和个人,在经营地缴纳“两税”的,其城市维护建

设税的缴纳按经营地适用税率执行。

(二)计税依据

城市维护建设税以纳税人依法实际缴纳的增值税、消费税(以下称两税)税额为计税依据。

依法实际缴纳的增值税税额,是指纳税人依照增值税相关法律法规和税收政策规定计算应当缴纳的增值税税额,加上增值税免抵税额,扣除直接减免的增值税税额和期末留抵退税退还的增值税税额(以下简称留抵退税额)后的金额。

依法实际缴纳的消费税税额,是指纳税人依照消费税相关法律法规和税收政策规定计算应当缴纳的消费税税额,扣除直接减免的消费税税额后的金额。

应当缴纳的两税税额,不含因进口货物或境外单位和个人向境内销售劳务、服务、无形资产缴纳的两税税额。

纳税人自收到留抵退税额之日起,应当在下一个纳税申报期从城市维护建设税计税依据中扣除。

留抵退税额仅允许在按照增值税一般计税方法确定的城市维护建设税计税依据中扣除。当期未扣除完的余额,在以后纳税申报期按规定继续扣除。

(三)应纳税额的计算

城市维护建设税的应纳税额按照计税依据乘具体适用税率计算。

三、税收优惠和征收管理

(一)税收优惠

城市维护建设税原则上不单独减免。

(1)城市维护建设税按减免后实际缴纳的"两税"税额计征,即随"两税"的减免而减免。

(2)对于因减免税而需进行"两税"退库的,城市维护建设税也可同时退库。

(3)海关对进口产品代征的增值税、消费税,不征收城市维护建设税。

(4)对"两税"实行先征后返、先征后退、即征即退办法的,除另有规定外,对随"两税"附征的城市维护建设税和教育费附加,一律不予退(返)还。

(5)对实行增值税期末留抵退税的纳税人,允许其从城市维护建设税、教育费附加和地方教育附加的计税(征)依据中扣除退还的增值税税额。

(二)征收管理

纳税环节、纳税地点、纳税期限与"增值税、消费税"一致。

对于纳税地点,需注意:

(1)代扣代缴、代收代缴"两税"的单位和个人,同时也是城市维护建设税的扣缴义务人,城市维护建设税的纳税地点在代扣代收地;

(2)纳税人跨地区提供建筑服务、销售和出租不动产的,应在建筑服务发生地、不动产所在地预缴增值税时，以预缴增值税税额为计税依据，并按预缴增值税所在地的城市维护建设税适用税率和教育费附加征收率就地缴纳城市维护建设税和教育费附加；

(3)对流动经营等无固定纳税地点的单位和个人，应随同“两税”在经营地按适用税率缴纳。

四、城市建设维护税检查实务

(一)常见涉税疑点

(1)申报城市维护建设税适用税率错误。

(2)补缴增值税、消费税后，未同步补缴相应的城市维护建设税。

(3)当期免抵的增值税税额未计入城市维护建设税计税依据。

(4)跨地区提供建筑房屋、销售和出租不动产，在异地预缴增值税时未就地计算缴纳城市维护建设税。

(二)常用检查方法

(1)检查“三税”应税行为的发生地，核实城市维护建设税的适用税率是否正确。

(2)检查受托方企业代收代缴“消费税”的单位，同时按当地适用税率代扣城市维护建设税。

(3)将入库的城市维护建设税与同期入库的增值税、消费税进行比对，测算是否足额申报城市维护建设税。

(4)将增值税、消费税纳税申报表、《生产企业出口货物免、抵、退税申报汇总表》“当期免抵税额”与城市维护建设税纳税申报表进行核对，查实是否相符。

(5)检查应交税费(预缴增值税)、应交税费(简易计税)等科目，并与相关合同、跨区域涉税事项报告表等资料核对，审查跨地区提供建筑房屋、销售和出租不动产在异地预缴增值税是否按照预缴地的城市维护建设税适用税率就地计算缴纳城市维护建设税。

【本章节主要政策依据】

1.《中华人民共和国消费税暂行条例》(中华人民共和国国务院令 539 号)

2.《中华人民共和国消费税暂行条例实施细则》(财政部 国家税务总局第 51 号令)

3.《中华人民共和国个人所得税法》

4.《中华人民共和国个人所得税法实施条例》(中华人民共和国国务院令第 707 号)

5.《国务院关于印发个人所得税专项附加扣除暂行办法的通知》(国发〔2018〕41 号)

6.《中华人民共和国土地增值税暂行条例》(2011 年 1 月 8 日中华人民共和国国务院令第 588 号修改)

7.《中华人民共和国土地增值税暂行条例实施细则》(财法字〔1995〕6 号)

8.《中华人民共和国房产税暂行条例》(2011 年 1 月 8 日中华人民共和国国务院令第 588 号修订)

9.《中华人民共和国城镇土地使用税暂行条例》(国务院令第 483 号)

10.《中华人民共和国印花税法》

《中华人民共和国印花税法》自 2022 年 7 月 1 日起施行。1988 年 8 月 6 日国务院发布的《中华人民共和国印花税暂行条例》同时废止。

11.《中华人民共和国城市维护建设税法》

《中华人民共和国城市维护建设税法》自 2021 年 9 月 1 日起施行。1985 年 2 月 8 日国务院发布的《中华人民共和国城市维护建设税暂行条例》同时废止。

第八章　违法行为举报案件检查实务

【引言】

依据《中华人民共和国税收征收管理法》第十三条，任何单位和个人都有权检举违反税收法律、行政法规的行为。依据《国家税务总局关于纳税人权利与义务的公告》（公告 2009 年第 1 号），纳税人享有税收监督权："您对我们违反税收法律、行政法规的行为，如税务人员索贿受贿、徇私舞弊、玩忽职守，不征或者少征应征税款，滥用职权多征税款或者故意刁难等，可以进行检举和控告。同时，您对其他纳税人的税收违法行为也有权进行检举"。

为了保障单位、个人依法检举纳税人、扣缴义务人违反税收法律、行政法规行为的权利，规范检举秩序，根据《中华人民共和国税收征收管理法》及其实施细则的有关规定，2019 年 11 月 26 日，国家税务总局出台第 49 号令《税收违法行为检举管理办法》，自 2020 年 1 月 1 日起施行。

实务中，税收违法行为举报的接收、审查、受理、检查、回复、奖励等要求与一般税务稽查案件有明显区别，也是税务执法常见危风险点之一。

第一节　检举基本概念

一、检举行为界定

检举，是指单位、个人采用书信、电话、传真、网络、来访等形式，向税务机关提供纳税人、扣缴义务人税收违法行为线索的行为。

检举税收违法行为的单位、个人称检举人；被检举的纳税人、扣缴义务人称被检举人。其中，税收违法行为，是指涉嫌偷税（逃避缴纳税款），逃避追缴欠税，骗税，虚开、伪造、变造发票，以及其他与逃避缴纳税款相关的税收违法行为。

二、基本原则与受理渠道

检举管理工作坚持依法依规、分级分类、属地管理、严格保密的原则。

市(地、州、盟)以上税务局稽查局设立税收违法案件举报中心。国家税务总局稽查局税收违法案件举报中心负责接收税收违法行为检举,督促、指导、协调处理重要检举事项;省、自治区、直辖市、计划单列市和市(地、州、盟)税务局稽查局税收违法案件举报中心负责税收违法行为检举的接收、受理、处理和管理;各级跨区域稽查局和县税务局应当指定行使税收违法案件举报中心职能的部门,负责税收违法行为检举的接收,并按规定职责处理。

举报中心是指税收违法案件举报中心和指定行使税收违法案件举报中心职能的部门。举报中心应当对外挂标识牌。

税务机关应当向社会公布举报中心的电话(传真)号码、通信地址、邮政编码、网络检举途径,设立检举接待场所和检举箱。税务机关同时通过12366纳税服务热线接收税收违法行为检举。

税务机关应当与公安、司法、纪检监察和信访等单位加强联系和合作,做好检举管理工作。

检举税收违法行为是检举人的自愿行为,检举人因检举而产生的支出应当由其自行承担。

检举人在检举过程中应当遵守法律、行政法规等规定;应当对其所提供检举材料的真实性负责,不得捏造、歪曲事实,不得诬告、陷害他人;不得损害国家、社会、集体的利益和其他公民的合法权益。

三、检举相关法律责任

税务机关工作人员违反规定,将检举人的检举材料或者有关情况提供给被检举人或者与案件查处无关人员的,依法给予行政处分。

税务机关工作人员打击报复检举人的,视情节和后果,依法给予行政处分;涉嫌犯罪的,移送司法机关依法处理。

税务机关工作人员不履行职责、玩忽职守、徇私舞弊,给检举工作造成损失的,应当给予批评教育;情节严重的,依法给予行政处分并调离工作岗位;涉嫌犯罪的,移送司法机关依法处理。

税收违法检举案件中涉及税务机关或者税务人员违纪违法问题的,应当按照规定移送有关部门依纪依法处理。

检举人违反检举具体规定的,税务机关工作人员应当对检举人进行劝阻、批评和教育;经劝阻、批评和教育无效的,可以联系有关部门依法处理。

第二节　检举事项接收与受理

一、检举事项接收

(一)提供线索

检举人检举税收违法行为应当提供被检举人的名称(姓名)、地址(住所)和税收违法行为线索;尽可能提供被检举人统一社会信用代码(身份证件号码),法定代表人、实际控制人信息和其他相关证明资料。

鼓励检举人提供书面检举材料。

(二)实名检举

举报中心接收实名检举,应当准确登记实名检举人信息。

检举人以个人名义实名检举应当由其本人提出;以单位名义实名检举应当委托本单位工作人员提出。

多人联名进行实名检举的,应当确定第一联系人;未确定的,以检举材料的第一署名人为第一联系人。

(三)12366 热线及其他部门转交

12366 纳税服务热线接收电话检举后,应当按照以下分类转交相关部门:①符合税收违法行为规定的检举事项,应当及时转交举报中心;②对应开具而未开具发票、未申报办理税务登记及其他轻微税收违法行为的检举事项,按照有关规定直接转交被检举人主管税务机关相关业务部门处理;③其他检举事项转交有处理权的单位或者部门。

税务机关的其他单位或者部门接到符合税收违法行为的检举材料后,应当及时转交举报中心。

(四)材料要求

以来访形式实名检举的,检举人应当提供营业执照、居民身份证等有效身份证件的原件和复印件。以来信、网络、传真形式实名检举的,检举人应当提供营业执照、居民身份证等有效身份证件的复印件。以电话形式要求实名检举的,税务机关应当告知检举人采取上述形式进行检举。检举人未采取上述形式进行检举的,视同匿名检举。

举报中心可以应来访的实名检举人要求出具接收回执;对多人联名进行实名来访检举的,向其确定的第一联系人或者第一署名人出具接收回执。

(五)操作流程

来访检举应当到税务机关设立的检举接待场所;多人来访提出相同检举事项的,应当推选代表,代表人数应当在 3 人以内。

接收来访口头检举,应当准确记录检举事项,交检举人阅读或者向检举人宣读确认。实名检举的,由检举人签名或者盖章;匿名检举的,应当记录在案。

接收电话检举，应当细心接听、询问清楚、准确记录。

接收电话、来访检举，经告知检举人后可以录音、录像。

接收书信、传真等书面形式检举，应当保持检举材料的完整，及时登记处理。

税务机关应当合理设置检举接待场所。检举接待场所应当与办公区域适当分开，配备使用必要的录音、录像等监控设施，保证监控设施对接待场所全覆盖并正常运行。

二、检举事项受理

(一)不予受理

举报中心对接收的检举事项，应当及时审查，有下列情形之一的，不予受理：①无法确定被检举对象，或者不能提供税收违法行为线索的；②检举事项已经或者依法应当通过诉讼、仲裁、行政复议以及其他法定途径解决的；③对已经查结的同一检举事项再次检举，没有提供新的有效线索的。

(二)基本规定

除上述规定外，举报中心自接收检举事项之日起即为受理。

举报中心可以应实名检举人要求，视情况采取口头或者书面方式解释不予受理原因。

国家税务总局稽查局举报中心对本级收到的检举事项应当进行甄别。对符合税收违法行为规定以外的检举事项，转送有处理权的单位或者部门；对符合税收违法行为范围内的检举事项，按属地管理原则转送相关举报中心，由该举报中心审查并决定是否受理。国家税务总局稽查局举报中心应当定期向相关举报中心了解所转送检举事项的受理情况，对应受理未受理的应予以督办。

未设立稽查局的县税务局受理的检举事项，符合税收违法行为检举范围的，提交上一级税务局稽查局举报中心统一处理。

各级跨区域稽查局受理的检举事项，符合检举范围的，提交同级税务局稽查局备案后处理。

(三)管辖争议

检举事项管辖有争议的，由争议各方本着有利于案件查处的原则协商解决；不能协商一致的，报请共同的上一级税务机关协调或者决定。

第三节　检举事项分类处理与管理

一、分类处理原则

举报中心应当在检举事项受理之日起十五个工作日内完成分级分类处理，特殊情况除外。

分级分类处理原则：

(1)检举内容详细、税收违法行为线索清楚、证明资料充分的，由稽查局立案检查。

工作流程：由稽查局案源管理岗应当填写《税务稽查案源审批表》，提出立案检查的拟处理意见，处理意见中应当明确本级立案查处或者下级稽查局立案查处，报案源部门领导岗审核。案源部门领导岗审核后，报税务局稽查局局长或者其授权的稽查局领导审批。审批通过的，案源管理岗按审批结果登记案源信息档案，确定待查对象，并将相关案源信息传递到选案实施岗。选案实施岗应当采用人机结合方式或者组织专家团队开展的案头分析，将分析出的疑点信息和检举的税收违法线索一并录入《税务稽查项目书》，并传递到案源管理岗进行案源分配处理。

(2)检举内容与线索较明确但缺少必要证明资料，有可能存在税收违法行为的，由稽查局调查核实。发现存在税收违法行为的，立案检查；未发现的，作查结处理。

工作流程：检举案源符合调查核实条件的，案源管理岗应当及时填写《税务稽查案源审批表》，提出对检举案源调查核实的处理意见，报案源部门领导岗审核。

案源部门领导岗审核后，报税务局稽查局局长或者其授权的稽查局领导审批。审批通过的，案源管理岗应当及时制作《税务稽查调查核实(包括协查)任务通知书》，转送稽查局检查部门进行调查核实，同时登记案源信息档案。调查核实完成后，案源管理岗应当根据检查部门反馈的《税务稽查调查核实(包括协查)报告》，按下列情形分别处理：经过调查核实发现纳税人存在税收违法行为的，作立案检查处理；经过调查核实未发现纳税人存在税收违法行为，将检举事项的调查核实结果反馈检举部门。

(3)检举对象明确，但其他检举事项不完整或者内容不清、线索不明的，可以暂存待查，待检举人将情况补充完整以后，再进行处理。

工作流程：案源管理岗经过识别和判断，发现检举案源符合下列情形之一的，应当及时填写《税务稽查案源审批表》，提出将检举案源暂存待查的处理意见，报案源部门领导岗审核：纳税人状态为非正常、注销或者税收违法线索不清晰的；纳税人已走逃而无法开展检查的(有特殊要求的除外)；发现其他不宜开展检查又无法退回的情形。

案源部门领导岗审核后，报税务局稽查局局长或者其授权的稽查局领导审批。审批通过的，案源管理岗应当及时告知检举部门，将检举案源信息暂存，同时登记案源信息档案。

(4)已经受理尚未查结的检举事项，再次检举的，可以合并处理。

工作流程：案源管理岗经过识别和判断，发现检举案源信息涉及的纳税人、扣缴义务人已被立案检查且案件未审结，应当及时填写《税务稽查案源审批表》，提出将检举案源并案的处理意见，报案源部门领导岗审核。

案源部门领导岗审核后，报税务局稽查局局长或者其授权的稽查局领导审批。审批通过的，案源管理岗应当及时将检举案源信息传递到相应检查部门一并处理，同时登记案源信息档案，并对案源信息档案中的相关异常信息标识为“已处理”。

（5）检举范围以外的检举事项，转交有处理权的单位或者部门。

工作流程：案源管理岗经过识别和判断，发现检举案源符合下列情形之一的：案源信息涉及发票违法等事项，通过日常税务管理能够纠正的事项；案源信息涉及跨境特别纳税调整事项；其他需要移交相关部门配合工作的事项，应当及时制作《税务稽查案源审批表》，提出将检举案源转办的处理意见，报案源部门领导岗审核。

案源部门领导岗审核通过的，经税务局稽查局局长或者其授权的稽查局领导审核后，报稽查局所属税务局局长或者其授权的税务局领导审批。审批通过的，案源管理岗应当制作《转办函》，将检举案源信息移交相关部门处理，同时登记案源信息档案。

二、检查进度跟踪

（一）查办结果反馈

查处部门应当在收到举报中心转来的检举材料之日起三个月内办理完毕；案情复杂无法在期限内办理完毕的，可以延期。

1.一般案件

对本级税务局稽查局或者征收管理部门查办的检举案件，除有特定时限以外，检举案件承办部门应当在收到交办单后3个月内，向检举管理部门回复查办结果；案情复杂无法在限期内办结的，经批准，可以适当延长时限，同时将阶段性的查办情况告知检举管理部门。

2.督办案件

除有特定时限的以外，承办机关的检举管理岗应当在收到督办函后3个月内填制《税收违法检举案件情况报告表》及督办机关要求报送的材料，经税务局稽查局局长或者税务局稽查局分管领导批准后上报查办结果；案情复杂无法在期限内办结的，应当在到期前填制《通用审批表》，经税务局稽查局局长或者税务局稽查局分管领导批准后，填制《税收违法检举案件延期查处申请》和《税收违法检举案件情况报告表》，上报督办检举案件的阶段性查处情况，并申请延期。

督办机关的检举管理部门对于下级报送的延期查处申请，检举管理岗应当填制《通用审批表》，经审核审批后，制作《税收违法检举案件延期查处批复》进行批复。督办机关批准延期的，承办机关可以在批准的期限内延期上报查办结果，并定期填制《税收违法检举案件情况报告表》上报阶段性查办情况；督办机关不同意延期的，承办机关应当在限期内办结。

承办机关未按规定期限和要求查处督办检举案件，或者未按规定期限和要求上报督办检举案件查处情况的，督办机关检举管理岗应当制作《税收违法检举案件催办函》，经审核审批后进行催办催报。

3. 交办案件

要求上报查办结果的交办检举案件，承办机关的检举管理岗应当在规定期限内，经批准后及时报送查办结果；案情复杂无法在限期内办结的，可以按规定权限和程序申请延期，并在办结后报送查办情况。

未限期上报查办结果的交办检举案件，承办机关的检举管理岗应当定期报送汇总情况报告。

(二)查处结果反馈

检举案件审结后，检举案件承办部门应当根据督办、交办要求，及时将查处情况及结果回复检举管理部门。

督办检举案件审结后，检举案件承办部门应当及时报送《税收违法检举案件情况报告表》和详细查处情况报告；要求上报查办结果的交办检举案件审结后，检举案件承办部门应当及时报送详细查处情况报告。报告应当对照检举材料涉及的问题，逐项予以详细回复。

督办机关对承办机关报告的督办检举案件查办结果，应当认真审查。对于事实不清、处理不当的，应当通知承办机关补充调查或者重新调查，依法处理。

三、检举事项回复

(一)事项分类

检举事项回复包括检举事项分类处理回复和检举案件查结回复。

1. 检举事项分类处理回复

检举事项分类处理回复是指检举事项分类处理后，受理检举事项的检举管理部门，应检举人的要求，通过口头、书面或者其他适当的方式，简要告知检举人分类处理情况。

2. 检举案件查结回复

检举案件查结回复是指检举案件办结后，检举案件承办单位的检举管理部门，应实名检举人的要求，通过口头、书面或者其他适当的方式，简要告知实名检举人与检举线索有关的查办结果；检举案件承办部门向检举管理部门回复查办结果。检举事项查结，是指检举案件的结论性文书生效，或者检举事项经调查核实后未发现税收违法行为。

(二)处理回复

检举事项分类处理后，作暂存待查、转办和不再检查处理的，应检举人要求，检举管理岗可以简要告知检举线索处理情况。或者应实名检举人要求，决定书面告知的，检举管理岗制作《税收违法行为检举查办结果反馈单》。

实名检举事项的处理情况，由作出处理行为的税务机关的举报中心答复。将检举事项督办、交办、提交或者转交的，应当告知去向；暂存待查的，应当建议检举人补充资料。实名检举人要求答复处理情况时，应当配合核对身份。

(三)案件查结回复

检举案件审结后,检举案件承办部门应当向交办案件的检举管理部门报送查处情况报告。报告内容应当包括检举案件查处情况,并附《税务处理决定书》《税务行政处罚决定书》复印件。

检举案件查处情况内容包括检举材料列举的检举线索概要、检查时间和方式、被检举人的基本情况、检查中查处和未能核实的检举问题及情况说明、检查结果及税款、滞纳金和罚款执行情况、向实名检举人的答复情况。

实名检举事项的查处结果,由负责查处的税务机关的举报中心答复。实名检举人要求答复检举事项查处结果的,检举事项查结以后,举报中心可以将与检举线索有关的查处结果简要告知检举人,但不得告知其检举线索以外的税收违法行为的查处情况,不得提供执法文书及有关案情资料。

12366纳税服务热线接收检举事项并转交举报中心或者相关业务部门后,可以应检举人要求将举报中心或者相关业务部门反馈的受理情况告知检举人。

(四)结果告知方式

检举案件查办的结果由检举管理部门进行回复告知,可以采取口头、书面或者其他适当的方式进行。

采取电话告知的,可以制作告知记录,载明告知的时间、地点、参与告知人员及告知内容、检举人对告知的意见等。经检举人同意,可以进行录音。

采取当面口头告知的,除制作告知记录外,还可以要求检举人签章确认。

决定书面答复的,可以制作《税收违法行为检举查办结果反馈单》,由检举人或者检举人委托的代领人到税务机关指定场所领取。检举人无法到场领取,也无法委托代领人代领的,可以将相关告知文书邮寄给检举人。

实名检举人对检举案件的受理和查处的答复方式、查办结果、不予奖励决定或者奖励金额等有异议的,检举管理部门应当认真听取检举人意见,耐心解释,并正确引导和消除检举人的异议。

四、检举材料管理

(一)基本原则

举报中心应当严格管理检举材料,逐件登记已受理检举事项的主要内容、办理情况和检举人、被检举人的基本情况。

已接收的检举材料原则上不予退还。不予受理的检举材料,登记检举事项的基本信息和不予受理原因后,经本级稽查局负责人批准可以销毁。

暂存待查的检举材料,若在受理之日起两年内未收到有价值的补充材料,可以销毁。

督办案件的检举材料应当专门管理,并按照规定办理督办案件材料的转送、报告等具体事项。

(二)保管归档

检举材料的保管和整理,参照《全国税务机关档案管理办法》及有关规定办理。检举材料的保管和整理应当指定专人负责。做到分类规范、目录清晰、资料齐全、编号统一、装订整齐和归档及时,防止资料损毁、丢失和泄密。整理归档过程中,可以根据当年检举材料的数量和内容进行分类,并决定当年立卷归档的册数。重要、督办的检举材料或者内容附件较多的检举材料可以单独立卷。

整理归档的资料包括:《税收违法检举案件督办函》《税收违法检举事项交办函》《转办函》;《交办/督办/转办/情报交换案件登记表》《检举税收违法行为登记表》;《检举税收违法行为记录单》《检举税收违法行为受理回执》检举材料;《通用审批表》《税收违法检举案件延期查处申请》《税收违法检举案件延期查处批复》《税收违法检举案件催办函》《税收违法案件情况报告表》检举案件阶段性查办情况报告;检举案件查办情况报告、税务处理及行政处罚文书复印件;《检举纳税人税收违法行为领奖通知书》《检举纳税人税收违法行为奖励审批表》《检举纳税人税收违法行为奖金付款专用凭证》检举奖励申请资料;《税收违法行为检举查办结果反馈单》;其他需归档保管的资料。

(三)资料查阅

因工作需要,经稽查局所属税务局局长批准,可以查阅、借阅和调阅检举材料。检举管理岗或者档案保管人员应当对检举材料的查阅、借阅和调阅情况及时登记台账。查阅检举材料应当在检举材料存放处进行。借阅、调阅检举材料,不得涂损、转借他人,应当按照规定时限完整归还。查阅人、借阅人及调阅人负有保密的责任,否则,按照有关规定处理。

(四)其他

暂存待查的检举材料,若在2年内未收到有价值的补充材料,检举管理岗可以制作《暂存待查检举材料销毁清册汇总审批表》,经检举管理部门领导岗和税务局稽查局分管领导审核,报税务局稽查局局长批准后,予以销毁。

(五)资料分析

举报中心每年度对检举案件和有关事项的数量、类别及办理情况等进行汇总分析,形成年度分析报告,并按规定报送。按照工作要求,及时统计各类检举案件查处情况,按上级税务机关的具体要求及时报送专项、月度或者年度统计报表、报告等资料,并可以结合实际情况进行情况通报。对具有代表性的检举案例及时进行分析总结,对检举事项的线索、检举案件的数量、类别及办理情况等进行分类统计分析,查找辖区范围内税收违法行为检举的特点和规律,提出工作意见和建议。对查实的税收违法行为进行全面分析,关注区域、行业存在的典型性违法手段与方法、普遍性违法动向与问题,为税务局稽查局和稽查局所属税务局提供建议。

第四节　检举人权利保护与奖励

一、检举人权利保护

检举人权利保护，是指检举管理部门、检举案件承办部门在检举事项办理、检举案件查办过程中和办结后，对检举人的权利予以保护和保密的工作要求，包括检举工作中的税务人员回避、检举人信息保密等。

(1)税务机关工作人员与检举事项或者检举人、被检举人有直接利害关系的，应当回避。检举人有正当理由并且有证据证明税务机关工作人员应当回避的，经本级税务机关负责人或者稽查局负责人批准以后，予以回避。

检举人要求工作人员回避的，或者工作人员自己提出回避的，由检举管理部门所属税务局稽查局局长(分管领导)或者检举管理部门所属税务局局长(分管领导)依法决定是否回避。检举管理部门所属税务局稽查局局长(分管领导)或者检举管理部门所属税务局局长(分管领导)发现工作人员有规定回避情形的，应当要求其回避。

(2)检举事项的受理、登记、处理及查处，应当依照国家有关法律、行政法规等规定严格保密，并建立健全工作责任制，不得私自摘抄、复制、扣压、销毁检举材料。

严禁泄露检举人的姓名、身份、单位、地址、联系方式等情况，严禁将检举情况透露给被检举人及与案件查处无关的人员。

(3)检举管理部门或者检举案件承办部门的工作人员不得私自摘抄、复制、扣押和销毁检举材料。

(4)检举人不愿提供个人信息或者不愿公开检举行为的，税务机关应当予以尊重和保密。除要求补开实名发票、补缴个人所得税等必须告知被检举人部分信息才能处理的事项外，未经检举人同意，严禁泄露检举人的姓名、身份、单位、地址、联系方式等情况和资料；严禁将检举情况和检举材料内容透露或者提供给被检举人及与案件查处无关的人员，严格控制检举人信息、检举材料的知悉范围。

(5)接受来访检举在指定专设的检举接待场所进行，无关人员不得在场。

(6)检举接待场所可以安装录音、录像监控设备，经检举人同意后，可以录音或者录像。留存的录音、录像资料应当妥善保管，严禁泄露给被检举人及与案件查处无关的人员。

(7)调查核实情况时不得出示检举信原件或者复印件，不得暴露检举人的有关信息，对匿名的检举书信及材料，除特殊情况以外，不得鉴定笔迹。

(8)检举案件查结前，不得向检举人透露案件查处情况。实名检举案件告知查办结果时，不得告知其检举线索以外的税收违法行为的查处情况，不得提供税务处理(处罚)决定书及有关案情资料。

(9)宣传报道和奖励检举有功人员时，未经检举人书面同意，不得公开检举人的姓名、身份、单位、地址、联系方式等情况。

(10)《检举纳税人税收违法行为奖金领款专用凭证》不得记录检举内容及检举人的身份信息。

二、检举人奖励

(一)奖励范围

对单位和个人实名向税务机关检举税收违法行为并经查实的，税务机关根据其贡献大小依照本办法给予奖励。但有下列情形之一的，不予奖励：匿名检举税收违法行为，或者检举人无法证实其真实身份的；检举人不能提供税收违法行为线索，或者采取盗窃、欺诈或者法律、行政法规禁止的其他手段获取税收违法行为证据的；检举内容含混不清、缺乏事实根据的；检举人提供的线索与税务机关查处的税收违法行为无关的；检举的税收违法行为税务机关已经发现或者正在查处的；有税收违法行为的单位和个人在被检举前已经向税务机关报告其税收违法行为的；国家机关工作人员利用工作便利获取信息用以检举税收违法行为的；检举人从国家机关或者国家机关工作人员处获取税收违法行为信息检举的；国家税务总局规定不予奖励的其他情形。

(二)奖励标准

检举的税收违法行为经税务机关立案查实处理并依法将税款收缴入库后，根据本案检举时效、检举材料中提供的线索和证据翔实程度、检举内容与查实内容相符程度以及收缴入库的税款数额，按照以下标准对本案检举人计发奖金：收缴入库税款数额在 1 亿元以上的，给予 10 万元以下的奖金；收缴入库税款数额在 5 000 万元以上不足 1 亿元的，给予 6 万元以下的奖金；收缴入库税款数额在 1 000 万元以上不足 5 000 万元的，给予 4 万元以下的奖金；收缴入库税款数额在 500 万元以上不足 1 000 万元的，给予 2 万元以下的奖金；收缴入库税款数额在 100 万元以上不足 500 万元的，给予 1 万元以下的奖金；收缴入库税款数额在 100 万元以下的，给予 5 000 元以下的奖金。

被检举人以增值税留抵税额或者多缴、应退的其他税款抵缴被查处的应纳税款，视同税款已经收缴入库。检举的税收违法行为经查实处理后没有应纳税款的，按照收缴入库罚款数额依照上文标准计发奖金。因被检举人破产或者存有符合法律、行政法规规定终止执行的条件，致使无法将税款或者罚款全额收缴入库的，按已经收缴入库税款或者罚款数额依照上文标准计发奖金。检举虚开增值税专用发票以及其他可用于骗取出口退税、抵扣税款发票行为的，根据立案查实虚开发票填开的税额依照上文标准计发奖金。

检举伪造、变造、倒卖、盗窃、骗取增值税专用发票以及可用于骗取出口退税、抵扣税款的其他发票行为的，按照以下标准对检举人计发奖金：查获伪造、变造、倒卖、盗窃、骗取上述发票 10 000 份以上的，给予 10 万元以下的奖金；查获伪造、变造、倒卖、盗窃、骗取上述发票 6 000 份以上不足 10 000 份的，给予 6 万元以下的奖金；查获伪造、变造、倒卖、盗窃、骗取上述发票 3 000 份以上不足 6 000 份的，给予 4 万元以下的奖金；查获伪造、变造、倒卖、盗窃、骗取上述发票 1 000 份以上不足 3 000 份的，给予 2 万元以下的奖金；查获伪造、变造、倒卖、盗窃、骗取上述发票 100 份以上不足 1 000 份的，给予 1 万元以下的奖金；查获伪造、变造、倒卖、盗窃、骗取上述发票不足 100 份的，给予 5 000 元以下的奖金；查获伪造、变造、倒卖、盗窃、骗取前款所述以外其他发票的，最高给予 5 万元以下的奖金；检举奖金具体数额标准及批准权限，由各省、自治区、直辖市和计划单列市税务局结合本地实际情况确定。

检举非法印制、转借、倒卖、变造或者伪造完税凭证行为的，按照以下标准对检举人计发奖金：查获非法印制、转借、倒卖、变造或者伪造完税凭证 100 份以上或者票面填开税款金额 50 万元以上的，给予 1 万元以下的奖金；查获非法印制、转借、倒卖、变造或者伪造完税凭证 50 份以上不足 100 份或者票面填开税款金额 20 万元以上不足 50 万元的，给予 5 000 元以下的奖金；查获非法印制、转借、倒卖、变造或者伪造完税凭证不足 50 份或者票面填开税款金额 20 万元以下的，给予 2 000 元以下的奖金。

同一案件具有适用两种或者两种以上奖励标准情形的，分别计算检举奖金数额，但检举奖金合计数额不得超过 10 万元。

同一税收违法行为被两个或者两个以上检举人分别检举的，奖励符合规定的最先检举人。检举次序以负责查处的税务机关受理检举的登记时间为准。最先检举人以外的其他检举人提供的证据对查明税收违法行为有直接作用的，可以酌情给予奖励。对上述规定的检举人计发的奖金合计数额不得超过 10 万元。

（三）具体流程

检举税收违法行为的检举人，可以向税务机关申请检举奖金。检举奖金由负责查处税收违法行为的税务机关支付。

税务机关对检举的税收违法行为经立案查实处理并依法将税款或者罚款收缴入库后，由税收违法案件举报中心根据检举人书面申请及其贡献大小，制作《检举纳税人税收违法行为奖励审批表》，提出奖励对象和奖励金额建议，按照规定权限和程序审批后，向检举人发出《检举纳税人税收违法行为领奖通知书》，通知检举人到指定地点办理领奖手续。《检举纳税人税收违法行为奖励审批表》由税收违法案件举报中心作为密件存档。

税收违法案件举报中心填写《检举纳税人税收违法行为奖金领款财务凭证》，向财务机构领取检举奖金。财务凭证只注明案件编号、案件名称、被检举人名称、检举奖金数额及审批人、领款人的签名，不填写检举内容和检举人身份、名称。

（四）领取方式

检举人应当在接到领奖通知书之日起 90 日内，持本人身份证或者其他有效证件，到指定地点领取奖金。检举人逾期不领取奖金，视同放弃奖金。

联名检举同一税收违法行为的，奖金由第一署名人领取，并与其他署名人协商分配。检举人或者联名检举的第一署名人不能亲自到税务机关指定的地点领取奖金的，可以委托他人代行领取；代领人应当持委托人的授权委托书、身份证或者其他有效证件以及代领人的身份证或者其他有效证件，办理领取奖金手续。

检举人是单位的，可以委托本单位工作人员代行领取奖金，代领人应当持委托人的授权委托书和代领人的身份证、工作证到税务机关指定的地点办理领取奖金手续。

检举人或者代领人领取奖金时，应当在《检举纳税人税收违法行为奖金付款专用凭证》上签名，并注明身份证或者其他有效证件的号码及填发单位。《检举纳税人税收违法行为奖金付款专用凭证》和委托人的授权委托书由税收违法案件举报中心作为密件存档。

税务机关支付检举奖金时应当严格审核。对玩忽职守、徇私舞弊致使奖金被骗取的，除追缴奖金外，依法追究有关人员责任。对有特别突出贡献的检举人，税务机关除给予物质奖励外，可以给予相应的精神奖励，但公开表彰宣传应当事先征得检举人的书面同意。

《检举纳税人税收违法行为奖励审批表》《检举纳税人税收违法行为领奖通知书》《检举纳税人税收违法行为奖金领款财务凭证》《检举纳税人税收违法行为奖金付款专用凭证》的格式，由国家税务总局制定。

【本章节主要政策依据】

1.《税收违法行为检举管理办法》(国家税务总局令第 49 号)

2.《检举纳税人税收违法行为奖励暂行办法》(国家税务总局、财政部令第 18 号)

第九章　税务稽查审理实务

【引言】

税务稽查审理是，税务局稽查局审理部门依据法律、行政法规、规章及其他规范性文件，通过对检查部门提交的《税务稽查报告》及其他相关资料进行审查，核实案件事实、审查鉴别证据、依法认定税收违法行为性质，制作《税务稽查审理报告》等，进行税务行政处罚事项告知，听取陈述申辩，依法举行听证，经批准后制作相关结论性文书移送执行部门的业务处理流程，以及移送涉税犯罪案件，反馈涉税疑点查处情况，对行政复议和行政诉讼案件进行应对处理。

第一节　审理实施

一、工作流程

审理部门接到检查部门移交的《税务稽查报告》及有关资料后，应当及时安排人员进行审理。

审理人员应当依据法律、行政法规、规章及其他规范性文件，对检查部门移交的《税务稽查报告》及相关材料进行逐项审核，提出书面审理意见，由审理部门负责人审核。

案情复杂的，稽查局应当集体审理；案情重大的，稽查局应当依照国家税务总局有关规定报请所属税务局集体审理。

二、审理内容

对《税务稽查报告》及有关资料，审理人员应当着重审核以下内容：①执法主体是否正确；②被查对象是否准确；③税收违法事实是否清楚、证据是否充分、数据是否准确、资料是否齐全；④适用法律、行政法规、规章及其他规范性文件是否适当，定性是否正确；⑤是否符合法定程序；⑥是否超越或者滥用职权；⑦税务处理、处罚建议是否适当；⑧其他应当审核确认的事项或者问题。具体如下：

(一)执法主体审查

税务局稽查局应当在税务局向社会公告的范围内实施税务稽查。上级税务机关可以根据案件办理的需要指定管辖。税收法律、行政法规和国家税务总局对税务稽查管辖另有规定的，从其规定。

审理时，第一步审查行政行为是否属于案件办理税务局稽查局的职责范围，审查被查对象是否属于案件办理税务局稽查局管辖。对税务稽查管辖有争议的，由争议各方本着有利于案件办理的原则逐级协商解决；不能协商一致的，报请共同的上级税务机关协调或者决定。

(二)被查对象审查

审查被查对象是否准确。核实税务检查通知书、调取账簿资料通知书、税务稽查报告等所有文书上填写的被查对象名称，与法人、其他组织的营业执照或者代码登记证(照)、自然人的身份证明材料上的名称是否完全一致。通过金税三期系统核实审理时被查对象名称是否与实施检查时名称一致，是否存在名称变更情况。审查被查对象是否是实施违法行为的主体。

(三)稽查程序审查

审查稽查程序是否合规。重点审查：是否由两名以上具有执法资格的检查人员共同实施检查，并向被查对象出示税务检查证件和税务检查通知书，审查检查人员是否存在应当回避的情形。案卷中执法文书送达方式、程序是否合法。调查取证程序是否合法。调取企业账簿凭证及其他会计资料程序是否合法。查询银行账户及相关涉案人员储蓄账户程序是否合法。检查环节采取的税收保全措施程序是否合法。纳税担保程序和方式是否合法。其他检查程序是否合法。

(四)时间期限审查

审查是否符合时间和期限要求。重点审查以下规范：

1.调取账簿资料期限审查

调取纳税人、扣缴义务人以前会计年度的账簿、记账凭证、报表和其他有关资料的，是否经县以上税务局局长批准，并在3个月内完整退还；调取纳税人、扣缴义务人当年账簿，记账凭证、报表和其他有关资料的，审查是否在30日内完整退还。

2.税款追征期限审查

因税务机关的责任，致使纳税人、扣缴义务人未缴或者少缴税款的，税务机关在3年内可以要求纳税人、扣缴义务人补缴税款，但是不得加收滞纳金。因纳税人、扣缴义务人计算错误等失误，未缴或者少缴税款的，税务机关在3年内可以追征税款、滞纳金；有特殊情况的，追征期可以延长到5年。“特殊情况”，是指纳税人或者扣缴义务人因计算错误等失误，未缴或者少缴、未扣或者少扣、未收或者少收税款，累计数额在10万元以上的。

对偷税、抗税、骗税的，税务机关追征其未缴或者少缴的税款、滞纳金或者所骗取的税款，不受前款规定期限的限制。

补缴和追征税款、滞纳金的期限，自纳税人、扣缴义务人应缴未缴或者少缴税款之日起计算。

3.税收违法行为追究时效审查

违反税收法律、行政法规应当给予行政处罚的行为，在5年内未被发现的，不再给予行政处罚。追究时效的期限从违法行为发生之日起计算，违法行为有连续或者继续状态的，自行为终了之日起计算。任何机关只要启动调查、取证和立案程序，均可视为"发现"；群众举报后被认定属实的，发现时效以举报时间为准。

(五)稽查项目审查

对一般案件进行审理时，审查《税务稽查项目书》中检查部门对税务稽查项目的检查及反馈意见，是否存在遗漏，是否在《税务稽查报告》中对选案分析疑点的检查排除等情况进行说明。

对检举案件进行审理时，应当审查检查人员对检举材料反映的违法线索检查情况，是否遗漏，是否在《税务稽查报告》中对全部检举线索的检查情况进行说明等。

对督办、交办、安排、转办、协查、推送等其他案件进行审理时，审查检查项目是否遗漏，是否按相关要求开展检查，是否在《税务稽查报告》中对全部稽查项目的检查情况进行说明等。

(六)税款计算审查

将认定的违法事实与证据材料中的数据核对，审查认定违法事实的数据计算是否正确，审查认定违法事实的计税依据是否准确，审查适用税率是否正确，审查核定的税款计算是否准确，审查罚款计算是否准确，审查无税款加收滞纳金起止时点是否准确，审查主动补缴税款以及加收滞纳金起止时点是否准确，审查是否有不予加收滞纳金情形，审查是否有未弥补完的亏损，是否有待抵扣的进项税额，是否已做纳税调整，是否享受各种税收优惠等。

(七)证据审查

对取得的证据进行合法性、真实性、关联性审查，从而判断所收集的证据能否用作认定案件事实的根据并认定其证明效力的业务处理过程。

1.证据合法性审查

审查提取证据的主体是否符合法定要求；提取证据的人员权限是否符合法定要求；证据形式是否符合法定要求；取证程序是否符合法定要求；取证手段是否符合法定要求；取证期限是否符合法定要求。

2.证据真实性审查

审查证据形成的原因；发现证据时的客观环境；证据是否为原件、原物，复制件、复制品与原件、原物是否相符；提供证据的人或者证人与当事人是否具有亲属关系、利害关系或者其他密切关系；影响证据真实性的其他因素。

3. 证据关联性审查

审查证据关联性：证据与案件事实之间有无客观联系；证据与案件事实之间联系的形式和性质；证据与案件事实之间联系的确定性程度。

4. 书证的审查内容

主要审查：书证是否为原件，书证为原件的，是否依法办理调取或者收集手续。书证如为复制件、影印件、抄录件，是否由原件保存单位（个人）在复制件、影印件、抄录件上签注"与原件核对无误，原件存于我处"字样并由其签章、捺指印进行确认。提供由有关部门保管的书证原件的复制件、影印件或者抄录件的，是否注明出处，并经该部门核对无异后加盖其印章。书证的收集程序、方式是否符合法律等有关规定。书证在收集、保管、鉴定过程中是否受损或者改变，是否有单方改动而未经对方确认的情形。书证与案件事实有无关联。与案件事实有关联的书证收集是否全面，能否与其他证据形成完整的证据链。

5. 物证的审查内容

主要审查：物证是否为原物，是否办理调取手续，需归还的是否及时归还，并履行相关签收手续。物证为照片、录像、复制品的，照片、录像、复制品是否与原物相符，是否足以反映原物外形和特征，是否由 2 人以上制作，有无制作（复制）人关于制作（复制）方法、制作（复制）时间、制作（复制）人员及原物存放处的文字说明和签名，是否经原物持有人或者见证人确认。物证的收集程序、方式是否符合法律等有关规定；经勘验、检查、扣押的物证，是否附有相关笔录、清单，笔录、清单是否有检查人员、物品持有人或者见证人签名，没有物品持有人签名的，是否注明原因；物品的名称、特征、数量、质量等是否注明清楚。物证在收集、保管、鉴定过程中是否受损或者改变。审查物证与案件事实有无关联。与案件事实有关联的物证是否全面收集，能否与其他证据形成完整的证据链。

6. 视听资料的审查

主要审查：声音资料是否附有该声音内容的文字记录，图像资料是否附有必要的文字说明。是否附有提取过程的说明，来源是否合法。是否为原件，是否注明制作人和持有人的身份、制作的时间、地点、条件和方法，有无复制及复制份数；调取复制件的，是否附有无法调取原件的原因、复制方法、复制人员、复制时间和原件存放处的说明，制作人、原视听资料持有人是否签名或者盖章。制作过程中是否存在威胁、引诱当事人等违反有关法律等有关规定的情形。内容和制作过程是否真实，有无剪辑、增加、删改等情形。内容与案件事实有无关联。

7. 电子数据的审查

主要审查：收集的电子数据是否使用光盘或者其他数字存储介质备份。是否妥善保存至少一份封存状态的电子数据备份件，并随案移送。无法提取电子数据原始载体或者提取确有困难，采用提取电子数据复制件方式的，审查是否附有不能或者难以提取原始载体的原因、复制过程以及原始载体存放地点或者电子数据网络地址的说明，是否由复制件制作人和原始电子数据持有人签名或者盖章并注明"与原始载体记载的电子数据核对无误”，或者以公证等其他有效形式证明电子数据与原始载体的一致性和完整性。收集电子数据是否依法制作笔录，是否详细记载取证的参与人员、技术方法、步骤和过程，记录收集对象的事项名称、内容、规格、类别以及时间、地点等，或者将收集电子数据的过程拍照或者录像。提供通过技术手段恢复或者破解的与案件有关的光盘或者其他数字存储介质、电子设备中被删除的数据、隐藏或者加密的电子数据，是否附有恢复或者破解工具、对象、过程、方法和结果的详细说明。被查对象对该说明持异议的，可以申请鉴定。电子数据内容是否真实，有无删除、修改、增加等情形。电子数据与案件事实有无关联。与案件事实有关联的电子数据是否全面收集，能否与其他证据形成完整的证据链。

8. 证人证言的审查

主要审查：证人是否为能正确表达意志的人，证人证明的事实是否与其年龄、智力状况或者精神健康状况相适应，证人与案件当事人、案件处理结果有无利害关系。审查证人证言的形式要件，是否载明证人的姓名、年龄、性别、职业、住址、联系方式等基本情况，是否有证人亲笔签名、捺指印，注明出具证言时间，是否附有居民身份证复印件等证明人身份的资料。证人证言的内容是否为证人直接感知，证人的猜测性、评论性、推断性的证言不得作为证据使用，但根据一般生活经验判断且符合事实的除外。询问是否由 2 名以上检查人员实施。询问证人是否个别进行。询问证人没有个别进行的，或者询问笔录没有经证人核对确认的不得作为定案根据。询问未成年证人时，是否通知其法定代理人或者有关人员到场，其法定代理人或者有关人员是否到场。询问笔录的制作是否符合法律等有关规定，是否注明询问的时间和地点，首次询问时是否告知证人有关作证的权利义务和法律责任；证人对询问笔录是否核对确认，在尾页结束处写明“以上笔录我看过（或者向我宣读过），与我说的相符”，并逐页签章、捺指印；证人拒绝签章、捺指印的，检查人员是否在笔录上注明；询问笔录询问人处是否有 2 名以上检查人员亲笔签名，记录人处是否有检查人员亲笔签名。询问笔录有修改的，证人是否在改动处捺指印；重新制作询问笔录时，审查是否注明原因。证人证言有无以暴力、威胁等非法方法收集的情形。证人证言与案件事实有无关联。证言之间与其他证据之间能否相互印证，有无矛盾，能否与其他证据形成完整的证据链。

9. 鉴定意见的审查

主要审查：鉴定机构和鉴定人是否具有法定资质。鉴定人是否存在应当回避的情形。检材的来源、取得、保管和送检是否符合有关法律规定。鉴定意见的形式要件是否完备，是否注明提起鉴定的事由、鉴定委托人、鉴定机构、鉴定要求、鉴定过程、鉴定方法、鉴定日期等相关内容，是否由鉴定机构加盖鉴定专用章并由鉴定人签名、盖章。鉴定程序是否符合有关法律规定。是否对鉴定的依据、使用的科学技术手段及分析过程进行说明。鉴定意见是否明确。鉴定意见与案件待证事实有无关联。鉴定意见与勘验、检查笔录及相关照片等其他证据是否矛盾，能否与其他证据形成完整的证据链。鉴定意见是否依法及时告知相关人员，当事人对鉴定意见有无异议。

10.勘验笔录、现场笔录的审查

(1)现场笔录主要审查:是否记录执法人员(2人以上)进入现场时出示税务检查证、《税务检查通知书》,告知当事人采取税收行政执法行为的理由、依据,以及当事人依法应当履行的义务、享有的权利等事项。现场笔录是否载明时间、地点和检查的经过,检查中出现的问题及解决方法、取证方法及取证数量等,检查人员和当事人是否签名或者盖章。当事人拒绝签名或者不能签名的,是否注明原因。是否记录现场执法所采取的措施,书证、物证等证据材料的来源、出处、名称、数量以及采集、抽样过程等情况;采取拍照、绘图的,是否记录现场拍照的内容、数量、绘制现场图的种类、数量、绘制时间、方位以及测绘人姓名、身份等内容。笔录是否现场制作,事后是否经过删改。

(2)勘验笔录主要审查:是否记录执法人员(2人以上)和勘验人员进入现场时出示税务检查证和《税务检查通知书》,说明检查内容,告知当事人依法应当履行的义务、享有的权利等事项。是否记录勘验现场相关人员姓名、身份、职务以及相关证件等情况。勘验笔录是否记录提起勘验的事由,勘验的时间、地点、现场方位、周围环境、现场物品特征等情况以及勘验的过程、结果,勘验人员和见证人是否签名或盖章。是否记录勘验过程中所采取的措施,书证、物证等证据材料的来源、出处、名称、数量,以及采集、固定过程等情况;采取拍照、绘图的,是否记录现场拍照的内容、数量、绘制现场图的种类、数量、绘制时间、方位以及测绘人姓名、身份等内容。

11.域外证据和外文证据的审查

主要审查:对于在中华人民共和国领域以外形成的证据,是否说明来源,是否提供经所在国公证机关证明,并经中华人民共和国驻该国使领馆认证,或者履行中华人民共和国与证据所在国订立的有关条约中规定的证明手续;对在中华人民共和国香港特别行政区、澳门特别行政区和台湾地区内形成的证据,是否具有按照有关规定办理的证明手续。对于外文书证或者外国语视听资料,是否附有由具有翻译资质的机构翻译的或者其他翻译准确的中文译本,翻译机构盖章或者翻译人员是否签名,是否附有翻译机构的翻译资质证明或者营业执照复印件。

12.证据排除

以下证据不能作为定案证据:①严重违反法定程序收集的证据材料;②以违反法律强制性规定的手段获取且侵害他人合法权益的证据材料;③以利诱、欺诈、胁迫、暴力等不正当手段获取的证据材料。在中华人民共和国领域以外或者在中华人民共和国香港特别行政区、澳门特别行政区和台湾地区形成的未办理法定证明手续的证明材料。被当事人或者他人进行技术处理而无法辨明真伪的证据材料。未经原件、原物保存单位和个人签章认可,又无其他证据印证的复制件或者复制品。不能正确表达意志的证人提供的证言。不具备合法性和真实性的其他证据材料。

以下证据不能单独作为定案证据:未成年人所做的与其年龄和智力状况不相适应的证言。与当事人有亲属关系或者其他密切关系的证人所做的对该当事人有利的证言,或者与当事人有不利关系的证人所作的对该当事人不利的证言。难以识别是否经过修改的视听资料。无法与原件、原物核对的复制件或复制品。经改动但当事人不予认可的证据资料。其他不能单独作为定案依据的证据材料。

鉴定意见有下列情形之一的，不能作为定案依据：鉴定人不具备鉴定资格；鉴定程序严重违法；鉴定意见错误、不明确或者内容不完整。

13. 证明效力认定

证明同一事实的数个证据，其证明效力一般可以按照下列情形分别认定：国家机关以及其他职能部门依职权制作的公文文书优于其他书证。鉴定意见、现场笔录、勘验笔录、档案材料及经过公证或者登记的书证优于其他书证、视听资料和证人证言。原件、原物优于复制件、复制品和重制品。法定鉴定部门的鉴定意见优于其他鉴定部门的鉴定意见。原始证据优于传来证据。其他证人证言优于与当事人有亲属关系或者其他密切关系的证人提供的对该当事人有利的证言。数个种类不同、内容一致的证据优于一个孤立的证据。

以有形载体固定或者显示的电子数据、电子邮件以及其他数据资料，其制作情况和真实性经当事人确认，或者以公证等其他有效方式予以证明的，与原件有同等的证明效力。

生效的人民法院裁判文书或者仲裁机构裁决文书确认的事实，可以作为定案证据。

(八)税收违法行为性质认定审查

1. 偷税行为的认定

被查对象伪造、变造、隐匿、擅自销毁账簿、记账凭证，或者在账簿上多列支出或者不列、少列收入，或者经税务机关通知申报而拒不申报或者进行虚假的纳税申报，不缴或者少缴应纳税款的，是偷税。偷税手段包括具有欺骗、隐瞒性质的各种手段，“欺骗、隐瞒”是偷税手段的实质性特征。从行为外部特征来讲，主要包括以下几类行为。

(1)伪造、变造、隐匿和擅自销毁账簿、记账凭证(包括用于记账的发票等原始凭证)。伪造是指被查对象依照真账簿、真凭证的式样制造虚假的账簿和记账凭证，以假充真的行为；变造是指被查对象对账簿、记账凭证进行挖补、涂改、拼接等方式，制作假账、假凭证，以假乱真的行为；隐匿是指被查对象将账簿、记账凭证故意隐藏起来，使税务局稽查局难以查实计税依据的行为；擅自销毁是指在法定的保存期间内，擅自将正在使用中或者未过期的账簿、记账凭证销毁处理的行为。

(2)在账簿上多列支出或者不列、少列收入。对于在账簿上多列支出或者不列、少列收入的手段，应当结合被查对象主观故意认定以及行为的总体纳税影响情况进行综合分析。“多列支出”是指在账簿上填写超出实际支出的数额，以冲抵或者减少实际收入的数额，虚增成本，乱摊费用，缩小利润数额等行为。

(3)经税务机关通知申报而拒不申报。经税务机关通知申报而拒不申报是指应当依法办理纳税申报的被查对象，不按照法律、行政法规的规定办理纳税申报，经税务机关通知后，仍拒不申报的行为。

经税务机关通知申报包括：被查对象已经依法办理税务登记的；依法不需要办理税

务登记的，经税务机关依法书面通知其申报的；尚未依法办理税务登记的被查对象，经税务机关依法书面通知其申报的。

(4)进行虚假的纳税申报。虚假的纳税申报是指被查对象进行纳税申报过程中，制造虚假情况，如不实填写或者提供纳税申报表、财务会计报表以及其他的纳税资料等，少报、隐瞒应税项目、销售收入和经营利润等行为。

偷税结果反映偷税行为对国家税收的危害及其程度，是偷税行为认定的基本要素。根据相关司法解释，偷税数额是指在确定的纳税期间，不缴或者少缴各税种税款的总额。具体税种偷税数额认定有特别规定的，按特别规定执行。

2. 逃避追缴欠税认定

(1)逃避追缴欠税主观故意的认定。被查对象明知自己欠缴税款，为了逃避税务机关追缴欠税而转移、隐匿财产。

(2)逃避追缴欠税手段的认定。逃避追缴欠税，是指负有纳税义务的单位和个人，超过法律规定的或者税务机关核定的纳税期限，没有按时缴纳税款，并在税务机关追缴税款期间，采取转移或者隐匿财产的手段，妨碍税务机关追缴欠缴税款的行为。

3. 骗取出口退税认定

(1)骗取出口退税主观故意的认定。骗取出口退税主观故意是指被查对象明知自己不符合出口退税条件，为了骗取国家出口退税款，而实施假报出口或者其他欺骗手段。有进出口经营权的被查对象，明知他人意欲骗取国家出口退税款，仍违反国家有关进出口经营的规定，允许他人自带客户、自带货源、自带汇票并自行报关，骗取国家出口退税款的，应当认定为具备骗取出口退税的主观故意。

(2)骗取出口退税手段的认定。构成骗取出口退税的手段包括：以假报出口或者其他欺骗手段，骗取国家出口退税款。“假报出口”是指以虚构已税货物出口事实为目的，具有下列情形之一的行为：伪造或者签订虚假的买卖合同；以伪造、变造或者其他非法手段取得出口货物报关单、出口货物专用缴款书等有关出口退税单据、凭证；虚开、伪造、非法购买增值税专用发票或者其他可以用于出口退税的发票；其他虚构已税货物出口事实的行为。“其他欺骗手段”是指下列行为：骗取出口货物退税资格的；将未纳税或者免税货物作为已税货物出口的；虽有货物出口，但虚构该出口货物的品名、数量、单价等要素，骗取未实际纳税部分出口退税款的；以其他手段骗取出口退税款的。

(3)骗取出口退税结果认定标准。对于实行“免、抵、退”的生产企业，采用上述违法手段骗取出口退税，造成内销环节少缴税款的数额，认定为偷税，实际取得的退税款，认定为骗取出口退税。实施骗取出口退税违法行为，同时构成虚开增值税专用发票等其他违法行为的，按照法律和相关规定处罚较重的进行定性处罚。

4. 抗税认定

(1)抗税主观故意的认定。被查对象明知自己负有纳税义务、代扣代缴义务、代收代缴义务，对税务工作人员采取暴力或者威胁的方法拒不缴纳税款的，认定为具有抗税的主观故意。

(2)抗税手段的认定。抗税客观方面表现为以暴力、威胁方法拒不缴纳税款的行为。以暴力方法拒不缴纳税款,是指被查对象对税务人员采用暴力的方法,包括殴打、推搡、伤害、强行禁闭以及阻碍征税而砸毁税务人员使用的交通工具、聚众冲击打砸税务机关等直接侵害人身安全的暴力手段,拒不缴纳税款的行为。以威胁的方法拒不缴纳税款,是指被查对象采用威胁的方法拒不缴纳税款,如扬言以拼命的威胁方法拒缴税款,或者以对税务人员及其亲属的人身、财产安全采取伤害、破坏相要挟,迫使其放弃履行征税等法定职责,达到拒缴税款的目的。

(3)抗税的情节认定。抗税行为成立与否并不决定于抗拒缴纳税款的数额大小。只要以暴力、威胁方法拒不缴纳税款,不管税款多少,都可构成抗税。情节轻微,未构成犯罪的,依法给予行政处罚;达到刑事立案追诉标准的,移送司法机关追究刑事责任。

5.虚开发票认定

详见本书虚开骗税章节。

6.隐匿、故意销毁会计凭证、会计账簿认定

(1)主观故意认定。隐匿、故意销毁会计凭证、会计账簿主观方面应为故意,即明知会计凭证、会计账簿、会计财务报告按照会计档案管理的有关规定或者国家统一会计制度的规定应当存档或者保存,而隐匿、销毁。

(2)隐匿、故意销毁会计凭证、会计账簿手段。隐匿,是指故意隐藏的行为,即在税务局稽查局实施税务稽查时,将应当提供出来接受检查的会计凭证、会计账簿、会计财务报告隐藏起来拒不提供,或者对应当提供社会监督的会计凭证、会计账簿、会计财务报告隐藏起来拒不提供。故意销毁,是指将明知按照会计档案管理的有关规定或者国家统一会计制度的规定应当存档或者保存的会计凭证、会计账簿、会计财务报告予以销毁的行为。以纵火、水浸、销毁、粘连等方式使依法应当保存的会计凭证、会计账簿、会计财务报告毁坏,使之无法辨认。

(九)处理、处罚法律依据及裁量原则

1.法律适用原则

(1)法律的效力高于行政法规、地方性法规、规章。行政法规的效力高于地方性法规、规章。

(2)部门规章之间、部门规章与地方政府规章之间具有同等效力,在各自的权限范围内施行。

(3)同一机关制定的法律、行政法规、地方性法规、自治条例和单行条例、规章,特别规定与一般规定不一致的,适用特别规定;新的规定与旧的规定不一致的,适用新的规定。

法律之间、行政法规之间或者地方性法规之间对同一事项的新的一般规定与旧的特别规定不一致的,新的一般规定允许旧的特别规定继续适用的,适用旧的特别规定;新的一般规定废止旧的特别规定的,适用新的一般规定。

(4)法律、行政法规、地方性法规、自治条例和单行条例、规章不溯及既往,但为了更

好地保护公民、法人和其他组织的权利和利益而作的特别规定除外。

（5）法律之间对同一事项新的一般规定与旧的特别规定不一致，不能确定如何适用时，由全国人民代表大会常务委员会裁决。

行政法规之间对同一事项的新的一般规定与旧的特别规定不一致，不能确定如何适用时，由国务院裁决。

（6）地方性法规、规章之间不一致时，由有关机关依照下列规定的权限作出裁决：同一机关制定的新的一般规定与旧的特别规定不一致时，由制定机关裁决；地方性法规与部门规章之间对同一事项的规定不一致，不能确定如何适用时，由国务院提出意见，国务院认为应当适用地方性法规的，应当决定在该地方适用地方性法规的规定；认为应当适用部门规章的，应当提请全国人民代表大会常务委员会裁决；部门规章之间、部门规章与地方政府规章之间对同一事项的规定不一致时，由国务院裁决。根据授权制定的法规与法律规定不一致，不能确定如何适用时，由全国人民代表大会常务委员会裁决。

（7）行政相对人的行为发生在新法施行以前，具体行政行为作出在新法施行以后，在审查具体行政行为的合法性时，实体问题适用旧法规定，程序问题适用新法规定，但下列情形可以参照最高人民法院相关文件精神除外：法律、法规或规章另有规定的；适用新法对保护行政相对人的合法权益更为有利的；按照具体行政行为的性质应当适用新法的实体规定的。

（8）地方性法规与部门规章之间对同一事项的规定不一致的，参照下列原则适用：法律或者行政法规授权部门规章作出实施性规定的，其规定优先适用；尚未制定法律、行政法规的，部门规章对于国务院决定、命令授权的事项，或者对于中央宏观调控的事项、需要全国统一的市场活动规则及对外贸易和外商投资等需要全国统一规定的事项作出的规定，应当优先适用；地方性法规根据法律或者行政法规的授权，根据本行政区域的实际情况作出的具体规定，应当优先适用；

①地方性法规对属于地方性事务的事项作出的规定，应当优先适用；

②尚未制定法律、行政法规的，地方性法规根据本行政区域的具体情况，对需要全国统一规定以外的事项作出的规定，应当优先适用；

③不能确定如何适用的，逐级上报，请有权机关处理。

（9）部门规章与地方政府规章之间对相同事项的规定不一致的，参照下列原则适用：法律或者行政法规授权部门规章作出实施性规定的，其规定优先适用；尚未制定法律、行政法规的，部门规章对于国务院决定、命令授权的事项，或者对属于中央宏观调控的事项、需要全国统一的市场活动规则及对外贸易和外商投资等事项作出的规定，应当优先适用；地方政府规章根据法律或者行政法规的授权，根据本行政区域的实际情况作出的具体规定，应当优先适用；地方政府规章对属于本行政区域的具体行政管理事项作出的规定，应当优先适用；不能确定如何适用的，逐级上报，请有权机关处理。

(10)国务院部门之间制定的规章对同一事项的规定不一致的,参照下列原则适用:适用与上位法不相抵触的部门规章规定;与上位法均不抵触的,优先适用根据专属职权制定的规章规定;2 个以上的国务院部门就涉及其职权范围的事项联合制定的规章规定,优先于其中一个部门单独作出的规定;不能确定如何适用的,逐级上报,请有权机关处理。国务院部门或者省、自治区、直辖市人民政府制定的其他规范性文件对相同事项的规定不一致的,参照上列原则处理。

2. 处罚裁量原则

(1)不予行政处罚情形:违反税收法律、行政法规应当给予行政处罚的行为,在 5 年内未被发现的,不再给予行政处罚;违法行为轻微并及时纠正,没有造成危害后果的,不予行政处罚;法律规定的其他不予行政处罚的。

(2)从轻或者减轻处罚情形:主动消除或者减轻违法行为危害后果的;受他人胁迫有违法行为的;配合行政机关查处违法行为有立功表现的;其他依法从轻或者减轻行政处罚的。

3. 一事不二罚原则

对当事人的同一个违法行为,不得给予 2 次以上罚款的行政处罚。此外,还要注意遵照执行稽查局所属税务局出台的税务行政处罚自由裁量权执行标准。

第二节　出具报告

一、分类处理

(一)退回补正或补充调查

有下列情形之一的,审理部门可以将《税务稽查报告》及有关资料退回检查部门补正或者补充调查:①被查对象认定错误的;②税收违法事实不清、证据不足的;③不符合法定程序的;④税务文书不规范、不完整的;⑤其他需要补正或者补充调查的。

(二)重新提出意见

《税务稽查报告》认定的税收违法事实清楚、证据充分,但适用法律、行政法规、规章及其他规范性文件错误,或者提出的税务处理、处罚建议错误或者不当的,审理部门应当另行提出税务处理、处罚意见。审理实施岗审理完毕,应当制作《税务稽查审理报告》,报审理部门领导岗审批。

(三)延长审理时间

审理部门接到检查部门移交的《税务稽查报告》及有关资料后,应当在 15 日内提出审理意见。但下列时间不计算在内:

①检查人员补充调查的时间;

②向上级机关请示或者向相关部门征询政策问题的时间。

案情复杂确需延长审理时限的，经稽查局局长批准，可以适当延长。

（四）处罚告知

拟对被查对象或者其他涉税当事人作出税务行政处罚的，向其送达《税务行政处罚事项告知书》，告知其依法享有陈述、申辩及要求听证的权利。《税务行政处罚事项告知书》应当包括以下内容：认定的税收违法事实和性质；适用的法律、行政法规、规章及其他规范性文件；拟作出的税务行政处罚；当事人依法享有的权利；告知书的文号、制作日期、税务机关名称及印章；其他相关事项。

对被查对象或者其他涉税当事人的陈述、申辩意见，审理人员应当认真对待，提出判断意见。对当事人口头陈述、申辩意见，审理人员应当制作《陈述申辩笔录》，如实记录，由陈述人、申辩人签章。

被查对象或者其他涉税当事人要求听证的，应当依法组织听证。听证主持人由审理人员担任。听证依照国家税务总局有关规定执行。

二、制作报告

（一）工作流程

审理完毕，审理人员应当制作《税务稽查审理报告》，由审理部门负责人审核。《税务稽查审理报告》应当包括以下主要内容：审理基本情况；检查人员查明的事实及相关证据；被查对象或者其他涉税当事人的陈述、申辩情况；经审理认定的事实及相关证据；税务处理、处罚意见及依据；审理人员、审理日期。

（二）文书要求

审理部门区分下列情形分别作出处理：

(1)认为有税收违法行为，应当进行税务处理的，制作《税务处理决定书》；

(2)认为有税收违法行为，应当进行税务行政处罚的，制作《税务行政处罚决定书》；

(3)认为税收违法行为轻微，依法可以不予税务行政处罚的，制作《不予税务行政处罚决定书》；

(4)认为没有税收违法行为的，制作《税务稽查结论》。

《税务处理决定书》《税务行政处罚决定书》《不予税务行政处罚决定书》《税务稽查结论》引用的法律、行政法规、规章及其他规范性文件，应当注明文件全称、文号和有关条款。

《税务处理决定书》《税务行政处罚决定书》《不予税务行政处罚决定书》《税务稽查结论》经稽查局局长或者所属税务局领导批准后由执行部门送达执行。

其中，《税务处理决定书》应当包括以下主要内容：①被查对象姓名或者名称、有效身份证件号码或者统一社会信用代码、地址。没有统一社会信用代码的，以税务机关赋予的纳税人识别号代替；②检查范围和内容；③税收违法事实及所属期间；④处理决定及依据；⑤税款金额、缴纳期限及地点；⑥税款滞纳时间、滞纳金计算方法、缴纳期限及地点；⑦被查对象不按期履行处理决定应当承担的责任；⑧申请行政复议或者提起行政诉讼的途径和期限；⑨处理决定书的文号、制作日期、税务机关名称及印章。

《税务行政处罚决定书》应当包括以下主要内容：被查对象或者其他涉税当事人姓名或者名称、有效身份证件号码或者统一社会信用代码、地址。没有统一社会信用代码的，以税务机关赋予的纳税人识别号代替；检查范围和内容；税收违法事实及所属期间；行政处罚种类和依据；行政处罚履行方式、期限和地点；告知当事人不按期履行行政处罚决定应当承担的责任；申请行政复议或者提起行政诉讼的途径和期限；行政处罚决定的文号、制作日期、税务机关名称及印章。

《不予税务行政处罚决定书》应当包括以下主要内容：被查对象或者其他涉税当事人姓名或者名称、有效身份证件号码或者统一社会信用代码、地址。没有统一社会信用代码的，以税务机关赋予的纳税人识别号代替；检查范围和内容；税收违法事实及所属期间；不予税务行政处罚的理由及依据；申请行政复议或者提起行政诉讼的途径和期限；不予行政处罚决定的文号、制作日期、税务机关名称及印章。

《税务稽查结论》应当包括以下主要内容：①被查对象姓名或者名称、有效身份证件号码或者统一社会信用代码、地址。没有统一社会信用代码的，以税务机关赋予的纳税人识别号代替；②检查范围和内容；③检查时间和检查所属期间；④检查结论；⑤结论的文号、制作日期、税务机关名称及印章。

第三节　集体审理

案情复杂的，稽查局应当集体审理；案情重大的，稽查局应当依照国家税务总局有关规定报请所属税务局集体审理。

一、稽查局集体审理

(一)成立集体审理委员会

税务局稽查局可以成立税务局稽查局集体审理委员会，负责重大、复杂、疑难案件的集体审理。税务局稽查局集体审理委员会主任由税务局稽查局局长担任，副主任由税务局稽查局其他局领导担任，委员由案源部门、检查部门、审理部门、执行部门及其他有关部门负责人担任，案件检查人员、审理人员应当列席会议。审理委员会办公室设在案件审理部门。税务局稽查局集体审理委员会实行主任负责制。

(二)集体审理范围

各级税务局稽查局，可以参照下列案件确定本局集体审理范围：本局检查部门查处的以及集中审理的重大、复杂、疑难案件；原已经集体审理案件的陈述申辩意见、听证报告的审核；拟对税收违法行为从重处罚的；拟对税收违法行为减轻或者不予处罚的；拟对已经送达生效的决定性文书变更或者撤销的；拟提请重大税务案件审理委员会审理的案件;其他需要集体审理的。其中,重大、复杂案件以及拟对情节复杂或者重大违法行为给予较重的行政处罚或者拟对已经送达生效的决定性文书变更或者撤销的,税务局稽查局应当集体审理。

(三)集体审理程序

1.提请

税务局稽查局集体审理由审理实施岗提请,审理实施岗应当在《税务稽查审理审批表》提出提请理由及处理建议,经审理部门领导岗、税务局稽查局分管领导审核后,报税务局稽查局局长审批。

2.审理

税务局稽查局集体审理应当采取会议审理的方式,集体审理委员会办公室应做好会议记录,并根据会议审理情况制作审理纪要,送税务局稽查局集体审理委员会主任签发。

集体审理纪要应当将不同意见及理由分别表述,并明确会议最终议定的意见及理由。对于讨论意见分歧较大,无法最终议定,需要就法律、法规、规章、规范性文件的适用以及定性处理问题向上级机关请示或者向相关部门征询意见的,应当在表述不同意见及理由的同时,提出倾向性意见。案情重大复杂,需要报请稽查局所属税务局重大案件审理委员会审理的,应当明确提出具体意见。

3.执行

集体审理后,案件审理部门按照集体审理纪要,依法作出相应处理或者处罚决定,或者提请所属税务局重大税务案件审理委员会审理;事实不清、证据不足或者程序违法的,退回检查部门补充调查或者补正。

4.重新提请

有下列情形之一的,应当重新提请税务局稽查局集体审理:检查部门依集体审理要求补正或者补充调查后,重新提交的;经重大税务案件审理委员会退回的案件,补正或者补充调查后,拟改变原集体审理意见的;其他需要重新提请集体审理的情形。

二、所属税务局重大税务案件集体审理

(一)成立集体审理委员会

省以下各级税务局设立重大税务案件审理委员会。审理委员会由主任、副主任和成员单位组成,实行主任负责制。审理委员会主任由税务局局长担任,副主任由税务局其他领导担任。审理委员会成员单位包括政策法规、税政业务、纳税服务、征管科技、大企业税收管理、税务稽查、督察内审部门。各级税务局可以根据实际需要,增加其他与案件审理有关的部门作为成员单位。审理委员会成员单位根据部门职责参加案件审理,提出审理意见。

稽查局负责提交重大税务案件证据材料、拟作税务处理处罚意见、举行听证。稽查

局对其提交的案件材料的真实性、合法性、准确性负责。

(二)审理范围

重大税务案件包括:重大税务行政处罚案件,具体标准由各省、自治区、直辖市和计划单列市税务局根据本地情况自行制定,报国家税务总局备案;根据重大税收违法案件督办管理暂行办法督办的案件;应司法、监察机关要求出具认定意见的案件;拟移送公安机关处理的案件;审理委员会成员单位认为案情重大、复杂,需要审理的案件;其他需要审理委员会审理的案件。

(三)稽查局提交

稽查局应当在内部审理程序终结后 5 日内,将重大税务案件提请审理委员会审理。当事人要求听证的,由稽查局组织听证。

稽查局提请审理委员会审理案件,应当提交以下案件材料:重大税务案件审理案卷交接单;重大税务案件审理提请书;税务稽查报告;税务稽查审理报告;听证材料;相关证据材料。

重大税务案件审理提请书应当写明拟处理意见,所认定的案件事实应当标明证据指向。证据材料应当制作证据目录。稽查局应当完整移交证据目录所列全部证据材料,不能当场移交的应当注明存放地点。

(四)受理

审理委员会办公室收到稽查局提请审理的案件材料后,应当在 5 日内进行审核。

根据审核结果,审理委员会办公室提出处理意见,报审理委员会主任或其授权的副主任批准:提请审理的案件属于本办法规定的审理范围,提交了符合规定的材料的,建议受理;提请审理的案件属于本办法规定的审理范围,但未按照规定提交相关材料的,建议补正材料;提请审理的案件不属于审理范围的,建议不予受理。

(五)审理

重大税务案件应当自批准受理之日起 30 日内作出审理决定,不能在规定期限内作出审理决定的,经审理委员会主任或其授权的副主任批准,可以适当延长,但延长期限最多不超过 15 日。

审理委员会审理重大税务案件,应当重点审查:案件事实是否清楚;证据是否充分、确凿;执法程序是否合法;适用法律是否正确;案件定性是否准确;拟处理意见是否合法适当。

重大税务案件审理采取书面审理和会议审理相结合的方式。

审理委员会成员单位认为案件事实不清、证据不足,需要补充调查的,应当在书面审理意见中列明需要补充调查的问题并说明理由。审理委员会办公室应当召集提请补充调查的成员单位和稽查局进行协调,确需补充调查的,由审理委员会办公室报审理委员会主任或其授权的副主任批准,将案件材料退回稽查局补充调查。稽查局补充调查不应超过 30 日,有特殊情况的,经稽查局局长批准可以适当延长,但延长期限最多不超过 30 日。稽查局完成补充调查后,重新提交案件材料、办理交接手续。稽查局不能在规定期限内完成补充调查的,或者补充调查后仍然事实不清、证据不足的,由审理委员会办公室报请审理委员会主任或其授权的副主任批准,终止审理。

审理委员会成员单位书面审理意见一致,或者经审理委员会办公室协调后达成一致意见的,由审理委员会办公室起草审理意见书,报审理委员会主任批准。

审理委员会成员单位书面审理意见存在较大分歧,经审理委员会办公室协调仍不能达成一致意见的,由审理委员会办公室向审理委员会主任或其授权的副主任报告,提请审理委员会会议审理。经审理委员会会议审理,根据不同情况,作出以下处理:案件事实清楚、证据确凿、程序合法、法律依据明确的,依法确定审理意见;案件事实不清、证据不足的,由稽查局对案件重新调查;案件执法程序违法的,由稽查局对案件重新处理;案件适用法律依据不明确,或者需要处理的有关事项超出本机关权限的,按规定程序请示上级机关或征求有权机关的意见。

审理委员会办公室根据会议审理情况制作审理纪要和审理意见书。审理纪要由审理委员会主任或其授权的副主任签发。会议参加人员有保留意见或者特殊声明的,应当在审理纪要中载明。审理意见书由审理委员会主任签发。

(六)案件执行

稽查局应当按照重大税务案件审理意见书制作税务处理处罚决定等相关文书,加盖稽查局印章后送达执行。文书送达后 5 日内,由稽查局送审理委员会办公室备案。

重大税务案件审理程序终结后,审理委员会办公室应当将相关证据材料退回稽查局。

【本章节主要政策依据】

1.《中华人民共和国税收征收管理法》
2.《中华人民共和国行政处罚法》
3.《中华人民共和国行政强制法》
4.《中华人民共和国发票管理办法》
5.《行政执法机关移送涉嫌犯罪案件的规定》
6.《纳税担保试行办法》
7.《重大税务案件审理办法》
8.《最高人民法院关于行政诉讼证据若干问题的规定》(法释〔2002〕21 号)
9.《税务行政处罚听证程序实施办法(试行)》(国税发〔1996〕190 号)
10.《税务稽查案件办理程序规定》(国家税务总局令第 52 号)

第十章　税务稽查执行实务

【引言】

执行管理，是指税务局稽查局执行部门接到审理部门移交的结论性文书及相关资料后，依法及时将税务文书送达被执行人，督促被执行人按照《税务处理决定书》《税务行政处罚决定书》确定的期限缴纳或者解缴税收款项，对不主动履行的被执行人依法采取税收保全措施、税收强制执行，执行完毕后，制作《税务稽查案件执行报告》，以及与执行相关的其他工作。

第一节　基本流程

一、执行部门送达文书

执行部门接到《税务处理决定书》《税务行政处罚决定书》《不予税务行政处罚决定书》《税务稽查结论》等税务文书后，应当依法及时将税务文书送达被执行人。注意，在同一案件查办中，执行人员不得与案源处理（选案）人员、检查人员、审理人员交叉重复。

执行部门在送达相关税务文书时，应当及时通过税收征管信息系统将税收违法案件查处情况通报税源管理部门。

二、被执行人履行事项

被执行人缴清查补税收款项及履行其他税务行政处理、处罚事项后，执行部门应当核实查补税收款项缴交情况，取得被执行人查补税收款项入库的凭证或者复印件，并在稽查案卷中归档。

被执行人因有特殊困难，不能按期缴纳税款的，经省、自治区、直辖市税务局批准，可以延期缴纳税款，但是最长不得超过 3 个月。执行部门根据被执行人的申请，填制《延期缴纳税款申请审批表》，逐级报省、自治区、直辖市税务局批准。

被执行人确有经济困难的，可以书面申请延期或者分期缴纳罚款。执行部门根据申请材料，填制《延期或者分期缴纳罚款申请审批表》，经税务局稽查局局长或者税务局稽查局分管领导批准，制作并送达《暂缓或者分期缴纳罚款通知书》，通知被执行人到所属税务局暂缓或者分期缴纳罚款。

三、制作执行报告

(一)符合条件制作执行报告

(1)决定性文书载明查补税收款项，被执行人在期限内缴清查补税收款项或者稽查局依法采取强制执行追缴全部查补税收款项的。

(2)决定性文书载明无查补税收款项，其他事项履行完毕的。

(3)决定性文书载明既无查补税收款项，又无其他履行事项，送达回证销号的。

(4)决定性文书变更或者撤销的，对应载明税收款项均已结清的。

(5)决定性文书依法被撤销或者变更，行政复议决定或者人民法院判决、裁定生效并执行完毕的。

(6)应当制作《税务稽查执行报告》的其他情形。

(二)执行部门制作《税务稽查执行报告》

工作流程：

(1)执行人员制作《税务稽查执行报告》，由执行人员签名并注明日期，逐级报税务局稽查局局长审批。

(2)制作《税务稽查执行报告》后，执行人员填写《案源处理结果反馈单》，提交执行部门领导审批，将案源处理结果反馈案源部门。反馈结果应当附《税务处理决定书》《税务行政处罚决定书》《税务稽查结论》《不予税务行政处罚决定书》完税凭证及相关资料。

(3)对检举案件，执行人员及时将《税务稽查执行报告》传递到检举管理部门。

(三)执行资料移交归档

《税务稽查执行报告》经批准后，执行人员填列《税务稽查案卷文件材料交接清单》《税务稽查案卷文件材料交接签收单》，由执行部门领导岗审核后，将纸质《税务稽查执行报告》《税务稽查案卷文件材料交接清单》《税务稽查案卷文件材料交接签收单》连同执行环节的税务文书以及其他资料一并移交归档部门案卷管理岗整理归档。

四、案件中止执行

执行人员在案件执行过程中，发现符合中止情形的，经稽查局局长批准后，中止执行。中止执行情形消失后，应当及时恢复执行。

(一)符合中止执行的情形

(1)当事人死亡或者被依法宣告死亡，尚未确定可执行财产的。

(2)当事人进入破产清算程序尚未终结的。

(3)可执行财产被司法机关或者其他国家机关依法查封、扣押、冻结,致使执行暂时无法进行的。

(4)可供执行的标的物需要人民法院或者仲裁机构确定权属的。

(5)法律、行政法规和国家税务总局规定其他可以中止执行的。

(二)一般案件中止执行程序

(1)执行人员填制《税收违法案件中止执行审批表》,附相关证据材料,逐级报税务局稽查局局长批准后,案件中止执行。

(2)案件中止执行后,执行人员填写《案源处理结果反馈单》,提交执行部门领导审批,将案源处理结果反馈案源部门。反馈结果应当附《税收违法案件中止执行审批表》《税务处理决定书》《税务行政处罚决定书》及相关资料。

(3)解除中止执行。中止执行情形消失后,执行人员应当填制《税收违法案件解除中止执行审批表》,逐级报税务局稽查局局长批准后,案件解除中止执行。

五、案件终结执行

被执行人确实没有财产抵缴税款或者依照破产清算程序确实无法清缴税款,或者有其他法定终结执行情形的,税务局稽查局可以填制《税收违法案件终结执行申请》,依照国家税务总局规定权限和程序,报稽查局所属税务局局长批准后,终结执行。重大税收违法督办案件同时向督办机关申请终结执行。稽查案件终结后,税务局稽查局对所形成的欠税按照相关规定管理。

(一)一般案件终结执行条件

被执行人确实没有财产抵缴税款;依照破产清算程序确实无法清缴税款;有其他法定终结执行情形的。

(二)一般案件终结执行程序

(1)符合法定终结执行条件的,执行人员填制《税收违法案件终结执行审批表》,逐级报税务局稽查局局长审核后,并报稽查局所属税务局局长批准,终结执行。案件终结后形成的欠税按照相关规定进行管理。

(2)案件终结执行后,执行人员填写《案源处理结果反馈单》,提交执行部门领导审批,将案源处理结果反馈案源部门。反馈结果应当附《税收违法案件终结执行审批表》《税务处理决定书》《税务行政处罚决定书》及相关资料。

(三)重大税收违法督办案件终结执行程序

(1)执行人员制作《重大税收违法案件终结执行申请》,逐级报税务局稽查局局长审核后,并报所属税务局局长批准向督办机关申请终结执行。

(2)督办税务机构负责审批的人员制作《重大税收违法案件终结执行批复》,对提交的申请进行审核批复。

(3)重大税收违法督办案件终结执行后,执行人员填写《案源处理结果反馈单》,提交执行部门领导审批，将案源处理结果反馈案源部门。反馈结果应当附《税收违法案件终结执行审批表》《重大税收违法案件终结执行申请》《重大税收违法案件终结执行批复》《税务处理决定书》《税务行政处罚决定书》及相关资料。

六、案件结案

案件有下列情形之一的，可以认定为结案：

(1)税收违法事实已经查证清楚，并依法作出《税务处理决定书》《税务行政处罚决定书》，税款、滞纳金、罚款等税收款项追缴入库，纳税人或者其他当事人在法定期限内没有申请行政复议或者提起行政诉讼的。

(2)查明税收违法事实不存在或者情节轻微，依法作出《税务稽查结论》或者《不予税务行政处罚决定书》，纳税人或者其他当事人在法定期限内没有申请行政复议或者提起行政诉讼的。

(3)纳税人或者其他当事人对税务机关处理、处罚决定或者强制执行申请行政复议或者提起行政诉讼，行政复议决定或者人民法院判决、裁定生效并执行完毕的。

(4)符合《税务稽查案件办理程序规定》规定的终结检查情形的。

(5)符合《税务稽查案件办理程序规定》规定的终结执行情形的。

(6)法律、行政法规或者国家税务总局规定的其他情形的。

税务机关依照法定职权确实无法查证全部或者部分税收违法行为，但有根据认为其涉嫌犯罪并依法移送司法机关处理的，以司法程序终结为结案。收集到相关发生法律效力的裁判文书后，作结案处理。

决定性文书变更或者撤销的，且变更或者撤销后的决定执行完毕，纳税人或者其他当事人对新的决定性文书没有申请行政复议或者提起行政诉讼的，作结案处理；纳税人或者其他当事人对新的决定性文书申请行政复议或者提起行政诉讼，行政复议决定或者人民法院判决、裁定生效并执行完毕，作结案处理。

符合结案条件的案件，统一由执行人员制作《通用审批表》，经执行部门领导岗和税务局稽查局分管领导审核，报税务局稽查局局长审批后结案。税务局稽查局其他部门有符合结案条件的案件，应当将相关案卷材料移交执行部门，由执行部门作结案处理。

第二节　执行措施

一、纳税担保

(一)纳税担保的适用条件

纳税人、扣缴义务人有下列情形之一的，适用纳税担保：

(1)税务机关有根据认为从事生产、经营的纳税人有逃避纳税义务行为，在规定的纳税期之前责令其限期缴纳应纳税款，在限期内发现纳税人有明显的转移、隐匿其应纳税的商品、货物以及其他财产或者应纳税收入的迹象，责成纳税人提供纳税担保的；

(2)欠缴税款、滞纳金的纳税人或者其法定代表人需要出境的；

(3)纳税人、扣缴义务人、纳税担保人同税务机关在纳税上发生争议而未缴清税款及滞纳金，需要申请行政复议的；

(4)税收法律、行政法规规定可以提供纳税担保的其他情形。

(二)纳税担保的适用范围

纳税担保的范围包括税款、滞纳金和实现税款、滞纳金的费用。费用包括抵押、质押登记费用，质押保管费用，以及保管、拍卖、变卖担保财产等相关费用支出。用于纳税担保的财产、权利的价值不得低于应当缴纳的税款、滞纳金，并应当考虑相关的费用。纳税担保的财产价值不足以抵缴税款、滞纳金的，税务机关应当向提供担保的纳税人或者纳税担保人继续追缴。用于纳税担保的财产、权利的价格估算，除法律、行政法规另有规定外，参照同类商品的市场价、出厂价，或者评估价估算。

(三)纳税担保的程序

1.纳税保证

纳税保证人，是指在中国境内具有纳税担保能力的自然人、法人或者其他经济组织。法人或其他经济组织财务报表资产净值超过需要担保的税额及滞纳金 2 倍以上的，自然人、法人或其他经济组织所拥有或者依法可以处分的未设置担保的财产的价值超过需要担保的税额及滞纳金的，为具有纳税担保能力。国家机关，学校、幼儿园、医院等事业单位、社会团体不得作为纳税保证人。企业法人的职能部门不得作为纳税保证人。企业法人的分支机构有法人书面授权的，可以在授权范围内提供纳税担保。

有以下情形之一的，不得作为纳税保证人：①有偷税、抗税、骗税、逃避追缴欠税行为被税务机关、司法机关追究过法律责任未满 2 年的；②因有税收违法行为正在被税务机关立案处理或者涉嫌刑事犯罪被司法机关立案侦查的；③纳税信誉等级被评为 C 级以下的；④在主管税务机关所在地的市(地、州)没有住所的自然人或者税务登记不在本市(地、州)的企业；⑤无民事行为能力或者限制民事行为能力的自然人；⑥与纳税人存在担保关联关系的；⑦有欠税行为的。

纳税保证人同意为纳税人提供纳税担保的，应当填写《纳税担保书》。《纳税担保书》须经纳税人、纳税保证人签字盖章并经税务机关签字盖章同意方为有效。纳税担保从税务机关在《纳税担保书》签字盖章之日起生效。《纳税担保书》应当包括以下内容：①纳税人应缴纳的税款及滞纳金数额、所属期间、税种、税目名称；②纳税人应当履行缴纳税款及滞纳金的期限；③保证担保范围及担保责任；④保证期间和履行保证责任的期限；⑤保证人的存款账号或者开户银行及其账号；⑥税务机关认为需要说明的其他事项。

纳税保证期间为纳税人应缴纳税款期限届满之日起 60 日，即税务机关自纳税人应缴纳税款的期限届满之日起60日内有权要求纳税保证人承担保证责任,缴纳税款、滞纳金。履行保证责任的期限为15日,即纳税保证人应当自收到税务机关的纳税通知书之日起15日内履行保证责任,缴纳税款及滞纳金。纳税保证期间内税务机关未通知纳税保证人缴纳税款及滞纳金以及承担担保责任的,纳税保证人免除担保责任。

纳税保证人未按照规定的履行保证责任的期限缴纳税款及滞纳金的,由税务机关发出责令限期、缴纳通知书,责令纳税保证人在限期15日内缴纳;逾期仍未缴纳的,经县以上税务局(分局)局长批准,对纳税保证人采取强制执行措施。

2.纳税抵押

(1)纳税抵押财产范围。

纳税抵押财产范围包括抵押人所有的房屋和其他地上定着物;抵押人所有的机器、交通运输工具和其他财产;抵押人依法有权处分的国有的房屋和其他地上定着物;抵押人依法有权处分的国有的机器、交通运输工具和其他财产;经设区的市、自治州以上税务机关确认的其他可以抵押的合法财产。

下列财产不得抵押:土地所有权;土地使用权[以依法取得的国有土地上的房屋抵押的,该房屋占用范围内的国有土地使用权同时抵押的以乡(镇)、村企业的厂房等建筑物抵押的,其占用范围内的土地使用权同时抵押的除外];学校、幼儿园、医院等以公益为目的的事业单位、社会团体、民办非企业单位的教育设施、医疗卫生设施和其他社会公益设施;所有权、使用权不明或者有争议的财产;依法被查封、扣押、监管的财产;依法定程序确认为违法、违章的建筑物;法律、法规规定禁止流通的财产或者不可转让的财产;经设区的市、自治州以上税务机关确认的其他不予抵押的财产。

(2)《纳税担保书》与《纳税担保财产清单》。

纳税人或者纳税担保人提供抵押担保的,应当填写《纳税担保书》和《纳税担保财产清单》。《纳税担保书》和《纳税担保财产清单》须经纳税人、纳税担保人签章并经税务局稽查局确认,方为有效。《纳税担保财产清单》应当写明财产价值以及相关事项。《纳税担保书》应当包括以下内容:担保的纳税人应缴纳的税款及滞纳金数额、所属期间、税种名称、税目;纳税人履行应缴纳税款及滞纳金的期限;抵押物的名称、数量、质量、状况、所在地、所有权权属或者使用权权属;抵押担保的范围及担保责任;税务机关认为需要说明的其他事项。

(3)办理抵押物登记。

纳税抵押财产应当办理抵押物登记,纳税抵押自抵押物登记之日起生效。纳税人应当向税务机关提供由以下部门出具的抵押登记的证明及其复印件(以下简称证明材料):以城市房地产或者乡(镇)、村企业的厂房等建筑物抵押的,提供县级以上地方人民政府规定部门出具的证明材料;以船舶、车辆抵押的,提供运输工具的登记部门出具的证明材料;以企业的设备和其他动产抵押的,提供财产所在地的工商行政管理部门出具的证明材料或者纳税人所在地的公证部门出具的证明材料。

抵押期间,经税务机关同意,纳税人可以转让已办理登记的抵押物,并告知受让人转让物已经抵押的情况。纳税人转让抵押物所得的价款，应当向税务机关提前缴纳所担保的税款、滞纳金。超过部分，归纳税人所有，不足部分由纳税人缴纳或者提供相应的担保。

在抵押物灭失、毁损或者被征用的情况下，税务机关应当就该抵押物的保险金、赔偿金或者补偿金要求优先受偿，抵缴税款、滞纳金。抵押物灭失、毁损或者被征用的情况下，抵押权所担保的纳税义务履行期未满的，税务机关可以要求将保险金、赔偿金或补偿金等作为担保财产。

纳税人在规定的期限内未缴清税款、滞纳金的，税务机关应当依法拍卖、变卖抵押物，变价抵缴税款、滞纳金。

(4)对于纳税担保人以其财产为纳税人提供纳税抵押担保的，纳税人在规定的期限届满未缴清税款、滞纳金的，税务机关应当在期限届满之日起 15 日内书面通知纳税担保人自收到纳税通知书之日起 15 日内缴纳担保的税款、滞纳金。纳税担保人未按照规定期限缴纳所担保的税款、滞纳金的，由税务机关责令限期在 15 日内缴纳；逾期仍未缴纳的，经县以上税务局(分局)局长批准，税务机关依法拍卖、变卖抵押物，抵缴税款、滞纳金。

3. 纳税质押

纳税质押分为动产质押和权利质押。动产质押包括现金以及其他除不动产以外的财产提供的质押。汇票、支票、本票、债券、存款单等权利凭证可以质押。对于实际价值波动很大的动产或权利凭证，经设区的市、自治州以上税务机关确认，税务机关可以不接受其作为纳税质押。

纳税人或者纳税担保人提供质押担保的，填制《纳税担保书》和《纳税担保财产清单》，经纳税人、纳税担保人签章并经税务机关确认。纳税担保书应当包括以下内容：担保的税款及滞纳金数额、所属期间、税种名称、税目；纳税人履行应缴纳税款、滞纳金的期限；质物的名称、数量、质量、价值、状况、移交前所在地、所有权权属或者使用权权属；质押担保的范围及担保责任；纳税担保财产价值；税务机关认为需要说明的其他事项。《纳税担保财产清单》应当写明财产价值及相关事项。纳税质押自《纳税担保书》和《纳税担保财产清单》经税务机关确认和质物移交之日起生效。

以汇票、支票、本票、公司债券出质的，税务机关应当与纳税人背书清单记载“质押”字样。以存款单出质的，应由签发的金融机构核押。以载明兑现或者提货日期的汇票、支票、本票、债券、存款单出质的，汇票、支票、本票、债券、存款单兑现日期先于纳税义务履行期或者担保期的，税务机关与纳税人约定将兑现的价款用于缴纳或者抵缴所担保的税款及滞纳金。

纳税人在规定的期限内未缴清税款、滞纳金的，税务机关应当依法拍卖、变卖质物，抵缴税款、滞纳金。

对于纳税担保人以其动产或财产权利为纳税人提供纳税质押担保的，纳税人在规定的期限内未缴清税款、滞纳金的，税务机关应当在期限届满之日起 15 日内，书面通知纳税担保人自收到纳税通知书之日起 15 日内缴纳担保的税款、滞纳金。

纳税担保人未按照前款规定的期限缴纳所担保的税款、滞纳金，由税务机关责令限期在 15 日内缴纳，逾期仍未缴纳的，经县以上税务局（分局）局长批准，税务机关依法拍卖、变卖质物，抵缴税款、滞纳金。

纳税人或纳税担保人在规定的期限内缴清税款及滞纳金的，税务机关应当自纳税人缴清税款及滞纳金之日起 3 个工作日内解除保证、抵押、质押关系，开具《解除纳税担保通知书》，返还质物，并制作《返还商品、货物或者其他财产清单》。

二、收缴、停供发票

(一)收缴、停供发票的适用条件

从事生产、经营的纳税人、扣缴义务人未按税务处理、处罚决定书所规定的期限缴清应补缴的税款、滞纳金及罚款。

(二)收缴、停止发售发票的适用程序

执行人员填制《通用审批表》及停止发售或者收缴发票征管建议，按照税务局稽查局重大税收执法事项集体审议程序审批后，交由审理部门移交被执行人所属主管税务机关处理。所属主管税务机关收缴或者停止发售发票并将处理结果反馈税务局稽查局。

被收缴、停止发售发票的纳税人、扣缴义务人，缴清税款、滞纳金及罚款，执行人员填制《通用审批表》及恢复发售或者返还收缴发票征管建议，按照税务局稽查局重大税收执法事项集体审议程序审批后，交由审理部门移交被执行人所属主管税务机关，恢复发售发票和返还收缴的发票，其所属主管税务机关将处理结果反馈税务局稽查局。

三、阻止出境

(一)阻止欠税人出境的适用条件

(1)需要出境的纳税人在出境前有欠税，或者单位纳税人在其法定代表人出境前有欠税。

(2)欠缴税款的纳税人或者欠税单位的法定代表人在出境前，不能依法结清应纳税款、滞纳金，又不能提供纳税担保的。

(3)个人欠税 3 万元以上，企业欠税 20 万元以上。但对拒不办理纳税申报的，可不受上述金额限制。

(二)阻止欠税人出境的适用程序

阻止出境的执行对象：欠税人为自然人的，阻止出境对象为当事人本人；欠税是法人的，阻止出境对象为其法定代表人；欠税人为其他经济组织的，阻止出境对象为其负责人；前述法定代表人或者负责人变更时，以变更后的法定代表人或者负责人为阻止出境对象；法定代表人不在中国境内的，以其在华的主要负责人为阻止出境对象；纳税人或者其法定代表人不仅包括中国公民，还包括符合阻止出境条件的外国人、无国籍人等非我国公民在内；对外籍人员的离境清税制度，不能与我国同外国签订的有关条约、协定相冲突。

税务局稽查局送达《税务处理决定书》后，纳税人未在规定的期限内缴纳税款、滞纳金的，税务局稽查局可以向纳税人送达《责成提供纳税担保通知书》，责令纳税人在限期内提供纳税担保。

阻止欠税人出境由税务局稽查局申请，经重大税收执法事项集体审议后，填制《税务行政执法审批表》《阻止欠税人出境布控申请表》《阻止出境决定书》，并报稽查局所属税务局备案，由稽查局所属税务局统一报省、自治区、直辖市、计划单列市税务局审批。

省、自治区、直辖市、计划单列市税务局按照出入境边防检查机关的要求填写《边控对象通知书》，向本省（自治区、直辖市）指定出入境边防检查机关办理边控手续。

由税务局稽查局向欠税人送达《阻止出境决定书》，如果当事人对该决定不服的，可以申请复议或者提起行政诉讼。

税务局稽查局阻止欠税人出境的期限一般为3个月。需要延长控制期限的，经省、自治区、直辖市、计划单列市税务局批准可以办理续控手续。

被阻止出境的欠税人有下列情形之一的，由执行部门提出申请，经税务局稽查局重大税收执法事项集体审议后，并填制《税务行政执法审批表》《阻止欠税人出境撤控申请表》《解除阻止出境决定书》，报稽查局所属税务局备案，由稽查局所属税务局统一报省、自治区、直辖市、计划单列市税务局依照布控程序通知本省（自治区、直辖市）指定出入境边防检查机关撤控：已结清阻止出境时欠缴的全部税款、滞纳金；已向税务局稽查局提供相当全部欠缴税款的纳税担保；欠税企业已依法宣告破产，并依《中华人民共和国企业破产法》程序清偿终结。

在阻止欠税人出境结案后，执行人员应当填写阻止欠税人出境情况报告将有关情况逐级上报国家税务总局。

四、税收保全

（一）税收保全措施的适用条件

税务局稽查局有根据认为从事生产、经营的纳税人有逃避纳税义务行为的，可以在规定的纳税期之前，责令限期缴纳应纳税款；在限期内发现纳税人有明显的转移、隐匿其应纳税的商品、货物以及其他财产或者应纳税的收入的迹象的，税务局稽查局可以责成纳税人提供纳税担保。如果纳税人不能提供纳税担保，经县以上税务局（分局）局长批准，税务局稽查局可以采取税收保全措施。

税务局稽查局对从事生产、经营的纳税人以前纳税期的纳税情况依法进行税务检查时,发现纳税人有逃避纳税义务行为,并有明显的转移、隐匿其应纳税的商品、货物以及其他财产者应纳税的收入的迹象的,经县以上税务局(分局)局长批准,可以采取税收保全措施。

(二)税收保全措施的适用程序

1.冻结存款、汇款

采取冻结从事生产、经营的纳税人在开户银行或者其他金融机构的存款、汇款措施时,由执行人员填制《税务行政执法审批表》,逐级上报稽查局所属县以上税务局(分局)局长审批。

执行冻结存款、汇款程序由2名以上行政执法人员现场出示执法身份证件,向被执行人开户银行或者其他金融机构送达《冻结存款通知书》及《税收保全措施决定书(冻结存款适用)》,冻结其相当于应纳税款的存款;执行实施岗应当在作出决定3日内向被执行人送达《税收保全措施决定书(冻结存款适用)》,告知其采取税收保全措施的内容、理由及依据,并依法告知其申请行政复议和提起行政诉讼的权利,听取被执行人的陈述和申辩。采取冻结存款、汇款措施时,应当制作现场笔录,必要时可以同时制作视听资料,不通知被执行人到场,由执行人员和被执行人开户银行或者其他金融机构在现场笔录上签名或者盖章。

冻结存款、汇款的期限为30日;情况复杂的,经稽查局所属县以上税务局(分局)局长批准,可以延长,但是延长期限不得超过30日。法律另有规定的除外。延长冻结的决定应当及时书面告知被执行人,并说明理由。

被执行人按照规定期限缴纳税款的,税务局稽查局应当自收到税款或者银行转回的完税凭证之日起1日内解除税收保全措施。

被执行人有下列情形之一的,税务局稽查局应当及时通知金融机构和被执行人,作出解除冻结存款、汇款决定:被执行人没有违法行为;冻结的存款、汇款与违法行为无关;行政机关对违法行为已经作出处理决定,不再需要冻结;结期限已经届满;其他不再需要采取冻结措施的情形。

解除冻结存款、汇款程序:执行人员填制《税务行政执法审批表》,逐级上报稽查局所属县以上税务局(分局)局长审批后,制作《解除税收保全措施决定书(冻结存款适用)》《解除冻结存款通知书》,向被执行人开户银行或者其他金融机构送达《解除冻结存款通知书》及《解除税收保全措施决定书(冻结存款适用)》,通知解除冻结;并向被执行人送达《解除税收保全措施决定书(冻结存款适用)》,告知其解除税收保全措施的时间、内容和依据,并通知其在限定时间内办理解除税收保全措施的有关事宜。

2.查封、扣押商品、货物或者其他财产

采取查封、扣押措施时,执行人员应当填制《税务行政执法审批表》,逐级上报稽查局所属县以上税务局(分局)局长审批。

执行查封、扣押由2名以上行政执法人员现场出示执法身份证件，通知被执行人到场，向被执行人送达《税收保全措施决定书(扣押/查封适用)》，查封、扣押纳税人的价值应当相当于应纳税款的商品、货物或者其他财产，并告知其采取税收保全措施的内容、理由、依据，以及申请行政复议和提起行政诉讼的权利，听取被执行人的陈述和申辩。采取查封措施时，应当向被执行人出具《查封商品、货物或者其他财产清单》，由被执行人核对后签章；采取扣押措施时，应当向被执行人出具《扣押商品、货物或者其他财产专用收据》，由被执行人核对后签章。情况紧急，需要当场实施行政强制措施的，执行人员应当在24小时内向稽查局所属县以上税务局(分局)局长报告，并补办批准手续。稽查局所属县以上税务局(分局)局长认为不应当采取行政强制措施的，应当立即解除。

查封、扣押时，执行人员应当制作现场笔录，必要时可以同时制作视听资料。现场笔录由被执行人和执行人员签名或者盖章，被执行人拒绝的，在笔录中予以注明；被执行人不到场的，不影响执行，邀请见证人到场，由见证人和执行人员在现场笔录上签名或者盖章。

税务局稽查局不得查封、扣押个人及其所扶养家属维持生活必需的住房和用品。采取查封、扣押有产权证件的动产或者不动产措施时，应当依法向有关单位送达《协助执行通知书(一)》，通知其在查封、扣押期间不再办理该动产或者不动产的过户手续，必要时同时送达《税收保全措施决定书(扣押/查封适用)》。查封、扣押措施涉及协助执行单位的，由执行人员逐级报税务局稽查局局长或者税务局稽查局分管领导审批，向协助执行单位送达《协助执行通知书(二)》，通知解除税收保全措施相关事项，必要时同时送达《解除税收保全措施决定书(扣押/查封适用)》。对查封的场所、设施或者财物，税务局稽查局可以委托第三人保管，第三人不得损毁或者擅自转移、处置。因第三人的原因造成的损失，税务局稽查局先行赔付后，有权向第三人追偿。因查封、扣押发生的保管费用由税务局稽查局承担。继续使用被查封的财产不会减少其价值的，税务局稽查局可以允许被执行人继续使用；因被执行人保管或者使用的过错造成的损失，由被执行人承担。

税务局稽查局有根据认为从事生产、经营的纳税人有逃避纳税义务行为的，可以在规定的纳税期之前，责令限期缴纳应纳税款；在限期内发现纳税人有明显的转移、隐匿其应纳税的商品、货物以及其他财产或者应纳税的收入的迹象的，税务局稽查局可以责成纳税人提供纳税担保。如果纳税人不能提供纳税担保，经县以上税务局(分局)局长批准，税务局稽查局可以采取税收保全措施。查封、扣押的期限不得超过30日；情况复杂的，经稽查局所属县以上税务局(分局)局长批准，可以延长，但是延长期限不得超过30日。

税务局稽查局对从事生产、经营的纳税人以前纳税期的纳税情况依法进行税务检查时，发现纳税人有逃避纳税义务行为，并有明显的转移、隐匿其应纳税的商品、货物以及其他财产或者应纳税的收入的迹象的，经县以上税务局(分局)局长批准，税务局稽查局可以采取税收保全措施或者强制执行。税务局稽查局采取税收保全措施的期限一般不得超过6个月；重大案件需要延长的，应当报国家税务总局批准。

对物品需要进行检测、检验、检疫或者技术鉴定的，查封、扣押的期间不包括检测、检验、检疫或者技术鉴定的期间。检测、检验、检疫或者技术鉴定的期间应当明确，并书面告知被执行人。检测、检验、检疫或者技术鉴定的费用由税务局稽查局承担。

延长查封、扣押的决定应当及时书面告知当事人，并说明理由。

被执行人按照规定期限缴纳税款的，税务局稽查局应当自收到税款或者银行转回的完税凭证之日起1日内解除税收保全措施。

被执行人有下列情形之一的，税务局稽查局应当及时作出解除查封、扣押决定：被执行人没有违法行为；查封、扣押的场所、设施或者财物与违法行为无关；行政机关对违法行为已经作出处理决定，不再需要查封、扣押；查封、扣押期限已经届满；其他不再需要采取查封、扣押措施的情形。

解除查封、扣押决定具体程序：执行人员填制《税务行政执法审批表》，逐级上报稽查局所属县以上税务局（分局）局长审批后，制作《解除税收保全措施决定书（扣押/查封适用）》。执行实施岗向纳税人送达《解除税收保全措施决定书（扣押/查封适用）》。采取查封商品、货物或者其他财产措施的，应当解除查封并收回《查封商品、货物或者其他财产清单》；采取扣押商品、货物或者其他财产的，应当予以返还并收回《扣押商品、货物或者其他财产专用收据》。

3.有下列情形之一的，税务局稽查局应当依法及时解除税收保全措施

被执行人已按履行期限缴纳税款的；税收保全措施被复议机关决定撤销的；税收保全措施被人民法院裁决撤销的；冻结、查封、扣押期限已经届满的；其他法定应当解除税收保全措施的。

五、行使代位权、撤销权

欠缴税款的被执行人因怠于行使到期债权，或者放弃到期债权，或者无偿转让财产，或者以明显不合理的低价转让财产而受让人知道该情形，对国家税收造成损害的，税务局稽查局可以行使代位权、撤销权。

税务局稽查局行使代位权、撤销权的，应当以被执行人欠缴的税款金额以及被执行人对其债务人所享有的债权数额为限，同时不免除欠缴税款的被执行人尚未履行的纳税义务和应当承担的法律责任。

（一）行使代位权的适用条件

（1）税收债权人对被执行人的债权合法。

（2）被执行人怠于行使其到期债权，对税收债权人造成损害。

（3）被执行人的债权已到期。

(4)被执行人的债权不是专属于被执行人自身的债权。

其中“被执行人怠于行使其到期债权,对税收债权人造成损害”,是指被执行人不履行其对税收债权人的到期税收债务,又不以诉讼的方式或者仲裁方式向其债务人主张其享有的具有金钱给付内容的到期债权,致使税收债权人的到期税收债权未能实现。

(二)行使撤销权的适用条件

欠缴税款的被执行人有下列行为之一的,可以行使撤销权:

(1)被执行人放弃其到期债权或者无偿转让财产,对税收债权人造成损害的。

(2)被执行人以明显不合理的低价转让财产,对税收债权人造成损害,并且受让人知道该情形的。

(3)被执行人放弃其未到期的债权或者放弃债权担保,或者恶意延长到期债权的履行期,对税收债权人造成损害的。

(三)行使代位权、撤销权工作流程

对被执行人怠于行使到期债权,放弃到期债权,或者无偿转让财产,或者以明显不合理的低价转让财产而受让人知道该情形的行为进行调查取证。需要行使代位权或者撤销权的,由执行人员制作《通用审批表》和《行使代位权或撤销权申请表》,逐级报税务局稽查局局长审核,经稽查局所属税务局局长审批后,制作民事起诉状,并收集相关证据后,依法向有管辖权的人民法院提出行使代位权、撤销权的申请,启动代位权、撤销权诉讼程序。

按照人民法院的判决,登记执行结果。追缴纳税人欠缴的税款,不免除欠缴税款的被执行人尚未履行的纳税义务和应当承担的法律责任。

经法院审判,代位权成立的,由被执行人的债务人向税务局稽查局履行清偿义务,并负担诉讼费用;代位权不成立的,由原告即税务局稽查局负担诉讼费用。行使代位权、撤销权的必要费用,由被执行人承担。

被执行人的行为一经被撤销,视为自始无效。受益人已受领被执行人财产的,应当返还,原物不能返还的,应当折价返还其利益。税务局稽查局可以依法对受益人返还欠税人的财产采取强制执行。

六、行使税收优先权

税务局稽查局征收税款时,税收优先于无担保债权,法律另有规定的除外;被执行人欠缴的税款发生在纳税人以其财产设定抵押、质押或者被执行人的财产被留置之前的,税收应当先于抵押权、质权、留置权执行。被执行人欠缴税款,同时又被行政机关决定处以罚款、没收违法所得的,税收优先于罚款、没收违法所得。

(一)行使税收优先权的适用条件

(1)税务局稽查局追缴税款,税收优先于无担保债权(法律另有规定的除外)。

(2)税收优先于发生在其后的抵押权、质权、留置权。

(3)税收优先于罚款、没收违法所得。

(二)行使税收优先权的工作流程

(1)向被执行人了解其财产被设定抵押、质押或者被债权人留置情况,或者向有关抵押物登记部门进行查询。

(2)明确税款和担保债权优先顺序的时间界限。被执行人欠缴的税款发生在被执行人以其财产设定抵押、质押或者被执行人的财产被留置之前的,税务局稽查局才有权采取强制措施。

(3)查明被执行人的财产是否已被法院依法查封、冻结。如未被法院依法查封、冻结,税务局稽查局行使税收优先权,可以采取强制执行。

(4)执行人员逐级报税务局稽查局局长审批后依法行使税收优先权。

七、涉嫌犯罪案件移送建议

执行过程中发现涉嫌犯罪的,执行部门应当及时将执行情况通知审理部门,并提出向公安机关移送的建议。

(一)涉嫌犯罪案件移送建议的适用条件

(1)在案件执行过程中,执行部门发现偷税(逃避缴纳税款)行为的纳税人,未按照《税务处理决定书》《税务行政处罚决定书》的要求,在规定期限内缴纳税款、滞纳金、罚款的,并达到涉嫌逃避缴纳罪移送标准的。

(2)在案件执行过程中,执行部门发现纳税人达到涉嫌逃避追缴欠税罪移送标准的。

(3)在案件执行过程中,执行部门发现被执行人达到涉嫌抗税罪移送标准的。

(4)在案件执行过程中,执行部门发现达到其他涉嫌移送标准的。

(二)涉嫌犯罪案件移送建议的工作流程

由执行人员制作《涉嫌犯罪案件移送建议》,经执行部门领导岗审批后,连同案件主要证据材料一并提交给案件审理部门,由案件审理部门审核处理。

第三节　强制执行

一、税收强制执行

税收强制执行,是税务局稽查局依法对被执行人实施的行政强制执行。税收强制执行包括划拨存款、依法拍卖或者变卖抵税财物。

(一)强制执行的适用条件

(1)采取税收保全措施后,从事生产、经营的纳税人限期期满仍未缴纳税款的。

(2)设置纳税担保后，纳税担保人限期期满仍未缴纳所担保的税款、滞纳金的。

(3)从事生产、经营的纳税人、扣缴义务人限期期满后仍未缴纳税款、滞纳金的。

(4)申请人、第三人逾期不起诉又不履行行政复议决定的，或者不履行最终裁决的行政复议决定的，按照下列规定分别处理：维持具体行政行为的行政复议决定，由作出具体行政行为的税务机关依法强制执行，或者申请人民法院强制执行。变更具体行政行为的行政复议决定，由行政复议机关依法强制执行，或者申请人民法院强制执行。

(5)当事人对税务局稽查局的处罚决定逾期不申请行政复议也不向人民法院起诉，又不履行的。

(6)在催告期间，对有证据证明有转移或者隐匿财物迹象的，税务局稽查局可以立即决定强制执行。

对前款第②项至第⑥项情形进行强制执行时，在拍卖、变卖之前(或同时)进行查封、扣押，依法办理查封、扣押手续。

(二)强制执行的适用程序

1.强制执行催告

税务局稽查局作出强制执行决定前，应当由执行人员逐级报税务局稽查局局长或者税务局稽查局分管领导批准后制作《催告书(行政强制执行适用)》送达当事人，催告当事人履行义务，经催告，当事人逾期仍不履行行政决定，且无正当理由的，税务局稽查局可以作出强制执行决定。《催告书(行政强制执行适用)》应当载明履行义务的期限、履行义务的方式、涉及税收款项征收的应当有明确的金额和缴交方式、被执行人依法享有的陈述权和申辩权。

2.听取陈述申辩意见

当事人收到《催告书(行政强制执行适用)》后有权进行陈述和申辩。执行人员应当充分听取当事人的意见，当事人口头提出陈述、申辩意见的，执行人员应制作《陈述申辩笔录》，如实记录被查对象或者其他涉税当事人的陈述、申辩意见，并由其审核无误后签章确认；当事人书面提出陈述、申辩意见的，予以接收。并对当事人提出的事实、理由进行复核，根据复核的情况制作《通用审批表》，将采纳陈述、申辩意见情况逐级报税务局稽查局局长或者税务局稽查局分管领导审批。

3.作出税收强制执行决定

符合强制执行条件的，税务局稽查局可以作出税收强制执行决定，执行人员填制《税务行政执法审批表》，逐级报稽查局所属县以上税务局(分局)局长审批后，填制采取税收强制执行的相关税务文书。采取强制执行时，应当向被执行人送达《税收强制执行决定书(扣缴税收款项适用)》《税收强制执行决定书(拍卖/变卖适用)》，告知其采取强制执行的种类、理由、依据和具体意见，并告知其依法申请行政复议或者提出行政诉讼的权利。

(三)实施税收强制执行方式

1.存款账户划拨

书面通知被执行人开户银行或者其他金融机构从其存款中划拨税款、滞纳金、罚款。采取此强制执行时，由执行人员制作《税收强制执行决定书(扣缴税收款项适用)》，逐级报稽查局所属县以上税务局(分局)局长批准后送达被执行人，同时向被执行人开户行或者其他金融机构送达《扣缴税收款项通知书》，根据被执行人的账户资金情况，划拨税收款项。

2.依法拍卖或者变卖扣押、查封的价值相当于应纳税款的商品、货物或者其他财产，以拍卖或者变卖所得抵缴税款、滞纳金、罚款

执行人员制作《税收强制执行决定书(拍卖/变卖适用)》，逐级报稽查局所属县以上税务局(分局)局长批准后，送达被执行人。

(1)在扣押、查封被执行人商品、货物或者其他财产后，由执行人员进行拍卖变卖前的准备工作，核查抵税财物；需要报经有关部门同意才可能转让的，办理报批手续。

①核查抵税财物：制作《拍卖变卖财产核查表》，查实核对拍卖变卖的财产，以及被执行人与抵税财物的权利关系；

②抵税财物报批：依照法律法规规定需要经过审批才能转让的物品或财产权利，在拍卖、变卖前，应当依法办理审批手续，制作《拍卖变卖抵税财物公函》送有关单位。

(2)税务局稽查局应当在作出拍卖决定后10日内委托依法成立的拍卖机构进行拍卖，并向拍卖机构提供下列材料：税务局稽查局单位证明；委托拍卖的授权委托书；拍卖/变卖抵税财物决定书；拍卖/变卖商品、货物或者其他财产清单；抵税财物质量鉴定与价格评估结果；与拍卖活动有关的其他资料。

(3)税务局稽查局应当与拍卖机构签订书面委托拍卖合同。

(4)无法委托拍卖或者不适于拍卖的，可以委托当地商业企业代为销售，或者责令被执行人限期处理；委托商业企业变卖的，受委托的商业企业要经县以上税务机关确认，并与商业企业签订委托变卖合同，并向委托变卖机构提供下列资料：税务机关单位证明；变卖的授权委托书；拍卖/变卖抵税财物决定书；拍卖/变卖商品、货物或者其他财产清单；抵税财物质量鉴定与价格评估结果；与变卖活动有关的其他资料。

①责令限期处理。无法委托拍卖或者不适于拍卖的，执行实施岗逐级报税务局稽查局局长批准可以向被执行人送达《税务事项通知书(限期处理抵税财物适用)》和《限期处理商品、货物或者其他财产清单》，通知被执行人限期处理抵税财物。

②稽查局变卖。无法委托商业企业销售，被执行人也无法处理的，税务局稽查局应当进行变价处理。变卖前，应当在办税服务厅、税务机关网站或当地新闻媒体上公告，说明变卖财物的名称、规格、数量、质量、新旧程度或使用年限、变卖价格、变卖时间等事项；登出公告10日后实施变卖。

③交有关单位收购。国家禁止自由买卖的商品、货物、其他财产，应当交由有关单位按照国家规定的价格收购。

④协助执行通知。拍卖变卖的财产涉及产权证书的，执行人员逐级报税务局稽查局局长批准制作《协助执行通知书(三)》，送达有关机关，协助买受人办理拍卖的动产或不动产的过户手续。

⑤抵税财物评估鉴定。抵税财物除有市场价或其价格依照通常方法可以确定的外，执行人员逐级报税务局稽查局局长审批后制作抵税财物鉴定(评估)委托书，委托依法设立并具有相应资质的评估鉴定机构进行质量鉴定和价格评估；制作《税务事项通知书(评估鉴定结果通知)》将鉴定、评估结果通知被执行人。

(5)拍卖或者变卖实现后，执行人员应当在结算并收取价款后3个工作日内，办理税款、滞纳金、罚款的入库手续，制作《拍卖/变卖结果通知书》，附《拍卖/变卖扣押、查封的商品、货物或者其他财产清单》，逐级报税务局稽查局局长批准后，送达被执行人。

(6)对价值超过应纳税额且不可分割的商品、货物或者其他财产，税务局稽查局在纳税人、扣缴义务人或者纳税担保人无其他可供强制执行的财产的情况下，可以整体扣押、查封、拍卖。

(7)尚有剩余的财产或者无法进行拍卖、变卖的财产的，执行人员逐级报税务局稽查局局长批准制作《返还商品、货物或者其他财产通知书》，附《返还商品、货物或者其他财产清单》，送达被执行人，并自办理税款、滞纳金、罚款入库手续之日起3个工作日内退还被执行人。

(8)税务局稽查局按照前款方法确定应当扣押、查封的商品、货物或者其他财产的价值时，还应当包括滞纳金和拍卖、变卖所发生的费用。因查封、扣押发生的保管费用由税务局稽查局承担。

(9)拍卖或者变卖所得抵缴税款、滞纳金、罚款以及拍卖、变卖等费用后，剩余部分应当由执行部门在3个工作日内退还被执行人。

(10)税务局稽查局采取税收强制执行时，应当制作现场笔录，必要时可以同时制作视听资料，由被执行人和执行人员签名或者盖章，被执行人拒绝的，在笔录中予以注明；被执行人不到场的，不影响执行，邀请见证人到场，由见证人和执行人员在现场笔录上签名或者盖章。

(四)强制执行中止执行。有下列情形之一的，强制执行中止执行

(1)被执行人履行行政决定确有困难或者暂无履行能力的；

(2)第三人对执行标的主张权利，确有理由的；

(3)执行可能造成难以弥补的损失，且中止执行不损害公共利益的；

(4)税务局稽查局认为需要中止执行的其他情形。

中止执行的情形消失后，税务局稽查局应当恢复执行。对没有明显社会危害，当事人确无能力履行，中止执行满3年未恢复执行的，税务局稽查局不再执行。

(五)强制执行终结执行。有下列情形之一的，强制执行终结执行

(1)公民死亡，无遗产可供执行，又无义务承受人的；

(2)法人或者其他组织终止，无财产可供执行，又无义务承受人的；

(3)执行标的灭失的；

(4)据以执行的行政决定被撤销的；

(5)税务局稽查局认为需要终结执行的其他情形。

二、申请人民法院强制执行

税务局稽查局可以依法向有管辖权的人民法院申请强制执行。

(一)申请法院强制执行的适用条件和期限

非从事生产、经营的纳税人、扣缴义务人对税务机关的处理决定逾期不申请行政复议也不向人民法院起诉，又不履行的，作出处理决定的税务局稽查局可以自期限届满之日起3个月内，就其未缴的税款、滞纳金申请人民法院强制执行。

当事人对税务机关的处罚决定逾期不申请行政复议也不向人民法院起诉，又不履行的，作出处罚决定的税务局稽查局可以对未缴的罚款实施强制执行，或者自期限届满之日起3个月内申请人民法院强制执行。

(二)申请法院强制执行的适用程序

税务局稽查局申请人民法院强制执行前，应当催告当事人履行义务。执行实施岗制作《催告书(申请人民法院强制执行适用)》，逐级报税务局稽查局局长或者税务局稽查局分管领导批准后，送达被执行人。《催告书(申请人民法院强制执行适用)》送达10日后当事人仍未履行义务的，税务局稽查局可以向所在地有管辖权的人民法院申请强制执行；执行对象是不动产的，向不动产所在地有管辖权的人民法院申请强制执行。《催告书(申请人民法院强制执行适用)》应当载明履行义务的期限、履行义务的方式、涉及税收款项征收的应当有明确的金额和缴交方式、当事人依法享有的陈述权和申辩权。当事人收到《催告书(申请人民法院强制执行适用)》后有权进行陈述和申辩。催告具体实施程序按照税收强制执行催告程序实施。

税务局稽查局向人民法院申请强制执行，应当提供下列材料：

强制执行申请书；行政决定书及作出决定的事实、理由和依据；当事人的意见及税务局稽查局催告情况；申请强制执行标的情况；法律、行政法规规定的其他材料。

《强制执行申请书》由执行实施岗制作，逐级报税务局稽查局局长审核，并报稽查局所属税务局局长批准后，加盖稽查局所属税务局的印章，并注明日期。

税务局稽查局对人民法院不予受理或不予执行的裁定有异议的，可以在15日内向上一级人民法院申请复议。法院受理的，根据法院反馈的执行情况，登记执行结果。

强制执行申请需向作出税务行政决定的税务局稽查局所在地人民法院提出。执行对象是不动产的，向不动产所在地有管辖权的人民法院申请强制执行。

对于法院受理情况，执行人员填制《申请法院强制执行受理结果录入表》；法院受理的，根据法院反馈的执行情况，登记执行结果，执行实施岗填制《申请法院强制执行结果录入表》。

【本章节主要政策依据】

1.《中华人民共和国税收征收管理法》

2.《中华人民共和国行政处罚法》

3.《中华人民共和国行政强制法》

4.《中华人民共和国拍卖法》

5.《中华人民共和国民法典》

6.《中华人民共和国企业破产法》

7.《行政执法机关移送涉嫌犯罪案件的规定》

8.《欠税公告办法(试行)》(国家税务总局令第 9 号)

9.《纳税担保试行办法》(国家税务总局令第 11 号)

10.《抵税财物拍卖、变卖试行办法》(国家税务总局令第 12 号)

11.《关于对重大税收违法案件当事人实施联合惩戒措施的合作备忘录》(发改财金〔2014〕3062 号)

12.《最高人民法院关于执行案件立案、结案若干问题的意见》(法发〔2014〕26 号)

13.《阻止欠税人出境实施办法》(国税发〔1996〕215 号)

14.《税务稽查案件办理程序规定》(国家税务总局令第 52 号)

第十一章 涉嫌犯罪案件移送

【引言】

涉嫌犯罪案件移送，是指税务局稽查局依法将涉嫌构成犯罪的案件移送公安机关追究刑事责任的业务处理过程。

第一节 行政执法机关移送要求

一、移送的基本规定

依据《行政执法机关移送涉嫌犯罪案件的规定》(根据中华人民共和国国务院令第730号修订)，行政执法机关，是指依照法律、法规或者规章的规定，对破坏社会主义市场经济秩序、妨害社会管理秩序以及其他违法行为具有行政处罚权的行政机关，以及法律、法规授权的具有管理公共事务职能、在法定授权范围内实施行政处罚的组织。税务局属于行政执法机关。

各级税务局作为行政执法机关在依法查处违法行为过程中，发现违法事实涉及的金额、违法事实的情节、违法事实造成的后果等，根据刑法关于破坏社会主义市场经济秩序罪、妨害社会管理秩序罪等罪的规定和最高人民法院、最高人民检察院关于破坏社会主义市场经济秩序罪、妨害社会管理秩序罪等罪的司法解释以及最高人民检察院、公安部关于经济犯罪案件的追诉标准等规定，涉嫌构成犯罪，依法需要追究刑事责任的，必须依照《行政执法机关移送涉嫌犯罪案件的规定》向公安机关移送。

二、移送的基本流程

(一)移送发起

行政执法机关对应当向公安机关移送的涉嫌犯罪案件，应当立即指定2名或者2名以上行政执法人员组成专案组专门负责，核实情况后提出移送涉嫌犯罪案件的书面报告，报经本机关正职负责人或者主持工作的负责人审批。行政执法机关正职负责人或者主持工作的负责人应当自接到报告之日起3日内作出批准移送或者不批准移送的决定。决定批准的，应当在24小时内向同级公安机关移送；决定不批准的，应当将不予批准的理由记录在案。

（二）准备材料

行政执法机关向公安机关移送涉嫌犯罪案件，应当附有下列材料：①涉嫌犯罪案件移送书；②涉嫌犯罪案件情况的调查报告；③涉案物品清单；④有关检验报告或者鉴定结论；⑤其他有关涉嫌犯罪的材料。

（三）公安机关接收

公安机关对行政执法机关移送的涉嫌犯罪案件，应当在涉嫌犯罪案件移送书的回执上签字；其中，不属于本机关管辖的，应当在24小时内转送有管辖权的机关，并书面告知移送案件的行政执法机关。

（四）公安机关审查移送案件

公安机关应当自接受行政执法机关移送的涉嫌犯罪案件之日起3日内，依照刑法、刑事诉讼法以及最高人民法院、最高人民检察院关于立案标准和公安部关于公安机关办理刑事案件程序的规定，对所移送的案件进行审查。认为有犯罪事实，需要追究刑事责任，依法决定立案的，应当书面通知移送案件的行政执法机关；认为没有犯罪事实，或者犯罪事实显著轻微，不需要追究刑事责任，依法不予立案的，应当说明理由，并书面通知移送案件的行政执法机关，相应退回案卷材料。

（五）不予立案

行政执法机关接到公安机关不予立案的通知书后，认为依法应当由公安机关决定立案的，可以自接到不予立案通知书之日起3日内，提请作出不予立案决定的公安机关复议，也可以建议人民检察院依法进行立案监督。作出不予立案决定的公安机关应当自收到行政执法机关提请复议的文件之日起3日内作出立案或者不予立案的决定，并书面通知移送案件的行政执法机关。移送案件的行政执法机关对公安机关不予立案的复议决定仍有异议的，应当自收到复议决定通知书之日起3日内建议人民检察院依法进行立案监督。公安机关应当接受人民检察院依法进行的立案监督。

行政执法机关对公安机关决定不予立案的案件，应当依法作出处理；其中，依照有关法律、法规或者规章的规定应当给予行政处罚的，应当依法实施行政处罚。

（六）处罚

行政执法机关对应当向公安机关移送的涉嫌犯罪案件，不得以行政处罚代替移送。行政执法机关向公安机关移送涉嫌犯罪案件前已经作出的警告，责令停产停业，暂扣或者吊销许可证、暂扣或者吊销执照的行政处罚决定，不停止执行。依照行政处罚法的规定，行政执法机关向公安机关移送涉嫌犯罪案件前，已经依法给予当事人罚款的，人民法院判处罚金时，依法折抵相应罚金。

(七)立案

行政执法机关对公安机关决定立案的案件,应当自接到立案通知书之日起 3 日内将涉案物品以及与案件有关的其他材料移交公安机关,并办结交接手续;法律、行政法规另有规定的,依照其规定。

公安机关对发现的违法行为,经审查,没有犯罪事实,或者立案侦查后认为犯罪事实显著轻微,不需要追究刑事责任,但依法应当追究行政责任的,应当及时将案件移送同级行政执法机关,有关行政执法机关应当依法作出处理。

(八)监督

行政执法机关移送涉嫌犯罪案件,应当接受人民检察院和监察机关依法实施的监督。任何单位和个人对行政执法机关违反《行政执法机关移送涉嫌犯罪案件的规定》,应当向公安机关移送涉嫌犯罪案件而不移送的,有权向人民检察院、监察机关或者上级行政执法机关举报。

(九)责任追究

行政执法机关违反《行政执法机关移送涉嫌犯罪案件的规定》,隐匿、私分、销毁涉案物品的,由本级或者上级人民政府,或者实行垂直管理的上级行政执法机关,对其正职负责人根据情节轻重,给予降级以上的行政处分;构成犯罪的,依法追究刑事责任。对前述所列行为直接负责的主管人员和其他直接责任人员,比照前述的规定给予行政处分;构成犯罪的,依法追究刑事责任。

行政执法机关违反《行政执法机关移送涉嫌犯罪案件的规定》,逾期不将案件移送公安机关的,由本级或者上级人民政府,或者实行垂直管理的上级行政执法机关,责令限期移送,并对其正职负责人或者主持工作的负责人根据情节轻重,给予记过以上的行政处分;构成犯罪的,依法追究刑事责任。

行政执法机关违反《行政执法机关移送涉嫌犯罪案件的规定》,对应当向公安机关移送的案件不移送,或者以行政处罚代替移送的,由本级或者上级人民政府,或者实行垂直管理的上级行政执法机关,责令改正,给予通报;拒不改正的,对其正职负责人或者主持工作的负责人给予记过以上的行政处分;构成犯罪的,依法追究刑事责任。对上述所列行为直接负责的主管人员和其他直接责任人员,分别比照前两款的规定给予行政处分;构成犯罪的,依法追究刑事责任。

(十)渎职

行政执法机关在依法查处违法行为过程中,发现公职人员有贪污贿赂、失职渎职或者利用职权侵犯公民人身权利和民主权利等违法行为,涉嫌构成犯罪的,应当依照刑法、刑事诉讼法、监察法等法律规定及时将案件线索移送监察机关或者人民检察院处理。

第二节　危害税收征管罪及立案追诉标准

2022 年 4 月 29 日，最高人民检察院、公安部联合发布修订后的《关于公安机关管辖的刑事案件立案追诉标准的规定（二）》，自 2022 年 5 月 15 日起施行。刑事案件立案追诉标准如下：

一、涉嫌构成逃税罪

逃避缴纳税款，涉嫌下列情形之一的，应予立案追诉：

（1）纳税人采取欺骗、隐瞒手段进行虚假纳税申报或者不申报，逃避缴纳税款，数额在十万元以上并且占各税种应纳税总额百分之十以上，经税务机关依法下达追缴通知后，不补缴应纳税款、不缴纳滞纳金或者不接受行政处罚的。

逃避缴纳税款数额，是指在确定的纳税期间，不缴或者少缴各税种税款的总额。

逃避缴纳税款数额占应纳税额的百分比，是指一个纳税年度中的各税种逃避缴纳税款总额与该纳税年度应纳税总额的比例。不按纳税年度确定纳税期的其他纳税人，逃避缴纳税款数额占应纳税额的百分比，按照行为人最后一次逃避缴纳税款行为发生之日前一年中各税种逃避缴纳税款总额与该年纳税总额的比例确定。纳税义务存续期间不足一个纳税年度的，逃避缴纳税款数额占应纳税额的百分比，按照各税种逃避缴纳税款总额与实际发生纳税义务期间应当缴纳税款总额的比例确定。

逃避缴纳税款行为跨越若干个纳税年度的，只要其中一个纳税年度的逃避缴纳税款数额及百分比达到标准，即属于"逃避缴纳税款，数额在十万元以上并且占各税种应纳税总额百分之十以上"。各纳税年度的逃避缴纳税款数额应当累计计算，逃避缴纳税款百分比应当按照最高的百分比确定。

（2）纳税人五年内因逃避缴纳税款受过刑事处罚或者被税务机关给予二次以上行政处罚，又逃避缴纳税款，数额在十万元以上并且占各税种应纳税总额百分之十以上的。

（3）扣缴义务人采取欺骗、隐瞒手段，不缴或者少缴已扣、已收税款，数额在十万元以上的。

纳税人在公安机关立案后再补缴应纳税款、缴纳滞纳金或者接受行政处罚的，不影响刑事责任的追究。

二、涉嫌构成抗税罪

以暴力、威胁方法拒不缴纳税款，涉嫌下列情形之一的，应予立案追诉：

(1)造成税务工作人员轻微伤以上的。

(2)以给税务工作人员及其亲友的生命、健康、财产等造成损害为威胁,抗拒缴纳税款的。

(3)聚众抗拒缴纳税款的。

(4)以其他暴力、威胁方法拒不缴纳税款的。

三、涉嫌构成逃避追缴欠税罪

纳税人欠缴应纳税款,采取转移或者隐匿财产的手段,致使税务机关无法追缴欠缴的税款,数额在一万元以上的,应予立案追诉。

四、涉嫌构成骗取出口退税罪

以假报出口或者其他欺骗手段,骗取国家出口退税款,数额在十万元以上的,应予立案追诉。

五、涉嫌构成虚开增值税专用发票、用于骗取出口退税、抵扣税款发票罪

虚开增值税专用发票或者虚开用于骗取出口退税、抵扣税款的其他发票,虚开的税款数额在十万元以上或者造成国家税款损失数额在五万元以上的,应予立案追诉。

六、涉嫌构成虚开发票罪

虚开《刑法》第二百零五条规定以外的其他发票,涉嫌下列情形之一的,应予立案追诉:

(1)虚开发票金额累计在五十万元以上的。

(2)虚开发票一百份以上且票面金额在三十万元以上的。

(3)五年内因虚开发票受过刑事处罚或者二次以上行政处罚,又虚开发票,数额达到第一、二项标准百分之六十以上的。

七、涉嫌构成伪造、出售伪造的增值税专用发票罪

伪造或者出售伪造的增值税专用发票,涉嫌下列情形之一的,应予立案追诉:

(1)票面税额累计在十万元以上的。

(2)伪造或者出售伪造的增值税专用发票十份以上且票面税额在六万元以上的。

(3)非法获利数额在一万元以上的。

八、涉嫌构成非法出售增值税专用发票罪

非法出售增值税专用发票，涉嫌下列情形之一的，应予立案追诉：

(1)票面税额累计在十万元以上的；

(2)非法出售增值税专用发票十份以上且票面税额在六万元以上的；

(3)非法获利数额在一万元以上的。

九、涉嫌构成非法购买增值税专用发票、购买伪造的增值税专用发票罪

非法购买增值税专用发票或者购买伪造的增值税专用发票，涉嫌下列情形之一的，应予立案追诉：

(1)非法购买增值税专用发票或者购买伪造的增值税专用发票二十份以上且票面税额在十万元以上的。

(2)票面税额累计在十万元以上的。

十、涉嫌构成非法制造、出售非法制造的用于骗取出口退税、抵扣税款发票罪

伪造、擅自制造或者出售伪造、擅自制造的用于骗取出口退税、抵扣税款的其他发票，涉嫌下列情形之一的，应予立案追诉：

(1)票面可以退税、抵扣税额累计在十万元以上的。

(2)伪造、擅自制造或者出售伪造、擅自制造的发票十份以上且票面可以退税、抵扣税额在六万元以上的。

(3)非法获利数额在一万元以上的。

十一、涉嫌构成非法制造、出售非法制造的发票罪

伪造、擅自制造或者出售伪造、擅自制造的不具有骗取出口退税、抵扣税款功能的其他发票，涉嫌下列情形之一的，应予立案追诉：

(1)伪造、擅自制造或者出售伪造、擅自制造的不具有骗取出口退税、抵扣税款功能的其他发票一百份以上且票面金额累计在三十万元以上的。

(2)票面金额累计在五十万元以上的。

(3)非法获利数额在一万元以上的。

十二、涉嫌构成非法出售用于骗取出口退税、抵扣税款发票罪

非法出售可以用于骗取出口退税、抵扣税款的其他发票，涉嫌下列情形之一的，应予立案追诉：

(1)票面可以退税、抵扣税额累计在十万元以上的。

(2)非法出售用于骗取出口退税、抵扣税款的其他发票十份以上且票面可以退税、抵扣税额在六万元以上的。

(3)非法获利数额在一万元以上的。

十三、涉嫌构成非法出售发票罪

非法出售增值税专用发票、用于骗取出口退税、抵扣税款的其他发票以外的发票，涉嫌下列情形之一的，应予立案追诉：

(1)非法出售增值税专用发票、用于骗取出口退税、抵扣税款的其他发票以外的发票一百份以上且票面金额累计在三十万元以上的。

(2)票面金额累计在五十万元以上的。

(3)非法获利数额在一万元以上的。

十四、涉嫌构成持有伪造的发票罪

明知是伪造的发票而持有，涉嫌下列情形之一的，应予立案追诉：

(1)持有伪造的增值税专用发票或者可以用于骗取出口退税、抵扣税款的其他发票五十份以上且票面税额累计在二十五万元以上的。

(2)持有伪造的增值税专用发票或者可以用于骗取出口退税、抵扣税款的其他发票票面税额累计在五十万元以上的。

(3)持有伪造的第一项规定以外的其他发票一百份以上且票面金额在五十万元以上的。

(4)持有伪造的第一项规定以外的其他发票票面金额累计在一百万元以上的。

十五、涉嫌构成隐匿、故意销毁会计凭证、会计账簿、财务会计报告罪

隐匿或者故意销毁依法应当保存的会计凭证、会计账簿、财务会计报告，涉嫌下列情形之一的，应予立案追诉：

(1)隐匿、故意销毁的会计凭证、会计账簿、财务会计报告涉及金额在五十万元以上的。

(2)依法应当向监察机关、司法机关、行政机关、有关主管部门等提供而隐匿、故意销毁或者拒不交出会计凭证、会计账簿、财务会计报告的。

(3)其他情节严重的情形。

第三节　涉税犯罪案件移送程序

一、基本概念

依据《税务稽查案件办理程序规定》四十八条，税收违法行为涉嫌犯罪的，填制《涉嫌犯罪案件移送书》，经所属税务局局长批准后，依法移送公安机关，并附送以下资料：《涉嫌犯罪案件情况的调查报告》;《税务处理决定书》《税务行政处罚决定书》的复制件；涉嫌犯罪的主要证据材料复制件；补缴应纳税款、缴纳滞纳金、已受行政处罚情况明细表及凭据复制件。

依据《重大税务案件审理办法》(国家税务总局令第 34 号)第十一条："重大税务案件包括重大税务行政处罚案件，具体标准由各省、自治区、直辖市和计划单列市税务局根据本地情况自行制定，报国家税务总局备案；根据《重大税收违法案件督办管理暂行办法》督办的案件；应监察、司法机关要求出具认定意见的案件；拟移送公安机关处理的案件；审理委员会成员单位认为案情重大、复杂，需要审理的案件；其他需要审理委员会审理的案件。"因此，拟移送公安机关处理的案件须经过省以下各级税务局重大税务案件审理委员会审理。

二、移送程序

结合相关要求，涉税犯罪案件移送程序如下：

(一)启动

1. 涉嫌构成逃避缴纳税款罪案件移送程序的启动

发现纳税人存在偷税(逃避缴纳税款)行为的，检查部门应当核实纳税人 5 年内有无因偷税(逃避缴纳税款)受过刑事处罚或者被给予 2 次以上税务行政处罚情况，并按照检查所属期间分年度计算逃避缴纳税款比例。

执行部门发现偷税(逃避缴纳税款)数额及比例达到移送标准的纳税人，未按照《税务处理决定书》《税务行政处罚决定书》的要求在规定的期限缴纳税款、滞纳金、罚款，应当及时将上述情况反馈给审理实施岗，提交移送建议及证据材料。

2. 涉嫌构成其他涉税犯罪案件的启动

案件审结后，发现被查对象违法行为涉嫌构成犯罪的，由审理实施岗制作《涉嫌犯罪案件情况调查报告》，简述被查纳税人违法事实，并提出移送建议，连同案件主要证据材料复印件报审理部门领导岗审核。

执行部门在执行阶段发现涉嫌构成其他犯罪的，应当及时将涉嫌犯罪情况反馈给审理实施岗，提交移送建议及证据材料。

（二）税务局稽查局集体审理

审理实施岗对拟移送公安机关的案件，应当先按规定的程序提请税务局稽查局集体审理。

（三）提请重大税务案件审理

税务局稽查局集体审理决定移送的，审理实施岗应当按规定程序，提请所属税务局重大税务案件审理委员会审理。

稽查局提请审理委员会审理案件，应当提交以下案件材料：重大税务案件审理案卷交接单；重大税务案件审理提请书；税务稽查报告；税务稽查审理报告；听证材料；相关证据材料。

重大税务案件审理提请书应当写明拟处理意见，所认定的案件事实应当标明证据指向。证据材料应当制作证据目录。稽查局应当完整移交证据目录所列全部证据材料，不能当场移交的应当注明存放地点。

（四）重大税务案件审理会审理案件

审理委员会审理重大税务案件，应当重点审查：案件事实是否清楚；证据是否充分、确凿；执法程序是否合法；适用法律是否正确；案件定性是否准确；拟处理意见是否合法适当。审理委员会成员单位审理案件，可以到审理委员会办公室或证据存放地查阅案卷材料，向稽查局了解案件有关情况。重大税务案件审理采取书面审理和会议审理相结合的方式。

审理委员会成员单位书面审理意见一致，或者经审理委员会办公室协调后达成一致意见的，由审理委员会办公室起草审理意见书，报审理委员会主任批准。

审理委员会成员单位书面审理意见存在较大分歧，经审理委员会办公室协调仍不能达成一致意见的，由审理委员会办公室向审理委员会主任或其授权的副主任报告，提请审理委员会会议审理。

经审理委员会会议审理，根据不同情况，作出以下处理：①案件事实清楚、证据确凿、程序合法、法律依据明确的，依法确定审理意见；②案件事实不清、证据不足的，由稽查局对案件重新调查；③案件执法程序违法的，由稽查局对案件重新处理；④案件适用法律依据不明确，或者需要处理的有关事项超出本机关权限的，按规定程序请示上级机关或征求有权机关的意见。

稽查局应当按照重大税务案件审理意见书制作税务处理处罚决定等相关文书，加盖稽查局印章后送达执行。文书送达后5日内，由稽查局送审理委员会办公室备案。重大税务案件审理程序终结后，审理委员会办公室应当将相关证据材料退回稽查局。

（五）移送案件

经所属税务局重大税务案件审理决定移送的案件，由稽查局审理人员制作《涉嫌犯罪案件移送书》《税务行政执法审批表》逐级报批，并将《涉嫌犯罪案件移送书》连同《涉嫌犯罪案件情况调查报告》及案件主要证据材料复印件，在行政执法机关正职负责人或者主持工作的负责人作出批准决定的24小时内向同级公安机关移送；决定不批准的，应当将不予批准的理由记录在案。

（六）提请人民检察院备案

涉嫌犯罪的案件移送后，税务局稽查局应当及时提请人民检察院备案。

（七）后续处理

税务局稽查局在移送案件时已经作出行政处罚决定的，应当将行政处罚决定书一并抄送公安机关、人民检察院；未作出行政处罚决定的，原则上应当在公安机关决定不予立案或者撤销案件、人民检察院作出不起诉决定、人民法院作出无罪判决或者免予刑事处罚后，再决定是否给予行政处罚。

（八）资料归档

案件移送工作全部完成后，稽查局审理人员将移送资料随案件资料归档。

第四节　未依法移送执法风险案例

在税务稽查实务中，税务局稽查局常见的执法风险之一就是对符合移送司法机关条件的涉嫌犯罪案件未依法移送。

【案例11-1】　稽查干部温某海、张某徇私舞弊不移交刑事案

1.起因

2013年7月27日、28日，吉林省双辽市国家税务局稽查局、吉林省柳河县国家税务局稽查局相继向茂名市国家税务局发出协查函。函告：双辽市鑫某矿产品销售有限公司、柳河通某物资贸易有限公司在无真实货物交易的情况下，向茂名市联某贸易有限公司虚开增值税专用发票。其中，柳河通某物资贸易有限公司向茂名市联某贸易有限公司虚开增值税专用发票共54份，价税合计621万元，税额合计902 307.61元，双辽市鑫某矿产品销售有限公司向茂名市联某贸易有限公司虚开增值税专用发票共2份，价税合计180万元，税额合计261 538.46元。以上增值税专用发票均已抵扣。同年8月8日，茂名市国家税务局第一稽查局对茂名市联能贸易有限公司涉税问题立案检查，由第一稽查局检查三股负责实施，时任第一稽查局检查三股股长的被告人张某和时任第一稽查局办公室主任、选案股股长的被告人温某海为承办人。

2.过程

被告人温某海、张某在对茂名市联某贸易有限公司涉税问题进行检查时，严重不负责任，与茂名市联某贸易有限公司实际控制人杨某交往过密，在核查茂名市联某贸易有限公司与柳河通某物资贸易有限公司、双辽市鑫某矿产品销售有限公司是否存在真实的货物交易过程中，没有认真核查茂名市联某贸易有限公司提供的资料存在的不符合

常理的疑点，没有对资料的真伪性做审查，也不做任何第三方调查，没有采取其他有效措施核实交易的真实性，最终在茂名市联某贸易有限公司与柳河通某物资贸易有限公司、双辽市鑫某矿产品销售有限公司没有真实交易并提供虚假交易资料的情况下，未能查实茂名市联某贸易有限公司虚开增值税专用发票的事实，而作出该公司属于善意取得虚开增值税专用发票，建议追缴该公司增值税专用发票折抵增值税款的结论。后该两宗涉税案件经温某海、张某移送原茂名市国税局第一稽查局案件审理股审理，后经原茂名市国税局第一稽查局审理委员会集体审理会议决定以追缴税款的方式结案。

3. 证人证言

茂名市联某公司会计证言：2013 年 6 月，其到茂名联某公司当会计，茂名联能公司的实际控制人是杨某。其刚到联能公司当会计的时候，公司开发票的数量增加得比较明显，原来每月开三四十张发票，后来逐月增加到每月一百五十多张。而且公司的经营范围不断扩大，原来发票的品名一般是煤炭比较单一，后来开发票的品名增加了，各种各样登记交易的商品都有。公司生意这么多，人员又没有增加，所以其就感觉到茂名联能公司的很多增值税专用发票都是虚开的。原茂名市国税局的稽查人员温某海和另外一名同事来联能公司查过两三次涉税问题。查账之后没几天，温某海和杨某就比较熟了，其经常见到温某海到联某公司和杨某他们打麻将。温某海来联某公司稽查之后，杨某就叫其收集联某公司和双辽鑫某公司交易的相关资料，以及联某公司和柳河通某公司交易的相关资料。其按杨某的要求收集资料交给他，杨某说他把资料交给了温某海。过了一两天，杨某打电话给其，说收集的资料不齐全。又过了一个星期左右，杨某拿给其港口费用结算清单、磅码单、煤炭产品检验服务协议、煤炭检验结果等资料，让其重新整理。当天或者第二天的下午，温某海过来打麻将，其就叫他到办公桌前，拿出整理好的资料，问他说："温主任，你们叫其整理的这些资料还要补什么，你帮其看一下。"温某海翻查了其整理的资料，说还欠缺入货单和出货单，教其按照双方公司的合同制作好相应的入货单和出货单附到资料里面。之后其就找到以前入货单和出货单的格式，在电脑上修改好打印出来，由叶某盖上双方公司的印章。温某海教其制作虚假的入货单、出货单的时候张某、叶某有可能看到。

4. 被告人供述

被告人温某海：证实 2013 年其在任办公室主任兼任选案股股长期间，分别收到吉林省双辽市和柳河市国家税务局发来的两份协查函，说他们在查办案件的过程中，发现大量当地企业对外非法虚开增值税专用发票，茂名联某公司属于受票企业之一，希望茂名国家税务局予以调查。局领导安排检查三股股长张某和其一起办理这宗协查案件。其和张某到茂名联某公司所在地新时代花园向该公司送达检查通知书、调证通知书，要求调取相关账簿资料。调取账簿资料的时候，其和张某对已证实虚开发票所涉及的有关业务进行简单了解，该公司业务经理杨某说茂名联某公司实际上是有货物交易的，其和张某就要求杨某提供海关过磅单等材料。过了几天，杨某就把账簿和过磅单等材料送到原国税局给其和张某。核查账簿资料后，其和张某开出询问通知书，对杨某作询问笔录。经过核查茂名联某公司的账簿资料，以及根据杨某提供的相关材料，其和张某最后以该公司属于善意接受虚开作结论写出《稽查报告》。后来其听说杨某因在茂名市电白区虚开数额巨大的增值税专用发票被公安机关调查，到检察机关找其调查有关问题的时候，其才知道杨某当时提交的核查资料是有问题的。在审查资料的过程中，其看到茂名联某公司所提交资料的原件与复印件是一致的，而且该公司负责人杨某也对这些情况作了合理的说明，所以其认为该公司属于善意取得增值税专用发票。至于这些资料中关于物流资料、仓储资料、款流资料和票流资料等来源的合法性、合理性和关联性等方面，其没有去认真审查深究。协查函要求对该公司涉票货物的收发地、送达方式、出入库情况、货款收付、结算方式、资金流向等细项核查，其也没有作进一步的核查。其当时觉得案件经过张某把关，应该没有什么问题，所以不够重视，导致了后面问题的发生。被告人张某的供述：证实2013年吉林省双辽市、柳河市国家税务局在查办案件的过程中，发现大量当地企业对外非法虚开增值税专用发票的情况，茂名联能公司属于受票企业之一。该案件交由其与办公室主任兼选案股股长、举报中心主任温某海一起查办，在查办过程中，其按照企业所提供的资料进行检查，由于疏忽大意，对企业所提供的资料核查得不够认真细致，没有发现这些资料的问题，就以茂名联某公司善意取得虚开增值税专用发票作结论报送审理股了。

5. 判决

经查，被告人温某海、张某在调查茂名联某公司涉嫌虚开增值税专用发票的2013年度25号案和26号案时，茂名联某公司向温某海、张某提供了煤炭购销合同、入货单、记账凭证、应付账款明细账、中国建设银行电子转账凭证、出货单、港口费用结算清单、秤码单、煤炭产品检验服务协议等材料，而上述材料漏洞百出，具体如下：在25号案中，茂名联某公司的入货单缺少经手人签名；茂名联某公司先后分别与双辽鑫某公司、贵州华某贸易有限公司签订的购、销两份合同，联某公司进货价为1 500元/吨，而销售价为485元/吨，悬殊高买低卖有违常理，且买进价与市场价差别明显；茂名联某公司与双辽鑫某公司的签订购销合同的时间是2012年5月28日，而湛江港磅码单上的时间是2012年5月20日，到货磅码单的日期先于合同的签订的日期，明显不合理；应付账款明细账单的打印时间是2013年9月2日，而茂名联某公司提供该明细账单时间是2013年8月10日，提供时间先于打印时间明显造假；等等。在26号案中，茂名联某公司先后分别与柳河通某公司、贵州华某贸易有限公司签订的购、销两份合同，合同签订购进价格为345元/吨，而售出价格为350元/吨，与当时市场煤炭价格约600元/吨的价格差距悬殊，且购销每吨差价5元，而港口费用已达1 681 598.90元，收支上明显亏损，不符合常理；茂名联某公司与柳河通某公司合同上签订为先付款后供货，而茂名联某公司记账凭证显示为先供货后付款，两者相互矛盾；记账凭证中显示茂名联某公司于2012年12月27日已付款1 207 000.00元给贵州华某贸易有限公司，但签订合同的日期却是2013年2月18日，先付货款后签订合同不符合常理；贵州华某贸易有限公司付给茂名联某公司的两笔货款总额共计6 207 330元，与签订合同中的金额630万元不一致；茂名联某公司购买的18 000吨煤入货日期是2013年3月23日，而出货日期是2013年3月6日，出货日期早于入货日期不合理；湛江港结算清单上载明货物是13 303.22吨与合同签订的18 000吨不相符；等等。上述所列举的材料漏洞显而易见，并且根据被告人温某海、张某的领导冯某、高某、谭某等证人证实，被告人温某海、张某均为精通业务、经验丰富的办案骨干，其二人在办理该两宗案件时面对如此多且显而易见的漏洞，两被告人辩称是由于工作上的疏忽大意而没发现，难以令人信服。结合被告人温某海、张某在办案过程中与杨某的私密结交行为以及事后多次与杨某外出旅游的行为，可认定被告人温某海、张某在办理茂名联某公司涉税案件时是出于徇私舞弊的主观故意。

经查，被告人温某海、张某作为茂名市国家税务局的稽查人员，依照章程，在检查案件完毕后，其二人应依法如实作出稽查报告，报送案件审理股再呈报审理委员会讨论决定。作为一般的税务稽查人员，被告人温某海、张某明知茂名联某公司提供的是虚假材料而隐瞒不报，且将依法应认定为恶意接受虚开增值税专用发票的犯罪行为，认定为善意取得虚开增值税专用发票的行为，改变案件性质，其二人的行为符合徇私舞弊不移交刑事案件犯罪的构成特征。

6.结论

被告人温某海、张某在办理茂名联某公司涉嫌虚开增值税专用发票一案中，在明知应将该案移送司法机关追究刑事责任的情况下，徇私舞弊，隐瞒违法事实，改变案件的定性，以致茂名联某公司的实际控制人杨某逃脱刑罚，情节严重，其二人行为均已构成徇私舞弊不移交刑事案件罪，依法应在三年以下有期徒刑或者拘役的量刑幅度内处罚。在共同犯罪中，两被告人共同故意实施犯罪行为，均为主犯，依法应当按照其所参与的全部犯罪处罚。依照《中华人民共和国刑法》第四百零二条、第二十五条第一款、第二十六条第一款、第四款之规定，判决如下：被告人温某海犯徇私舞弊不移交刑事案件罪，判处有期徒刑一年六个月。被告人张某犯徇私舞弊不移交刑事案件罪，判处有期徒刑一年六个月。

知识链接：

《中华人民共和国刑法》第四百零二条 【徇私舞弊不移交刑事案件罪】行政执法人员徇私舞弊，对依法应当移交司法机关追究刑事责任的不移交，情节严重的，处三年以下有期徒刑或者拘役；造成严重后果的，处三年以上七年以下有期徒刑。

第五节 大案要案报告及案件督办

一、大案要案报告

涉嫌涉税犯罪案件一般都属于国家税务总局列明的大案要案报告范畴。大案要案报告是指对辖区内所发生的案件，初步查证案件达到大案要案报告标准的案件，在规定时间内向上级税务机关报告的业务处理过程。大案要案报告制度具体工作要求如下：

(一)报告范围

列入大案要案需要向国家税务总局报告的主要范围：达到下文规定标准的案件；在省、自治区、直辖市、计划单列市或者全国范围内有重大影响的案件；新类型案件或者具有典型意义和研究价值的比较重大的案件；省、自治区、直辖市、计划单列市税务局或者国家税务总局认为需要报告的其他案件。

(二)案件标准

下列案件应当自发现或者接到之日起 10 日内向国家税务总局报告：单位偷税、逃避追缴欠税数额在 250 万元以上，个人(包括个体工商户)偷税、逃避追缴欠税数额在 50 万元以上的；抗税数额在 30 万元以上，或者聚众抗税、或者冲击、打砸税务机关，或者围攻、殴打税务人员，或者暴力抗税致人重伤、死亡的；骗取出口退税款数额在 200 万元以上的；虚开增值税专用发票涉及税款数额在 300 万元以上的；伪造增值税专用发票，或者出售伪造的增值税专用发票，份数在 250 份以上的；非法出售增值税专用发票，或者非法购买增值税专用发票，或者购买伪造的增值税专用发票，份数在 250 份以上的；盗窃或者骗取增值税专用发票份数在 200 份以上的；非法出售其他发票，或者伪造、擅自制造其他发票，或者出售伪造、擅自制造的其他发票，份数在 1 000 份以上的；违法数额、数量不足本条前列相关规定的标准，但已经造成税款损失 100 万元以上或者具有其他严重情节的；违法数额、数量不足本条前列相关规定的标准，但涉及税务人员徇私舞弊问题并且已经造成税款损失 50 万元以上或者具有其他严重情节的。

下列案件应当自发现或者接到之日起 20 日内向国家税务总局报告：违法数额、数量达到本制度第四条规定的标准，但对违法性质认定问题存在分歧意见的；初步查证的违法数额、数量尚未达到本制度第四条规定的标准，但具有重大违法嫌疑或者线索的；违法行为涉嫌犯罪被公安机关或者人民检察院作为重大刑事案件立案侦查，或者被人民法院认定有罪并判处 10 年以上有期徒刑、无期徒刑、死刑或者判处罚金、没收财产在 300 万元以上的。上文未明确列举但符合报告范围第 2 项、第 3 项规定的案件，自发现或者接到之日起 30 日内向国家税务总局报告。

(三)报告内容

大案要案报告的主要内容：案件的来源、发现时间；纳税人及其他涉案单位和人员的基本情况；案件的所属期间和违法手段以及涉案地区；违法数额、数量及其他相关情节；案件主办单位以及查处工作计划和具体实施方案；调查收集证据情况和当事人陈述、申辩情况；争议问题和分歧意见；税务处理(包括追缴税款、加收滞纳金和行政处罚等)情况；行政复议和行政诉讼情况；移送司法机关或者纪检、监察部门处理情况；案件反映和政策、管理问题及解决、改进意见；联系人员和联系电话。以上报告内容根据查处进展情况确定。

(四)报告要求

发现或者接到需要向国家税务总局报告的案件，应当按照规定的期限报告，随后每

15日报告一次查处进展情况，结案后10日内报告全案查处情况。当事人申请行政复议或者提起行政诉讼的，应当在复议决定、诉讼裁决后10日内报告有关情况。移送司法机关处理的案件，应当随时了解处理情况并及时报告。国家税务总局特别指定报告期限的案件，按照指定期限报告。

报告案件必须填写《大案要案情况报告表》，并附送详细的案件情况和查处情况报告。案件报告须有报告单位的具体意见，加盖公章或者领导签字。对紧急或者特别重大的案件，应当及时电文（包括电报、电传、传真、电子数据交换和电子邮件）报告。

对不按照规定报告案件的，给予通报批评；造成税款重大损失或者其他严重后果的，依法严肃处理有关领导和其他责任人员。

上文中，发现之日，是指案件由本级机关发现线索并经初步查证的日期。本制度所称接到之日，是指接到下级机关发现线索并经初步查证后的案件报告的日期，或者接到其他部门移送的案件并经初步查证的日期。税款损失，是指税务机关调查终结时未能追缴的税款。

二、重大税收违法案件督办

重大税收违法案件督办也是税务局稽查局在办理涉嫌涉税犯罪案件中常见的一项工作职责。

（一）督办范围

上级税务局可以根据税收违法案件性质、涉案数额、复杂程度、查处难度以及社会影响等情况，督办管辖区域内发生的重大税收违法案件。

对跨越多个地区且案情特别复杂的重大税收违法案件，本级税务局查处确有困难的，可以报请上级税务局督办，并提出具体查处方案及相关建议。

（二）督办标准

国家税务总局督办的重大税收违法案件主要包括：①国务院等上级机关、上级领导批办的案件；②国家税务总局领导批办的案件；③在全国或者省、自治区、直辖市范围内有重大影响的案件；④税收违法数额特别巨大、情节特别严重的案件；⑤国家税务总局认为需要督办的其他案件。

省、自治区、直辖市和计划单列市税务局督办重大税收违法案件的范围和标准，由本级税务局根据本地实际情况分别确定。省、自治区、直辖市和计划单列市税务局依照国家税务总局规定的范围、标准、时限向国家税务总局报告税收违法案件，国家税务总局根据案情复杂程度和查处工作需要确定督办案件。省以下重大税收违法案件报告的范围和标准，由省、自治区、直辖市和计划单列市国家税务局、地方税务局根据本地实际情况分别确定。

（三）工作流程

对需要督办的重大税收违法案件，督办税务局（以下简称督办机关）所属稽查局填写《重大税收违法案件督办立项审批表》，提出拟办意见。拟办意见主要包括承办案件的税务局(以下简称承办机关)及所属稽查局、承办时限和工作要求等，经督办机关领导审批或者督办机关授权所属稽查局局长审批后，向承办机关发出《重大税收违法案件督办函》，要求承办机关在确定的期限内查证事实，并作出税务处理、处罚决定。

需要多个地区税务机关共同查处的督办案件，督办机关应当明确主办机关和协办机关，或者按照管辖职责确定涉案重点事项查处工作任务。协办机关应当积极协助主办机关查处督办案件，及时查证并提供相关证据材料。对主办机关请求协助查证的事项，协办机关应当及时准确反馈情况，不得敷衍塞责或者懈怠应付。

督办案件未经督办机关批准，承办机关不得擅自转给下级税务机关或者其他机关查处。对因督办案件情况发生变化，不需要继续督办的，督办机关可以撤销督办，并向承办机关发出《重大税收违法案件撤销督办函》。

承办机关应当在接到督办机关《重大税收违法案件督办函》后 7 个工作日内按照《税务稽查案件办理程序规定》规定立案，在 10 个工作日内制订具体查处方案，并组织实施检查。承办机关具体查处方案应当报送督办机关备案；督办机关要求承办机关在实施检查前报告具体查处方案的，承办机关应当按照要求报告，经督办机关同意后实施检查。督办机关督办前承办机关已经立案的，承办机关不停止实施检查，但应当将具体查处方案及相关情况报告督办机关；督办机关要求调整具体查处方案的，承办机关应当调整。

承办机关应当按照《重大税收违法案件督办函》要求填写《重大税收违法案件情况报告表》，每 30 日向督办机关报告一次案件查处进展情况；《重大税收违法案件督办函》有确定报告时限的，按照确定时限报告；案件查处有重大进展或者遇到紧急情形的，应当及时报告；案件查处没有进展或者进展缓慢的，应当说明原因，并明确提出下一步查处工作安排。

对有《税务稽查案件办理程序规定》第三十三条规定的中止检查情形或者第五十六条规定的中止执行情形的，承办机关应当报请督办机关批准后中止检查或者中止执行。中止期间可以暂不填报《重大税收违法案件情况报告表》；中止检查或者中止执行情形消失后，承办机关应当及时恢复检查或者执行，并依照前款规定填报《重大税收违法案件情况报告表》。

督办机关应当指导、协调督办案件查处，可以根据工作需要派员前往案发地区督促检查或者参与办案，随时了解案件查处进展情况以及存在问题。督办机关稽查局应当确定督办案件的主要责任部门和责任人员。主要责任部门应当及时跟踪监控案件查处过程，根据承办机关案件查处进度、处理结果和督促检查情况，向稽查局领导报告督办案件查处进展情况；案情重大或者上级机关、上级领导批办的重要案件，应当及时向督办机关领导报告查处情况。

承办机关可以就督办案件向相关地区同级税务机关发出《税收违法案件协查函》，提出具体协查要求和回复时限，相关地区同级税务机关应当及时回复协查结果，提供明确的协查结论和相关证据资料。案情重大复杂的，承办机关可以报请督办机关组织协查。

承办机关稽查局应当严格依照《税务稽查案件办理程序规定》相关规定对督办案件实施检查和审理，并报请承办机关集体审理。承办机关稽查局应当根据审理认定的结果，拟制《重大税收违法案件拟处理意见报告》，经承办机关领导审核后报送督办机关。

在查处督办案件中，遇有法律、行政法规、规章或者其他规范性文件的疑义问题，承办机关稽查局应当征询同级法规、税政、征管、监察等相关部门意见；相关部门无法确定的，应当依照规定请示上级税务机关或者咨询有权解释的其他机关。

《重大税收违法案件拟处理意见报告》应当包括以下主要内容：①案件基本情况；②检查时段和范围；③检查方法和措施；④检查人员查明的事实及相关证据材料；⑤相关部门和当事人的意见；⑥审理认定的事实及相关证据材料；⑦拟税务处理、处罚意见及依据；⑧其他相关事项说明。

对督办案件定性处理具有关键决定作用的重要证据，应当附报制作证据说明，写明证据目录、名称、内容、证明对象等事项。

对承办机关《重大税收违法案件拟处理意见报告》，督办机关应当在接到之日起15日内审查；有特殊情形的，审查期限可以适当延长。督办机关对承办机关提出的定性处理意见没有表示异议的，承办机关依法作出《税务处理决定书》《税务行政处罚决定书》《税务稽查结论》《不予税务行政处罚决定书》，送达当事人执行。

督办机关审查认为承办机关《重大税收违法案件拟处理意见报告》认定的案件事实不清、证据不足、违反法定程序或者拟税务处理、处罚意见依据错误的，通知承办机关说明情况或者补充检查。

对督办案件中涉嫌犯罪的税收违法行为，承办机关填制《涉嫌犯罪案件移送书》，依照规定程序和权限批准后，依法移送司法机关。对移送司法机关的案件，承办机关应当随时关注司法处理进展情况，并及时报告督办机关。

承办机关应当在90日内查证督办案件事实并依法作出税务处理、处罚决定；督办机关确定查处期限的，承办机关应当严格按照确定的期限查处；案情复杂确实无法按时查处的，应当在查处期限届满前10日内向督办机关申请延期查处，提出延长查处期限和理由，经批准后延期查处。对承办机关超过规定期限未填报《重大税收违法案件情况报告表》，或者未查处督办案件且未按照规定提出延期查处申请的，督办机关应当向其发出《重大税收违法案件催办函》进行催办，并责令说明情况和理由。

（四）结案报告

承办机关对督办案件查处不力的，督办机关可以要求承办机关分管稽查的税务局领导或者稽查局局长汇报；必要时督办机关可以直接组织查处。

督办案件有下列情形之一的，可以认定为结案：①税收违法事实已经查证清楚，并依法作出《税务处理决定书》《税务行政处罚决定书》，税款、滞纳金、罚款等税收款项追缴入库，纳税人或者其他当事人在法定期限内没有申请行政复议或者提起行政诉讼的；

②查明税收违法事实不存在或者情节轻微，依法作出《税务稽查结论》或者《不予税务行政处罚决定书》，纳税人或者其他当事人在法定期限内没有申请行政复议或者提起行政诉讼的；③纳税人或者其他当事人对税务机关处理、处罚决定或者强制执行措施申请行政复议或者提起行政诉讼，行政复议决定或者人民法院判决、裁定生效并执行完毕的；④符合《税务稽查案件办理程序规定》第三十四条规定的终结检查情形的；⑤符合《税务稽查案件办理程序规定》第五十七条规定的终结执行情形的；⑥法律、行政法规或者国家税务总局规定的其他情形的。

税务机关依照法定职权确实无法查证全部或者部分税收违法行为，但有根据认为其涉嫌犯罪并依法移送司法机关处理的，以司法程序终结为结案。

承办机关应当在督办案件结案之日起10个工作日内向督办机关报送《重大税收违法案件结案报告》。《重大税收违法案件结案报告》应当包括案件来源、案件查处情况、税务处理、处罚决定内容、案件执行情况等内容。督办机关要求附列《税务处理决定书》、《税务行政处罚决定书》、《税务稽查结论》、《不予税务行政处罚决定书》、《执行报告》及税款、滞纳金、罚款等税收款项入库凭证以及案件终结检查、终结执行审批文书等资料复印件的，应当附列。

查处督办案件实行工作责任制。承办机关主要领导承担领导责任；承办机关分管稽查的领导承担监管责任；承办机关稽查局局长承担执行责任；稽查局分管案件的领导和具体承办部门负责人以及承办人员按照各自分工职责承担相应的责任。对督办案件重要线索、证据不及时调查收集，或者故意隐瞒案情，转移、藏匿、毁灭证据，或者因工作懈怠、泄露案情致使相关证据被转移、藏匿、毁灭，或者相关财产被转移、藏匿，或者有其他徇私舞弊、玩忽职守、滥用职权行为，应当承担纪律责任的，依法给予行政处分；涉嫌犯罪的，应当依法移送司法机关处理。

承办机关及承办人员和协办机关及协办人员在查处督办案件中成绩突出的，可以给予表彰；承办、协办不力的，给予通报批评。

第六节　部门协作机制

一、税警联络机制

当前总局、省局、地市级等各级税务机关均建立公安部派驻国家税务总局联络机制，省级、地市级公安机关在税务机关挂牌设立联络办公室（以下简称联络办），公安机关、税务机关根据联络办工作需要配备相应人员，联合开展工作。

联络办在两部门领导下开展工作，及时完成两部门交办的事项，事项办理结果以联络办名义上报交办单位，同时抄送对方。联络办主要工作任务包括：承担税警协作日常工作；研究提出税警协作工作安排和需要两部局研究解决的问题及建议；负责筹备联席会议、案件会商，督促、落实联席会议纪要、案件会商确定的工作任务；组织、协调相关部门之间、地区之间开展打击税收违法犯罪的具体工作；收集、掌握、反馈各地税警协作情况，研究税收违法犯罪活动手段、规律、特点；分析研判相关数据信息，为领导决策提供参考依据；落实两部局领导交办的其他工作。

二、税警联络工作内容

(一)建立联席会议制度

税务局稽查局和公安经侦部门应当建立联席会议制度，定期召开税警合作联席会议，不定期召开紧急联席会议。联席会议由税务局稽查局、公安经侦部门根据需要轮流召集，召集方负责会议的组织、筹备及起草会议纪要等事项。

联席会议的主要任务是：及时传达国务院、国家税务总局、公安部上级文件、会议精神；总结阶段性工作进展情况，分析工作中遇到的情况、问题；研究下一步工作部署、工作计划及其实施方案等。

(二)案件联合会商

建立联合会商机制，坚持以法律法规为依据，坚持以科学决策和民主决策为原则，坚持全面会商、上下会商的工作方法，就案件查处过程中的日常协作事项和重大案情、突发状况的应对处理协商一致。

会商根据实际情况定期举行，主要是会商案件查办过程中的日常协作事项。遇重大案情或突发状况随时进行会商。会商工作一般采取座谈会形式进行，也可通过电话、网络等现代化手段进行。会商工作的参会人员包括税警双方分管重大涉税案件查处的负责人，参与重大涉税案件查办的工作人员以及其他有关人员。

会商的主要内容包括：分析虚开、骗税、偷逃税、抗税等违法犯罪案件线索；通报相关案件线索的收集、监测和核查工作情况；移送相关案件线索信息；沟通税务局稽查局涉嫌犯罪案件、公安机关自侦案件的移送接收、立案查处情况；分析税收违法犯罪动向和规律，做好风险预防和提示工作，拟定应对措施和策略。

会商事项达成一致的，及时形成会商纪要，报经参会双方单位主要负责人批准同意后执行。对会商事项有分歧意见的，暂缓作出决定，待会后作进一步研究和沟通协调，重新进行会商或通过紧急联席会议决定。

(三)案件线索共同处理

税务局稽查局和公安经侦部门可以就各自采集的税收违法线索共同开展分析，共同作出处理。

税警双方建立税收违法线索交流渠道，就本部门获取的税收违法线索提出分析意见，对建议联合查办或者由对方查办的，由双方共同分析并做出处理；经双方共同决定联合查办的，纳入工作计划安排；经双方共同决定单独查办的，纳入查办单位案源信息。

(四)研判形势共同选案

税务局稽查局和公安经侦部门可以根据各自工作总体计划和任务,共同协商选定查办对象。

税警双方制订年度工作计划时,可以召开联席会议进行交流沟通,提出联合查办的重点行业、重点区域、重点项目或者重点对象,明确联合查办的年度工作安排,包括工作目标、查办数量、查办进度、查办要求等。

根据工作计划安排,税警双方应当就各自掌握的相关案源信息进行交流,共同研判税收违法犯罪行为,确定联合查办对象。税警双方应当就已确定的联合查办对象编写联合查办工作方案,明确实施检查的时间节点、检查所属期间、联合查办方式、联合查办重点、联合查办要求。

(五)证据支持

税警双方联合查办案件,应当对被查对象共同开展调查,协同取证。税警双方都需要针对某一涉税事项取证且其中一方已完成取证的,可由已完成一方进行证据转换,并交另一方作为证据保存。税警双方联合查办案件,一方因调查取证手段限制无法获取相关证据的,可由另一方依法获取相关证据,进行证据转换并移交对方作为证据保存。

(六)案件执行

从事生产、经营的纳税人、扣缴义务人未按照规定的期限缴纳或者解缴税款,纳税担保人未按照规定的期限缴纳所担保的税款,由税务稽查局责令限期缴纳,逾期仍未缴纳的,经县以上税务局(分局)局长批准,税务局稽查局可以采取强制执行的行为。税收强制执行包括扣缴银行存款和依法拍卖或者变卖抵税财物。税务局稽查局采取强制执行措施时,可以提请公安机关协助,公安机关应当予以协助。

(七)联合惩戒

纳税人欠缴税款未结清,又不提供纳税担保的,税务局稽查局可以决定不准纳税人或者其法定代表人出境;对决定不准出境的人员,税务局稽查局应当按照规定逐级报请省级税务局,由省级税务局通知出入境边防检查机关予以协助,或者提请公安机关出入境管理机构不予签发出(国)境证件。

(八)涉嫌犯罪案件移送

对符合刑事追诉标准、涉嫌犯罪的案件,税务局稽查局应当制作《涉嫌犯罪案件移送书》,及时将案件向同级公安机关移送;现场查获的涉案金额、数量或者案件其他情节明显达到刑事追诉标准、涉嫌犯罪的,及时移送公安机关查处。税务局稽查局可以通过案件联合会商制度实施涉嫌犯罪案件移送的后续管理,加强移送案件的数据统计和成果应用。

(九)公安机关自侦案件接收

公安机关对发现的违法行为,经审查,没有犯罪事实,或者立案侦查后认为犯罪情节显著轻微,不需要追究刑事责任,依法移送税务局稽查局追究行政责任的,税务局稽查局应当依法作出处理,并将处理结果书面告知公安机关、人民检察院。

(十)信息共享

税务局稽查局和公安经侦部门联合开展税收违法犯罪案件查办经验交流,扩展办案执法视角,推广各自先进检查方法和手段,共同提高执法水平;联合开展报表统计分析,征集典型案例,剖析辖区内税收违法发展趋势或者行为特征,提出共同打击的重点方向和范围,支持重大工作决策;通过全方位的执法经验总结、数据统计分析等执法成果应用,总结各自管理体系、管理政策、管理方法等存在的问题和不足,联合提出进一步加强管理的完善建议。

三、四部委两年专项行动

2018 年 4 月 11 日,国家税务总局、公安部、海关总署和中国人民银行在京就打击骗取出口退税和虚开增值税专用发票专项行动进行联合部署。四部委打击骗税和虚开工作领导小组组长、时任国家税务总局党组成员、副局长孙瑞标在进行工作部署时指出,四部委要在全国范围内持续开展跨部门、跨区域专项行动,联合查处重大骗税虚开案件,对骗税虚开高发地区和行业开展重点专项整治,严惩专业骗税虚开团伙,及时挽回国家税款损失,规范经济和税收秩序,营造稳定公平透明的营商环境,促进外贸和经济高质量发展。

2018 年 8 月 22 日,国家税务总局和公安部、海关总署、中国人民银行在京联合召开会议,共同部署打击虚开增值税发票、骗取出口退税违法犯罪两年专项行动。会议指出,近年来,在党中央、国务院的坚强领导下,在各有关部门的大力支持下,税收法治全面加强,税收秩序有效规范,税收环境整体好转。但部分税收领域、个别重点地区涉税违法犯罪活动依然猖獗,特别是"空壳企业"虚开发票、"假冒出口"骗取退税依然频发高发,严重损害税法权威和社会公平正义,严重危害税收秩序和国家经济,必须下大力气加以打击整治。会议强调,四部委开展打击虚开增值税发票、骗取出口退税违法犯罪两年专项行动是落实党中央、国务院重大决策部署的具体行动,是规范市场秩序、维护公平正义的必然要求,是提升国家治理能力的重要举措。这次专项行动,就是以更加有力有效的措施筑牢监管堤坝,以更加严厉严格的手段净化税收秩序,对"假企业"虚开发票和"假出口"骗取退税等违法犯罪行为开展打击和震慑,坚决将违法犯罪分子绳之以法;就是为了切实维护依法诚信纳税人的合法权益,营造公平稳定、可预期的营商环境,推动经济健康发展,更好发挥税收在国家治理中的基础性、支柱性、保障性作用。

【本章节主要政策依据】

1.《最高人民检察院、公安部关于公安机关管辖的刑事案件立案追诉标准的规定(二)》(于 2022 年 4 月 29 日修订,自 2022 年 5 月 15 日施行)

2.《国家税务总局大案要案报告制度(试行)》

3.《重大税收违法案件督办管理暂行办法》(国税发〔2010〕103 号)

4.《重大税务案件审查办法》(国家税务总局第 34 号令)

5.《行政执法机关移送涉嫌犯罪案件的规定》

6.《最高人民检察院　全国整顿和规范市场经济秩序领导小组办公室　公安部　监察部关于在行政执法中及时移送涉嫌犯罪案件的意见》(高检会〔2006〕2 号)

7.《公安机关受理行政执法机关移送涉嫌犯罪案件规定》(公通字〔2016〕16 号)

第十二章　涉税会计处理

【引言】

企业作为商品生产和经营者，必须按照国家规定履行纳税义务，对其生产经营所得依法缴纳各种税金。目前国家开征的税种主要有增值税、消费税、城市维护建设税、资源税、土地增值税、房产税、车船使用税、印花税、车辆购置税、契税、土地使用税、耕地占用税、企业所得税、关税等。企业缴纳的各种税金，其计税依据和计税方法不完全相同，会计处理方法也不完全一样。

第一节　财政部发布的《增值税会计处理规定》

一、会计科目

增值税一般纳税人应当在“应交税费”科目下设置“应交增值税”“未交增值税”“预交增值税”“待抵扣进项税额”“待认证进项税额”“待转销项税额”“增值税留抵税额”“简易计税”“转让金融商品应交增值税”“代扣代缴增值税”等明细科目。

(一)增值税一般纳税人应在“应交增值税”明细账内设置“进项税额”“销项税额抵减”“已交税金”“转出未交增值税”“减免税款”“出口抵减内销产品应纳税额”“销项税额”“出口退税”“进项税额转出”“转出多交增值税”等专栏

1.“进项税额”专栏

记录一般纳税人购进货物、加工修理修配劳务、服务、无形资产或不动产而支付或负担的、准予从当期销项税额中抵扣的增值税税额。

2.“销项税额抵减”专栏

记录一般纳税人按照现行增值税制度规定因扣减销售额而减少的销项税额。

3.“已交税金”专栏

记录一般纳税人当月已缴纳的应交增值税税额。

4.“转出未交增值税”和“转出多交增值税”专栏

分别记录一般纳税人月度终了转出当月应交未交或多交的增值税税额。

5.“减免税款”专栏

记录一般纳税人按现行增值税制度规定准予减免的增值税税额。

6.“出口抵减内销产品应纳税额”专栏

记录实行“免、抵、退”办法的一般纳税人按规定计算的出口货物的进项税抵减内销产品的应纳税额。

7.“销项税额”专栏

记录一般纳税人销售货物、加工修理修配劳务、服务、无形资产或不动产应收取的增值税税额。

8.“出口退税”专栏

记录一般纳税人出口货物、加工修理修配劳务、服务、无形资产按规定退回的增值税税额。

9.“进项税额转出”专栏

记录一般纳税人购进货物、加工修理修配劳务、服务、无形资产或不动产等发生非正常损失以及其他原因而不应从销项税额中抵扣、按规定转出的进项税额。

(二)“未交增值税”明细科目

核算一般纳税人月度终了从“应交增值税”或“预交增值税”明细科目转入当月应交未交、多交或预缴的增值税税额，以及当月缴纳以前期间未交的增值税税额。

(三)“预交增值税”明细科目

核算一般纳税人转让不动产、提供不动产经营租赁服务、提供建筑服务、采用预收款方式销售自行开发的房地产项目等，以及其他按现行增值税制度规定应预缴的增值税税额。

(四)“待抵扣进项税额”明细科目

核算一般纳税人已取得增值税扣税凭证并经税务机关认证，按照现行增值税制度规定准予以后期间从销项税额中抵扣的进项税额。包括：一般纳税人自 2016 年 5 月 1 日后取得并按固定资产核算的不动产或者 2016 年 5 月 1 日后取得的不动产在建工程，按现行增值税制度规定准予以后期间从销项税额中抵扣的进项税额；实行纳税辅导期管理的一般纳税人取得的尚未交叉稽核比对的增值税扣税凭证上注明或计算的进项税额。

(五)“待认证进项税额”明细科目

核算一般纳税人由于未经税务机关认证而不得从当期销项税额中抵扣的进项税额。包括：一般纳税人已取得增值税扣税凭证、按照现行增值税制度规定准予从销项税额中抵扣，但尚未经税务机关认证的进项税额；一般纳税人已申请稽核但尚未取得稽核相符结果的海关缴款书进项税额。

（六）“待转销项税额”明细科目

核算一般纳税人销售货物、加工修理修配劳务、服务、无形资产或不动产，已确认相关收入（或利得）但尚未发生增值税纳税义务而需于以后期间确认为销项税额的增值税税额。

（七）“增值税留抵税额”明细科目

核算兼有销售服务、无形资产或者不动产的原增值税一般纳税人，截止到纳入营改增试点之日前的增值税期末留抵税额按照现行增值税制度规定不得从销售服务、无形资产或不动产的销项税额中抵扣的增值税留抵税额。

（八）“简易计税”明细科目

核算一般纳税人采用简易计税方法发生的增值税计提、扣减、预缴、缴纳等业务。

（九）“转让金融商品应交增值税”明细科目

核算增值税纳税人转让金融商品发生的增值税税额。

（十）“代扣代缴增值税”明细科目

核算纳税人购进在境内未设经营机构的境外单位或个人在境内的应税行为代扣代缴的增值税。

小规模纳税人只需在“应交税费”科目下设置“应交增值税”明细科目，不需要设置上述专栏及除“转让金融商品应交增值税”“代扣代缴增值税”外的明细科目。

二、账务处理

（一）取得资产或接受劳务等业务的账务处理

1. 采购等业务进项税额允许抵扣的账务处理

一般纳税人购进货物、加工修理修配劳务、服务、无形资产或不动产，按应计入相关成本费用或资产的金额，借记“在途物资”或“原材料”“库存商品”“生产成本”“无形资产”“固定资产”“管理费用”等科目，按当月已认证的可抵扣增值税税额，借记“应交税费——应交增值税（进项税额）”科目，按当月未认证的可抵扣增值税税额，借记“应交税费——待认证进项税额”科目，按应付或实际支付的金额，贷记“应付账款”“应付票据”“银行存款”等科目。发生退货的，如原增值税专用发票已做认证，应根据税务机关开具的红字增值税专用发票做相反的会计分录；如原增值税专用发票未做认证，应将发票退回并做相反的会计分录。

2. 采购等业务进项税额不得抵扣的账务处理

一般纳税人购进货物、加工修理修配劳务、服务、无形资产或不动产，用于简易计税方法计税项目、免征增值税项目、集体福利或个人消费等，其进项税额按照现行增值税制度规定不得从销项税额中抵扣的，取得增值税专用发票时，应借记相关成本费用或资产科目，借记“应交税费——待认证进项税额”科目，贷记“银行存款”“应付账款”等科目，经税务机关认证后，应借记相关成本费用或资产科目，贷记“应交税费——应交增值税(进项税额转出)”科目。

3.购进不动产或不动产在建工程按规定进项税额分年抵扣的账务处理

一般纳税人自2016年5月1日后取得并按固定资产核算的不动产或者2016年5月1日后取得的不动产在建工程,其进项税额按现行增值税制度规定自取得之日起分2年从销项税额中抵扣的,应当按取得成本,借记“固定资产”“在建工程”等科目,按当期可抵扣的增值税税额,借记“应交税费——应交增值税(进项税额)”科目,按以后期间可抵扣的增值税税额,借记“应交税费——待抵扣进项税额”科目,按应付或实际支付的金额,贷记“应付账款”“应付票据”“银行存款”等科目。尚未抵扣的进项税额待以后期间允许抵扣时,按允许抵扣的金额,借记“应交税费——应交增值税(进项税额)”科目,贷记“应交税费——待抵扣进项税额”科目。

4.货物等已验收入库但尚未取得增值税扣税凭证的账务处理

一般纳税人购进的货物等已到达并验收入库,但尚未收到增值税扣税凭证并未付款的,应在月末按货物清单或相关合同协议上的价格暂估入账,不需要将增值税的进项税额暂估入账。下月初,用红字冲销原暂估入账金额,待取得相关增值税扣税凭证并经认证后,按应计入相关成本费用或资产的金额,借记“原材料”“库存商品”“固定资产”“无形资产”等科目,按可抵扣的增值税税额,借记“应交税费——应交增值税(进项税额)”科目,按应付金额,贷记“应付账款”等科目。

5.小规模纳税人采购等业务的账务处理

小规模纳税人购买物资、服务、无形资产或不动产,取得增值税专用发票上注明的增值税应计入相关成本费用或资产,不通过“应交税费——应交增值税”科目核算。

6.购买方作为扣缴义务人的账务处理

按照现行增值税制度规定,境外单位或个人在境内发生应税行为,在境内未设有经营机构的,以购买方为增值税扣缴义务人。境内一般纳税人购进服务、无形资产或不动产,按应计入相关成本费用或资产的金额,借记“生产成本”“无形资产”“固定资产”“管理费用”等科目,按可抵扣的增值税税额,借记“应交税费——进项税额”科目(小规模纳税人应借记相关成本费用或资产科目),按应付或实际支付的金额,贷记“应付账款”等科目,按应代扣代缴的增值税税额,贷记“应交税费——代扣代缴增值税”科目。实际缴纳代扣代缴增值税时,按代扣代缴的增值税税额,借记“应交税费——代扣代缴增值税”科目,贷记“银行存款”科目。

(二)销售等业务的账务处理

1.销售业务的账务处理

企业销售货物、加工修理修配劳务、服务、无形资产或不动产,应当按应收或已收的金额,借记“应收账款”“应收票据”“银行存款”等科目,按取得的收入金额,贷记“主营业务收入”“其他业务收入”“固定资产清理”“工程结算”等科目,按现行增值税制度规定计算的销项税额(或采用简易计税方法计算的应纳增值税税额),贷记“应交税费——应交增值税(销项税额)”或“应交税费——简易计税”科目(小规模纳税人应贷记“应交税费——应交增值税”科目）。发生销售退回的，应根据按规定开具的红字增值税专用发票做相反的会计分录。

按照国家统一的会计制度确认收入或利得的时点早于按照增值税制度确认增值税纳税义务发生时点的，应将相关销项税额计入“应交税费——待转销项税额”科目，待实际发生纳税义务时再转入“应交税费——应交增值税（销项税额）”或“应交税费——简易计税”科目。

按照增值税制度确认增值税纳税义务发生时点早于按照国家统一的会计制度确认收入或利得的时点的，应将应纳增值税税额，借记“应收账款”科目，贷记“应交税费——应交增值税（销项税额）”或“应交税费——简易计税”科目，按照国家统一的会计制度确认收入或利得时，应按扣除增值税销项税额后的金额确认收入。

2. 视同销售的账务处理

企业发生税法上视同销售的行为，应当按照企业会计准则制度相关规定进行相应的会计处理，并按照现行增值税制度规定计算的销项税额（或采用简易计税方法计算的应纳增值税税额），借记“应付职工薪酬”“利润分配”等科目，贷记“应交税费——应交增值税（销项税额）”或“应交税费——简易计税”科目（小规模纳税人应计入“应交税费——应交增值税”科目）。

3. 全面试行营业税改征增值税前已确认收入，此后产生增值税纳税义务的账务处理

企业营业税改征增值税前已确认收入，但因未产生营业税纳税义务而未计提营业税的，在达到增值税纳税义务时点时，企业应在确认应交增值税销项税额的同时冲减当期收入；已经计提营业税且未缴纳的，在达到增值税纳税义务时点时，应借记“应交税费——应交营业税”“应交税费——应交城市维护建设税”“应交税费——应交教育费附加”等科目，贷记“主营业务收入”科目，并根据调整后的收入计算确定计入“应交税费——待转销项税额”科目的金额，同时冲减收入。

全面试行营业税改征增值税后，“营业税金及附加”科目名称调整为“税金及附加”科目，该科目核算企业经营活动发生的消费税、城市维护建设税、资源税、教育费附加及房产税、土地使用税、车船使用税、印花税等相关税费；利润表中的“营业税金及附加”项目调整为“税金及附加”项目。

（三）差额征税的账务处理

1. 企业发生相关成本费用允许扣减销售额的账务处理

按现行增值税制度规定企业发生相关成本费用允许扣减销售额的，发生成本费用时，按应付或实际支付的金额，借记“主营业务成本”“存货”“工程施工”等科目，贷记“应付账款”“应付票据”“银行存款”等科目。待取得合规增值税扣税凭证且纳税义务发生时，按照允许抵扣的税额，借记“应交税费——应交增值税（销项税额抵减）”或“应交税费——简易计税”科目（小规模纳税人应借记“应交税费——应交增值税”科目），贷记“主营业务成本”“存货”“工程施工”等科目。

2. 金融商品转让按规定以盈亏相抵后的余额作为销售额的账务处理

金融商品实际转让月末，如产生转让收益，则按应纳税额借记“投资收益”等科目，贷记“应交税费——转让金融商品应交增值税”科目；如产生转让损失，则按可结转下月抵扣税额，借记“应交税费——转让金融商品应交增值税”科目，贷记“投资收益”等科目。缴纳增值税时，应借记“应交税费——转让金融商品应交增值税”科目，贷记“银行存款”科目。年末，本科目如有借方余额，则借记“投资收益”等科目，贷记“应交税费——转让金融商品应交增值税”科目。

(四)出口退税的账务处理

为核算纳税人出口货物应收取的出口退税款，设置“应收出口退税款”科目，该科目借方反映销售出口货物按规定向税务机关申报应退回的增值税、消费税等，贷方反映实际收到的出口货物应退回的增值税、消费税等。期末借方余额，反映尚未收到的应退税额。

未实行“免、抵、退”办法的一般纳税人出口货物按规定退税的，按规定计算的应收出口退税额，借记“应收出口退税款”科目，贷记“应交税费——应交增值税(出口退税)”科目，收到出口退税时，借记“银行存款”科目，贷记“应收出口退税款”科目；退税额低于购进时取得的增值税专用发票上的增值税税额的差额，借记“主营业务成本”科目，贷记“应交税费——应交增值税(进项税额转出)”科目。

实行“免、抵、退”办法的一般纳税人出口货物，在货物出口销售后结转产品销售成本时，按规定计算的退税额低于购进时取得的增值税专用发票上的增值税税额的差额，借记“主营业务成本”科目，贷记“应交税费——应交增值税(进项税额转出)”科目；按规定计算的当期出口货物的进项税抵减内销产品的应纳税额，借记“应交税费——应交增值税(出口抵减内销产品应纳税额)”科目，贷记“应交税费——应交增值税(出口退税)”科目。在规定期限内，内销产品的应纳税额不足以抵减出口货物的进项税额，不足部分按有关税法规定给予退税的，应在实际收到退税款时，借记“银行存款”科目，贷记“应交税费——应交增值税(出口退税)”科目。

(五)进项税额抵扣情况发生改变的账务处理

因发生非正常损失或改变用途等，原已计入进项税额、待抵扣进项税额或待认证进项税额，但按现行增值税制度规定不得从销项税额中抵扣的，借记“待处理财产损溢”“应付职工薪酬”“固定资产”“无形资产”等科目，贷记“应交税费——应交增值税(进项税额转出)”“应交税费——待抵扣进项税额”或“应交税费——待认证进项税额”科目；原不得抵扣且未抵扣进项税额的固定资产、无形资产等，因改变用途等用于允许抵扣进项税额的应税项目的，应按允许抵扣的进项税额，借记“应交税费——应交增值税(进项税额)”科目，贷记“固定资产”“无形资产”等科目。固定资产、无形资产等经上述调整后，应按调整后的账面价值在剩余尚可使用寿命内计提折旧或摊销。

一般纳税人购进时已全额计提进项税额的货物或服务等转用于不动产在建工程

的,对于结转以后期间的进项税额,应借记"应交税费——待抵扣进项税额"科目,贷记"应交税费——应交增值税(进项税额转出)"科目。

(六)月末转出多交增值税和未交增值税的账务处理

月度终了,企业应当将当月应交未交或多交的增值税自"应交增值税"明细科目转入"未交增值税"明细科目。对于当月应交未交的增值税,借记"应交税费——应交增值税(转出未交增值税)"科目,贷记"应交税费——未交增值税"科目;对于当月多交的增值税,借记"应交税费——未交增值税"科目,贷记"应交税费——应交增值税(转出多交增值税)"科目。

(七)缴纳增值税的账务处理

1.缴纳当月应交增值税的账务处理

企业缴纳当月应交的增值税,借记"应交税费——应交增值税(已交税金)"科目(小规模纳税人应借记"应交税费——应交增值税"科目),贷记"银行存款"科目。

2.缴纳以前期间未交增值税的账务处理

企业缴纳以前期间未交的增值税,借记"应交税费——未交增值税"科目,贷记"银行存款"科目。

3.预缴增值税的账务处理

企业预缴增值税时,借记"应交税费——预交增值税"科目,贷记"银行存款"科目。月末,企业应将"预交增值税"明细科目余额转入"未交增值税"明细科目,借记"应交税费——未交增值税"科目,贷记"应交税费——预交增值税"科目。房地产开发企业等在预缴增值税后,应直至纳税义务发生时方可从"应交税费——预交增值税"科目结转至"应交税费——未交增值税"科目。

4.减免增值税的账务处理

对于当期直接减免的增值税,借记"应交税费——应交增值税(减免税款)"科目,贷记损益类相关科目。

(八)增值税期末留抵税额的账务处理

纳入营改增试点当月月初,原增值税一般纳税人应按不得从销售服务、无形资产或不动产的销项税额中抵扣的增值税留抵税额,借记"应交税费——增值税留抵税额"科目,贷记"应交税费——应交增值税(进项税额转出)"科目。待以后期间允许抵扣时,按允许抵扣的金额,借记"应交税费——应交增值税(进项税额)"科目,贷记"应交税费——增值税留抵税额"科目。

(九)增值税税控系统专用设备和技术维护费用抵减增值税税额的账务处理

按现行增值税制度规定,企业初次购买增值税税控系统专用设备支付的费用以及缴纳的技术维护费允许在增值税应纳税额中全额抵减的,按规定抵减的增值税应纳税额,借记"应交税费——应交增值税(减免税款)"科目(小规模纳税人应借记"应交税费——应交增值税"科目),贷记"管理费用"等科目。

(十)关于小微企业免征增值税的会计处理规定。

小微企业在取得销售收入时,应当按照税法的规定计算应交增值税,并确认为应交税费,在达到增值税制度规定的免征增值税条件时,将有关应交增值税转入当期损益。

三、核算举例

一般纳税人的会计核算,以大福公司(一般纳税人)的业务为例。

一、购进资产或者服务业务

【案例12-1】大福公司2019年2月购入A商品100万元,取得增值税进项发票16万元,发票未认证,款项未支付。

借:库存商品——A　　1 000 000

　应交税费——待认证进项税额　　160 000

　贷:应付账款　　1 160 000

【案例12-2】大福公司2019年10月购入A商品100万元,取得增值税进项发票13万元,发票当月已认证,款项当月支付。

借:库存商品——A　　1 000 000

　应交税费——应交增值税(进项税额)　　130 000

　贷:银行存款　　1 130 000

【案例12-3】大福公司2019年10月从海关进口B商品50万元,取得海关专用缴款书6.5万元,用银行存款支付,相关信息已上传至税务局,尚未取得稽核信息。

借:库存商品——B　　500 000

　应交税费——待认证进项税额　　65 000

　贷:银行存款　　565 000

【案例12-4】大福公司2019年10月购进C商品一批,合同约定价款113万元(含税),商品已入库,尚未取得增值税发票。2019年11月,取得增值税发票上注明的金额为101万元,税额13.13万元,当月通过认证。

10月账务处理:

借:库存商品——C　　1 000 000

　贷:应付账款——暂估　　1 000 000

11月账务处理:

借:库存商品——C　　−1 000 000

　贷:应付账款——暂估　　−1 000 000

同时:

借:库存商品——C　　1 010 000

　应交税费——应交增值税(进项税额)　　131 300

贷:应付账款 1 141 300

【案例 12-5】大福公司 2019 年 6 月购进车辆一辆专门用于运送食堂所需要的物资,合同价款 11.3 万元(含税),取得增值税发票,款项已支付,发票已认证。9 月,该车辆用于运输企业销售的商品。车辆按 4 年计提折旧,残值率为 5%。

(1)6 月购进。

借:固定资产——运输设备 100 000

应交税费——应交增值税(进项税额) 13 000

贷:银行存款 113 000

同时:

借:固定资产——运输设备 13 000

贷:应交税费——应交增值税(进项税额转出) 13 000

(2)7 月计提折旧。

113 000×(1−5%)/(4×12)=2 315.63(元)

借:应付职工薪酬——应付福利费 2 236.46

贷:累计折旧 2 236.46

同时:

借:管理费用——应付职工福利费 2 236.46

贷:应付职工薪酬——应付福利费 2 236.46

(3)8 月、9 月计提折旧会计处理同上。

(4)10 月。

计算可抵扣的进项:

=[(113 000−2 236.46×3)/(1+13%)]×13%=12 228.12(元)

借:应交税费——应交增值税(进项税额) 12 228.12

借:固定资产——运输设备 −12 228.12

然后调整计提折旧的基数,再按剩余的折旧年限计提折旧

借:销售费用——折旧 1 985.76

贷:累计折旧 1 985.76

依据:《财政部 国家税务总局关于全面推开营业税改征增值税试点的通知》(财税〔2016〕36 号)附件 2 规定,按照《试点实施办法》第二十七条第(一)项规定不得抵扣且未抵扣进项税额的固定资产、无形资产、不动产,发生用途改变,用于允许抵扣进项税额的应税项目,可在用途改变的次月按照下列公式计算可以抵扣的进项税额:

可以抵扣的进项税额=固定资产、无形资产、不动产净值/(1+适用税率)×适用税率。上述可以抵扣的进项税额应取得合法有效的增值税扣税凭证。

【案例 12-6】大福公司 2018 年 1 月购入办公房一套,价值 500 万元(不含税),取得增值税专用发票注明的税额 25 万元(销售方简易征税),发票已认证。

(1)借:固定资产　5 000 000

应交税费——应交增值税(进项税额)　150 000

应交税费——待抵扣进项税　100 000

贷:银行存款　5 250 000

(2)十三个月后

借:应交税费——应交增值税(进项税额)　100 000

贷:应交税费——待抵扣进项税额　100 000

【案例 12-7】大福公司 2019 年 10 月支付 2017 年度、2018 年度及 2019 年度广告费用 106 万元,取得增值税专用发票注明的税额 6 万元,发票已认证。

借:长期待摊费用　1 000 000

应交税费——应交增值税(进项税额)　600 000

贷:银行存款　1 060 000

【案例 12-8】甲公司 2021 年 11 月向美国的乙企业支付一项专利费 106 万元(含税价)。

(1)确认无形资产,代扣增值税时:

借:无形资产　1 000 000

应交税费——代扣代缴增值税　60 000

【1 060 000÷(1+6%)×6%】

贷:应付账款——乙企业　1 060 000

(2)付款时:

借:应付账款——乙企业　1 000 000

贷:银行存款　1 000 000

(3)代缴增值税时:

借:应交税费——代扣代缴增值税　60 000

贷:银行存款　60 000

【案例 12-9】大福公司 2019 年 12 月购进小麦 5 吨,支付价款 1.09 万元(含税),取得增值税专用发票并当月认证通过,当月车间把购进的小麦领出用于生产方便面。

借:原材料　10 000

应交税费——应交增值税(进项税额)　900

贷:银行存款　10 900

领用时:

借:生产成本　10 000

贷:原材料　10 000

同时:

借:应交税费——应交增值税(进项税额)　100

借:生产成本　—100

二、销售货物或服务

【案例 12-10】大福公司 2019 年 10 月共销售商品 500 万元(不含税),销项税额为 65 万元,款项未收到。

借:应收账款　5 650 000

　贷:主营业务收入——商品销售　5 000 000

　　应交税费——应交增值税(销项税额)　650 000

【案例 12-11】大福公司 2019 年 10 月签订房屋出租合同,合同约定提前一次性收取一年租金并开具增值税发票,当月取得租金收入 63 万元(含税),大福公司在主管税局做了简易计税备案。

借:银行存款　630 000

　贷:预收账款　600 000

　　应交税费——简易计税　30 000

【案例 12-12】大福公司 2019 年 10 月签订房屋出租合同,合同约定提前一次性收取一年租金并开具增值税发票,当月取得租金收入 60 万元(不含税一般计税)

借:银行存款　666 000

　贷:预收账款　600 000

　　应交税费——应交增值税(销项税额)　66 000

【案例 12-13】大福公司 2019 年 12 月因销售业务扩大需要办理发票增量,税务机关要求按上月销售额的 4%预交增值税 5 万元。

借:应交税费——应交增值税(已交税金)　50 000

　贷:银行存款　50 000

【案例 12-14】大福公司 2019 年 12 月与上海 A 公司签订货物销售合同,当月收到货物贷款 100 万元(不含税),并开具增值税专用发票,合同约定于 2020 年 2 月将货物发到 A 公司。

借:银行存款　1 130 000

　贷:预收账款——A 公司　1 000 000

　　应交税费——应交增值税(销项税额)　130 000

【案例 12-15】大福公司 2019 年 12 月与深圳 B 公司签订技术开发合同,受托为 B 公司提供技术开发服务,合同约定价款 100 万元(不含税),当月未收到款项但是为 B 公司全额开具了增值税发票。

借:应收账款——B 公司　60 000

　贷:应交税费——应交增值税(销项税额)　60 000

【案例 12-16】大福公司 2019 年 10 月卖出所购上市公司股票盈亏相抵后,损失金额 10.6 万元(含税),2019 年 11 月盈亏相抵后收益 21.2 万元(含税)。9 月底,应交税费科目无余额,不考虑其他事项。

10 月：

借：应交税费——转让金融商品应交增值税　　6 000

　　贷：投资收益　　6 000

11 月：

借：投资收益　　12 000

　　贷：应交税费——转让金融商品应交增值税　　12 000

12 月缴纳增值税：

借：应交税费——转让金融商品应交增值税　　6 000

　　贷：银行存款　　6 000

【案例 12－17】大福公司于 2019 年 8 月承接了某单位的旅游服务业务，合同含税总价 120 万元，当月收到全部款项并开具普通发票，约定游览河北、北京旅游景点，并同意由河北 A 旅游公司分包河北景点游览服务，分包金额 50 万元。

大福公司安排客人游览北京境内若干景区，旅途发生住宿费 10 万元、餐饮费 15 万元、交通费 6 万元、门票费 3 万元、游客人身意外险保费 2 万元、其他杂费 4 万元，均取得普通发票。本月大福公司取得办公费用增值税专用发票进项税额 8 377.36 元，不考虑其他业务发生。

(1)收到款项时：

借：银行存款　　12 000 000

　　贷：主营业务收入　　1 132 075.47

　　　　应交税费——应交增值税(销项税额)　　67 924.53

(2)支付 A 公司分包款时：

借：主营业务成本　　500 000

　　贷：银行存款　　500 000

借：应交税费——应交增值税(销项税额抵减)　　28 301.89

　　贷：主营业务成本　　28 301.89

(3)代付费用(住宿费、餐饮费、交通费、门票费)入账时：

代付费用额＝100 000＋150 000＋60 000＋30 000＝340 000(元)

借：主营业务成本　　340 000.00

　　贷：银行存款　　340 000.00

借：应交税费——应交增值税(销项税额抵减)　　19 245.28

　　贷：主营业务成本　　19 245.28

注：依据财税〔2016〕36 号附件 2 规定，试点纳税人提供旅游服务，可以选择以取得的全部价款和价外费用，扣除向旅游服务购买方收取并支付给其他单位或者个人的住宿费、餐饮费、交通费、签证费、门票费和支付给其他接团旅游企业的旅游费用后的余额为销售额。

(4)转出未交增值税。

当月会计处理完毕后，大福公司应纳税额为：

(67 924.53－28 301.89－19 245.28)－8 377.36＝20 377.36－8 377.36＝12 000(元)

借:应交税费——应增值税(转出未交增值税)　12 000

　贷:应交税费——未交增值税　12 000

【案例 12－18】大福公司 2019 年 11 月销售自产的蔬菜 100 万元,收到款项并开具了普通发票,在主管税局做了销售农产品免税备案手续。

借:银行存款　1 000 000

　贷:主营业务收入　1 000 000

【案例 12－19】大福公司 2019 年 6 月处置 2012 年 1 月购进的小汽车一辆,原值 25 万元,已计提折旧 24 万元,残值 1 万元,取得处置价款 2.06 万元。

(1)把小汽车转入清理。

借:固定资产清理　10 000

　　累计折旧　240 000

　贷:固定资产　250 000

(2)收到处置价款。

借:银行存款　20 600

　贷:固定资产清理　20 000

　　应交税费——简易计税　600

(3)结转清理余额。

借:固定资产清理　10 000

　贷:营业外收入　10 000

缴纳增值税时:

借:应交税费——简易计税　600

　贷:银行存款　400

　　营业外收入　200

第二节　增值税其他会计处理规定

一、增值税进项留抵税额抵减增值税欠税

根据《国家税务总局关于增值税一般纳税人用进项留抵税额抵减增值税欠税问题的通知》(国税发〔2004〕112 号)规定:"为了加强增值税管理,及时追缴欠税,解决增值税一般纳税人(以下简称'纳税人')。"既欠缴增值税,又有增值税留抵税额的问题,现将纳税人用进项留抵税额抵减增值税欠税的有关问题通知如下:

"一、对纳税人因销项税额小于进项税额而产生期末留抵税额的,应以期末留抵税

额抵减增值税欠税。

“二、纳税人发生用进项留抵税额抵减增值税欠税时，按以下方法进行会计处理：

“（一）增值税欠税税额大于期末留抵税额，按期末留抵税额红字借记‘应交税费——应交增值税（进项税额）’科目，贷记‘应交税费——未交增值税’科目。

“（二）若增值税欠税税额小于期末留抵税额，按增值税欠税税额红字借记‘应交税费——应交增值税（进项税额）’科目，贷记‘应交税费——未交增值税’科目。”

二、增值税检查调整

营改增后，对于增值税的会计处理，《财政部关于印发〈增值税会计处理规定〉的通知》（财会〔2016〕22 号）进行了明确，在该文件中并没有“增值税检查调整”科目。

但需要说明的是：《国家税务总局关于印发（增值税日常稽查办法）的通知》（国税发〔1998〕44 号）这个文并没有废除，因此“增值税检查调整”这个二级科目依然是有效的。

对查补的增值税的账务处理，根据国税发〔1998〕44 号的规定：增值税检查后的账务调整，应设立“应交税费——增值税检查调整”专门账户。

凡检查后应调减账面进项税额或调增销项税额和进项税额转出的数额，借记有关科目，贷记“应交税费——增值税检查调整”；

凡检查后应调增账面进项税额或调减销项税额和进项税额转出的数额，借记“应交税费——增值税检查调整”，贷记有关科目；

全部调账事项入账后，应结出本账户的余额，并对该余额进行处理。稽查查账需要补交增值税，借记“应交税费——增值税检查调整”，贷记“应交税费——未交增值税”。

支付时，借记“应交税费——未交增值税”，贷记“银行存款”。

三、增量留抵退税会计处理

退还的增量留抵税额的账务处理较为简单，进项税额留抵在账务上体现为“应交税费——应交增值税（进项税额）”科目的借方余额，收到退税款对应留抵减少，对应科目进项税额减少，分录如下：

借：银行存款

　　贷：应交税费——应交增值税（进项税额）

若账务上已经结转到“应交税费——未交增值税”科目，则分录为：

借：银行存款

　　贷：应交税费——未交增值税

注意：退还的增量留抵税额不影响企业损益。

四、加计抵减会计处理

财政部会计司明确，生产、生活性服务业纳税人取得资产或接受劳务时，应当按照《增值税会计处理规定》的相关规定对增值税相关业务进行会计处理；实际缴纳增值税时，按应纳税额借记“应交税费——未交增值税”等科目，按实际纳税金额贷记“银行存款”科目，按加计抵减的金额贷记“其他收益”科目。

例如：某符合加计抵减条件的咨询公司4月增值税业务如下：

【案例12-20】购进一批可抵扣的办公用品1 130元（含税），开具专票且已勾选：

借：管理费用——办公费　1 000元

　应交税费——应交增值税（进项税额）　130元

　贷：银行存款　1 130元

本月除此以外再无其他进项。

【案例12-21】本月仅发生一笔咨询费销项，价税合计106 000元。

借：银行存款　106 000元

　贷：主营业务收入　100 000元

　　应交税费——应交增值税（销项税额）　6 000元

【案例12-22】月初并无留抵，本月也未发生其他增值税应税行为。

那么，月末：

借：应交税费——应交增值税（转出未交增值税）　5 870元

　贷：应交税费——未交增值税　5 870元

次月初申报纳税时：

借：应交税费——未交增值税　5 870元

　贷：其他收益　13元

　　银行存款　5 857元

这贷方13元就是加计抵减的进项，130×10%=13元。

第三节　其他涉税会计处理

一、税务检查补税处理

1. 增值税检查补录账务处理（以调增销项税额为例）

(1)稽查发现将自产产品对外赠送未进行账务处理，补录账时需调整以前年度损益。

借：以前年度损益调整

贷:库存商品

应交税费——增值税检查调整

(2)稽查发现以自产产品对外销售未确认收入,补录账时需调整以前年度损益。

借:应收账款

贷:以前年度损益调整

应交税费——增值税检查调整

借:以前年度损益调整

贷:库存商品

2.结转增值税税额

借:应交税费——增值税检查调整

贷:应交税费——未交增值税

3.缴纳增值税税额

借:应交税费——未交增值税

贷:银行存款

4.补提附加税费

借:以前年度损益调整

贷:应交税费——应交城市维护建设税

应交税费——应交教育费附加

应交税费——应交地方教育附加

5.缴纳附加税费

借:应交税费——应交城市维护建设税

应交税费——应交教育费附加

应交税费——应交地方教育附加

贷:银行存款

6.补提企业所得税账务处理

借:以前年度损益调整

贷:应交税费——应交企业所得税

7.缴纳税收滞纳金账务处理

借:营业外支出——税收滞纳金

贷:银行存款

8.缴纳税务罚款账务处理

借:营业外支出——行政性罚款

贷:银行存款

9.结转以前年度损益调整

借:利润分配——未分配利润(或借:以前年度损益调整)

贷:以前年度损益调整(或贷:利润分配——未分配利润)

二、其他涉税会计处理

（一）缴纳土地增值税的会计处理

（1）非房地产开发企业转让自有房地产，缴纳土地增值税，应借记“固定资产清理”，贷记“应交税费——应交土地增值税”。

（2）房地产企业转让自行开发的房地产项目，缴纳土地增值税，应借记“税金及附加”，贷记“应交税费——应交土地增值税”。

（二）缴纳耕地占用税的会计处理

缴纳耕地占用税，应借记“在建工程”，贷记“应交税费——应交耕地占用税”。

（三）缴纳车辆购置税的会计处理

缴纳车辆购置税，应借记“固定资产”，贷记“应交税费——应交车辆购置税”。

（四）缴纳契税的会计处理

非房地产开发企业购买土地缴纳契税，借记“无形资产”，贷记“应交税费——应交契税”。

房地产开发企业购买土地缴纳契税，借记“开发成本”，贷记“应交税费——应交契税”。

购买房屋缴纳契税，借记“固定资产”，贷记“应交税费——应交契税”。

（五）缴纳消费税、城市维护建设税、教育费附加、地方教育附加、资源税、房产税、城镇土地使用税、车船使用税、印花税的会计处理

企业经营活动发生的消费税、城市维护建设税、教育费附加、资源税、房产税、城镇土地使用税、车船使用税、印花税，应借记“税金及附加”，贷记“应交税费——应交消费税、应交城市维护建设税、应交资源税、应交房产税、应交城镇土地使用税、应交车船使用税、应交印花税”。

【本章节主要政策依据】

1.财政部关于印发《增值税会计处理规定》的通知（财会〔2016〕22 号）

2.《国家税务总局关于增值税一般纳税人用进项留抵税额抵减增值税欠税问题的通知》（国税发〔2004〕112 号）

3.《国家税务总局关于印发（增值税日常稽查办法）的通知》（国税发〔1998〕44 号）

第十三章　电子查账简介

【引言】

自20世纪70年代起，计算机逐渐普及与应用，作为现代企业管理中最核心内容的财务管理，从1979年起开始实施会计电算化。经过40余年的发展，会计电算化的应用领域已经从大型企业向中小企业、从个别企业向整个行业、从经济发达地区向全国范围普及。传统手工查账方式已经跟不上国民经济和社会信息化发展的大趋势。如何革新现有稽查手段，尽快改变传统的税务稽查方式，成为稽查工作面临的一个重要课题。

面对新情况、新问题，税务部门积极改变传统的税务稽查方式，实施电子查账。电子查账是税务部门运用现代化信息技术和手段，调取实行会计电算化的纳税人、扣缴义务人的电子财务资料，实施税务稽查的一种执法行为。

电子查账工程启动以来，收效明显。电子查账实现了稽查手段创新，使税务稽查职能作用充分发挥，纳税人的税收遵从度明显提升。运用查账软件实施调账、查账到还账，大大减少了稽查人员翻阅、查找、计算等简单劳动，可以高效完成查看企业总账、明细账、电子凭证等财务资料工作。同时，运用软件的查询、过滤、分析、统计等功能，可迅速查找出案件的突破口，自动归集问题，自动生成稽查工作底稿。通过开展电子查账，调取电子财务资料，省去了企业将电子财务资料打印成纸质资料所耗费的时间、人力、物力和财力，减少了对企业正常经营活动的影响。调查显示，企业对电子查账工作的满意度达到100%。

第一节　电子查账概述

一、电子查账技术概述

电子查账是税务部门运用现代化信息技术和手段，调取实行会计电算化的纳税人、扣缴义务人的电子财务资料，实施税务稽查的一种执法行为。运用电子查账软件实施调取账簿、检查账簿和退还账簿，大大减少了稽查人员翻阅账簿、查找凭证、分类汇总计算等简单劳动，可以高效完成查看企业总账、明细账、电子凭证等财务资料工作。运用电子查账软件的查询、过滤、分析、统计等功能，可迅速查找出案件的突破口，自动归集问题，自动生成稽查工作底稿。同时通过开展电子查账，调取电子财务资料，节省了被检查企业将电子财务资料打印成纸质资料所耗费的时间、人力、物力和财力，减少了对被检查企业正常经营活动的影响。

电子查账软件目前在全国已经有很多品牌和版本，主要有江苏税软软件科技有限公司开发的“税务稽查查账软件”、北京中普审业软件有限公司开发的“中普税务稽查软件”、北京用友审计软件有限公司开发的“用友数字化税务查账系统”等查账软件。

二、电子查账系统是稽查辅助工具

《电子查账系统》是一套高级的数字化税务稽查辅助工具，主要体现在下述的三个方面中。

（一）税务稽查实施工具

《电子查账系统》是针对税务稽查程序中的稽查实施环节，以企业的涉税电子数据和征管的申报数据为基础，以税收政策法规为依据，将税务稽查经验、方法与计算机信息处理技术相结合，辅助税务稽查人员完成不同税种稽查实施的查账工具。

（二）实施监控管理工具

《电子查账系统》通过涉税疑点、查证过程等方面的记录对税务稽查人员的整个实施过程进行监控，为税务稽查实施过程的管理提供了有效的保障。

（三）稽查业务学习工具

《电子查账系统》通过不断积累税务稽查干部的查账经验，形成各种查账模型和模板，辅助运用的税务稽查人员完成对涉税电子数据的分析检查，同时在检查的过程中帮助税务稽查人员学习、掌握各种分析检查的方法及思路。

三、电子查账软件的组成

电子查账软件由数据采集子系统、查账软件子系统两部分组成。

数据采集子系统的一般特点：U盘运行免安装、智能识别财务软件、自动搜索账套数量、涵盖软件范围广、加密处理保证安全、存货等数据全面采集、可以在客户端采集（自动搜索服务器）。

查账软件子系统的模块组成，一般包括数据准备、分析评估、项目检查、账务检查、成本检测、结果处理、综合查询等。

第二节　相关税收政策和实施程序

一、电子查账的相关税收政策

(1)纳税人建立的会计电算化系统应当符合国家有关规定，并能正确、完整核算其收入或者所得。依据《中华人民共和国税收征收管理法实施细则》第二十四条第三款。

(2)纳税人、扣缴义务人会计制度健全，能够通过计算机正确、完整计算其收入和所得或者代扣代缴、代收代缴税款情况的，其计算机输出的完整的书面会计记录，可视同会计账簿。

纳税人、扣缴义务人会计制度不健全，不能通过计算机正确、完整计算其收入和所得或者代扣代缴、代收代缴税款情况的，应当建立总账及与纳税或者代扣代缴、代收代缴税款有关的其他账簿。依据《中华人民共和国税收征收管理法实施细则》第二十六条。

(3)关于对采用电算化会计系统的纳税人实施电算化税务检查的问题。

对采用电算化会计系统的纳税人，税务机关有权对其会计电算化系统进行查验；对纳税人会计电算化系统处理、储存的会计记录以及其他有关的纳税资料，税务机关有权进入其电算化系统进行检查，并可复制与纳税有关的电子数据作为证据。

税务机关进入纳税人电算化系统进行检查时，有责任保证纳税人会计电算化系统的安全性，并保守纳税人的商业秘密。依据《国家税务总局〈关于贯彻中华人民共和国税收征收管理法及其实施细则若干具体问题的通知〉》(国税发〔2003〕47号)第十六条。

(4)从事生产、经营的纳税人的财务、会计制度或者财务、会计处理办法和会计核算软件，应当报送税务机关备案。依据《中华人民共和国税收征收管理法》第二十条。

纳税人使用计算机记账的，应当在使用前将会计电算化系统的会计核算软件、使用说明书及有关资料报送主管税务机关备案。依据《中华人民共和国税收征管法实施细则》第二十四条。

未按照规定将财务、会计制度或者财务、会计处理办法和会计核算软件报送税务机关备查的，由税务机关责令限期改正，可以处二千元以下的罚款；情节严重的，处二千元以上一万元以下的罚款。依据《中华人民共和国税收征收管理法》第六十条。

二、实施电子查账应遵守的程序

为有效利用查账软件实施稽查工作，保证税务稽查执法的正确性，根据《中华人民共和国税收征收管理法》及税收法律法规的有关规定，检查人员实施电子查账应遵守以下程序：

（1）选案环节筛选待稽查业户时，应根据需要选取一定使用会计核算软件的企业（税务稽查查账软件可调取数据的软件使用范围）进行检查，并逐步扩大对使用会计核算软件企业的检查数量。

（2）检查人员检查使用会计核算软件记账的企业时，除使用以前规定的文书外，还需向企业出示"复印会计核算电子文档通知书"，并由企业有关人员在送达回证上签字，同时填写调账清单。对重要案件、会计核算电子文档疑点较大案件可复制两套电子文档，一份封存，由企业在封存口盖章，按取证要求，由企业有关人员在封存件上注明，"此会计核算电子文档取之×××企业，与原会计核算电子文档数据一致"，企业有关人员签字压印，另外一份作为查账资料。

（3）稽查人员提取的企业会计核算电子文档数据，要为纳税人保密，调取的电子文档数据视同纸制文书一样保管。查账结束后，对不需要作为证据的电子文档数据，在返还账簿凭证时，由企业财会人员监督予以删除。

（4）检查中，发现企业会计核算电子文档数据有疑点，应核对纸质账簿、凭证、报表，以纸质账簿、凭证、报表上的数据作为定案依据，如会计核算电子文档数据的疑点未在纸质账簿、凭证、报表上体现，而会计核算电子文档上的数据确是偷税的证据，应到企业将会计核算电子文档重新复制一次并封存，叫企业在重新复制的会计核算电子文档封口处盖章，按取证要求，叫企业有关人员在封存件上注明，"此会计核算电子文档取之×××企业，与原会计核算电子文档数据一致"，企业有关人员签字压印。如果原先已复制了一份会计核算电子文档封存，则原先封存的会计核算电子文档可作为定案证据。

（5）检查人员对稽查软件提示的问题应在"疑点描述"中说明疑点，对疑点检查落实后，要在该疑点下面说明问题是否属实，什么原因造成该疑点。

（6）对提取企业电子数据的U盘，各单位要有专人保管，保管人员要建立"提取企业电子数据U盘领用情况登记簿"，领用、归还时都要登记签字。如有丢失，追究有关人员的责任。

第三节　电子数据采集

一、了解采集对象

采集人员到达企业财务部门后，不要急于使用采集软件采集数据。最好的做法是：

首先，确认企业使用的财务软件种类。可以通过询问或者自己打开企业财务电脑的"开始—程序"，了解企业所使用的财务软件信息，若需要采集的账套使用的软件不在采集软件的范围之内，要及时和采集软件服务商联系，寻求人工帮助。

其次，要准确采集需要检查的账套。在采集前，可以先请企业的会计打开其财务软件，看准账套名称和所属年度，在运行采集软件时，与企业的会计刚才打开的账套进行名称和年度的核对。

最后，在登录财务软件主界面后，在其界面的上方工具栏菜单中会有“帮助—关于”信息，采集人员应详细查看并下载其内容。

二、运行采集对象

在了解到充足的采集对象(财务软件或ERP)信息后，我们就可以打开采集软件了。这里一定要注意，请尽量不要使用U盘装载采集软件进行采集！如果企业没有光驱，不可以使用光盘采集时，我们也可以请企业会计或网管通过网络将采集软件拷贝到需要采集数据的机器上。如果上述方法也不可以实现，那么也可以使用U盘装载的采集软件进行采集。但是这里一定要注意：

(1)请把U盘交给企业会计或网管进行杀(查)毒后再插入财务电脑(或财务服务器)进行采集。

(2)一定不要在U盘中直接运行数据采集软件。正确的方法是将采集软件拷贝至企业电脑桌面，然后运行它进行采集。

(3)运行数据采集软件后，软件可以智能的先去搜索该机器上安装有什么财务软件(ERP软件)。但是由于企业电脑可能存在病毒或多次安装过财务软件或其他原因，可能会造成采集软件搜索不出企业财务软件信息。那么就需要采取手工采集方法。

(4)账套采集成功后，会建立一个按照采集年度命名的后缀名为.dat的文件，如采集某单位2019年的电子账，采集成功后，一般会形成2019.dat的文件。(有时也会形成2019.rar的压缩文件)

第四节　电子查账软件应用

下面以税软公司查账软件为例，介绍一下该软件的操作及主要功能。

一、数据导入及数据验证

通过系统管理新建案件信息后，“数据导入”功能可以将通过数据采集软件采集出来的企业涉税电子数据导入查账系统中。其中在路径选项中选择通过数据采集软件采集出来的企业涉税电子数据存放的路径。在导入数据类型选项中根据我们采集的具体情况进行选择。如果采集到的企业数据比较大，或分多次采集到企业同一年度不同期间的数据，软件同时也支持分次追加导入。

“数据验证”功能对将企业涉税电子数据中的逻辑性错误进行查找，以验证采集到的企业电子财务数据是否真实。企业采用会计电算化后，存在通过数据库技术绕开财务软件直接修改财务数据，以达到其不法目的情况。数据验证功能可以对科目期初借贷方是否平衡、总账与明细账期初余额是否平衡、项目科目期初余额上下级平衡、会计凭证借贷方是否平衡等方面进行检测，来验证数据的真实性。

二、财务总账模块的应用

(一)穿透阅账

财务总账不但可以浏览企业账套中的总账、核算项目、明细账信息，还可以使用分析工具对企业会计科目进行检查分析。账务检查主要是对被检查的账套从财务的账、证、表，存货的账、证方面进行的类似手工式的看账、翻凭证的穿透式检查。在穿透检查的同时，软件也提供了很多的工具帮助用户快速的查找定位涉税疑点。在该模块中用户可以对企业的财务账进行穿透阅账，从总账穿透到明细账再到凭证；穿透阅账中结合该模块提供的多种工具如项目账、关联分析、升降序等对数据进行检索、排序等操作，使用户能更快、更方便的掌握被检查的账套信息并从中找到涉税疑点、记录涉税疑点

在“税务稽查(前台)”模式下，单击 财务总账 按钮，进入财务总账界面，用户在可以直接查看到企业账套中所启用的所有科目的期初、期末余额及发生额，并可以对总账、明细账及凭证进行穿透式查看，方便了账务检查。

[明细账]工具可以从总账切换到相应的明细账中。在总账界面用户可以通过双击没有明细科目的总账科目打开相应明细账。但对于有明细科目的总账科目，用户可以通过使用[明细账]工具来查看其所有的明细账。工具中提供了如科目、类型、期间、项目单位、借贷方金额等多种条件。用户可根据过滤目设置相应的条件在本科目所有的业务中进行查找。该工具的使用比较传统的手工翻凭证式的检查大大地提高了效率，节省了检查的时间。

[项目账]工具可以查看企业账套中带有项目核算性质的科目如项目明细账，并且通过项目明细账界面中的过滤功能方便快速的查找挂账业务、大额交易业务。

(二)分析工具

[分期显示]工具可以查看任意科目的各期间的发生额和期末余额，从其金额的变化趋势中发现存在的问题；

[波动分析]工具可以对任意科目做激增激减测试，并对科目金额的变化情况以曲线图表的形式表现。通过金额曲线变化可发现企业是否存在人为调节利润等行为。[波动分析]工具中还提供了上限下限区间，稽查人员可以设置波动区间，对超出波动区间的期间金额作重点检查(为稽查人员指出了稽查的方向)。

[关联分析]工具主要是依据会计学原理，对多科目之间的钩稽进行检查分析。稽查人员可以使用该工具对企业的产购销比例、收入与费用的配比、生产成本的结转与入库、生产成本组成等进行分析检查，进而找到稽查的方向。

账户流向分析：可以通过该功能查看账户科目的借贷流向情况，如：现金贷方流向

有哪些科目，软件就会自动进行统计汇总。

红字分析：该模块主要用于分析显示当前选中账户科目的所有的红字业务。

在右键菜单中，软件设置了升降序功能。该功能可以对当前界面的任意数值类型的数据进行排序，帮助稽查人员达到对余额排序、查找大额业务等目的。

三、会计凭证模块的应用

在“税务稽查（前台）”模式下，单击“会计凭证”按钮，进入会计凭证检查界面，用户通过该模块中提供的“查找”“过滤”“业务查询”工具可以快速的查找定位目的凭证。

“查找”“过滤”的界面基本相似，同样设置了如科目、类型、期间、项目单位等很多查询条件，但二者检索的对象不同。“查找”是对所有的凭证进行检索，“过滤”是对查找的结果或是当前界面的结果进行多次筛选的工具。查找、过滤的作用是可根据用户输入的条件，检索企业凭证。如较常用的有：科目代码（类似），会计期间（等于），摘要（包含），项目核算名称（包含）等。

“业务查询”工具是对凭证进行的检索，可以依据稽查人员经验，将一些重点检查凭证或是错误的凭证作为条件，在账套凭证中进行比对，将符合条件的凭证查找出来。该工具的使用要点在于稽查人员必须有比较多的检查经验，能够利用工具设定出典型的或是错误的凭证来进行检索。如想把所有涉及产品销售收入增加（贷方发生），应收账款增加（借方发生）所有的业务过滤出来，就可以在主条件中会计科目选择为应收账款，比较内容选择借方，比较关系大于，比较金额为 0，然后在并列条件中产品销售收入，比较内容选择贷方，比较关系大于，比较金额为 0，在分析评估模块中会计分录比对就是利用该原理设置的。

在财务总账、明细账、会计凭证界面都有归集工具。“归集”工具的使用类似税务检查中的调账工作，可以将企业未列入相应项目中的金额进行归集调整，同时，为税种检查部分提供了数据源。

四、分析评估模块的应用

此模块可实现稽查查账系统的纳税分析和纳税评估功能。此模块包括“账户分析”“指标分析”“报表分析”“分录比对”多项评测功能，并出具“评估报告”。为分析评估提供数据依据。通过分析评估模块的运用，稽查人员可以在正式的检查之前对企业总体的生产经营状况有一个大致的了解，从而指导税务稽查人员应该重点关注企业哪些方面的检查。分析评估不仅为我们的税务稽查提供了指导，其对税务征管人员在纳税评估分析和审计中也能发挥一定的作用。通过此模块对企业的总体生产经营状况及重点的涉税账户、涉税业务等方面进行分析检查，确定本次稽查实施的方向。

五、查账软件操作流程

下面,将列示出查账软件的主要操作流程。

流程一:查账软件的安装

安装过程包含两个步骤,如下所示:

(1)直接双击 Setup. exe,弹出选择界面默认选中“数据环境”“电子查账系统”;

(2)创建“系统数据库”。

流程二:加密器安装

插入到安装有查账软件的计算机的 USB 接口上;

流程三:稽查人员的设置

查账软件中设置的用户,既可以分配软件的权限,也可以在相应的文档中(如稽查报告)体现出稽查人员的姓名。

设置包含四个步骤,如下所示:

(1)启动查账软件,在登录过程中,选择“系统管理”,选择“系统功能”,进入“用户管理”界面;

(2)通过“新增”按钮,在“常规选项”中录入“用户代码”(如 ZS)、“用户名称”(如张三);

(3)切换到“隶属角色”,选择当前用户的操作权限;

(4)通过“保存”完成人员的设置,也可在当前界面中继续新增其他用户信息。

流程四:账套的建立

在财务软件中,会有多个账套;而每个账套中,也会包含多个年度的会计信息。所以,必须在查账软件中,按照纳税人(及企业名称)、检查年度、所属行业等建立不同的账套。

账套建立包含三个步骤,如下所示:

(1)启动查账软件,在登录过程中,选择“系统管理”,进入账套维护界面;

(2)在“企业信息”部分,通过“新增”按钮,录入纳税人的基本信息;

(3)在“账套信息”部分,通过“新增”按钮,录入“案件编号”、分配“检查人员”、选择“检查年度”,“确认”后,完成该纳税人、该年度账套的创建。

流程五:企业数据的引入

要对企业的电子账簿检查,就必须将使用“数据采集软件”采集回来的企业电子数据,导入到查账软件。

数据导入包含五个步骤,如下所示:

(1)在“系统”菜单中,选择“重新登录”、输入用户代码(如 ZS)、选择“税务稽查”“选择”刚刚创建的某一年度的检查账套,进入该账套的检查界面;

(2)在“数据准备”中,选择“数据导入”;

(3)按照从企业采集回来的数据,选择不同的导入类型;

(4)在“文件路径”中选择从企业采集回来的数据的存储路径;

(5)通过“导入”按钮完成数据的导入。

流程六:科目对应、存货对应

查账软件需要通过一定的机制,“识别”企业的账簿及物流数据,这一过程,通过“科目对应”及“存货对应”完成。

(1)在“数据准备”中,分别选择“科目对应”“存货对应”进入转换界面;

(2)完成对应后,通过“转换”按钮确认转换。

流程七:使用分析评估进行智能分析

(1)分别通过“指标分析”“账户分析”“报表分析”“分录比对”“账户检测”“存货检测”完成查账软件对企业电子账簿的模型分析;

(2)对智能分析过程中发现的疑点进行记录。

流程八:税种检查

(1)按照需要检查的税种,分别录入申报信息;

(2)按照不同税种,对各个检查项目,通过检查附表进行“归集”,得出经调整后,企业账面数与申报数的差额。

流程九:账务检查、成本检测

(1)通过“穿透阅账”“项目账”快速阅账

(2)使用“查账”“过滤”“业务查询”“波动分析”“联动分析”“图形图表”辅助检查。

①完成“存货计价检测”;②完成“存货计价计算”。

流程十:生成文档

(1)完成对检查过程中“疑点”的确认,及“问题”的处理;

(2)系统自动生成“工作底稿”“稽查报告”及“其他文书”。

【本章参考文献】

江苏税软软件科技有限公司　电子查账软件应用说明

本书参考文献

[1]国家税务总局编,全国税务稽查规范(1.2版).

[2]国家税务总局教材编写组,税务稽查,北京:中国税务出版社,2017.

[3]江苏税软软件科技有限公司电子查账软件应用说明.

[4]中国裁判文书网对外公开案例.

[5]中国税务报,中国税网、国家税务总局、华税、品税阁、房地产纳税服务网等微信公众号.

[6]税法禁行线——今年涉税案件侦破及解析,本书编写组编著,中国税务出版社,2020.

[7]2020年中国税制概览,刘佐著,经济科学出版社,2020.